此防伪页系专门制造

※此防伪页内有多层次固定水印，透光看水印清晰，水印凹凸立体感明显。

※此防伪页上有开天窗安全线，安全线在可见光下改变角度可变色，线上印有“自学考试”激光字。

全国高等教育自学考试指定教材

政治学原理

（含：政治学原理自学考试大纲）　　课程代码　14660

（2023年版）

全国高等教育自学考试指导委员会　组编

主　编　周光辉

副主编　殷冬水　杨　弘

中国人民大学出版社

·北京·

中国人民大学出版社自考数字教材配套数字资源使用指南

由全国高等教育自学考试指导委员会组织国内相关领域知名专家，编写了最新版自考教材，并首次配套数字资源。本数字教材有以下特点：

（1）知识点微课贯穿全书，视频扫码随时学。

（2）在线自测题按章分布，边学边练效果好。

（3）支持课程互动和评论，让学习不再孤单。

（4）考试资讯和资源更新，关注公号享服务。

凡是购买正版教材的考生，可凭封面的兑换码免费兑换教材配套数字资源。

数字资源获取方法和使用说明如下：

（1）扫描并关注教材中的“人大社 e 自考”微信公众号。

（2）点击“课程中心”，下拉进入“个人中心”，找到“兑换中心”。

（3）刮开本书所附卡片涂层，获取数字资源兑换码，即可兑换教材配套数字资源。

（4）在“个人中心”—“我的课程”里找到已兑换的课程进行学习。

如兑换码有误或有其他问题，请关注“人大社 e 自考”微信公众号并留言。

组编前言

21世纪是一个变幻莫测的世纪，是一个催人奋进的时代。科学技术飞速发展，知识更替日新月异。希望、困惑、机遇、挑战，随时随地都有可能出现在每一个社会成员的生活之中。抓住机遇、寻求发展、迎接挑战、适应变化的制胜法宝就是学习——依靠自己学习、终身学习。

作为我国高等教育组成部分的自学考试，其职责就是在高等教育这个水平上倡导自学、鼓励自学、帮助自学、推动自学，为每一个自学者铺就成才之路。组织编写供读者学习的教材就是履行这个职责的重要环节。毫无疑问，这种教材应当适合自学，应当有利于学习者掌握和了解新知识、新信息，有利于学习者增强创新意识，培养实践能力，形成自学能力，也有利于学习者学以致用，解决实际工作中所遇到的问题。具有如此特点的书，我们虽然沿用了“教材”这个概念，但它与那种仅供教师讲、学生听，教师不讲、学生不懂，以“教”为中心的教科书相比，已经在内容安排、编写体例、行文风格等方面都大不相同了。希望读者对此有所了解，以便从一开始就树立起依靠自己学习的坚定信念，不断探索适合自己的学习方法，充分利用自己已有的知识基础和实际工作经验，最大限度地发挥自己的潜能，达到学习的目标。

欢迎读者提出意见和建议。

祝每一位读者自学成功。

全国高等教育自学考试指导委员会

2022年8月

目 录

政治学原理自学考试大纲

政治学原理

全国高等教育自学考试

政治学原理
自学考试大纲

全国高等教育自学考试指导委员会　制定

大纲前言

为了适应社会主义现代化建设事业的需要，鼓励自学成才，我国在 20 世纪 80 年代初建立了高等教育自学考试制度。高等教育自学考试是个人自学、社会助学和国家考试相结合的一种高等教育形式。应考者通过规定的专业课程考试并经思想品德鉴定达到毕业要求的，可获得毕业证书；国家承认学历并按照规定享有与普通高等学校毕业生同等的有关待遇。经过 40 多年的发展，高等教育自学考试为国家培养造就了大批专门人才。

课程自学考试大纲是规范自学者学习范围、要求和考试标准的文件。它是按照专业考试计划的要求，具体指导个人自学、社会助学、国家考试及编写教材的依据。

为更新教育观念，深化教学内容和方式、考试制度、质量评价制度改革，更好地提高自学考试人才培养的质量，全国考委各专业委员会按照专业考试计划的要求，组织编写了课程自学考试大纲。

新编写的大纲，在层次上，本科参照一般普通高校本科水平，专科参照一般普通高校专科或高职院校水平；在内容上，及时反映学科的发展变化以及自然科学和社会科学近年来研究的成果，以更好地指导自学者学习使用。

全国高等教育自学考试指导委员会

2023 年 5 月

Ⅰ　课程性质与课程目标

一、课程性质

“政治学原理”课程是全国高等教育自学考试政治学与行政学（专升本）、行政管理（专升本）等专业的一门必设课。根据教育部高等教育自学考试指导委员会的有关规定，该课程是面向全国高等教育自学考试政治学与行政学（专升本）、行政管理专业（专升本）等专业而设置的一门基础理论课程。

二、课程目标

学习本课程的主要目标是：通过学习，掌握政治学的基本概念、基本理论和基本方法，懂得运用马克思主义政治学的立场、观点、方法分析和解决实际问题，为进一步学习专业课和日后的实际工作奠定理论基础。具体目标是：

1. 使考生能够比较全面地掌握马克思主义政治学的基本概念、范畴、原理和方法；

2. 培养考生理论联系实际、分析和解决现实政治问题的能力，提高其政治理论修养，培养现代公民意识和公民素质；

3. 使考生能够了解和把握国内外政治学领域的最新研究动态和研究成果，坚定社会主义信念，从而更好地建设社会主义现代化。

三、与相关课程的联系与区别

“政治学原理”课程以马克思主义理论为指导，系统地阐述了以国家为核心的政治学基本概念、范畴和原理体系，是一门理论性强的课程。本课程注重贯彻理论联系实际的基本原则，旨在提升考生运用理论分析和解决社会现实问题的能力，为其他相关课程的学习打下坚实的理论基础。本课程在内容上既考虑到理论性、科学性和实用性的统一，又强调对基本概念、原理的识记、理解和应用，这使得这门课程具有不同于其他应用性强课程的特点。

四、课程重点

“政治学原理”课程的学习重点包括导论、国家的性质、国家的历史类型、国家权力与国家形式、国家机构、政党和政党制度、政治民主、政治文化、政治发展、民族与宗教、国际政治与中国对外政策。

Ⅱ　考核目标

本大纲在考核目标中，按照识记、领会、应用三个层次规定应达到的能力层次要求。三个能力层次是递进关系，各能力层次的含义是：

识记（Ⅰ）：知道有关的名词、概念、知识的含义，并能正确识别和表述。这是低层次的要求。

领会（Ⅱ）：在识记的基础上，能够全面把握基本概念、范畴、原理和方法，并能够准确说出有关概念、原理之间的区别与联系。这是较高层次的要求。

应用（Ⅲ）：在领会的基础上，能运用基本概念、原理和方法分析和解决有关的理论问题和实际问题，特别要考查理论联系实际的能力。

Ⅲ　课程内容与考核要求

导　论

一、学习目的与要求

通过本章的学习，理解何为政治、何为政治学、为何学习以及如何学习“政治学原理”。具体说来，要了解政治的含义与作用，在此基础上掌握政治学的研究对象、研究领域、研究方法、历史发展等知识，理解学习“政治学原理”的重要意义，掌握学习“政治学原理”的重要方法。

二、考核内容

第一节　政治学的研究对象和研究方法

政治是经济的集中表现，是建立在一定经济基础之上的上层建筑，是通过谋取和运用国家政权治理国家和社会各种社会活动及社会关系的总和，是科学性与艺术性的有机统一。政治学是研究人类社会政治现象的一门社会学科，是社会科学的一个重要分支。与其他社会科学研究门类一样，政治学不仅有其研究对象和研究领域，而且有其研究方法。

（一）政治的含义与作用

（二）政治学的研究对象和研究领域

（三）政治学的研究方法

第二节　政治学的历史发展

政治学是一门有着悠久历史的学科，是在人类社会漫长的历史进程中发展而来的。政治学的发展以人类丰富的政治实践为基础。马克思主义政治学的出现，是政治学发展史上的一个重大转折，它标志着一个新时代的开始。马克思主义政治学真正地实现了政治学的科学性与阶级性的统一、革命性与实践性的统一。

（一）政治学在古代的发展

（二）近代以来政治学的发展

（三）马克思主义政治学的发展

第三节　学习“政治学原理”的意义和方法

学习“政治学原理”具有十分重要的意义，有助于学习者把握正确的政治方向，坚定正确的政治立场，有助于提高学习者科学认识当今世界复杂政治问题的能力，有助于学习者进一步学好政治学专业的其他课程，有助于学习者参与中国特色社会主义政治建设实践。学习“政治学原理”，需要掌握一些学习方法。

（一）学习“政治学原理”的意义

（二）学习“政治学原理”的方法

三、考核知识点与考核要求

（一）政治学的研究对象和研究方法

1. 识记：（1）非马克思主义关于政治的解释；（2）马克思主义关于政治的解释；（3）政治的含义与作用。

2. 领会：（1）政治学的研究对象；（2）政治学的研究领域；（3）政治学的研究方法。

3. 应用：运用马克思主义关于政治的解释分析当前我国各种政治现象。

（二）政治学的历史发展

1. 识记：（1）儒、道、法三家政治思想的主要观点；（2）西方古代和中世纪的政治学发展；（3）近代以来中国的政治学发展；（4）近代以来西方的政治学发展；（5）马克思主义政治学的发展和主要内容。

2. 领会：（1）行为主义政治学与传统政治学之间的差异；（2）政治哲学与政治科学之间的关系。

3. 应用：分析中国传统政治思想对当代中国国家治理的影响。

（三）学习“政治学原理”的意义和方法

1. 识记：学习“政治学原理”的意义。

2. 领会：学习“政治学原理”的方法。

3. 应用：理论与实践之间的结合。

第一章　国家的性质

一、学习目的与要求

通过本章的学习，理解国家与阶级的关系；了解国家起源的过程和基本形式，理解恩格斯“两种生产决定社会制度”的基本原理；掌握国家的定义和国家的本质；了解国家职能的定义及国家的基本职能；理解国家消亡的历史必然性、条件与途径；掌握马克思主义国家观与其他国家学说的根本区别。

二、考核内容

政治集中表现为以国家政权为核心的社会关系和社会活动。马克思主义政治学立足于从本质的意义上说明国家，认为认识和把握国家的性质是正确理解相关政治问题的核心和基础。

第一节　国家的起源

国家是在人类文明发展到一定历史阶段产生的，关于国家产生的原因及过程的探讨就构成了国家学说的基本内容和逻辑起点。然而，不同的思想对待国家起源问题的态度和看法却存在很大差异。马克思主义政治学非常重视国家的起源问题，将其视为理解国家性质及其他基本问题的前提和关键。在马克思主义看来，国家的起源决定了国家的本质，而国家的本质又决定了国家的职能。

（一）国家起源

（二）中国国家的起源

（三）若干国家起源理论分析

第二节　国家的本质

国家本质，是马克思主义国家学说的核心概念，也是整个马克思主义政治学中具有方法论意义的根本问题。马克思主义不仅从本质的角度说明国家，而且几乎所有马克思主义视野中的政治问题，如国家形式与国家机构、民主与专政、革命与改良等，其提出与解决都取决于对国家本质问题的回答。

（一）国家的含义和本质

（二）其他具有代表性的国家观分析

第三节　国家的职能

马克思主义与其他学说在国家职能认知方面主要表现为整体观和局部观的差异，马克思主义理解的是由国家本质决定的统一性的国家职能观，其他学说理解的是由社会需要决定的功能性的国家职能观。相应地，其他学说往往将国家职能表述为“国家功能”，就是把国家各个组成部分的具体活动和任务说成是国家的职能。

（一）内部职能和外部职能

（二）政治职能和社会职能

第四节　国家的消亡

国家消亡是马克思主义国家学说的特有观点，也是马克思主义政治学的最终落脚点。可以说，马克思主义是唯一预言国家将会消亡并且提出了系统的国家消亡理论的学说，这是其运用历史唯物主义分析人类社会发展规律所得出的必然结论。正确理解国家的消亡问题，对于深入把握社会主义的本质、自觉践行无产阶级国家政权的历史使命，具有重要的指导意义。

（一）国家消亡的历史必然性

（二）国家消亡的条件与途径

三、考核知识点与考核要求

（一）国家的起源

1. 识记：（1）血缘家庭；（2）普那路亚家庭；（3）神权论；（4）契约论；（5）暴力论。

2. 领会：（1）氏族的定义；（2）氏族制度的特征；（3）氏族解体的原因；（4）家长制家庭的特点；（5）阶级的定义；（6）马克思主义关于国家起源的两个基本论断；（7）欧洲早期国家产生的三种基本形式；（8）中国早期国家产生的基本特征。

3. 应用：（1）说明国家的作用是把冲突控制在“秩序”的范围以内；（2）说明其他国家起源理论的局限性。

（二）国家的本质

1. 识记：国家要素说。

2. 领会：(1) 国家与氏族的根本区别；(2) 恩格斯关于国家起源的经典论述；(3) 国家的定义；(4) 马克思主义国家观的主要内容。

3. 应用：说明社会主义国家与资本主义国家的本质不同。

(三) 国家的职能

1. 识记：(1) 内部职能；(2) 外部职能。

2. 领会：(1) 马克思主义国家职能观的特点；(2) 内部职能与外部职能的关系；(3) 政治职能的含义；(4) 社会职能的含义；(5) 政治职能与社会职能的关系。

3. 应用：说明社会主义国家与资本主义国家在国家职能方面的异同。

(四) 国家的消亡

1. 识记：(1) 国家消亡是不以人的意志为转移的客观规律；(2) 国家消亡的条件；(3) 国家消亡的途径。

2. 领会：(1) 国家是自行消亡的；(2) 任何国家不能单独启动国家消亡。

3. 应用：说明当前我国加强国家政权建设的必要性。

第二章　国家的历史类型

一、学习目的与要求

通过本章的学习，掌握马克思主义“国家历史类型”的定义和划分标准，理解国家历史类型分类提出的意义；了解奴隶制国家、封建制国家、资本主义国家、社会主义国家四种具体国家历史类型的内涵及主要特征；掌握国家历史类型的更替规律及更替方式。

二、考核内容

第一节　国家历史类型的含义

在人类的政治实践史上，不同时代、不同文明及不同区域的国家有着不同的表现形式和个性特征。如何透过复杂的现象差异，把握其中的共性规律，是国家分类所要解决的问题。国家历史类型，就是马克思主义致力于对国家进行科学分类而提出的一个特有概念。它既是从历史唯物主义高度理解国家分类的必然结论，又体现了对既往国家分类思想的反思和超越。

(一) 马克思主义对国家的分类

(二) 国家历史类型的划分标准

第二节　具体国家历史类型概述

马克思主义指出，自原始社会解体进入阶级时代以来，人类社会先后经历了四种不同的生产方式——奴隶制生产方式、封建制生产方式、资本主义生产方式和社会主义生产方式。每种生产方式中占主导地位的阶级分别是奴隶主阶级、地主阶级、资产阶级和无产阶级。那么，根据国家历史类型的划分标准，相应地也形成了四种具体历史类型的国家——奴隶制国家、封建制国家、资本主义国家和社会主义国家。

(一) 奴隶制国家

(二) 封建制国家

（三）资本主义国家

（四）社会主义国家

第三节　国家历史类型的更替

马克思主义认为，一种历史类型的国家发展到一定阶段就要被与之相关的一种新的历史类型的国家所替代，这是不以人们意志为转移的客观规律。国家历史类型的更替，是由生产力与生产关系、经济基础与上层建筑这两对人类社会基本矛盾的运动、变化、发展所决定的。这是马克思主义国家学说在国家本质论断基础上对国家发展规律性认识的进一步拓展和深化。

（一）国家历史类型的更替规律

（二）国家历史类型的更替方式

三、考核知识点与考核要求

（一）国家历史类型的含义

1. 识记：亚里士多德提出的国家分类。

2. 领会：（1）马克思主义国家历史类型的含义；（2）马克思主义划分国家历史类型的标准。

（二）具体国家历史类型概述

1. 识记：（1）四种具体的国家历史类型；（2）奴隶制国家的历史地位；（3）奴隶制国家的统治形式；（4）封建社会的土地所有制形式；（5）中国封建社会的中央集权制；（6）欧洲封建社会的分封割据制；（7）中国封建社会的官僚等级制；（8）欧洲封建社会的分封等级制；（9）中国封建社会的宗法伦理思想；（10）欧洲封建社会的宗教意识形态。

2. 领会：（1）马克思主义国家分类的特点；（2）奴隶制国家的本质；（3）欧洲封建社会领主占有制的特点；（4）中国封建社会地主占有制的特点；（5）资本主义国家的本质；（6）资本主义国家职能方式的演变；（7）资本主义国家自由民主的职能方式；（8）自由资本主义国家；（9）垄断资本主义国家；（10）社会主义国家的历史地位；（11）社会主义国家建立的历史必然性；（12）社会主义国家的本质；（13）共产党对社会主义国家的全面领导；（14）社会主义国家以马克思主义为指导思想。

3. 应用：（1）说明资本主义福利国家的进步与局限；（2）说明社会主义国家是新型民主与新型专政的统一。

（三）国家历史类型的更替

1. 识记：（1）革命；（2）改良。

2. 领会：（1）国家历史类型更替的一般规律；（2）国家历史类型更替具体方式的多样性；（3）革命与改良的区别。

第三章　国家权力与国家形式

一、学习目的与要求

通过本章的学习，了解和掌握马克思主义关于国家权力与国家形式的基本理论；掌握国体与政体之间的关系、马克思主义关于政体分类的标准和选择国家结构形式的依据和原则；理解我国的人民代表大会制的国家政权组织形式和单一制的国家结构形式；理解和掌握我国的民族区域自治制度和特别行政区制度。

二、考核内容

第一节　国家权力与形式

自从人类社会产生了国家，国家权力就开始存在了。为了理解国家权力和国家形式，就要考察国家权力的基本内涵和主要特征，分析国家权力的结构，说明国家形式的基本内涵。国家形式实质上就是国家权力的配置方式，包括国家政权组织形式、国家结构形式与政治体制等方面的内容。

（一）国家权力的内涵

（二）国家权力的特征

（三）国家权力的结构

（四）国家形式

第二节　国家政权组织形式

在政治社会中，所有国家都必须通过相应的政体形式组织起来。为了理解国家政权组织形式，要考察国家政体的基本含义与特性，分析政体与国体的关系，比较剥削阶级国家与社会主义国家政权组织形式的差异。

（一）国家政权组织形式概述

（二）不同类型国家的政权组织形式

第三节　国家结构形式

自从人类社会产生了国家，国家就需要处理中央与地方、整体与部分之间的关系，国家结构形式问题也就随之产生。为了准确把握国家结构形式，要考察国家结构形式的基本含义与类型，说明单一制国家与复合制国家的基本差异。

（一）国家结构形式的含义

（二）国家结构形式的基本类型

第四节　社会主义中国的国家形式

中国是人民民主专政的社会主义国家，中国人民在中国共产党的领导下按照马克思主义国家学说，结合中国的实际创立了相应的国家政权组织形式与国家结构形式。我国的国家政权组织形式是人民代表大会制度。我国是统一的、多民族的单一制国家，民族区域自治制度和特别行政区制度是我国单一制的两大特色。

（一）中国的国家政权组织形式

（二）中国的国家结构形式

三、考核知识点与考核要求

（一）国家权力与形式

1. 识记：（1）国家权力、国体、国家形式、国家政权组织形式与国家结构形式的含义；（2）立法权、行政权、监察权、司法权、分权制衡与民主集中制的含义。

2. 领会：（1）马克思主义经典作家关于国家权力的论述；（2）国家权力的特征；（3）资本主义国家政权组织原则与社会主义国家政权组织原则。

3. 应用：运用国家权力的观点分析各种政治现象。

（二）国家政权组织形式

1. 识记：君主制、贵族君主制、立宪君主制、共和制、贵族共和制、民主共和制、公社制与苏维埃制的含义。

2. 领会：（1）毛泽东关于政体的定义；（2）亚里士多德关于政体划分的标准；（3）国体与政体的关系；（4）政体的基本特性；（5）剥削阶级国家政权组织形式。

3. 应用：（1）马克思主义关于划分政体的标准；（2）议会共和制与总统共和制的联系与区别。

（三）国家结构形式

1. 识记：单一制、复合制、联邦制和邦联制的含义。

2. 领会：单一制与复合制的区别。

3. 应用：一个国家选择国家结构形式的原则和依据。

（四）社会主义中国的国家形式

1. 识记：民族区域自治与特别行政区的含义。

2. 领会：（1）人民代表大会制度的基本内容；（2）中国的国家结构形式的特点；（3）民族区域自治制度的特点；（4）特别行政区制度的主要内容。

3. 应用：（1）我国实行人民代表大会制度的历史必然性；（2）我国采取单一制的国家结构形式的原因。

第四章　国家机构

一、学习目的与要求

通过本章的学习，掌握国家机构的含义与构成，理解影响和制约国家机构设置的因素，正确认识社会主义国家机构和资本主义国家机构在组织原则上的区别；正确认识三权分立与制衡原则的主要内容和历史地位；准确理解民主集中制在社会主义中国的国家机构建设中的指导意义，并在此基础上了解我国各个时期国家机构改革和国家治理体系建设的主要内容和特点。

二、考核内容

第一节　国家机构概述

国家机构的含义、特征和构成；国家机构设置的影响和制约因素；国家机构设置原则和形式的差异性。

（一）国家机构的含义和特征

（二）国家机构的构成

（三）国家机构的设置

第二节 西方国家的国家机构

三权分立与制衡原则是西方国家机构的组织原则，它的产生与确立经历了一个历史的过程；西方国家的主要国家机关及其职权。

（一）西方国家机构的组织原则

（二）西方国家的主要国家机关及其职权

第三节 社会主义中国的国家机构

中国国家机构的组织原则——民主集中制原则的由来，民主集中制原则在国家机构中的体现；中国的主要国家机关及其职权；当代中国国家机构改革与国家治理体系建设的主要内容及其特点。

（一）中国国家机构的组织原则

（二）中国的主要国家机关及其职权

（三）当代中国国家机构改革与国家治理体系建设

三、考核知识点与考核要求

（一）国家机构概述

1. 识记：(1) 国家机构的含义和特征；(2) 国家机构的主要构成要素。

2. 领会：(1) 影响国家机构设置的主客观因素；(2) 国家机构设置原则和形式的差异性。

（二）西方国家的国家机构

1. 识记：(1)“三权分立”原则的含义；(2) 西方国家的主要国家机关及其职权；(3) 司法机关的“违宪审查权”。

2. 领会：(1)“三权分立”原则在不同国家施行的差异性；(2)“一院制”与“两院制”的联系与区别。

（三）社会主义中国的国家机构

1. 识记：(1) 民主集中制原则的含义；(2) 中国的主要国家机关及其职权范围；(3) 当代中国国家机构改革与国家治理体系建设。

2. 领会：(1) 民主集中制原则在国家机构中的体现；(2) 全国人民代表大会在国家机关体系中的地位；(3) 我国的监察机关与审判机关、检察机关、执法部门的关系。

第五章 政党和政党制度

一、学习目的与要求

通过本章的学习，了解和掌握政党的含义、特征、作用等基本理论；掌握政党制度的影响因素、政党制度的主要类型；掌握和理解中国共产党与中国民主党派的关系，中国新型政党制度的内涵、特征和优势；掌握和理解中国统一战线的内涵与作用。

二、考核内容

第一节　政党基本理论概述

政党是代表一定阶级、阶层或集团的根本利益，并由其中一部分最积极的分子组成，具有共同的政治纲领和理论主张，采取共同的行动，为参与、取得和维护政权而建立的政治组织。政党具有多种类型和基本作用。

（一）政党的含义与特征

（二）政党的产生与分类

（三）政党的作用

第二节　政党制度及其主要类型

政党制度是指一个国家由法律规定的或在政治生活现实中形成的政党及其活动的规范的总称。政党制度形式受多种因素影响。资本主义国家政党制度和社会主义国家政党制度是不同性质的政党制度类型，每种类型在实践中都具有典型模式。

（一）政党制度的内涵

（二）政党制度的影响因素

（三）政党制度的主要类型

第三节　当代中国的政党与政党制度

当代中国的政党主要包括执政的中国共产党和参政的各民主党派。中国政党制度是在中国长期的革命、建设和改革实践中形成和发展起来的，是新型政党制度。中国新型政党制度具有显著特征和独特优势。中国新型政党制度与统一战线紧密相连。

（一）当代中国的政党

（二）中国政党制度是新型政党制度

（三）中国政党制度与统一战线

三、考核知识点与考核要求

（一）政党基本理论概述

1. 识记：政党的含义、特征、作用。

2. 领会：政党的产生和分类。

3. 应用：马克思主义关于政党的含义。

（二）政党制度及其主要类型

1. 识记：（1）政党制度内涵与影响因素；（2）两党制、多党制的内涵、特点。

2. 领会：不同国家具有不同的政党制度模式。

3. 应用：英、美两党制的特点及评价。

（三）当代中国的政党与政党制度

1. 识记：（1）当代中国的政党及其在国家政治生活中的地位和作用；（2）中国新型政党制度的内涵、特点、功能；（3）统一战线的内涵与作用。

2. 领会：（1）中国政党制度的形成；（2）中国新型政党制度的实现方式；（3）统一战线的工作机制。

3. 应用：(1) 中国共产党的领导地位和作用、民主党派的参政地位和作用；(2) 中国新型政党制度的显著特征和独特优势；(3) 新时代统一战线的主要内容。

第六章　政治民主

一、学习目的与要求

通过本章的学习，理解政治民主的基本含义，掌握马克思主义关于民主概念的定义；了解资产阶级民主思想的发展和变化，理解资本主义民主制度的架构、内容和实质；掌握资本主义民主和社会主义民主的根本区别；理解社会主义民主的产生和发展；理解中国特色社会主义民主的本质、特征与优势；掌握全过程人民民主的基本含义和主要内容，理解积极发展全过程人民民主的主要途径。

二、考核内容

第一节　政治民主的含义

民主的基本含义就是“人民的权力”、“人民的政权”或“人民进行统治、治理”，它首先是指国家的政治制度，因而“民主制是作为类概念的国家制度”，这也是政治民主的首要和基本的含义。

(一) 政治民主的概念

(二) 政治民主的基本特征

第二节　西方资本主义民主

西方资本主义民主既在资本主义上升时期发挥过不可磨灭的历史进步价值，又必然具有阶级社会政治民主的实质虚伪性、形式欺骗性、内在矛盾性、历史局限性。只有客观全面地认识和把握西方资本主义民主的真实面貌，才能找到真正超越西方资本主义民主的必由之路、正确策略和有效方式。

(一) 西方资本主义民主的历史

(二) 西方资本主义民主制度

(三) 西方资本主义民主的实质及局限性

第三节　中国特色社会主义民主

社会主义民主是一种根本区别于资本主义民主的新型民主，是人类发展历史上最高类型的民主。社会主义愈发展，民主也愈发展。全过程人民民主在我国社会主义民主政治伟大实践中形成，在全面建设社会主义现代化国家新征程中不断发展。积极发展全过程人民民主，必须坚持党的领导、人民当家作主、依法治国有机统一，坚定不移走中国特色社会主义政治发展道路，坚持和完善人民当家作主制度体系，更加切实、更有成效地推进全过程人民民主，从各方面、全方位为人民当家作主提供有力保障。

(一) 社会主义民主的产生与发展

(二) 中国特色社会主义民主的本质、特征和优势

(三) 中国特色社会主义民主制度

(四) 积极发展全过程人民民主

三、考核知识点与考核要求

（一）政治民主的含义

1. 识记：(1) 马克思主义关于民主概念的界定；(2) 政治民主的基本特征。

2. 领会：(1) 广义的民主和狭义的民主的区别；(2) 马克思主义对民主问题考察的基本立场和观点。

（二）西方资本主义民主

1. 识记：西方资本主义民主制度的类型。

2. 领会：(1) 西方资本主义民主的发展脉络；(2) 西方资本主义民主的实质；(3) 西方资本主义民主的局限性。

（三）中国特色社会主义民主

1. 识记：(1) 中国特色社会主义民主制度的内容；(2) 全过程人民民主的科学内涵。

2. 领会：(1) 中国特色社会主义民主的本质；(2) 中国特色社会主义民主的特征；(3) 积极发展全过程人民民主的主要任务。

第七章　政治文化

一、学习目的与要求

通过本章的学习，对政治文化的含义与特征、要素与类型、结构与功能有系统了解。在此基础上，将政治文化与政治社会化关联起来，了解政治文化的形成、学习、传播和传承的过程，即政治社会化，认识政治社会化的含义、类型与主要途径。要准确把握中国特色社会主义政治文化的主要内容和基本特征，深刻理解新时代中国特色社会主义政治文化建设的主要内容和新时代中国特色社会主义政治文化的重要作用。

二、考核内容

第一节　政治文化概述

政治文化是社会政治领域的精神现象，是由一定的阶级、民族或其他社会群体的人们在长期的社会政治实践中形成的政治心理、政治思想和政治价值观等构成的有机体系。政治文化呈现鲜明的阶级性、历史继承性、相对独立性。政治文化主要由政治心理、政治思想和政治价值观三个要素构成。依据政治文化的特性、结构、发展进程可将政治文化划分为不同类型。政治文化有着复杂的结构，在政治生活中承担多种功能，起着十分重要的作用。

（一）政治文化的含义与特征

（二）政治文化的要素与类型

（三）政治文化的结构与功能

第二节　政治社会化概述

政治社会化是社会成员通过政治生活与实践等途径能动地获取社会政治知识和思想，

从而逐渐成为“政治人”的过程，也是社会按照其发展的要求，通过各种途径传播政治文化，塑造社会成员政治心理、政治意识与政治价值观，实现政治文化在代际的继承与变迁的过程。按照不同标准，政治社会化可划分为不同类型。家庭、学校、大众传媒、社会组织等是政治社会化实践的主要载体。

（一）政治社会化的含义

（二）政治社会化的类型

（三）政治社会化的主要途径

第三节　中国特色社会主义政治文化

中国特色社会主义政治文化是中国特色社会主义政治的一个重要组成部分。中国特色社会主义政治文化源自中华优秀传统文化，熔铸于党领导人民在革命、建设、改革中创造的革命文化和社会主义先进文化，植根于中国特色社会主义伟大实践，通过创造性转换和创新性发展，形成了社会主义政治意识和政治心理、社会主义核心价值体系、社会主义民主政治思想、社会主义法治文化、中国共产党党内政治文化等。中国特色社会主义政治文化呈现出鲜明特征。新时代中国特色社会主义政治文化建设具有丰富内容，中国特色社会主义政治文化对中国特色社会主义政治建设具有重要作用。

（一）中国特色社会主义政治文化的主要内容

（二）中国特色社会主义政治文化的基本特征

（三）新时代中国特色社会主义政治文化建设的主要内容

（四）新时代中国特色社会主义政治文化的重要作用

三、考核知识点与考核要求

（一）政治文化概述

1. 识记：（1）政治文化的含义与特征；（2）政治文化的要素与类型；（3）政治文化的结构与功能。

2. 领会：（1）政治文化的分类标准及结果；（2）传统政治文化与现代政治文化之间的不同。

3. 应用：运用政治文化理论分析政治文化与政治生活之间的关系。

（二）政治社会化概述

1. 识记：（1）政治社会化的含义；（2）政治社会化的类型；（3）政治社会化的主要途径。

2. 领会：（1）家庭在个人政治社会化过程中的作用；（2）学校在个人政治社会化过程中的作用。

3. 应用：运用政治社会化理论分析我国大中小学开设思政课的必要性和重要性。

（三）中国特色社会主义政治文化

1. 识记：中国特色社会主义政治文化的主要内容。

2. 领会：（1）中国特色社会主义政治文化的基本特征；（2）新时代中国特色社会主义政治文化建设的主要内容。

3. 应用：结合实际分析新时代中国特色社会主义政治文化在我国政治生活中发挥的重要作用。

第八章 政治发展

一、学习目的与要求

通过本章的学习，对政治发展的含义与理论有系统的了解，尤其是要准确把握马克思主义政治发展理论，学会用马克思主义政治发展理论来研究各国政治发展现象，把握政治发展的内在规律，认识中国特色社会主义政治发展道路的形成与发展、内涵，坚定不移地走中国特色社会主义政治发展道路，准确理解推进我国国家治理体系和治理能力现代化的基本内涵、要求与目标、有效路径。

二、考核内容

第一节 政治发展的含义与理论

政治发展主要是指国家政治上层建筑与经济社会文化发展相互作用的过程中发生的有助于巩固和完善国家政权、优化国家治理质量、发展人民权利和推进经济、文化、社会和生态文明全面进步的政治变化及过程。从政治变化的过程来看，政治发展主要形式包括政治革命和政治改革。从政治变化的结果来看，政治发展的主要体现为观念更新、制度完善、法治严明、决策科学、信息公开、社会稳定等。马克思主义从人类社会发展的基本规律把握政治发展规律，提出自己的政治发展理论。

（一）政治发展的含义

（二）政治发展的特点

（三）马克思主义政治发展理论

第二节 政治发展的动力与途径

政治发展动力指的是谁推动一个社会的政治发展，这是政治发展理论研究中的一个重要方面，任何政治发展理论都无法回避。政治发展的根本动力植根于经济社会发展之中。一般来说，政治发展主要是通过两种方式实现的：一是政治革命，二是政治改革。政治发展与政治稳定之间存在着密不可分的辩证关系。

（一）政治发展的动力

（二）政治发展的途径

（三）政治发展与政治稳定

第三节 中国特色社会主义政治发展道路

中国特色社会主义政治发展道路，是近代以来中国人民在寻求民族独立和人民解放、实现国家繁荣富强和人民共同富裕这两大历史任务的奋斗中形成的，是新的时代条件下必须继续坚持和发展的正确道路。中国特色社会主义政治发展道路，是中国特色社会主义道路在政治发展方面的重要展开，有着丰富而深刻的内涵，是中华民族伟大复兴的政治保证。我们要对自己的政治发展道路和政治制度有充分的自信，继续沿着这条道路走下去。

新时代，要坚持和完善中国特色社会主义制度、推进国家治理体系和治理能力现代化。

（一）中国特色社会主义政治发展道路的形成与发展

（二）中国特色社会主义政治发展道路的内涵

（三）坚定不移走中国特色社会主义政治发展道路

（四）推进国家治理体系和治理能力现代化

三、考核知识点与考核要求

（一）政治发展的含义与内容

1. 识记：（1）政治发展的含义；（2）政治发展的特点；（3）西方政治发展理论的三个发展阶段。

2. 领会：马克思主义政治发展理论。

3. 应用：运用马克思主义政治发展理论分析当代中国政治实践。

（二）政治发展的动力与途径

1. 识记：政治发展的动力。

2. 领会：（1）政治革命和政治改革在政治发展中的具体作用；（2）政治革命与政治改革之间的不同。

3. 应用：结合我国实际分析政治发展与政治稳定之间的辩证关系。

（三）中国特色社会主义政治发展道路

1. 识记：中国特色社会主义政治发展道路的形成与发展。

2. 领会：（1）中国特色社会主义政治发展道路的内涵；（2）国家治理体系和治理能力现代化的基本内涵。

3. 应用：（1）结合实际分析我国如何坚定不移走中国特色社会主义政治发展道路；（2）分析当代中国推进国家治理体系和治理能力现代化的重大意义和有效路径。

第九章　民族与宗教

一、学习目的与要求

通过本章的学习，掌握马克思主义民族概念的内涵及特征，理解民族与宗教问题对国家政治生活的意义与影响，了解当代世界民族问题的发展历程和宗教问题产生的根源；掌握我国的民族政策与宗教政策。

二、考核内容

第一节　民族与宗教概述

民族与宗教是人类社会普遍存在的社会历史现象。当今世界的大小民族有数千个之多，交错分布在200多个国家和地区。在现实政治生活中，民族问题与宗教问题具有深刻的内在联系，并在一定条件下相互影响、相互转化。这也决定了在一定条件下民族问题的解决，往往离不开宗教问题的解决；同样，宗教问题的解决也往往离不开民族问题的解决。

（一）民族的概念及特征

（二）宗教的起源及本质

（三）民族与宗教问题对国家政治生活的意义与影响

第二节　当代世界的民族与宗教问题

当今世界存在200多个国家和地区，绝大多数国家中都生活着多个民族，同时也有同一个民族存在于多个国家的情况。人类社会各个民族、各个国家都是世界的一部分，任何民族与宗教问题也都可能成为一种世界性问题，而世界的变化与发展也都将直接或间接地引发各种民族与宗教问题。

（一）当代世界的民族问题

（二）当代世界的宗教问题

（三）当代世界民族与宗教问题的根源

第三节　中国的民族与宗教政策

中国既是一个多民族的国家，也是一个多宗教的国家。在复杂的民族构成和宗教构成的基础上形成的民族关系和宗教关系对国家和社会具有重要的影响。因此，积极稳妥地应对民族与宗教问题，对于国家的统一、稳定与发展具有重要的战略意义。

（一）中国的民族与宗教概况

（二）中国的民族政策

（三）中国的宗教政策

三、考核知识点与考核要求

（一）民族与宗教概述

1. 识记：（1）民族的概念；（2）民族的特征。

2. 领会：（1）宗教的起源；（2）宗教的本质。

3. 应用：（1）理解宗教问题对国家政治生活的影响；（2）从国内、国际两方面理解民族问题对国家政治生活的意义。

（二）当代世界的民族与宗教问题

1. 领会：当今世界宗教问题的新状况。

2. 应用：（1）理解当代世界民族问题的发展历程；（2）理解当代世界民族问题的层面；（3）理解当代世界民族问题的特点；（4）了解当今世界宗教发展的问题；（5）讲述当代世界民族与宗教问题的根源。

（三）中国的民族与宗教政策

1. 识记：（1）中国共产党关于加强和改进民族工作的重要思想；（2）中国民族区域自治制度的内容；（3）中国共产党和中国政府对待宗教的基本政策。

2. 领会：（1）当前中国宗教的总体特征；（2）中国民族区域自治制度的特点。

3. 应用：（1）理解如何铸牢中华民族共同体意识；（2）简述我国宗教信仰自由权利有哪些法律保障；（3）讲述我国保障宗教信仰自由的基本政策；（4）讲述如何积极引导宗教与社会主义社会相适应。

第十章 国际政治与中国对外政策

一、学习目的与要求

通过本章的学习，了解国际政治的内涵，掌握国际政治行为体、国际政治基本准则、国际政治格局、和平与发展的时代主题等内容，进而全面认识当今时代的国际政治问题，理解错综复杂的国际政治局势，把握国际政治的发展趋向及和平与发展的时代主题，熟悉中国对外政策的发展演变与基本原则，将中国的对外关系与国内发展统筹起来，准确把握中国和世界发展大势，深刻理解新时代中国特色大国外交新局面。

二、考核内容

第一节 国际政治概述

国际政治主要是主权国家之间，也包括国际组织之间和其他政治行为体之间在世界舞台上形成的相互联系、相互作用、相互制约的政治关系的总和。国际政治是与国内政治紧密联系的政治学研究的重要方面。当今世界，和平、发展、合作、共赢成为时代潮流，全球治理体系和国际秩序变革加速推进，世界各国人民命运相连、休戚与共。同时，国际社会面临着日益凸显的传统和非传统安全挑战。因而，国际政治越来越成为政治学研究所突出关注的问题。

（一）国际政治的内涵

（二）国际政治行为体

（三）国际政治基本准则与国际法

（四）国际政治格局

第二节 时代主题及其特征

时代主题是指人类社会在一定历史阶段内带有全球性、战略性、关乎全局的核心问题。对时代主题的判断和分析，是一国制定内外政策的重要依据，是正确把握国际政治发展趋势的基础。两次世界大战的深刻教训使各国人民认识到维护世界和平的重要性。当今世界，随着科技进步以及大规模杀伤性武器的出现，战争的方式已经越来越难以达到战争的目的，唯有在平等协商中谋求和平共处之道才是解决问题的最佳办法。

（一）和平与发展的时代主题

（二）和平与发展时代的特征

第三节 中国的对外政策

新中国的外交政策是独立自主的和平外交政策。新中国成立以来，中国共产党和中国政府根据国内外形势的发展变化，不断调整我国的外交战略和外交政策，其间虽经历大起大落、大开大合的沧桑之变，但和平外交的宗旨、性质、原则始终没有改变，经过 70 多年筚路蓝缕的艰辛开拓，新中国的和平外交由“弱”变“强”，从“局促”变“从容”，终成今日中国特色社会主义和平外交新局面。

（一）中国对外政策的发展演变

（二）中国对外政策的基本原则

（三）开创新时代中国特色大国外交新局面

三、考核知识点与考核要求

（一）国际政治概述

1. 识记：（1）国际政治的含义；（2）国际政治行为体；（3）国际政治基本准则与国际法。

2. 领会：（1）国际政治关系的层次与特点；（2）国际政治与国内政治的区别与联系；（3）国家主权在国际政治中的作用。

3. 应用：结合我国实际，说明维护国家利益在国际政治关系中的意义。

（二）时代主题及其特征

1. 识记：和平与发展时代主题的内涵。

2. 领会：和平与发展仍然是当今时代的主题。

3. 应用：结合实际，分析和平与发展时代的特征。

（三）中国的对外政策

1. 识记：中国对外政策的基本原则。

2. 领会：（1）中国对外政策的发展演变；（2）人类命运共同体理念；（3）共建“一带一路”倡议。

3. 应用：联系实际，分析如何建设相互尊重、公平正义、合作共赢的新型国际关系。

Ⅳ　关于大纲的说明与考核实施要求

为使本大纲在个人自学、社会助学和课程考试命题中得到贯彻、落实，现对有关问题做如下说明，并提出具体考核实施要求。

一、自学考试大纲的目的和作用

为了使考试内容具体化和考试要求标准化，本大纲在列出考试内容的基础上，对各章节规定了考核目标，以使应考者能够进一步明确考试内容和要求，更有目的地系统学习教材，并使考试命题者能够更明确命题范围，更准确地安排试题的能力层次和难易程度。

二、自学考试大纲与教材的关系

课程自学考试大纲与教材的关系是既有联系，又有区别，既有相关性，其作用又有所不同。课程自学考试大纲中规定了学习的知识、掌握的要求和考核的内容，这些课程知识内容在教材里得到了充分的体现。教材内容是大纲所规定的课程知识的扩展与发挥，也是大纲中考核知识点展开后的详细表述。课程自学考试大纲与教材所体现的课程内容、体例以及章节基本保持一致。课程自学考试大纲里规定的课程内容和考核知识点，教材里必须有所阐述和有所反映。反过来，教材里有的内容，大纲里就不一定体现。

三、关于自学教材

《政治学原理》，全国高等教育自学考试指导委员会组编，周光辉主编，中国人民大学出版社，2023 年版。

四、关于自学要求和自学方法的指导

1. 在全面系统学习的基础上掌握马克思主义政治学的基本概念、基本原理和基本方法。本课程涉及政治学基本理论的各个方面，知识范围广泛，每章节在独立论述一个问题的同时，相互之间又有着较强的联系性。因此，应考者应首先全面系统地通学教材，记忆要求识记的基本概念、名词，进而深入理解基本理论和原理的内涵。其次要理解各章节之间的联系，将基本概念和原理联系起来进行学习和思考。最后要在全面系统学习的基础上突出重点，有目的地学习重点章节。总的来说，学习政治学不能死记硬背，要在准确把握概念内涵的基础上，学会对基本原理的融会贯通。

2. 把学习政治学基本理论和现实政治生活联系起来。政治学是一门应用性很强的学科。政治学基本理论不仅来源于实践，更要应用于实践，即要在实践中不断发现真理、检验真理和发展真理。《政治学原理》一书所阐述的基本原理科学地揭示了人类社会政治现象的本质及发展规律，因而它对于理解现实政治，特别是对于理解我国社会主义实践中的政治问题和政治现象，有着极其重要的指导意义。因此，应考者要把课程的内容与我国的现实政治生活紧密联系起来，进行对照比较、分析研究，以增强感性认识，从而更深刻地领会教材内容，将理论知识转化为实践能力，提高自己分析实际问题和解决实际问题的水平。

五、对社会助学的要求

1. 社会助学者应根据本大纲规定的考试内容和考核目标认真钻研指定教材，明确本课程与其他课程不同的特点和学习要求，对应考者进行切实有效的辅导，引导他们避免自学中可能出现的各种误区，把握社会助学的正确导向。

2. 要正确处理基础知识和应用能力的关系，努力引导应考者将识记、领会同应用联系起来，把基础知识和理论转化为应用能力，在全面辅导的基础上，着重培养和提高应考者分析问题和解决问题的能力。

3. 要正确处理重点和一般的关系。课程内容有重点和一般之分，但考试内容是全面的，而且重点与一般是相互联系的，不是截然分开的。社会助学者应指导应考者全面系统地学习教材，掌握全部考试内容和考核知识点，在此基础上再突出重点。总之，要把重点学习同兼顾一般结合起来，切勿孤立地抓重点，把应考者引向猜题、押题的误区。

六、对考核内容的说明

本大纲在考核目标中，按照识记、领会和应用三个层次规定应考者应达到的能力层次。三个能力层次是递进的等级关系，各个能力层次的含义是：

识记：知道有关的名词、概念、知识的含义，并能正确识别和表述。这是低层次的要求。

领会：在识记的基础上，能够全面把握基本概念、范畴、原理和方法，并能够准确说出有关概念、原理之间的区别与联系。这是较高层次的要求。

应用：在领会的基础上，能运用基本概念、原理和方法分析和解决有关的理论问题和实际问题，特别要考查理论联系实际的能力。

七、关于考试命题的若干规定

1. 本课程采用闭卷笔试方式进行考试，考试时间为 150 分钟，用黑（蓝）色笔作答。

2. 本课程的命题考试应根据本大纲所规定的考试内容和考核目标来确定考试范围和考核要求，不要任意扩大或缩小考试范围，或者提高或降低考核要求。考试命题范围一般要求覆盖到章，并适当突出重点章节的分量，而且对于某些原理还要进行跨章节的综合分析性的命题考核。

3. 试题中对不同能力层次要求的试题分数实行按比例配置，通常为：识记占 20%，领会占 40%，应用占 40%。

4. 要求合理安排试题的难度结构。试题难易程度可分为易、较易、较难和难四个级别。每份试卷中，不同难易度试题的分数依下述比例配置：易占 20%，较易占 30%，较难占 30%，难占 20%。

5. 考试试卷通常采用的题型有：单项选择题、多项选择题、简答题、论述题、案例分析题等。各种题型的具体形式参见本大纲“题型举例”。

6. 本课程考试满分为 100 分，达到 60 分者为合格，合格者得 6 学分，获得本课程的单科合格证书。

附录：题型举例

一、单项选择题（在每小题列出的备选项中只有一项是最符合题目要求的，请将其选出。）

1. 国家政权组织形式是国家权力的横向结构在国家政权组织原则和组织形式上的体现，即一个国家的统治阶级为了实现其统治需要而采用的一定的政权组织形式，也被称为（　　）。

A. 政体　　B. 国体　　C. 国家结构　　D. 国家机关

2. 我国的国家结构形式是（　　）。

A. 共和制　　B. 联邦制　　C. 邦联制　　D. 单一制

二、多项选择题（在每小题列出的备选项中至少有两项是符合题目要求的，请将其选出。错选、多选或少选均无分。）

1. 国家形式的基本内容包括（　　）。

A. 国家政权组织形式

B. 国家结构形式

C. 国家机关权力的具体运作方式和具体制度

D. 国体

E. 国家经济制度

2. 民族的特征包括（　　）。

A. 共同语言　　B. 共同地域　　C. 共同经济生活

D. 共同心理素质　　E. 共同期待

三、简答题

1. 简述国体与政体的关系。

2. 我国保障宗教信仰自由的基本政策。

四、论述题

论述中国新型政党制度的显著特征和优势。

五、案例分析题

案例呈现：

60 小时拿出施工图，5 天水电暖通全面到位，8 天完成施工顺利通电。武汉火神山医院奇迹般火速建成！面对新中国成立以来传播速度最快、感染范围最广、防控难度最大的重大突发公共卫生事件，武汉历经了一场磨难。然而，武汉并不是独自在战斗，背后站的是整个中国。1 月 25 日，大年初一，习近平总书记主持召开中央政治局常委会会议，向全国发出号令：各级党委和政府必须坚决服从党中央统一指挥、统一协调、统一调度，做到令行禁止。党政军民学总动员，东西南北中齐发动。在以习近平同志为核心的党中央坚强领导下，万众一心、全力奋战。一个月遏制了疫情蔓延势头，两个月将每日新增病例打到个位数以内，三个月取得了武汉保卫战的决定性胜利。

问题：结合社会主义国家的特征知识分析武汉保卫战的决定性胜利。

大纲后记

《政治学原理自学考试大纲》是根据《高等教育自学考试专业基本规范（2021年）》的要求，由全国高等教育自学考试指导委员会公共管理类专业委员会组织制定的。

全国考委公共管理专业委员会对本大纲组织审稿，根据审稿会意见由编者做了修改，最后由公共管理类专业委员会定稿。

本大纲由吉林大学周光辉教授担任主编，殷冬水教授和杨弘教授任副主编。参加审稿并提出修改意见的是南京大学郭忠华教授、华东政法大学任勇教授。

对参与本大纲编写和审稿的各位专家表示感谢。

全国高等教育自学考试指导委员会

公共管理类专业委员会

2023年5月

全国高等教育自学考试指定教材

政治学原理

全国高等教育自学考试指导委员会　组编

编写说明

2008 年，高等教育出版社出版了全国高等教育自学考试指定教材《政治学概论》（王惠岩、周光辉主编），该书自出版以来，受到广大考生的欢迎。2019 年，我们在此教材基础上，组建教材编写团队，完成了全国高等教育自学考试指定教材行政管理专业（专科）《政治学概论》的修订工作，该教材已由高等教育出版社出版。本教材是在前两部教材的基础上专门为专升本的自学考生编写的，是几代学者共同努力的结果。

在本教材的编写过程中，为了体现教材内容的稳定性和时代性的特点，我们坚持继承性与创新性相结合的原则，在保持前两部教材的主体框架的基础上，对教材框架进行了完善，吸收了学界已经出版的“政治学原理”课程教材和相关领域的最新研究成果，尤其是吸纳了新修订的马克思主义理论研究和建设工程重点教材《政治学概论（第二版）》的重要观点，将党的二十大精神全面融入教材的编写之中，力图帮助读者系统地掌握马克思主义政治学原理，树立马克思主义政治观，学会用马克思主义的立场、观点和方法观察、分析、认识各种政治现象，正确把握政治的本质及其在现实生活中的体现，坚持正确的政治方向和政治立场，注重理论与实践的结合。本教材注重反映当代中国实践变革，特别是进入新时代以来的政治实践，以读者为中心，力争实现专业性、知识性、通俗性、针对性四者的有机统一。

除导论之外，全书由十章构成，具体内容如下：

导论介绍了政治学的研究对象、研究领域、研究方法、历史发展以及学习“政治学原理”的意义和方法等一些入门性知识。

第一章介绍了国家的起源、国家的本质、国家的职能、国家的消亡等理论知识。

第二章介绍了国家历史类型、具体国家历史类型、国家历史类型的更替。

第三章介绍了国家权力与形式、国家政权组织形式、国家结构形式、社会主义中国的国家形式。

第四章介绍了国家机构的一般知识、西方国家的国家机构、社会主义中国的国家机构。

第五章介绍了政党的基本理论、政党制度及其主要类型、当代中国的政党与政党制度。

第六章介绍了政治民主的理论、西方资本主义民主、中国特色社会主义民主。

第七章介绍了政治文化的一般理论、政治社会化的一般理论、中国特色社会主义政治文化。

第八章介绍了政治发展的一般理论、政治发展的动力与途径、中国特色社会主义政治发展道路。

第九章介绍了民族与宗教的理论、当代世界的民族与宗教问题、中国的民族与宗教政策。

第十章介绍了国际政治的一般知识、时代主题及其特征、中国的对外政策。

本书编写团队由在高校中承担过“政治学原理”课程教学的主讲教师组成。导论部分由殷冬水教授执笔，第一章和第二章由齐宝江博士执笔，第三章由彭斌教授执笔，第四章由林奇富教授执笔，第五章由杨弘教授执笔，第六章由亓光教授执笔，第七章和第八章由殷冬水教授执笔，第九章由薛洁教授执笔，第十章由张等文教授执笔。本书由周光辉教授担任主编，殷冬水教授和杨弘教授担任副主编。

由于时间、能力水平等诸多因素的限制，书中难免存在错误和不妥之处，恳请广大读者和专家批评指正。

编者

2023 年 5 月

导 论

学习目标

通过本章的学习，理解何为政治、何为政治学、为何学习以及如何学习“政治学原理”。具体说来，要了解政治的含义与作用，在此基础上掌握政治学的研究对象、研究领域、研究方法、历史发展等知识，理解学习“政治学原理”的重要意义，掌握学习“政治学原理”的重要方法。

政治是人类社会一种特殊的历史现象，它产生于人与人之间的利益冲突。政治实质上是社会中经济上占统治地位的阶级，通过建立以强制力为核心的公共权力，调节利益分配、缓和社会冲突、提供公共产品和公共服务的活动。政治现象是复杂的，也是有规律的。政治学研究的目的就是要透过纷繁复杂的政治现象，揭示人类政治生活的基本规律，帮助人们认识政治现象，提升政治生活质量。马克思主义政治学的产生，在政治学发展史上具有划时代的革命意义，为人们认识政治现象及其发展规律提供了强大的理论武器。马克思主义认为，任何一种政治学说都是特定阶级利益和意志的反映。因此，政治学不可能成为纯粹的实证科学。本教材以马克思主义的立场、观点和方法为指导，系统分析人类政治生活的基本问题及其规律，是一本马克思主义政治学原理教材。

导论部分介绍了政治学的研究对象、研究方法、历史发展，以及学习“政治学原理”的意义和方法等入门性知识。

第一节　政治学的研究对象和研究方法

政治学是研究人类社会政治现象的一门社会学科，是社会科学的一个重要分支。要了解政治学的学科性质，界定政治学的研究对象，首先要了解政治的含义与作用。

一、政治的含义与作用

（一）政治的含义

在西方，“政治”这个概念是从希腊语的 Polis 一词演化而来的，它的最初含义是希腊的古代城邦，即城市国家。西方政治学的奠基人之一亚里士多德撰写的名著《政治学》，就是在这个意义上使用“政治”概念的。在古希腊的政治思想家看来，政治主要指的是国家的活动。这种认识至今仍有广泛影响。

在古代中国，“政治”一词在《尚书》《论语》《周礼》等古代典籍中就已经出现（“政”和“治”常常被分开使用）。当时“政治”一词被赋予的含义与古代西方思想家对于政治的理解是不同的。我国古代的“政治”，主要是统治的意思。它主要讲的是“治国之道”，即根据某种特定的道德伦理原则来建立国家、治理国家。这种将政治理解为“治国平天下”的观点在我国延续了 2 000 多年。

古往今来，不同思想家对政治的概念作出了不同解释，可将这些解释大致归纳为两类：一类是非马克思主义关于政治的解释，另一类是马克思主义关于政治的解释。

1. 非马克思主义关于政治的解释

（1）用道德的观点解释政治，把政治等同为伦理道德。

古代思想家用道德的观点解释政治，认为政治的最高目的就是使人和社会达到最高的道德境界。例如，我国古代儒家学派创始人、思想家孔子说：“政者，正也。子帅以正，孰敢不正?”①

① 杨伯峻．论语译注［M］. 2 版．北京：中华书局，2017：183.

他把"政"解释为"正"，所谓正就是正道，也就是符合礼义的道德。儒家强调"礼治""德政"，就是要统治者按照礼法来进行统治，强调统治者要具备良好的道德品质，以身作则，礼贤下士，善听劝谏，为民众着想，合理行使权力。西方古代思想家柏拉图和亚里士多德也把政治与伦理结合起来。柏拉图认为，人类最高的生活就是公道或正义的生活，这是政治活动的最高目的。亚里士多德也认为，在善业上"至高而广涵的社会团体就是所谓'城邦'"①，城邦（国家）的目的就是使人们过上一种有道德的生活。近代德国古典哲学的代表人物黑格尔认为，"国家是伦理理念的现实——是作为显示出来的、自知的实体性意志的伦理精神"②。所有这些观点都把政治作为一种道德活动，我们称其为"伦理"或"道德"政治观。

（2）认为政治是一种法律现象，将政治说成是立法和执法的过程。

持这种观点的学者认为，政治是一种法律现象，政治过程主要体现为立法和执法的过程。政治研究的主要对象是国家，而国家是为了制定法律和执行法律而设置的。国家作为一个法人，是权利与义务的主体，它拥有独立的人格，具有表达意志及行动的能力。如纯粹法学派代表人物凯尔森指出的那样，"国家是由国内的（不同于国际的）法律秩序创造的共同体。国家作为法人是这一共同体或构成这一共同体的国内法律秩序的人格化"③。

（3）将政治视为围绕权力而展开的获取权力、运用权力和巩固权力的活动。

持这种观点的学者主要是从权力的角度来定义政治的。例如，文艺复兴时期意大利思想家马基雅维里提出，政治是君主夺取国家政权和维护其统治的权术活动。在《君主论》中，马基雅维里指出，君主"要保持国家（stato），常常不得不背信弃义，不讲仁慈，悖乎人道，违反神道"④，政治就是人与人之间争夺权力的斗争。我国古代的法家也把政治理解为对权力的追逐和运用。法家思想的集大成者韩非认为政治就是用权，如其所言，"先王所期者利也，所用者力也"⑤。从权力的角度来理解政治的观点影响深远。例如，德国社会学家马克斯·韦伯认为，政治意指"争取分享权力或者争取对权力分配施加影响"⑥。美国政治学家拉斯韦尔和卡普兰说："作为一门经验学科，政治科学研究权力的形成与分享。"⑦ 英国政治学家海伍德则断言，"所有政治都是关乎权力的。政治实践经常被视为权力的运作，学术研究的主题本质上是权力的研究。毫无疑问，政治学的学者是研究权力的学者：他们试图知道谁拥有权力，权力是如何使用的，以及在什么基础上被行使"⑧。

（4）将政治看作管理公共事务的活动。

我国近代民主革命先驱孙中山先生指出："政治两字的意思，浅而言之，政就是众人的事，治就是管理，管理众人的事便是政治。有管理众人之事的力量，便是政权。"⑨ 他认为："国家最大的问题就是政治，如果政治不良，在国家里头无论什么问题都不能解

① 亚里士多德．政治学［M]．北京：商务印书馆，1965：3.

② 黑格尔．法哲学原理［M]．北京：商务印书馆，2017：288.

③ 凯尔森．法与国家的一般理论［M]．北京：商务印书馆，2013：269.

④ 尼科洛·马基雅维里．君主论［M]．北京：商务印书馆，2009：85.

⑤ 高华平，王齐洲，张三夕．韩非子［M]．北京：中华书局，2010：407.

⑥ 马克斯·韦伯．经济与社会（下卷）［M]．北京：商务印书馆，1997：731.

⑦ 哈罗德·D拉斯韦尔，亚伯拉罕·卡普兰．权力与社会：一项政治研究的框架［M]．上海：上海人民出版社，2012：5.

⑧ Andrew Heywood. Political theory：an introduction［M]. New York：Palgrave Macmillan，2004：121.

⑨ 孙中山．孙中山选集：下［M]. 2版．北京：人民出版社，2011：719.

决。”① 在西方，也有一些学者将政治视为管理或与管理有关的活动。例如，美国政治学家杰弗里·庞顿和彼得·吉尔认为：“我们把政治界定为与社会事务的治理以及个人和群体对这种治理所具有的控制力相关的安排。”②

（5）把政治解释为一种有关社会价值权威性分配的活动。

从决策或分配的角度来定义政治，是将政治视为围绕政府决策所进行的各种社会活动。在这些观点中，最具影响力的政治概念是美国政治学家戴维·伊斯顿提出的。他在《政治体系——政治学状况研究》一书中提出，“为了便于实际研究，有必要把政治学描绘成探讨人们如何为一个社会进行权威性价值分配的问题”③。

这些对政治含义的不同理解与分析，反映了不同历史时期人们对政治含义的不同认识，这些认识从各自的角度揭示了政治的某一方面特征，具有一定的合理性。然而，上述各种观点都只是从某一个侧面说明了政治的某些特征，都没有触及政治这一社会现象的本质。这些认识都未能深入政治的本质，属于非马克思主义关于政治的解释。马克思主义政治学说的特征，就在于它从根本上阐明了政治活动的实质，从而对政治的含义作出了科学的解释。虽然马克思主义经典作家没有专门、系统地对政治下定义，但他们在不同场合从不同角度都对政治的含义作过深刻的论述。

马克思主义关于政治的解释

2. 马克思主义关于政治的解释

马克思主义从政治与经济关系的角度入手挖掘政治的本质，将人们对政治的认识提升到一个新高度。马克思、恩格斯在《共产党宣言》中指出，“一切阶级斗争都是政治斗争”④。列宁说，“政治就是各阶级之间的斗争”⑤，“政治是经济的集中表现”⑥。政治就是参与国家事务，给国家定方向，确定国家的活动方式、任务和内容。毛泽东也曾指出：“政治，不论革命的和反革命的，都是阶级对阶级的斗争，不是少数个人的行为。”⑦ 根据马克思主义经典作家对政治的论述，可以将政治的实质和含义归纳为以下五个方面：

（1）政治是建立在一定经济基础之上的上层建筑。

马克思主义认为，政治是经济的集中表现，是建立在一定经济基础之上的上层建筑。这些上层建筑主要是由一个国家的政治法律制度、以国家政权机构为主体的各类政治组织机构、以核心价值观为主干的政治意识形态以及在此基础上产生的政治行为等构成的。马克思主义认为，政治不是脱离经济而孤立存在的，政治的性质由经济基础的性质来决定，但又反作用于经济基础。作为生产关系总和的经济基础，决定着社会的阶级结构、特定阶级的经济地位和经济利益，决定着一个国家的政治法律制度、组织和设施等以及相应的意识形态的状况。政治和经济之间相互影响、相互作用，因而，有什么样的经济关系，就会

① 孙中山．孙中山选集：下［M］．2版．北京：人民出版社，2011：766.
② 杰弗里·庞顿，彼得·吉尔．政治学导论［M］．北京：社会科学文献出版社，2003：9.
③ 戴维·伊斯顿．政治体系——政治学状况研究［M］．北京：商务印书馆，1993：123.
④ 马克思，恩格斯．共产党宣言［M］．北京：人民出版社，2018：37.
⑤ 列宁．列宁选集：第4卷［M］．3版．北京：人民出版社，2012：308.
⑥ 同⑤407.
⑦ 毛泽东．毛泽东选集：第3卷［M］．2版．北京：人民出版社，1991：866.

有什么样的政治关系。一切脱离经济关系而孤立地谈政治关系的观点是错误的。强调经济对政治的决定作用，是马克思主义的根本特征。

（2）政治是以一定的利益和利益关系为基本内容的社会关系。

马克思主义认为，利益是政治关系的基础，政治归根结底是处理和协调不同个人、群体之间的利益关系。从这一意义上说，政治本质上是以一定的利益和利益关系为基本内容的社会关系。然而，需要强调的是，政治考虑的不是泛泛的利益关系问题，而是以阶级为最终归属的群体性的利益关系。阶级关系是政治活动的主导因素，一切政治关系均直接表现为或最终可归结为阶级关系。

在阶级社会中，阶级性是政治的根本特点。阶级关系包括敌对阶级之间以及其他类型的阶级关系，主要有统治阶级与被统治阶级的关系、领导阶级与同盟者的关系、统治阶级内部的关系等。在人民掌握政权、消灭了阶级剥削的社会主义社会，共产党领导工人阶级和劳动人民建立了自己的国家政权和社会主义经济基础。在这样的历史条件下，阶级斗争虽然在一定范围内还将长期存在，在某种条件下甚至还有可能激化，但阶级矛盾已不再是社会的主要矛盾，政治的主要内容已不再是阶级斗争，而是协调和处理好人民内部各阶级和阶层之间的关系。

（3）政治的根本问题是国家政权问题。

政治活动是围绕国家政权展开的活动。列宁指出，国家政权“是全部政治的基本问题，根本问题”①。政治既关注国家政权的获得，也关注国家政权的运行和对社会的治理。国家政权问题涉及丰富的内容，不仅涉及国家政权本身的一系列问题，如国家的性质及各项职能、国家权力结构与治理形式、国家机构设置及其运作等，而且包括通过国家政权对社会生活各方面所实施的各种管理活动。在阶级社会，任何阶级要取得、巩固和发展自己的政治统治，实现本阶级的利益和目标，都要掌握国家政权，有效控制和运用国家机器，优化国家运行机制。在人民掌握政权的社会主义社会，国家政权的主要任务是处理人民内部矛盾，协调利益关系，促进社会和谐。在社会主义社会，除一定范围内还存在着的阶级斗争这一政治问题外，政治主要由执政党通过国家制定和组织实施的有关经济社会文化生态建设和发展的一系列重大决策，通过国家政权实现、维护和发展人民利益要求的大政方针和重大举措等活动构成。

（4）政治的核心是政治权力。

任何阶级要实现自己的目的，都必须掌握对国家或社会的最高统治权。无论是剥削阶级占统治地位的社会，还是人民掌握政权的社会，政治关系的存在与解决都是通过政治权力实现的。政治权力的中心问题是国家，它是关系全部政治的主要的和根本的问题。它包括公共权力即国家如何产生，统治阶级如何利用国家进行统治；被统治阶级如何反对统治者直至最后夺取政权；在人民掌握政权的条件下，人民如何运用政权实现自己的利益和镇压敌对势力的反抗，如何通过政权来协调和解决人民内部的矛盾和利益关系；等等。

（5）政治是科学性与艺术性的有机统一。

马克思主义认为，政治是科学，也是艺术。政治作为一种社会现象是有规律可循的，也是可以运用科学的方法来认识和把握的。政治生活同其他社会生活一样，错综复杂而又

---

① 列宁．列宁选集：第4卷［M］.3版．北京：人民出版社，2012：25.

处于不断发展变化之中，具有不以人的意志为转移的客观规律性。人们通过对政治现象背后的规律的研究，形成有关政治发展的知识和理论，用这些知识和理论来指导政治实践活动。列宁指出，“政治是一门科学，是一种艺术”①。具体说来，政治是统治阶级如何利用政权扩大自己、争取同盟者、打击敌人的一种艺术。

总之，根据马克思主义关于政治的解释，可对政治的含义作如下界定：政治是经济的集中表现，是建立在一定经济基础之上的上层建筑，是通过谋取和运用国家政权治理国家和社会各种社会活动及社会关系的总和，是科学性与艺术性的有机统一。

综上所述，非马克思主义和马克思主义关于政治的解释的区别见表 0－1。

表 0－1　非马克思主义和马克思主义关于政治的解释

非马克思主义关于政治的解释	马克思主义关于政治的解释
1. 用道德的观点解释政治，把政治等同为伦理道德。 2. 政治是一种法律现象，将政治说成是立法和执法的过程。 3. 将政治视为围绕权力而展开的获取权力、运用权力和巩固权力的活动。 4. 政治是管理公共事务的活动。 5. 政治是社会价值的权威性分配活动。	1. 政治是建立在一定经济基础之上的上层建筑。 2. 政治是以一定的利益和利益关系为基本内容的社会关系。 3. 政治的根本问题是国家政权问题。 4. 政治的核心是政治权力。 5. 政治是科学性与艺术性的有机统一。

政治在社会生活中的作用

（二）政治的作用

在现实生活中，我们关注政治的含义，揭示政治活动的规律，一个极为重要的原因是政治在很大程度上影响和决定了我们每个人的生活质量。

1. 推动经济发展

政治是推动一个国家经济发展的重要力量。政治决策水平影响一个国家的经济发展水平。例如，在我国，经济建设是党和政府的中心工作。邓小平指出，“经济长期处于停滞状态总不能叫社会主义。人民生活长期停止在很低的水平总不能叫社会主义”②，“讲社会主义，首先就要使生产力发展，这是主要的。只有这样，才能表明社会主义的优越性”③。习近平总书记指出：“能不能驾驭好世界第二大经济体，能不能保持经济社会持续健康发展，从根本上讲取决于党在经济社会发展中的领导核心作用发挥得好不好。”④ 党的十八大以来，以习近平同志为核心的党中央，加强对经济工作的战略谋划和统一领导，完善党领导经济工作体制机制，做出坚持以高质量发展为主题、以供给侧结构性改革为主线、建设现代化经济体系、把握扩大内需战略基点，打好防范化解重大风险、精准脱贫、污染防治三大攻坚战等重大决策。

2. 维护社会稳定

政治是维护社会稳定的重要力量。邓小平指出，“中国人这么多，底子这么薄，没有安定团结的政治环境，没有稳定的社会秩序，什么事也干不成。稳定压倒一切。”⑤ 英国

---

① 列宁．列宁选集：第 4 卷［M］.3 版．北京：人民出版社，2012：189.
② 邓小平．邓小平文选：第 2 卷［M］.2 版．北京：人民出版社，1994：312.
③ 同②314.
④ 中共中央文献研究室．十八大以来重要文献选编（中）［M］. 北京：中央文献出版社，2016：834.
⑤ 邓小平．邓小平文选：第 3 卷［M］. 北京：人民出版社，1993：331.

政治思想家托马斯·霍布斯在其著作《利维坦》中指出，国家的主要责任是维护社会秩序，为人民提供一个安全生活的环境。没有国家，或者国家能力低下，人类就会陷入“一切人反对一切人”的战争状态。在这一状态下，“产业是无法存在的，因为其成果不稳定。这样一来，举凡土地的栽培、航海、外洋进口商品的运用、舒适的建筑、移动与卸除须费巨大力量的物体的工具、地貌的知识、时间的记载、文艺、文学、社会等等都将不存在。最糟糕的是人们不断处于暴力死亡的恐惧和危险中，人的生活孤独、贫困、卑污、残忍而短寿”[①]。恩格斯指出，国家是“一种表面上凌驾于社会之上的力量，这种力量应当缓和冲突，把冲突保持在‘秩序’的范围以内”[②]。

3. 促进社会变革

政治还是推动社会变革的重要力量。例如，“从新中国成立到改革开放前夕，党领导人民完成社会主义革命，消灭一切剥削制度，实现了中华民族有史以来最为广泛而深刻的社会变革”[③]。十八大以来，党和政府大力推进社会建设，通过社会建设来促进社会变革，坚持服务为先，以保障和改善民生为重点，着力解决人民最关心、最直接和最现实的利益问题。在社会建设中，既要尽力而为，又要量力而行，“深入贯彻以人民为中心的发展思想，在幼有所育、学有所教、劳有所得、病有所医、老有所养、住有所居、弱有所扶上持续用力，人民生活全方位改善。人均预期寿命增长到七十八点二岁。居民人均可支配收入从一万六千五百元增加到三万五千一百元。城镇新增就业年均一千三百万人以上。建成世界上规模最大的教育体系、社会保障体系、医疗卫生体系，教育普及水平实现历史性跨越，基本养老保险覆盖十亿四千万人，基本医疗保险参保率稳定在百分之九十五。及时调整生育政策。改造棚户区住房四千二百多万套，改造农村危房二千四百多万户，城乡居民住房条件明显改善。互联网上网人数达十亿三千万人。人民群众获得感、幸福感、安全感更加充实、更有保障、更可持续，共同富裕取得新成效”[④]。

二、政治学的研究对象和研究领域

政治学的研究对象

（一）政治学的研究对象

政治学的研究对象往往与人们对政治的理解相关。在现实生活中，人们往往根据自己对政治含义的不同理解来确定政治学的具体研究对象。比如，一些人认为，“‘政治’就是：争取分享权力或者争取对权力分配施加影响”[⑤]。一些人认为，政治“意指政府的艺术，也就是制定与实施集体政策，在社会中施加控制”[⑥]。还有一些人认为，“政治是人类集体生活的一种组织和安排，在这种组

① 托马斯·霍布斯．利维坦［M］．北京：商务印书馆，2009：95．

② 恩格斯．家庭、私有制和国家的起源［M］．北京：人民出版社，2018：189．

③ 中共中央关于党的百年奋斗重大成就和历史经验的决议［M］．北京：人民出版社，2021：14．

④ 习近平．高举中国特色社会主义伟大旗帜　为全面建设社会主义现代化国家而团结奋斗——在中国共产党第二十次全国代表大会上的报告［M］．北京：人民出版社，2022：10－11．

⑤ 马克斯·韦伯．经济与社会［M］．北京：商务印书馆，1997：731．

⑥ 安德鲁·海伍德．政治学［M］．3版．北京：中国人民大学出版社，2013：5．

织和安排之下，各种组织、团体和个人通过一定的程序，实施对集体决策的影响”①。

与其他社会科学分支一样，政治学有明确的研究对象。一般说来，政治学以社会政治现象及其发展规律作为研究对象。在所有社会政治现象中，国家处于中心位置，因而，围绕国家政权形成和发展的各种问题，成为政治学研究的主要对象。从这一意义上说，政治学是研究以国家现象为核心的各种政治现象及其发展规律的科学。

马克思主义认为，政治活动的核心是国家政权。国家政权是所有阶级社会上层建筑的核心部分。因此，政治学应当抓住政治中最本质、最主要、最根本的东西，即国家政权问题作为基本的研究对象。著名政治学家迦纳也认为：“国家这种特有的现象构成政治学研究的主题，因此，政治学是一门研究国家现象的科学。”② 具体说来，政治学研究的主要对象包括国家的起源、国家政权的性质、国家类型及其更替、国家政权组织形式和国家结构形式、保证国家机器运转的各项规则和制度、国家（政府）的职能与机构设置、国家活动的组织与管理、国家战略方略和方针政策的制定与实施、国家建设与发展、国家与国家之间的关系、国家兴衰，等等。这就要求政治学根据一定的社会经济条件和阶级状况来揭示国家的产生、发展和消亡的规律，研究各种国家形态更替和政权组织形式变化的规律；研究国家活动和职能及其得以实现的方式和手段；研究国家制定政策，处理阶级关系、民族关系和其他各种政治关系及问题的方式与方法。

需要强调的是，国家是政治现象的主要内容，并不等于说国家现象就是政治现象的全部内容。同国家密切关联的其他政治现象，如政党和政党制度、政治团体、政治参与、政治文化、民族与宗教等，都属于政治学的研究对象。将国家作为政治学的主要研究对象，抓住了事物的根本，但是，政治学的研究对象却不应仅限于国家。如果仅仅将政治学视为研究国家的学问，会降低政治学的解释力。

政治学是研究以国家为核心的各种政治现象、政治关系、政治活动及其发展规律的科学。政治学的研究对象应区分为两个层次：第一，从狭义的角度而言，政治学要以国家为研究对象，即政治学要研究国家的活动、形式、关系及其发展规律等；第二，从广义的角度而言，政治学要以公共权力为研究对象，研究以公共权力为中心的政治思想、政治文化、政治制度、政治关系、政治行为的内容和规律，研究同国家密切相关的政治现象和政治问题，如政党和政党制度、政治团体、政治参与、政治文化、民族与宗教等。

根据政治学的研究对象，可将政治学与其他学科区别开来。例如，哲学作为人类自然知识和社会知识的高度总结和抽象概括，它所探求的是自然界、社会和人类思维发展的一般规律。因此，哲学始终居于人类知识的最高层次，属于社会意识的最高形式。经济学是研究各种经济关系和经济活动规律的科学，它大体分为政治经济学、市场经济学、宏观经济学和微观经济学等。经济学所要解决的主要是“效益”问题，即如何有效利用有限资源生产出更多的商品，创造更大的利润，增加社会财富的总量。政治学所关心的主要是“怎样实现公平和社会正义”的问题，也就是如何在社会成员中合理地分配社会价值的问题。如果把要生产和分配的东西比作一块蛋糕，经济学关心的主要是如何有效利用原材料把这

① 燕继荣．政治学十五讲［M］．北京：北京大学出版社，2004：5.

② 迦纳．政治科学与政府［M］．北京：商务印书馆，1946：7.

块蛋糕制作得又大又好，而政治学关心的主要是如何把这块蛋糕合理地分配给社会成员，以实现某种特定的政治价值原则。法学以人类社会的强制性行为规范法律作为研究对象。政治学与法学虽然有着非常密切的联系，但它们各自的研究重点却是不同的。政治学研究的是人类社会中的权力现象，特别是公共权力以及围绕公共权力而展开的各类现象，权力是其研究的核心。而法学的研究对象则以特定的法律主体的权利和义务关系为重点，即研究立法、执法、守法、司法中人们权利和义务界限的确定、规范化、制度化以及权利的行使、义务的履行等一系列活动。

（二）政治学的研究领域

政治学研究对象的界定，规定了政治学研究的内涵。依据研究对象这一内涵，可以划分出政治学的研究领域。由于人们对政治学研究对象的理解和把握不同，因此，人们对政治学研究领域的划分也存在不同看法。

1948 年，在联合国教科文组织举办的主题为“政治科学中的研究方法”的国际学术会议上，政治学研究被划分为政治理论，政治制度，政党、舆论和政治团体，国际政治四个研究领域。1975 年，美国政治学学者格林斯坦和波尔斯比编辑的《政治学手册》把政治学研究领域划分为八类，即政治学的范围与理论、微观政治学、宏观政治学、非政府政治、政府体制与过程、政策与政策制定、研究方略、国际政治，研究方法成为政治学研究的一个分支。[①] 1996 年，美国政治学家古丁等编辑的《政治科学新手册》，把现代政治学科的分支学科和研究领域划分为八个部分，即政治制度、政治行为、比较政治学、国际关系、政治理论、公共政策与行政、政治经济学、政治科学方法论。[②]

为了适应时代发展的需要，根据我国社会主义民主政治建设的特点，以马克思主义理论为指导，吸取各国政治学发展所积累的研究成果，可将政治学的研究范围归纳为下述领域，如图 0－1 所示。

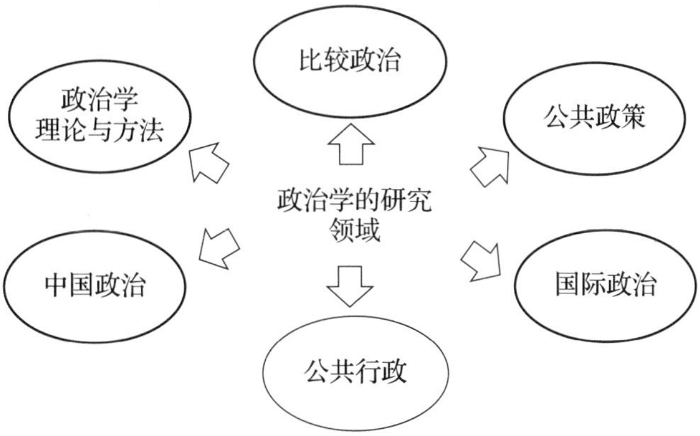

图 0－1 政治学的研究领域

1. 政治学理论与方法

政治学理论与方法是政治学的一个重要研究领域。该研究领域是政治学的基础与核

① 格林斯坦，波尔斯比．政治学手册精选（上卷）[M]．北京：商务印书馆，1996：5.

② 罗伯特·古丁，汉斯-迪特尔·克林格曼．政治科学新手册 [M]．北京：生活·读书·新知三联书店，2006：1－9.

心，主要关注建立政治制度和指导国家政治活动的基本原理，以及研究政治现象和揭示政治规律的研究方法。该研究领域主要包括马克思主义政治学基本原理和马克思主义经典作家的政治学代表作的研究、马克思主义政治学中国化的重大理论成果及其发展的研究、中外政治哲学和政治思想的研究、政治学各分支领域或者交叉学科的专门理论如政治发展理论和政治权力理论等方面的研究，以及政治学研究方法的研究。

2. 中国政治

中国政治是我国政治学的主要研究领域。该研究领域的主要任务是总结我国国家建设与国家治理的经验，为推动国家治理体系和治理能力现代化、全面建成社会主义现代化强国提供智力支持。该研究领域主要研究中国政治史、中国政治制度史、当代中国政治制度、当代中国政党与政治、当代中国政府与政治、当代中国国家治理、中国共产党建设等。

3. 比较政治

比较政治是政治学研究的一个重要研究领域。该领域通过横向的现实比较研究和纵向的历史比较研究，旨在揭示各国政治发展的差异性和规律性。比较政治主要研究比较政治学理论与方法、比较政治哲学与价值、比较政治制度与公共政策、比较政治过程和政治行为、政治发展和不同的发展模式比较分析等内容。

4. 公共行政

公共行政是政治学的分支学科，也是政治学的一个重要研究领域。公共行政重点研究公共行政的基本理论和原理、行政权力与政府职能、行政管理体制机制、行政机构设置与运行、中央政府和地方政府及其相互关系、国家公务员制度、公共财政与国家预算制度、领导科学、政府治理、城市治理等内容。

5. 公共政策

公共政策也是政治学的一个研究领域，这是近代实证科学方法进入政治学领域后所出现的一个新的研究领域。该研究领域主要研究公共政策主体及其相互关系，公共政策的政治功能与目标选择，公共政策决策体制与运行机制，公共政策过程，公共决策的科学化、民主化和法制化等。

6. 国际政治

政治学不仅研究国内政治，而且研究国家间的政治，即国际政治。目前，我国已与世界上 100 多个国家和地区建立了外交关系，这就需要我们熟悉国际形势，了解当代国际关系的历史背景、世界政治格局的演变过程和各国对外政策的来龙去脉。国际政治学是现代社会出现的一门新的学科，主要包括：国际政治和国际关系理论、国际组织、国际法、时代主题与世界政治格局、世界性和地区性冲突、战争与和平、民族和宗教问题、国际战略研究、中国外交史、当代中国外交战略与政策等。

总之，由于政治学的研究领域日益广泛，它的分支学科也将越来越细。随着社会的发展，政治学的内部学科分类也一定会不断变化。从目前来看，上述分类比较符合我国政治学的现状。“政治学原理”这门课程主要是根据政治学的研究内涵即对象形成的理论体系。政治学研究的外延部分则由相应专门的研究领域课程或分支学科组成。“政治学原理”虽不能囊括所有政治学研究的范围，但它对政治学的所有研究领域都具有指导作用，是政治学研究的理论基础，是学好其他课程的基础。

三、政治学的研究方法

一般而言，研究方法指的是在研究过程中用来发现新现象、新事物，或者提出新理论、新观点，揭示事物内在规律的工具和手段的总称。与其他社会科学研究门类一样，政治学不仅有其研究对象和研究领域，而且有其研究方法。

马克思主义政治学的研究方法是辩证唯物主义和历史唯物主义。它要求辩证地、客观地认识和分析政治现象，从一定的历史条件出发考察政治现象，从社会经济生活中探究政治发展的动因，指出政治活动与社会物质存在之间的矛盾和内在联系。它要求透过现象看本质，真正揭示政治现象的客观性和规律性。

马克思主义政治学的研究方法主要包括下述几种。

（一）矛盾分析方法

矛盾分析方法是唯物辩证法的基本方法，是马克思主义对立统一思想方法在政治学研究中的运用。矛盾分析方法是通过深入观察各种政治现象，认识存在于政治关系和政治生活中的矛盾，科学分析矛盾，把握矛盾的本质、发生发展的原因和方向，进而提出解决矛盾的方法。

唯物辩证法认为，世界是物质的，物质是运动的，运动是有规律的。矛盾是事物的本质属性，是事物发展变化的根本动因。任何事物总是作为矛盾系统而存在，时时有矛盾，事事有矛盾，没有矛盾就不会有客观世界及其发展变化。承认矛盾的普遍性是一切科学认识的首要前提。因而，科学研究就是在唯物论的基础上对事物的矛盾展开研究，揭示矛盾，认识和解决矛盾。

矛盾分析方法贯穿于马克思主义经典作家的著作，例如，马克思在《资本论》中分析了资本主义社会的矛盾及其运动规律，毛泽东在《关于正确处理人民内部矛盾的问题》中分析了社会主义社会的矛盾及其运动规律，等等。

（二）历史分析方法

历史分析方法要求把政治现象放在它所产生的特定的历史条件和背景下加以分析与研究，从政治现象的产生、发展和演变的角度来探讨政治活动和政治关系发展的规律性，预测政治现象的发展趋势。

历史分析方法强调，任何政治现象都不是孤立地产生的，每一具体的政治现象总是与特定的历史背景和历史条件相联系的。在政治分析的过程中，只有把政治现象放到其发生的历史背景下进行分析和研究，才能发现政治现象产生、存在和发展变化的原因，揭示政治现象之间的联系，把握政治现状和未来发展，掌握政治发展的规律。历史分析方法并不停留于历史表象的描述，而是要透过历史现象总结历史经验，深入分析政治历史及其发展的本质联系，帮助人们认识和解决新问题。

（三）经济分析方法

马克思主义经济分析方法是从经济关系入手来分析政治现象和政治关系的一种分析方法。在马克思主义看来，诸如生产、交换、分配和消费等社会经济活动中的社会生产关系，构成了一个社会的经济基础，决定着社会政治活动和政治结构的性质、原则、方式和形式。从经济关系与政治关系之间的关系角度看，经济关系的发展变化是政治关系发展变化的动力。与此同时，政治又具有相对独立性，对经济发展有能动的反作用，政治通过保护相应社会的经济基础来推动或者阻碍社会生产力的发展。马克思主义经济分析方法是揭示社会结构和政治变迁的根本原因与发展规律的基本方法。

（四）阶级分析方法

马克思主义认为，阶级是人们在社会生产中所处的地位和他们对生产资料的占有关系的差异而造成的社会差异群体。在社会生产活动中，由于人们在社会生产体系中所处的地位不同，与生产资料的关系不同，同时在社会劳动组织中所起的作用也不同，因此人们取得归自己支配的那份社会财富的方式和多寡也不同，从而形成了不同的阶级。

不同阶级之间的利益关系必然会反映到政治上来，因此，政治具有明显的阶级属性。阶级分析方法要求在考察阶级社会中的政治现象时，重点分析这种现象背后的阶级基础和阶级关系，揭示特定政治现象背后的阶级本质。阶级分析方法的实质就是要运用阶级学说说明政治现象，把握政治规律，“把政治冲突归结为由经济发展所造成的现有各社会阶级以及各阶级集团的利益的斗争”①。

（五）比较研究方法

比较研究方法是马克思主义政治学的一个重要研究方法。比较研究方法是通过分析两个或两个以上的政治现象的相同点和相异点，来发现政治现象本质和规律的方法，通俗地说，这种方法就是“同中求异、异中求同”的方法。它可以采取纵向比较，也可以采取横向比较。纵向比较是从历史的角度来比较政治现象，即比较过去、现在和未来的政治现象；横向比较是比较同一历史阶段的不同政治现象，如对当代西方各种政治制度的比较研究。如同马克思指出的那样，极为相似的事发生在不同的历史环境之中，会引起完全不同的结果，正确的研究方法应当是“把这些演变中的每一个都分别加以研究，然后再把它们加以比较”，从而“找到理解这种现象的钥匙”②。

（六）调查研究方法

调查研究方法也是马克思主义政治学的一个重要研究方法。调查研究方法是力求在对客观事物切实认识的基础上分析和解决问题的方法。调查研究方法强调通过调查了解客观情况，获取第一手材料，对获取的材料进行去粗取精、去伪存真、由此及彼、由表及里的科学分析，以求得对政治问题全面、准确、真实的把握，从而得出科学的结论。科学的调查研究，其主要目的在于发现问题，占有充分的材料，以正确分析问题，最终达到解决问题的目的。毛泽东指出：“没有调查，没有发言权”③，“调查就是解决问题”④。

此外，当代政治学研究还运用多学科综合研究的方法，以便从各个方面和各种角度来分析和考察政治现象。当代政治学与其他社会科学和许多自然科学相互交叉，并因此出现

---

① 马克思，恩格斯．马克思恩格斯文集：第4卷［M］．北京：人民出版社，2009：535.

② 马克思，恩格斯．马克思恩格斯文集：第3卷［M］．北京：人民出版社，2009：466－467.

③ 毛泽东．毛泽东选集：第1卷［M］．2版．北京：人民出版社，1991：109.

④ 同③110－111.

了一系列新的边缘学科，如政治社会学、政治心理学、政治经济学、地缘政治学、生态政治学、政治人类学、计量政治学等。目前，这种跨学科式的综合研究方法虽然还不够成熟，但这一趋向标志着政治学研究正在不断向深度和广度发展，它将对政治学方法论的革新产生深远影响。

第二节 政治学的历史发展

政治学是一门有着悠久历史的学科，是在人类社会漫长的历史进程中发展而来的。政治学的发展以人类丰富的政治实践为基础。

一、政治学在古代的发展

（一）中国古代的政治思想

中国古代社会实行的主要是君主专制的政体形式，以君主制政体形式来组织政权。自秦汉以来，中央集权的君主专制制度成为 2 000 多年封建社会的基本国家制度。在政治思想方面，虽然也有君权神授的学说来论证君主权力的合法性，但政治理论的主要内容是阐述如何治理国家、如何治国平天下的道理。

春秋战国时期是我国奴隶制瓦解、封建制形成的历史转折时期，在这种社会关系大动荡条件下出现的“百家争鸣”局面，实际上是各种政治思想之间的论战。这个时期产生了许多著名思想家，如孔子、孟子、荀子、墨子、老子、庄子、韩非子等。他们都对如何治国平天下发表了许多精辟见解，其中大部分观点在我国历史上一直是各派政治家、思想家所争论的主题。从这个意义上说，政治学虽然在中国古代没有成为一门独立的学科，但就其研究的内容而言，已经具有 2 000 多年的悠久历史。

在先秦时代的诸子百家中，对我国政治生活影响最为深远的是以孔子、孟子为代表的儒家政治思想，以老子、庄子为代表的道家政治思想，以韩非子为代表的法家政治思想。儒、道、法三家，在我国社会的政治思想发展史上具有重要的代表意义。儒、法、道三家的治平之学，各有特点、互相对立、互相渗透。我国 2 000 多年的封建统治，正是这三派思想交错运用、互为表里和互相补充的历史。

由孔子所创立、孟子进一步发展和完善的儒家学派，是我国历史上影响最大的学派，长期占据着思想统治地位，其主要典籍是《论语》和《孟子》。儒家的政治学说，概括起来主要有两个方面内容。一是坚持“为国以礼”① 的政治原则，这就是所谓的“礼治”。孔子的目的就是以周代的礼法来调整人与人之间的相互关系。二是儒家学派提出的“为政以德”② 的治国之道，即所谓的“德治”思想。孔子注重对人的道德教化，反对单靠政令、刑罚来维持社会统治；注重用“宽厚”的办法来进行统治，要求统治者加强自身的道德修养。孔子所提出的这种统治方略，经过孟子的进一步阐释和发展，又被归结为“以德

---

① 杨伯峻．论语译注［M］．2 版．北京：中华书局，2017：171.

② 同①14.

行仁”的“王道”，并以此来反对“以力假仁”的“霸道”。

法家是与儒家相对立的主要流派。韩非子是先秦法家思想的集大成者，代表作品《韩非子》。他反对孟子的“仁政”和“王道”，主张“霸道”和“以法治国”。他把慎到的“势”、商鞅的“法”、申不害的“术”融为一体，形成了一整套法家的治国理论。他对君主的统治术作了较为详细的描述，其中许多思想比马基雅维里的《君主论》早 1 700 多年。

儒家与法家的治国思想虽然各自持着“德治”和“法治”以及“王道”和“霸道”两种治国原则，但它们都主张以积极的手段来治理国家。老子和庄子的政治思想则与此相反，他们主张采用消极无为的手段来进行政治统治。所谓“无为而治”，就是要求国家尽可能不去干扰人们的社会生活。但这并非意味着统治者应该放弃对国家的治理。老子说过：“为无为，则无不治。”① 由此可见，他的目标还是要达到“治”，具体而言，就是实现“小国寡民”② 的理想社会。老子“无为而治”的治国思想，一直被历代统治者作为一种补充性手段，用来缓和阶级矛盾，维持政治统治，并在实际政治生活中与儒家、法家思想一道起着重要的互补作用。

（二）西方古代和中世纪的政治思想

西方政治思想最早发端于古希腊社会，其主要代表人物是柏拉图和亚里士多德。柏拉图是古希腊时代著名思想家，他在其代表作《理想国》中提出了自己的政治理想。这本书一直被视为西方政治思想的最初萌芽。与柏拉图不同，亚里士多德则是西方社会第一个试图将政治问题与伦理问题加以区别的思想家。他认为伦理学研究的是个人的善，政治学研究的则是群体的善，因而，他试图在理想的政治组织和政治关系中寻求善的生活。亚里士多德生活的时代，正值古希腊城邦奴隶制国家不断走向解体的时期。为了挽救当时摇摇欲坠的城邦制度，他在总结古希腊 158 个城邦国家的治国经验和教训的基础上，写下了《政治学》这部对后世影响深远的传世之作。

在这部著作中，亚里士多德从“人是天生的政治动物”这一命题出发，系统地阐述了他关于国家的起源、性质、目的、任务和活动原则的观点，提出了关于公共权力的性质、国家政体分类以及法治理论。他认为最好的城邦政治，是以中产阶级为基础的民主政治。这些概念和理论的出现，奠定了西方政治学的基本范畴和体系，在西方政治思想史上产生了深远的影响。正因如此，亚里士多德的《政治学》被公认为是西方政治学的真正开山之作，他本人也由此而成为西方政治学的奠基者。

中世纪是西欧社会的黑暗时代，前后长达 1 200 余年。在这一时期，基督教神学一直在意识形态领域占据着统治地位。政治学也成为神学统治的思想工具。神学政治论的主要代表人物是圣·奥古斯丁和托马斯·阿奎那。这两位思想家的政治思想虽然不尽相同，但其共同的特点都是从上帝的意旨来解释一切，极力鼓吹人的原罪学说、神创等级理论和君权神授论，主张神权高于王权，世俗王权必须服从于教权。这种政治理论实际上反映了当时教会领主企图直接掌握世俗政治的现实利益要求，同时也为中世纪的等级压迫制度罩上了一层神圣的灵光，与古希腊和古罗马的政治学说相比，它具有浓厚的蒙昧主义色彩。

---

① 王弼注，楼宇烈校释．老子道德经注校释［M］．北京：中华书局，2008：8.

② 同①190.

文艺复兴是西方政治学发生历史性转折的时期。在这一时期，政治学仍未彻底摆脱宗教神学和传统伦理道德观念的束缚。然而，政治思想家开始以理性和经验的目光来观察和阐释政治现象。此后，西方社会的政治思想基本上是沿着两条线索发展的：一条是近代资产阶级政治学说的形成和发展，另一条是近代无产阶级政治学说的形成和发展。这两条发展线索各自又先后经历了若干不同的发展阶段。

二、近代以来政治学的发展

（一）近代以来中国的政治学

1840 年鸦片战争以后，我国逐步沦为半殖民地半封建社会。一些思想先进的中国人历尽艰难，积极寻找救国之道。

19 世纪中叶，西方的政治思想和政治制度通过洋务派的宣传介绍传入我国。在这一时期，中国人对西方的政治思想和政治制度的认识仍处于感性认识阶段。到了清末的维新运动，较多的翻译书、著作、杂志、报纸开始系统介绍西方的国家学说、契约论、三权分立、民主、自由、天赋人权等理念，系统介绍西方的议会制度、政党制度。其中，严复翻译的赫胥黎的《天演论》、赫伯特·斯宾塞的《群学肄言》、甄克思的《社会通诠》、孟德斯鸠的《法意》等西方政治学说著作，对近代中国政治影响巨大。1898 年的戊戌变法以失败告终，但梁启超主办的《时务报》《清议报》《新民丛报》在介绍西方政治思想和政治理论中发挥了巨大作用。在这一时期，政治学在西方开始成为一门独立的科学。大量西方政治学界出版的著作被翻译为中文在我国广泛传播。

1898 年，京师大学堂在京师（今北京）成立。1902 年，京师大学堂的《钦定京师大学堂章程》把大学堂定为三个层次，即大学院、大学专门分科、大学预备科，把大学专门分科定为七科，其中第一科就是政治科。① 随后，陆续兴办起来的大学都设立了政治学系。到 1948 年，中国 100 余所大学中已有 40 多所大学设立了政治学系。一批由中国学者撰写的政治学著作也陆续出版。

中国政治学开始呈现出多个学派相激相争的局面：资产阶级改良派和封建守旧派提出了以儒家思想为内核的政治学说，资产阶级革命派提出了以近代资产阶级政治思想为蓝本的政治学说，一批接受马克思主义的先进分子积极宣传马克思主义政治学说。

孙中山是近代资产阶级政治学说在中国的重要传播者和实践者。1894 年，孙中山建立了中国第一个资产阶级革命团体——兴中会，提出了“驱除鞑虏，恢复中华，创立合众政府”的革命主张，制定了建立资产阶级共和国的方案，并通过对日本、欧美等地的考察逐步形成了“民族、民权、民生”的三民主义的政治学说。1906 年，孙中山提出了“五权分立”的制宪原则，在立法、司法、行政三权外，再加上考选权和监察权。根据五权分立的准则，国家的体制由行政院、立法院、司法院、考试院和监察院组成。

当代中国政治学是以马克思主义进入我国为起点的，是在马克思主义指导下逐步发展起来的。在 1917 年俄国十月社会主义革命胜利和 1919 年中国五四运动的推动下，马克思

① 朱有瓛．中国近代学制史料：第二辑（上册）[M]．上海：华东师范大学出版社，1987：755.

主义作为一种新的政治理论，在我国得到广泛传播。早期的马克思主义者陈独秀、李大钊等率先在《新青年》上发表文章，介绍马克思主义。1920 年，《共产党宣言》翻译出版，在传播马克思主义思想的先进知识分子中产生了强烈的影响，他们纷纷开始运用马克思主义观点，讲授政治学原理，分析社会政治现象。

自 1921 年诞生起，中国共产党就把马克思主义作为理论基础和行动指南，逐步形成了新民主主义革命路线，在长期革命过程中，发展形成了马克思列宁主义与中国革命实际相结合的重要成果——毛泽东思想。经过 28 年的努力，在毛泽东思想的指引下，中国共产党领导中国人民完成了新民主主义革命的任务，建立了人民民主专政的新中国。在这一伟大历史进程中，马克思主义政治学说在中国不断发展，获得了强大生命力。

新中国成立以后，在马克思主义指导下，政治学在我国获得了广阔的发展空间。然而，由于受苏联特别是“左”的思想干扰，我国高等教育有一段时期忽视政治学专业的教学和建设，高校的政治学系一度被取消，虽然还有少数大学保留有“政治系”或“国际政治系”，但作为一门独立学科的政治学教育与研究，实际上基本中断。

1978 年党的十一届三中全会召开，开创了改革开放历史新时期，我国政治学也进入了一个蓬勃发展的新时期。1979 年 3 月，邓小平在党的理论工作务虚会上指出，“政治学、法学、社会学以及世界政治的研究，我们过去多年忽视了，现在也需要赶快补课”①。1980 年 12 月，中国政治学会正式成立，标志着我国政治学科得以恢复重建。1985 年，中国社会科学院组建了政治学研究所，创办了全国性专业期刊《政治学研究》。从 1981 年起，部分高校相继设置政治学专业，招收本科生，随后又开始招收硕士和博士研究生。1985 年后，又有更多高校设置了政治学、行政管理、国际政治等专业，逐步形成了层次完整的政治学类专业的教育系列，为国家培养了大批高素质专业人才。改革开放以来，尤其是新时代以来，“我国政治学在马克思主义指导下，面向当代中国与世界，在学科建设、学术研究、人才培养、服务社会等方面取得了重要成绩，作出了应有贡献。”②

（二）近代以来西方的政治学

1. 西方近代政治学的形成时期：15 世纪至 16 世纪

在这一时期，西欧社会资本主义的生产方式在封建社会中迅速成长。与此相应，新兴资产阶级的政治思想家开始为建立资本主义制度锻造思想武器。

被马克思称为新时代第一个政治思想家的马基雅维里，在《君主论》一书中，不仅提出了政治关系的基础是财产关系的著名论断，而且从国家的目的出发，第一次提出政治问题与伦理问题在性质上存在根本区别的著名观点。他主张为了实现夺取权力和掌握权力这一目的，可以采用一切可以采用的手段和方法。与他同时代的政治思想家布丹在他的代表作《共和六论》一书中，从人类社会的历史经验出发考察和解释了国家与主权的关系，创立了近代资产阶级国家的主权学说，主张建立脱离教会集权统治的世俗政权和独立统一的民族国家。这些政治主张集中地反映了当时资产阶级反对封建割据和建立资本主义政治制度的利益要求。

---

① 邓小平．邓小平文选：第 2 卷［M］. 2 版．北京：人民出版社，1994：180－181.

② 《政治学概论》编写组．政治学概论［M］. 2 版．北京：高等教育出版社，2020：20.

然而，就在资本主义生产方式开始形成的同时，以莫尔和康帕内拉为代表提出的早期空想社会主义政治思想则远远地超出了资产阶级政治思想家这种反封建专制和争取政治平等的范围。他们在各自的代表作《乌托邦》和《太阳城》中，抨击了当时私有制度的罪恶与腐朽，精心描绘了建立在公有制基础之上的、一切社会成员都享有平等权利的理想社会蓝图。尽管这一蓝图还带有浓厚的空想色彩，但它反映了当时正在形成中的无产阶级的政治要求以及对美好社会的向往和追求，揭开了近代无产阶级政治学说史的第一页，为科学社会主义政治学说的建立提供了直接的思想资源。

2. 西方近代政治学的繁荣阶段：17 世纪至 18 世纪

在这一历史时期，为了适应资产阶级革命的需要，在欧美各国产生了许多著名的资产阶级政治思想家，如荷兰的格劳秀斯和斯宾诺莎，英国的霍布斯和洛克，法国的伏尔泰、孟德斯鸠和卢梭，美国的杰弗逊、潘恩和汉密尔顿等。他们所提出的各种政治主张，构成了近代资产阶级政治原则的理论基础。比如，这些资产阶级政治思想家根据自然权利与自然法理论提出了天赋人权学说、社会契约理论、分权制衡学说，阐发了自由、平等等现代政治价值理念，为欧美资产阶级革命提供了思想来源，也为欧美资产阶级建立政治制度提供了理论根据，奠定了现代西方政治学说的基本原则和理论体系。

但是，正如马克思主义经典著作所述："18 世纪伟大的思想家们，也同他们的一切先驱者一样，没有能够超出他们自己的时代使他们受到的限制。"① 这些思想家的政治主张是资产阶级在革命时期的政治经济利益的反映。而这一阶段出现的空想社会主义政治思想，却大大超出了资产阶级狭窄的视野和整个旧世界秩序的思想范围，它直接地反映了当时还不够成熟的无产阶级的政治要求和理想。如英国的温斯坦莱，法国的摩莱里、马布利和巴贝夫，就是这一阶段空想社会主义政治思想的典型代表。他们对封建专制主义深恶痛绝，对英国资产阶级革命后确立的资本主义制度持彻底的批判态度，要求建立共同劳动、共同分配、废除私有制、实行公有制、实现人人真正平等的社会共和国。在人类社会政治思想发展史上，这些政治主张永远闪烁着不可磨灭的光辉。

3. 西方近代政治学的发展和变革阶段：18 世纪末至 19 世纪末

在这一阶段，随着资产阶级的政治统治地位在欧美各国的普遍确立，资产阶级的政治思想家开始逐渐抛弃革命时期的批判精神，转而开始阐释自由主义和实证主义的政治学说，为资本主义的社会秩序辩护。这一阶段的资产阶级政治学说开始走向保守。

以孔斯坦、边沁为代表的自由主义政治思想家，在个人主义基础上提出了近代资产阶级的功利主义原则，抽象地强调个人自由，反对国家对私人经济活动的干预；以孔德、斯宾塞为代表的实证主义政治思想家，则用自然科学的方法来论证资本主义制度下阶级"合作"和社会"团结"的必然性，主张用"社会政体"来代替国家，用"社会团结"来调和阶级对立，用资本主义的和平发展观念同无产阶级日益成熟的革命思想相抗衡。

在这一阶段，无产阶级政治学说也得到了很大发展，出现了以圣西门、傅立叶和欧文为代表提出的空想社会主义学说。他们鞭笞了资本主义的政治制度以及整个近代资产阶级

① 马克思，恩格斯．马克思恩格斯文集：第 3 卷 [M]．北京：人民出版社，2009：524.

社会的道德文明体系，勾画了未来社会的理想蓝图。此时，始于莫尔的空想社会主义政治学说已达到了它所能达到的最高点，构成了马克思主义的一个重要思想来源。

19 世纪后期，资本主义世界的范围不断扩大，资本主义社会的内部矛盾也开始日益加剧。工业的发展、工人阶级队伍的日益扩大、教育的普及以及普选权范围的扩大，不断地引发人们对政治问题的关注。这个时期的资产阶级政治学，已经完全从哲学和伦理学中独立出来，成为一个专门学科。西方政治学自独立成一个学科以来，其发展先后经历了三个历史阶段：

第一个阶段从 19 世纪末开始至第一次世界大战为止，这个时期的西方政治学主要以国家为研究对象。

在这一阶段，政治学学者认为，国家的起源、性质和类型，以及政治制度和政府机构，与宪法等法律密切相关，又同为一定社会的上层建筑。在这种观念的支配下，当时政治学的研究方法除了偏重制度的研究外，还注重法律主义的研究方法。这种方法从法律的角度来研究国家、政府与法律之间的关系，研究的主要问题是国家的起源、性质和分类，政府的结构与类型，宪法的条文及类别等。在这个时期，宪法成为政治学的主要研究对象。

第二个阶段是从第一次世界大战之后到第二次世界大战前夜，资产阶级政治学由以研究国家为主题演变为以研究权力为主要方向。

第一次世界大战以后，由于俄国十月社会主义革命的胜利和 20 世纪 30 年代出现的全球性经济危机，震动了整个资本主义世界。这对资产阶级政治学也是一个很大冲击。资产阶级不得不放弃资本主义的自由放任政策，国家开始干预经济。

在此背景下，权力现象成为政治学研究的主要方向。例如，美国政治学家哈罗德·D.拉斯韦尔提出："政治学是对权势和权势人物的研究。"① 这样，政治现象就不只限于国家的活动，而是存在于一切社会关系之中。但是，仍有一部分学者认为，政治学不宜研究如此广泛的权力现象，主张把政治现象的范围缩小，只承认与国家有关的权力现象才是政治学的研究对象。

第三个阶段始于第二次世界大战以后，这个时期西方政治学的研究方向从权力逐渐转变为政策的制定过程。

在这一阶段，西方政治学的研究方向转为政策的制定过程。学者认为："政治是在共同体中并为共同体的利益而作出决策和将其付诸实施的活动。"② 政治科学是关于政府和政治系统的研究，是"研究公共政策的形成和实施的科学"③。政治系统属于人类社会的次级系统，这个系统的主要功能是根据社群系统（各阶级、阶层、集团等）的需要，通过政策的制定与执行对各种价值进行权威性分配。由于社会中的价值资源是有限的，不能满足所有人的需要，而且不同人或集团的需要又必然存在着差异，因而要通过社会强制力来进行权威性分配。参与这种权威性政策的制定与执行过程的各种社会活

① 哈罗德·D拉斯韦尔．政治学：谁得到什么？何时和如何得到？[M]．北京：商务印书馆，1992：15.
② 戴维·米勒，韦农·波格丹诺．布莱克维尔政治学百科全书 [M]．北京：中国政法大学出版社，1992：583.
③ 杰克·普拉诺，等．政治学分析辞典 [M]．北京：中国社会科学出版社，1986：116－117.

动，都属于政治现象。

在这一时期，西方政治学发生了“行为主义革命”。行为主义政治学主要采用了现代社会学、心理学和文化人类学的研究方法。它在两次世界大战之间形成，第二次世界大战以后迅速发展，在 20 世纪 60 年代发展到全盛时期，70 年代开始走向衰落。行为主义方法是 20 世纪以来西方政治学的主要研究方法。这种方法的主要特征是运用行为科学的方法来研究影响人的政治行为的各种因素，并力图从中找出人类政治行为的规律性。

行为主义革命

行为主义政治学认为，传统政治学所使用的制度研究方法和法律研究方法只能研究政治现象的表面，而无法研究实际政治现象中的各种心理和文化因素，只有通过研究政治行为，才可能触及影响和导致产生政治现象的真正原因。政治学作为解释人的政治行为的规律性的科学，要关注实际发生的政治现象，对政治现象进行实证研究。行为主义政治学大量采用了许多自然科学的数理统计方法和手段，利用调查和计量的数据及结果来验证人的行为动机和结果之间的逻辑关系。行为主义政治学主要研究影响政治行为的各种因素和政治行为的规律性，比如，进行民意测验、研究影响集团的政治行为的心理因素、研究决定政府决策的各种人为因素、研究国家执行政策的全部行为过程，等等。

在西方政治学发展过程中，行为主义政治学的出现具有里程碑意义，对于推动政治理论发展、提升政治学研究科学化水平和服务国家决策的能力具有重要意义。然而，行为主义政治学也存在诸多缺陷。

行为主义政治学的最大缺陷，就是单纯用现象调查的方法和计量方法来说明政治行为的动机与规律性，因而它不可能认识政治现象的实质。这是因为实证主义的调查方法所得出的结论，其根据只能停留在表面现象上。使用自然科学的方法来研究政治现象，虽然具有一定的科学性，但不应仅仅依赖它。这是因为自然科学对它研究的对象是不加任何价值评价的，但社会科学的研究却需要以价值判断为前提，即判断社会现象的善恶是非和阶级性质。不同的阶级和个人具有不同的价值观念，人们在研究社会现象时，不可能离开某种价值判断。因此，任何社会科学不可能回避价值判断这一问题。行为主义政治学宣称其研究方法和结论是纯客观的，没有任何价值色彩的，但这是根本不可能的。正如美国行为主义政治学的权威戴维·伊斯顿在他对行为主义政治学进行全面反省时所说，面对具有是非价值标准的政治现象采取所谓的价值中立态度，本身就是一种价值选择。

20 世纪初以来，行为主义政治学以其科学主义的形式曾一度成为西方政治学的重要学派，但它发展到 20 世纪 70 年代以后，这种只重视量化研究而不重视定性研究的倾向发生了改变。西方政治学开始向传统政治学研究回归。正是在这一背景下，被人们冷落了近一个世纪的政治哲学开始复兴。美国政治哲学家罗尔斯的《正义论》和诺奇克的《无政府、国家和乌托邦》两部著作，产生了很大影响。

不过，需要强调的是，政治哲学的复兴绝不意味着政治科学的终结。西方政治学研究以政治科学为主流已然是一个不争的事实和难以逆转的潮流，作为传统研究风格代表的政治哲学思维方式不可能也不应该完全取代政治科学。所以，恰当的解释是，政治哲学的功能在政治科学兴盛的时代被严重低估了，以至于政治学研究在政治科学方向上取得巨大成就的同时，也遭遇到放弃政治哲学而带来的一些困难。实际上，政治哲学与政治科学不是谁取代谁的关系，而是相互补充的关系。政治科学的实证研究不可能完全脱离政治哲学的价值判断，而政治哲学的研究也需要政治科学的微观发现加以充实。二者共同构成了对人类政治问题的较为全面的认识。

三、马克思主义政治学的发展

马克思主义政治学的出现，是政治学发展史上的一个重大转折，它标志着一个新时代的开始。19 世纪三四十年代，欧洲爆发了法国里昂工人起义、英国宪章运动、德国西里西亚纺织工人起义，这三大工人运动标志着无产阶级反对资产阶级的斗争发展到一个新阶段，为马克思主义政治学的创立提供了现实基础。为了适应工人阶级斗争的需要，马克思和恩格斯系统研究了资本主义各国的政治现象、政治思想和政治制度，精辟分析政治问题，写下了大量著述，形成了马克思主义政治学。《共产党宣言》是无产阶级的第一个政治纲领，它奠定了马克思主义政治学理论体系的基础，对马克思主义政治学的基本原理作了比较系统的阐述，是马克思主义政治学纲领性的重要文献，标志着马克思主义政治学思想开始形成。此后，《1848 年至 1850 年的法兰西阶级斗争》《路易·波拿巴的雾月十八日》《〈政治经济学批判〉序言、导言》《资本论》《法兰西内战》《哥达纲领批判》《反杜林论》《社会主义从空想到科学的发展》《家庭、私有制和国家的起源》等马克思主义政治学思想的重要著述陆续出版，马克思主义政治学逐渐形成了完备的科学理论体系。

马克思、恩格斯的政治学说主要包括如下六个方面内容：

第一，关于政治研究的世界观和方法论的论述。马克思、恩格斯有关政治的含义与本质、政治斗争和社会革命的根源、社会历史与政治上层建筑变革规律等问题阐述形成的理论，为政治学研究提供了科学的政治观和方法论指导。

第二，关于阶级和阶级斗争的理论。马克思、恩格斯用阶级、阶级斗争的观点考察人类历史，指出人类历史都是阶级斗争的历史，资产阶级与无产阶级两大对立阶级之间的矛盾和斗争，最终必然导致资产阶级的灭亡和无产阶级的胜利。

第三，关于国家的理论。马克思、恩格斯对人类社会历史发展规律的分析，提出了国家是一个历史现象，它不是从来就有的，也不会永远存在的观点。国家是社会发展到一定阶段的产物，是阶级矛盾不可调和的表现。国家的本质是阶级的专政，国家的职能是国家本质的外部表现，国家的对外职能是国家对内职能的延续，它们都是由国家的本质所决定的。作为一种社会历史现象，国家随着阶级的产生而产生，也必将随着阶级的消亡而消亡。政治中最核心的问题是国家政权问题。

第四，关于无产阶级革命和无产阶级专政的理论。马克思、恩格斯指出革命根源于生产力与生产关系的矛盾，是生产力与生产关系之间矛盾运动的结果。无产阶级只有通过夺取政权，实现无产阶级专政，并运用国家政权，才能建立社会主义的生产方式。只有通过发展社会生产力，逐步建立经济上真正平等的社会关系，才能使无产阶级得到彻底的自由和解放。

第五，关于政治民主的理论。马克思、恩格斯认为民主属于上层建筑。民主是一个历史范畴，世界上的民主都是具体的、相对的。民主具有阶级性，是统治阶级用来实现其阶级统治的政治形式和手段。无产阶级民主实质上是工人阶级和劳动人民当家作主。而一个国家采取什么样的民主形式，从根本上讲取决于这个国家的社会文化传统、历史条件和现实任务。

第六，关于无产阶级政党的理论。马克思主义以前的政治学都回避了政党的阶级性质，而马克思主义政治学则认为，政党是阶级的组织，是阶级斗争的产物。各阶级之间的斗争必然要发展成为政治斗争。各阶级、阶层之间的政治斗争，最集中的表现就是政党之间的斗争。政党作为一种特殊的政治团体，是一定的历史条件下的产物，并且也将在一定的历史条件下消亡。政党是一种特殊的政治历史现象，是实现政治统治的工具，是为了实现阶级利益而建立的政治团体。马克思、恩格斯对无产阶级政党的阶级性质、历史任务、奋斗目标等作了系统阐述，奠定了无产阶级政党学说的基础。

马克思主义政治学的上述观点表明，它真正地实现了政治学的科学性与阶级性的统一、革命性与实践性的统一。马克思主义以前的政治学之所以不能成为真正反映人类社会历史发展规律的科学，不仅是时代的局限性所决定，也是其阶级的局限性使然。

在新的历史时代和革命实践中，列宁继承和发展了马克思主义，把马克思主义政治学推进到了一个新阶段。列宁创立了帝国主义理论，丰富和发展了马克思主义的国家学说，进一步阐明了国家的起源与本质、国家的一般特征与职能、资本主义国家的阶级实质与政治统治职能，以及国家消亡的前提条件和历史进程等问题，得出了社会主义革命可能首先在少数甚至在单独一个资本主义国家内获得胜利的科学结论，领导俄国十月社会主义革命取得了胜利，成功地建立了人类历史上第一个社会主义国家，丰富了马克思主义的无产阶级专政理论，强调坚持无产阶级政党的阶级性质和指导思想、民主集中制的组织形式和组织原则，根据形势与任务的发展变化适时制定、调整党的纲领和策略，针对俄国十月社会主义革命胜利后苏维埃政权在领导体制方面存在的缺陷和官僚主义现象，提出了加强和完善社会主义监督体制、发展和健全社会主义民主等一系列重要思想。

列宁去世后，斯大林领导苏联共产党和苏联人民，捍卫和继承了列宁主义，巩固和发展了列宁缔造的社会主义苏维埃国家制度，在帝国主义世界包围和敌视的国际环境中取得了一国建设社会主义实践的巨大成就和反法西斯侵略的卫国战争的伟大胜利。

中国共产党人坚持马克思列宁主义政治学理论，并把它与中国革命、建设、改革的具体实践紧密结合起来，在指导中国政治实践中不断丰富和发展马克思主义政治学理论，积极推进马克思主义中国化、时代化，实现了三次历史性飞跃，形成了毛泽东思想、中国特色社会主义理论体系、习近平新时代中国特色社会主义思想。毛泽东的政治思想，是马克思主义政治学理论同中国实际相结合取得的重大成果，是马克思主义政治学中国化的光辉典范。邓小平理论、“三个代表”重要思想、科学发展观，是在新的历史条件下对马克思列宁主义、毛泽东思想的继承和发展，是中国特色社会主义理论体系的有机组成部分。党的十八大以来，习近平新时代中国特色社会主义思想在新的历史条件下和实践基础上，从理论与实践的结合上发展了马克思主义政治学理论，形成了马克思主义政治学的一系列最新成果。

第三节　学习“政治学原理”的意义和方法

要学好“政治学原理”，需要领悟学习“政治学原理”的重要意义，掌握一些重要的学习方法。

一、学习“政治学原理”的意义

“政治学原理”是政治学专业的基础课程，学习“政治学原理”具有如下四方面重要意义。

（一）有助于学习者把握正确的政治方向，坚定正确的政治立场

马克思主义政治学在人类历史上第一次科学地揭示了政治现象的根源、本质及规律，为人们正确认识政治问题指明了方向。学习“政治学原理”，有助于学习者系统掌握马克思主义政治学的理论、思想、原则和方法，用马克思主义的立场、观点和方法，观察、分析、认识各种政治现象，正确把握政治的本质，认识政治领域的规律，坚持正确的政治方向和政治立场。

（二）有助于提高学习者科学认识当今世界复杂政治问题的能力

理论与实践之间存在密不可分的关系。理论来源于实践，又指导实践。“政治学原理”以马克思主义为指导，充分借鉴了人类社会政治文明的成果，总结了人类政治实践的历史经验，阐述了政治活动的本质和规律，为学习者认识各种复杂政治问题提供了思想资源、理论工具和分析方法。学习“政治学原理”，可以帮助学习者提高观察政治形势、分析政治问题、解决政治问题的能力，在变动不居的世界中保持清醒的政治头脑。

（三）有助于学习者进一步学好政治学专业的其他课程

作为社会科学的一个重要分支，政治学有着悠久的历史和丰富的知识内容，形成了系统化、层次化、专业化的课程体系。在政治学专业的课程体系中，“政治学原理”是政治学专业的基础课、平台课。学习“政治学原理”，有助于学习者准确把握政治学的基本概念、基本观点、基本知识，为学习者学习其他课程打下坚实的理论基础。

（四）有助于学习者参与中国特色社会主义政治建设实践

政治建设是中国特色社会主义“五位一体”建设总体布局中的重要内容，起着关键保障作用。学习“政治学原理”，可以帮助学习者熟悉和掌握中国特色社会主义政治建设的基本理论和方针原则，坚定正确的政治方向，增强政治主体意识、政治参与意识，不断提高政治参与的意识和能力，成为富强民主文明和谐美丽的社会主义现代化强国的合格建设者和可靠接班人。

二、学习“政治学原理”的方法

“政治学原理”有其内在规律，学习“政治学原理”要掌握一些方法，具体说来包括以下几个方面。

（一）要注重掌握马克思主义政治学的基本原理

“政治学原理”是以马克思主义基本原理为指导，阐述政治学基本理论、知识和方法的课程。学习“政治学原理”，就要努力掌握贯穿其中的马克思主义立场、思想、观点，掌握马克思主义政治学分析政治现象的具体方法。在学习中，要特别注意掌握当代中国马克思主义政治学理论创新成果，掌握习近平新时代中国特色社会主义政治思想，学会运用这些创新成果和思想去观察、分析各类社会政治现象及其相互关系，研究人类社会发展遇到的各种政治问题，总结社会主义政治建设的基本经验和中国特色社会主义政治发展的规律。

（二）要注重掌握政治学的基本概念、基本观点、基本知识

学习“政治学原理”，既要注重从整体上把握学科的理论构架，又要注重把握具体丰富的基本概念、基本观点、基本知识。政治学的基本概念、基本观点、基本知识是实践经验的高度凝结和集中体现，是人们认识世界和改造社会必不可少的媒介和工具。因此，学习和掌握这些基本概念、基本观点、基本知识，是学习“政治学原理”的关键。

（三）要注重理论与实践之间的结合

“政治学原理”是一门理论性强的课程。学习“政治学原理”，不应仅仅停留在理论知识的记忆上，而是要将理论学习和深入实践有机结合起来，做到理论和实践的结合，从实践中来，到实践中去。在学习“政治学原理”的过程中，要有历史思维和比较眼光，加强思想史、政治史、制度史的学习，了解不同国家为了追求善政而实践探索的历史，总结不同国家政治发展的经验和教训，准确把握政治概念、政治思想、政治理论形成和运用的具体历史环境，立足于中国特色社会主义实践，自觉参与新时代的改革开放和中国特色社会主义现代化建设，把所学的政治学理论和知识运用到实践中去，不断深化理论学习，检验所学理论，密切关注国外政治学的新进展，跟踪国外政治学发展前沿，取其精华，去其糟粕，以马克思主义为指导，立足中国实际，立足中国特色社会主义实践，做到科学分析、推陈出新。当今世界正处在大变革、大调整之中，当代中国的命运更加紧密地同世界的前途命运联系在一起。当下，学习“政治学原理”，也要了解世界发展大势，把握国际政治走向，从世界各国政治发展和政治斗争的大格局中去思考、去认识中国，关注中国的前途和命运。

思考题

1. 马克思主义关于政治的解释是什么？
2. 非马克思主义关于政治的解释的主要观点是什么？
3. 简述政治学的研究对象和研究领域。
4. 简述近代以来西方政治学发展的三个主要阶段。
5. 简述近代以来中国政治学的发展脉络。
6. 简述行为主义政治学与传统政治学之间的区别。
7. 马克思主义政治学是如何形成和发展的？
8. 学习“政治学原理”要掌握哪些方法？

在线自测

扫一扫 练一练

第一章

国家的性质

学习目标

通过本章的学习，理解国家与阶级的关系；了解国家起源的过程和基本形式，理解恩格斯“两种生产决定社会制度”的基本原理；掌握国家的定义和国家的本质；了解国家职能的定义及国家的基本职能；理解国家消亡的历史必然性、条件与途径；掌握马克思主义国家观与其他国家学说的根本区别。

国家是重要的政治现象，也是政治学的核心范畴。政治集中表现为以国家政权为核心的社会关系和社会活动。认识国家，既要从外在特征上了解现象，也要从内在特征上把握本质。一般来说，凡成体系的政治学说都会对国家问题给出说明。马克思主义政治学的特别之处在于从本质的意义上说明国家，从而形成以国家性质论断为核心的系统的国家学说。因此，认识和把握国家的性质就成为学习马克思主义国家学说的重中之重，也是正确理解相关政治问题的核心和基础。

第一节 国家的起源

人类文明是进化的产物，人类社会的一切都经历过一个从无到有的过程，国家也不例外。国家是在人类文明发展到一定历史阶段产生的，关于国家产生的原因及过程的探讨就构成了国家学说的基本内容和逻辑起点。然而，不同的思想对待国家起源问题的态度和看法却存在很大差异。马克思主义政治学非常重视国家的起源问题，将其视为理解国家性质及其他基本问题的前提和关键。在马克思主义看来，国家的起源决定了国家的本质，而国家的本质又决定了国家的职能。

一、国家起源

马克思主义关于国家起源的观点概括起来就是两个基本论断。第一，国家是一个历史范畴，国家不是从来就有的，它是社会发展到一定阶段的产物。这说的是国家产生的时间问题。第二，国家的产生是人类社会内部矛盾运动发展的必然结果，是生产的发展、私有制的出现、阶级的形成、阶级矛盾不可调和的产物。这说的是国家产生的原因问题。

马克思主义认为，“国家并不是从来就有的。曾经有过不需要国家，而且根本不知国家和国家权力为何物的社会”①。这个社会就是人类的第一个社会形态——原始社会。在《家庭、私有制和国家的起源》中，恩格斯指出：“根据唯物主义观点，历史中的决定性因素，归根结底是直接生活的生产和再生产。……一定历史时代和一定地区内的人们生活于其下的社会制度，受着两种生产的制约：一方面受劳动的发展阶段的制约，另一方面受家庭的发展阶段的制约。劳动越不发展，……社会制度就越在较大程度上受血族关系的支配。”②

恩格斯的这段话，揭示了一幅两种生产交替主导人类社会制度发展的历史图景。这里的“两种生产”，一是指物质资料的生产，二是指人类自身的生产。物质资料的生产与劳动的发展阶段相关联，人类自身的生产与家庭的发展阶段相关联。决定人类社会制度的这两种因素虽然同时存在，但其地位和作用却是不同的且循着特定规律而变化——物质资料的生产越不发达，人类越受到自身的生产的制约。这两个因素是前后相继的，分别在不同时代作为当时社会组织和社会制度的主导因素发生着作用。换言之，人类的生产力水平越

---

① 马克思，恩格斯．马克思恩格斯文集：第4卷［M］．北京：人民出版社，2009：193.

② 同①15－16.

不发达，其社会组织和社会制度越受到血缘关系的支配。随着生产力的发展，人类终究会迎来物质资料的生产取代人类自身的生产，即生产关系取代血缘关系，成为决定人类社会组织和社会制度的根本因素的时代，历史在这里完成了一次决定机制转换的“接力棒”。

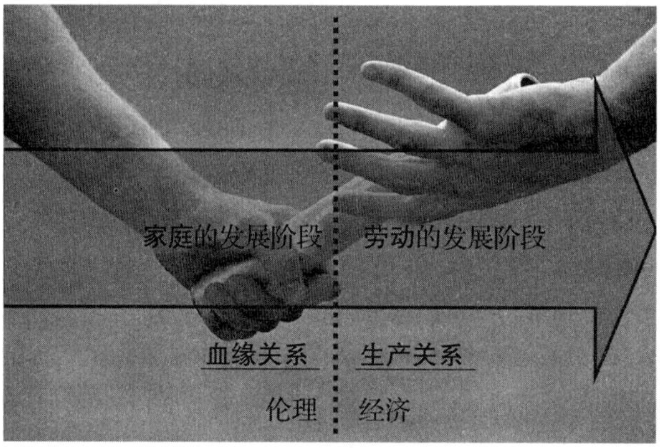

恩格斯：两种生产决定社会制度

恩格斯区分两种生产所要表达的意思是：基于决定因素的不同，人类原始社会的社会组织和社会制度与其后时代以国家为代表的社会组织和社会制度有着本质的不同，并且形成了鲜明的对比。物质资料的生产对应的是生产关系，动因源自经济领域，其本质是由物的因素决定；人类自身的生产对应的是血缘关系，动因源自伦理领域，其本质是由人的因素决定。生产关系取代血缘关系、经济动机取代伦理动机、物的因素取代人的因素，是人类从原始社会的家庭形式过渡到文明社会的国家形式的根本原因。

（一）氏族的解体

在劳动没有大的发展的原始时代，人类的社会制度主要受血缘关系的支配，而决定血缘关系走向的则是人类婚姻家庭形式的发展。

群婚是人类婚姻发展的第一个阶段，它是指一群男子与一群女子互为所有的婚姻形式。群婚代表着人类婚姻发展的较早形态。群婚本身又分为“血缘婚姻”和“普那路亚婚姻”两个阶段，分别对应“血缘家庭”和“普那路亚家庭”。

1. 血缘家庭

血缘家庭是人类文明的第一种家庭形式。在原始社会的旧石器时代，人类经过长期生活经验的积累，认识到不同年龄的人之间的生理差别，在族群内部逐渐选择了按辈分划分婚姻集团的方式，即同一辈分的年龄相近的适龄男女之间进行集体婚配，从而排除了不同辈分之间的两性结合。由于婚姻集团只有不同辈分之间的界限而没有同一辈分之内的区分，实际上婚姻是在兄弟姐妹①之间发生的，夫妻双方拥有共同的血缘，故称血缘家庭。

2. 普那路亚家庭

普那路亚家庭是人类文明的第二种家庭形式。普那路亚家庭是普那路亚婚姻的直接结

① 因群婚制度无法准确区分父系血缘关系，家庭之内所有同辈的孩子无论其母是谁都互称兄弟姐妹。

果。普那路亚婚姻，就是在血缘家庭不同辈分之间禁止通婚的群婚规则之上又增加了同一辈分禁止通婚的婚姻禁忌。于是，在这样的婚姻关系中，丈夫群体与妻子群体之间不再是兄弟姐妹，故而不再拥有共同的血缘，从而区别于此前的血缘家庭。美国学者摩尔根在考察夏威夷群岛土著居民的群婚现象时发现了一个有趣的现象——共妻的男子之间互称“普那路亚”，共夫的女子之间也互称“普那路亚”，这便是普那路亚婚姻和普那路亚家庭的命名由来。在夏威夷土著语中，普那路亚（Punalua）的意思是“亲密的伙伴”。

为什么人类早期婚姻方式会沿着从血缘婚姻向普那路亚婚姻的方向演进呢？大致有两方面原因：一方面，随着原始社会人口的繁衍，大的血缘家庭逐渐分化成若干小的“族群”，这些族群之间保持了当初作为整体存在时的一些联系习惯，相互通婚便是最经常有效的联系方式；另一方面，人们通过长期的经验积累，意识到“族外婚”更有利于生育健康的后代，进而逐渐摒弃兄弟姐妹之间的通婚。这样，发展到普那路亚婚姻，人类的婚姻制度便从“内婚制”转向了“外婚制”。

3. 氏族

“外婚制”的出现是人类婚姻发展史上一次意义非凡的变革，其最大成就是促使早期人类族群转化为“氏族”。氏族是与普那路亚婚姻相对应的原始社会家庭形式，氏族形成的过程就是原始社会的人类族群逐渐对自身加诸婚姻禁忌的过程。马克思主义之所以关注氏族，并对人类社会早期婚姻家庭形式的演变作了如此详尽的分析，就是意在说明，氏族是由人类自身的生产即血缘因素主导社会制度的时代里原始社会社会组织发展的最终形式。第一道禁忌从血缘关系的纵向展开，即在不同辈分之间划上一道通婚禁忌。第二道禁忌从血缘关系的横向展开，进一步排除了同一辈分之间通婚的可能。对于一个族群来说，这是排除自身内部可能的血缘交混仅有的两步，因为循着血缘联系去划定婚姻禁忌无非就是这一纵一横两个方向，不会再有其他的可能。于是，当兄弟姐妹之间的婚姻禁忌最终确立时，其所在的族群就转化为氏族了。原始社会婚姻家庭形式的演变如图 1-1 所示。

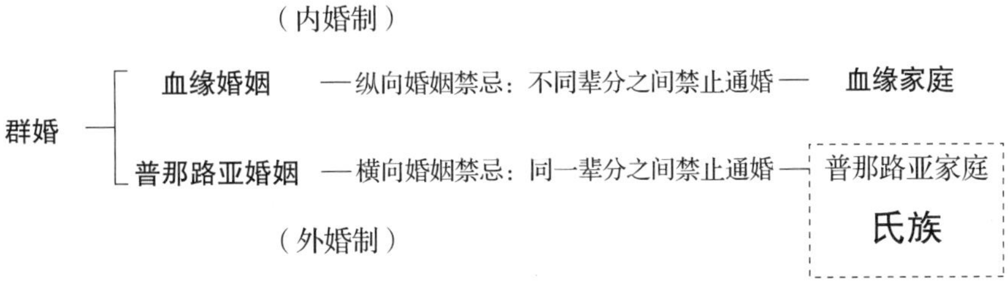

图 1-1 原始社会婚姻家庭形式的演变

至此，人类原始社会的社会组织在以血缘关系为主导的时代最终以一个同族内部禁止通婚的集团的形式固定下来。从另一个角度讲，这意味着血缘和伦理作为人类社会制度主导因素的进程将走到尽头。虽然这个过程只是划定了两个简单的婚姻禁忌，其中却包含着几乎全部的人类原始时代的伦理认知和制度意识，其时间跨度也长达近百万年。正如恩格斯所判断的，在这个历史阶段上，决定人类社会制度的只有血缘和伦理的因素，物质和经济的因素还未出场。但是，当氏族制度普遍确立以后，物的生产即生产关系就要逐渐接过人的生产即血缘关系的“接力棒”了。当这种新的因素正式成为决定人类社会制度的主导之后，氏族也就开始向其后的国家过渡了。

恩格斯说："氏族，直到野蛮人进入文明时代为止，甚至再往后一点，是一切野蛮人所共有的制度（就现有资料而言）。……同时，出乎意料地给我们阐明了原始时代——国家产生以前社会制度的基本特征。"① 所谓氏族，就是具有血缘亲属关系、同族内部禁止结婚的人的集团。它是国家产生以前人类社会普遍的社会组织形式，它既是原始人类的血缘亲属集团，又是原始社会的劳动生产单位。考古学资料显示，氏族是在蒙昧时代中期（以鱼类为食物并使用火）形成的，到野蛮时代的低级阶段（制陶、驯养动物、种植植物）达到全盛，整个氏族时代持续了上百万年，直到现在，国外一些土著居民还保留着氏族社会的痕迹。

氏族是原始社会的基本社会单位，以氏族为核心，原始社会逐渐形成了从氏族到胞族、部落及部落联盟的由小到大的社会组织结构。马克思和恩格斯根据考古学提供的证据和人类学的分析，认为原始社会的氏族制度具有三个特征：

第一，氏族内部禁止通婚，这是氏族制度的根本规则。因婚姻关系的发展而确立，说明联结氏族成员的是血缘纽带，而非其他因素。氏族成员之间、氏族与胞族之间、胞族与部落之间，依次对应着血缘关系不同的亲疏程度。部落和部落联盟虽然需要一定的地域，但这仅是其成员生活的空间，并不意味着联结其成员的纽带从血缘因素转化为地域因素。所以，氏族纯粹以血缘为基础来确认成员，而非以地域为基础来划分居民，这是氏族作为原始社会社会组织的根本特征。

第二，氏族议事会是决定氏族事务的管理机构，它是氏族当中所有成年男女均有权参加的平等集会。这样的管理机关是纯粹"公共"性质的，参与管理的成员之间以及管理机构与氏族母体之间都不具有对抗性的关系，这意味着氏族没有也不需要有同社会脱离并凌驾于社会之上的强制性的公共权力。议事会的首领通常由全体成年男女共同推选，推选的依据是勤劳、勇敢、有能力、有威信和广受爱戴等。因此，首领的权力是纯粹父亲般的、道德性质的，首领没有任何特权，可以随时撤换。

第三，氏族成员的根本利益是一致的，彼此之间负有互相帮助和保护的义务。氏族是成员彼此相互依存的伦理共同体，氏族内部不存在根本的利益冲突。氏族当中，无论哪个成员受到外部族群的侮辱或侵害，所有氏族成员都有义务为其复仇。复仇当然需要一定的组织力量，但这种力量完全是氏族成员自发形成的，而不是与氏族相脱离的。氏族只有对外的功能，而没有对内的职能。氏族内部既全民皆兵，又全民皆民，虽有武装，却只是为了维护共同体外部安全的需要，而不是基于对内镇压和统治的考虑。

马克思主义关于国家起源问题的基本论断是：氏族制度的解体和国家的产生，都是人类社会生产的发展即社会内部基本矛盾运动的必然结果。

首先，氏族制度从形成到解体是社会内部生产发展的必然结果。氏族是人类社会生产力水平极其低下、尚不足以对社会制度产生决定性影响的特定历史时期的产物。在原始社会漫长的历史进程中，氏族制度经历了从无到有的发展过程，随着人类社会生产力的进

① 马克思，恩格斯．马克思恩格斯文集：第4卷［M］．北京：人民出版社，2009：98.

步，生产因素逐渐取代血缘因素成为决定人类社会制度的主导因素，氏族制度逐渐衰落并最终解体。

其次，国家因阶级的出现和阶级矛盾的不可调和而产生，也是社会内部生产发展的必然结果。随着生产的发展、分工的形成、利益的分化、氏族的解体，经济因素成为决定人类社会组织形式的主导因素，一种新的人类集团——阶级——出现了。氏族时代的道德力量已经无法适应和驾驭这种新的社会成员关系的变化，转而需要一种有组织的强制性力量，当这种力量最终发展到对确定地域内的所有成员——不仅是对确定血缘关系内的有限成员——都具有约束力的时候，其所依赖的机构就由氏族变成国家了。

（二）阶级的形成

私有制的出现和阶级的形成推动了氏族的解体与国家的产生，这是伴随人类在原始社会末期的三次社会大分工展开的。

第一次社会大分工是畜牧业与农业的分工。原始畜牧业和农业的出现使人类开始进入靠人工控制动植物的生长与繁殖来取得重要生活资料的时代，从而把原始社会生产力的水平推进到一个更高阶段。劳动生产率的提高，使人们能生产出多于维持自身生存所需的产品，于是劳动力成了有价值的东西。过去部族之间的战争是把俘虏杀死，现在变成将其留下来当作奴隶。这样，“从第一次社会大分工中，也就产生了第一次社会大分裂，分裂为两个阶级：主人和奴隶、剥削者和被剥削者”①。

由于畜牧业和农业的主要劳动力由体力较强的男性承担，加上畜群的私有并归男性所有，男性在生产中的地位日益提升，使男性与女性的社会关系地位和历史命运发生了彻底的转换。在氏族内部，一些拥有庞大畜群和个人财富的男性成员开始希望将自己的财产交由自己的亲生子女继承，然而这在只知其母不知其父的普那路亚婚姻制度下是不可能的，于是一种全新的婚姻形式——“一夫一妻制”——开始出现。这是一个男子对一个女子排他式的婚姻方式，其目的就是保证女子能生育出确定男性的后代，女性因此被锁定在婚姻关系中并逐渐沦为纯粹的生育工具。从此，人类基本的性别平等被打上了经济差别的烙印，人类从氏族时代总体的母权制过渡到氏族时代末期的父权制。恩格斯说：“母权制被推翻，乃是女性的具有世界历史意义的失败。”②

在父权制氏族制度下，一种新的家庭关系模式——家长制家庭——出现了。家长制家庭，是以一个男子为首的大家庭公社，包括一家之长及晚辈，也包括一些奴隶。家长制家庭出现的结果：一是家庭的财产包括奴隶为家庭所有，二是父亲的财产由其子女继承。另外，由于女性的财产不能让外氏族继承，就只能允许她们在氏族内部结婚。这样，财产的个体家庭私有和允许氏族内部通婚从根本上动摇了氏族制度。恩格斯指出，“由于母权制的倾覆、父权制的实行、对偶婚制向专偶制的逐步过渡而被确认，并且永久化了。但是这样一来，在古代的氏族制度中就出现了一个裂口：个体家庭已经成为一种力量，并且以威胁的姿态起来与氏族对抗了”③。群体婚、氏族到个体家庭的演变如图 1 - 2 所示。

---

① 马克思，恩格斯．马克思恩格斯文集：第 4 卷［M］. 北京：人民出版社，2009：180.

② 同①68.

③ 同①181 - 182.

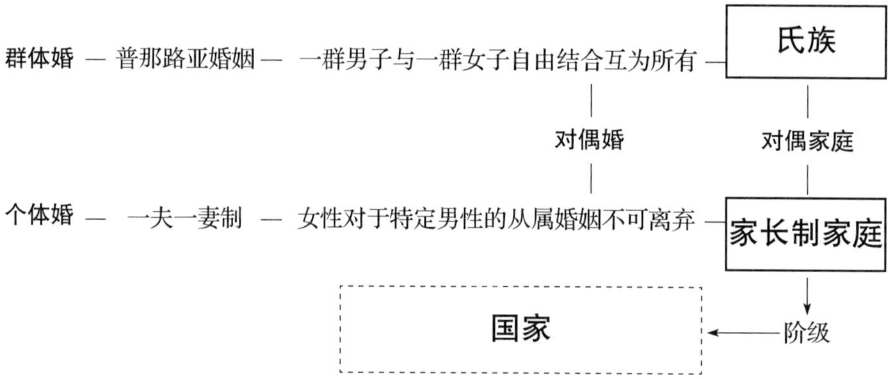

图 1-2 群体婚、氏族到个体家庭的演变

第二次社会大分工是手工业与农业的分离。农业的发展和手工业的出现意味着劳动生产率有了进一步的提高，相应地，劳动力的剥削价值也越来越大。过去，使用奴隶还是零散的现象，现在奴隶被大批驱赶到田地和手工工场去劳动。随着奴隶劳动的规模应用，各个家庭之间的财产差别也越来越显著，于是又出现了富人与穷人的划分。恩格斯说："各个家庭家长之间的财产差别，炸毁了各地迄今一直保存着的旧的共产制家庭公社；同时也炸毁了为这种公社而实行的土地的共同耕作。"① 可见，个体家庭取代氏族公社，不仅是形式和规模的变化，而且在本质上包含着深刻的社会分裂和变革。随着个体家庭的普遍确立，私有财产观念也广泛形成并日益巩固，经济利益成为这个社会最核心的行为动机，经济关系成为这个社会最本质的联结纽带。

马克思主义理解人类社会的首要观点，就是从经济关系的角度去划分人类集团，这就是马克思主义独特的"阶级"概念。对此，列宁曾作过一个完整的表述："所谓阶级，就是这样一些大的集团，这些集团在历史上一定的社会生产体系中所处的地位不同，同生产资料的关系（这种关系大部分是在法律上明文规定了的）不同，在社会劳动组织中所起的作用不同，因而取得归自己支配的那份社会财富的方式和多寡也不同。所谓阶级，就是这样一些集团，由于它们在一定社会经济结构中所处的地位不同，其中一个集团能够占有另一个集团的劳动。"②

由于人口的增长和战争的威胁，各亲属部落结成部落联盟，军事酋长成为常设公职，并逐渐转向世袭。结果是"氏族制度的机关就逐渐挣脱了自己在民族中，在氏族、胞族和部落中的根子，而整个氏族制度就转化为自己的对立物：它从一个自由处理自己事务的部落组织转变为掠夺和压迫邻近部落的组织，而它的各机关也相应地从人民意志的工具转变为独立的、压迫和统治自己人民的机关了"③。

（三）国家的产生

1. 国家产生的过程

第三次社会大分工是商业和商人群体的出现。随着金属货币的应用，商品交换的范围

① 马克思，恩格斯．马克思恩格斯文集：第 4 卷 [M]. 北京：人民出版社，2009：183.

② 列宁．列宁专题文集·论社会主义 [M]. 北京：人民出版社，2009：145.

③ 同①184.

不断扩大，土地的买卖促进了人口的流动和社会结构的改变——自由民中住有奴隶，本地居民中有外乡人。人群成分的变化导致了利益要求的复杂化、富人对保护私有财产的要求、城市与乡村的不同要求、本地人与外来居民的不同要求等。尤其是随着自由民与奴隶、富人与穷人之间的利益冲突日益尖锐，原来在没有阶级对立条件下产生的、没有任何强制力的氏族制度已经无能为力。这就需要一个新的力量，看起来站在相互斗争的各阶级之上，压制阶级之间的公开冲突，至多允许阶级斗争在经济领域内以合法的形式进行。这样，氏族制度就被社会大分工及作为其后果的分裂为阶级炸毁了，被新的机关——国家——代替了。

原始氏族、胞族、部落和部落联盟的管理机构逐渐获得经常性的权力，权力的性质也由原来的公共所属蜕变为首领个人或管理集团的“私产”。权力不再仅仅作为保护共同体安全的对外工具，转而开始对内强制建立某种社会秩序。这样，氏族时代的道德力量就转化为文明时代的政治权力了。

恩格斯在《家庭、私有制和国家的起源》一书中，对国家的起源给出一段经典论述：

“国家是社会在一定发展阶段上的产物；国家是承认：这个社会陷入了不可解决的自我矛盾，分裂为不可调和的对立面而又无力摆脱这些对立面。而为了使这些对立面，这些经济利益互相冲突的阶级，不致在无谓的斗争中把自己和社会消灭，就需要有一种表面上凌驾于社会之上的力量，这种力量应当缓和冲突，把冲突保持在‘秩序’的范围以内；这种从社会中产生但又自居于社会之上并且日益同社会相异化的力量，就是国家。”①

恩格斯又说：“由于国家是从控制阶级对立的需要中产生的，由于它同时又是在这些阶级的冲突中产生的，所以，它照例是最强大的、在经济上占统治地位的阶级的国家，这个阶级借助于国家而在政治上也成为占统治地位的阶级，因而获得了镇压和剥削被压迫阶级的新手段。”②

恩格斯关于国家起源的这个著名论断，包含三个要点：

第一，国家是一个历史现象，它不是从来就有的，是人类社会发展到一定阶段的产物。

第二，国家是阶级矛盾不可调和的产物。在马克思和恩格斯生活的年代，承认阶级存在的观点并不少见，一些观点甚至可以承认国家是阶级矛盾的产物，但就是不承认国家是阶级矛盾“不可调和”的产物。因为承认国家是阶级矛盾的产物，逻辑上还可以把国家说成是居于相关阶级之上的超阶级的存在。国家既不代表剥削阶级，又不代表被剥削阶级，它是高于一切阶级、调和各个阶级的公共力量。这样，无论哪个阶级都不应损害它，更不要说打碎它。

马克思主义观点则坚持，国家是社会陷入了不可解决的自我矛盾、分裂为不可调和的对立面而又无力摆脱这些对立面，为了使这些对立面、这些经济利益互相冲突的阶级不致在无谓的斗争中把自己和社会消灭，才需要表面上凌驾于社会之上的力量。这句话的关键是“表面上”，表面的意思是形式、是表象，实质则是经济上占统治地位的阶级“获得了镇压和剥削被压迫阶级的新手段”。这说明了国家产生的实质和根源，同一切资产阶级及

---

① 马克思，恩格斯．马克思恩格斯文集：第 4 卷［M］. 北京：人民出版社，2009：189.

② 同①191.

小资产阶级的国家起源观点划清了界限。

第三，国家的作用是缓和冲突，把冲突控制在秩序的范围以内。此处所谓的缓和并非是对各个阶级的不偏不倚，而是把冲突控制在“秩序”的范围内的缓和。“秩序”的实质是维护所在社会的生产方式、剥削制度和阶级统治，是统治阶级根本利益的集中体现。这个“秩序”不仅不允许被统治阶级破坏，也不允许被统治阶级内部的个人或团体破坏。这就表明了国家代表谁的利益、如何代表这种利益。因此，恩格斯说，它照例是最强大的、在经济上占统治地位的阶级的国家。

列宁在《国家与革命》一文中，对恩格斯的观点做了进一步的概括：“国家是阶级矛盾不可调和的产物和表现。在阶级矛盾客观上不能调和的地方、时候和条件下，便产生国家。反过来说，国家的存在证明阶级矛盾不可调和。”①

2. 国家产生的几种形式

由于各个文明的历史条件不同，人类早期国家从氏族制度的废墟上产生的具体形式也是多种多样的。恩格斯在《家庭、私有制和国家的起源》中，着重考察了雅典国家、罗马国家、德意志国家三种欧洲早期国家产生的基本形式。

第一种是雅典形式。在野蛮时代高级阶段的末期，雅典地区的商品生产和商品交换有了很大的发展，这导致了不同部落成员的广泛流动并逐渐杂居，从而为居住在这一地区但并不属于本地部落的人成为雅典公民提供了可能。人们在雅典设立了一个超越于各个部落的中央管理机关，让其处理作为本地区居民各部落成员的共同事务。与此同时，私有制的发展越来越充分，富人与穷人、剥削者与被剥削者之间的分化也越来越明显，典型的阶级就产生了。雅典的做法是把全体成员分为贵族、农民和手工业者三个阶级，并赋予贵族以担任公职的独占权，使得因拥有财富而本来就有势力的家庭在自己的氏族之外联合成了一种特权阶级。对此，恩格斯指出：“氏族制度已经走到了尽头。……国家已经不知不觉地发展起来。……这种设置对氏族制度起了双重的破坏作用：第一，它造成了一种已不再直接等同于武装起来的全体人民的公共权力；第二，它第一次不依亲属集团而依共同居住地区为了公共目的来划分人民。”② 雅典国家的形成基本是从氏族社会中直接发生的，成为欧洲国家起源的“最纯粹、最典型的形式”③。

第二种是罗马形式。在氏族制度的末期，罗马氏族内部也因生产的发展和私有制的出现而形成了迅速的分化，分化出来的世袭贵族控制着公有的土地，并掌握着氏族的权力。当时罗马的氏族部落中已经杂居着许多外来的“平民”，他们一方面在经济上占有重要地位，另一方面又不能享有罗马氏族成员的权利，且要承担大量的义务。为了争得与氏族成员平等的权利，平民与贵族展开了尖锐的斗争。作为斗争的结果，新的人民大会成立，规定只要按财产等级服兵役就享有同等的权利。于是，一种新的制度代替了旧的氏族，并逐渐发展成为政治国家。

第三种是德意志形式。德意志国家是在大规模的战争征服过程中建立起来的。来自北方

① 列宁．列宁专题文集·论马克思主义［M］．北京：人民出版社，2009：180.
② 马克思，恩格斯．马克思恩格斯文集：第4卷［M］．北京：人民出版社，2009：131.
③ 同②188.

的日耳曼人虽在武力上是征服者，但其本身的氏族组织无力统治广大的新占领土，迫使它必须迅速将原有的氏族组织转化为新的国家机关。不过，需要指出的是，对外征服只是日耳曼国家形成的一个外在促动，真正导致日耳曼国家产生的决定性因素仍是其氏族社会内部已经出现的阶级分化和矛盾发展，对外征服只是在特定时期加速了从氏族到国家的转变进程。

二、中国国家的起源

中华文明源远流长、博大精深，拥有超百万年的人类史、一万年的文化史和五千多年的文明史，是中华民族独特的精神标识。文明史也是政治史，中华文明探源研究坚持历史唯物主义，提出文明是人类文化和社会发展的高级阶段。文明的主要标志，是在生产力发展的基础上，出现了社会分工和社会分化，形成了阶级、王权和国家。[①] 对中华文明来说，国家起源是文明起源与形成研究的核心问题，其主要内容就是探讨史前社会从平等的、简单的氏族社会发展演变成为以强化的等级制度和具有强制力的公共权力——国家为特征的文明社会的时间和演进过程。[②]

由于地域的广大和环境的多样，在漫长的史前时期，古老的中华大地逐渐发展出满天星斗[③]式的富有区域特色的文明聚落。公元前 3000 年前后在长江中下游率先出现以石家河、良渚为代表的大型城址超级聚落。公元前 2500 年至公元前 1500 年，包括中原的陶寺及其后的二里头、北方的石峁、海岱区的尧王城、巴蜀区的宝墩和三星堆等其他文化区也都相继出现了各自的超级聚落。这些聚落不仅规模超大，更有着明显的功能分化，如宫殿、神庙、大墓、防御城壕、水利设施等。如此的规模和复杂程度，说明当时的生产力水平已经发展到能够供养公共权力机关，金字塔式的社会等级结构开始形成，这意味着一种完全不同于原始社会的全新的社会组织方式的确立，这就是国家的形成。

从 20 世纪 80 年代开始，各地陆续发现的考古证据充分地佐证了不同区域从原始社会到政治国家演进的历史事实，犹如一道道文明的曙光在中华大地竞相绽放。从距今 5 000 年到 4 000 年间，中华文明的各个区域在各自发展的基础上发生交流共进，并最终在中原文明那里完成了汇聚跃迁与政治整合，从而奠定了中华文明“多元一体”的初始格局，及至秦汉统一多民族国家形成之后又进一步开启了“多元一统”的文明发展进程。中华文明探源工程的研究成果证明：中华文明在其早期国家形成阶段就发展出多元一体、兼收并蓄、连绵不断的基本特质。

与以古希腊和古罗马为代表的欧洲国家起源形式不同，中国古代原始社会解体及向政治国家转变的过程，其最大特点表现为一种“从家到国”的演化路径。[④] 具体来说，就是在国家形成的过程中，原有的氏族组织结构并没有完全遭到破坏，而是以父权制家庭形式被保留下来，并持续对其后的政治社会产生着影响。这与马克思主义关于欧洲国家起源都是“在氏族制度的废墟上”[⑤] 建立起来的共性描述有所不同。马克思主义认为，政治国家

---

① 王巍．中华文明探源研究主要成果及启示 [J]. 求是，2022 (14).

② 王巍，赵辉．“中华文明探源工程”及其主要收获 [J]. 中国史研究，2022 (4).

③ 苏秉琦．文化与文明——1986 年 10 月 5 日在辽宁兴城座谈会上的讲话 [J]. 辽海文物学刊，1990 (1).

④ 梁颖，李庭华．中国早期国家形成的道路与形态研究 [M]. 桂林：广西师范大学出版社，1998: 11.

⑤ 马克思，恩格斯．马克思恩格斯文集：第 4 卷 [M]. 北京：人民出版社，2009: 188.

产生了，氏族制度就解体了，国家与氏族在性质上根本对立。中国的情况则是，氏族制度在文明起源末期直至政治社会初期在相当程度上都还有所保留，近年的发掘和研究成果更是显示夏商周三代的国家与社会都带有明显的氏族结构影响的痕迹。

中国国家起源的这一特点，主要是由其与欧洲国家赖以产生的不同的经济和社会条件决定的。在生产关系方面，中国古代社会是以定居农业为主体的自然经济体系，畜牧业和手工业并没有获得真正意义上的独立发展。也就是说，虽然有社会分工的出现和发展，但其经济形态更多地表现为“分工不分家”。这意味着，随着氏族作用的逐渐弱化，家族取代氏族成为社会生产和生活的基本单位，相应地，财富的积累和分化也主要是在家族层面展开的。最终，那些拥有较多财富、控制较多资源、掌控较大权力的个人及家族逐步演变成社会权贵，上升为社会的特权阶层，构建起有高低层级和主从结构的统治格局。对此，著名人类学家、考古学家张光直指出：“中国古代由野蛮时代进入文明时代过程中主要的变化是人与人之间关系的变化，而人与自然的关系的变化，即技术上的变化，则是次要的。”①

可见，中国国家起源过程中的阶级分化和阶级对立是以家族与家族之间以及宗族与宗族之间的不平等的形式呈现出来的，最终是由某一显赫家族控制了公共权力并凌驾于社会之上，从而导致国家的产生。其结果就是在政治国家的内部嵌入了一套以家族意识为核心的父权氏族结构，并在此基础上进一步促成了以君权为核心的政治结构和以父权为核心的宗法结构的融合发展。故而，在上层建筑方面，中华文明自始就带有明显的“家国一体”的群体意识特征，从而奠定了其传统政治“尚一统、求大同”的根本基调，并在此基础上衍生出丰富而系统的古代文化和价值体系，对中华文明的后续发展影响深远。正如《荀子·致士》所说，“君者，国之隆也；父者，家之隆也。隆一而治，二而乱。”②

综上，“从史前到文明的过渡中，中国社会的主要成分有多方面的、重要的连续性”③。这是中国国家起源不同于以古希腊和古罗马为代表的欧洲国家起源典型形式的特殊之处。当然，这种特殊也只是相对的，并没有超越政治国家与氏族组织本质是不同的和根本对立的这一看法。说到底，中国的国家起源仍然是生产发展因素推动社会制度变革的客观结果，如果没有私有制的产生和阶级的分化作为前提，氏族父权结构既没必要也不可能上升为强制性的国家政权。因此，所谓的“从家到国”的国家产生的特殊方式，实际上只是社会阶级分化的普遍方式在中国的特殊表现而已。从这个意义上说，中国早期的国家根本上还是国家与社会日益相脱离的阶级对立的产物。这是马克思主义关于国家起源问题的根本观点，也是对包括欧洲和中国在内的各种形式的国家起源本质的科学概括。

国家起源问题的理论价值

三、若干国家起源理论分析

人类历史上各个时期的不同文明有着关于国家起源问题的不同看法，其与马克思主义不仅在具体观点的理解上多有分歧，在对待问题的态度

① 张光直．考古学专题六讲：增订本［M］．北京：生活·读书·新知三联书店，2013：13.

② 北大注释组．荀子新注［M］．北京：中华书局，1979：227.

③ 同②.

上也存在差异，这里归纳提炼出三种具有代表性的国家起源理论。

（一）神权论

神权论是人类历史上广泛流行的一种关于国家起源的理论解释，因其主要与君主制度相伴随，因而也被称为“君权神授论”或“君权天授论”。这种理论宣扬国家是根据神（天、上帝）的意志建立的，君主的权力是神所授予的，国家是君主按照上天的启示来统治民众的政治安排，民众服从君主就是服从神的意志。这种观点在现在看起来难免荒诞，但在人类漫长的古代历史中却实实在在地占据过长期的统治地位。古代奴隶制和封建制国家的统治阶级几乎无一例外都是用神权论来为自己的统治进行辩护的。

古代中国政治制度的理论支撑就是一种“君权天授”的思想，汉语文化中广为人知的“天道”观念就是这种思想的理论标签。在这种观念下，帝王被称作“天子”，是天与人的中介，即“天子受命于天，天下受命于天子”，以此来说明专制皇权的正当性源于天命的安排并受上天的护佑。正是因为有了“君权天授”的先见以及“家天下”的事实，广大民众形成了天下是天子的天下而非民众的天下的认知“错觉”，使得中国传统政治观念充满了对皇权的依附和缺乏主动的民主诉求。在中国古代典籍中，经常能见到诸如“天子作民父母，以为天下王”[①] 这样反映皇权统治正当性的说法。

在世界范围，神权论也广为流行。在古代埃及，法老被视为“太阳神”，为此他和他的臣民不惜耗费巨大的人力、物力和精力去修筑法老的陵墓——金字塔，因为在他们看来这事关法老能否顺利升天，而法老能否顺利升天又将关系到国家与臣民的命运。在中世纪，基督教神学控制着整个知识领域及思想界，神权政治的意识形态被推至统摄一切的顶峰。不论是主张教权高于王权的教会，还是主张王权高于教权的君主，任何一方都以神创国家观念为基本恪守，即“一切权力来自神”，而所谓的教权与王权之争不过是统一神权秩序之下的次级问题。现代社会，尽管神权论已经失去了普遍的理性基础，只是依托于特定的宗教信仰，但仍然对小到国家地区、大到文明区域有着相当的影响，对于形成宗教信众特定的政治观念具有不可忽视的作用。人类进入 21 世纪以来日渐激烈的宗教冲突，或多或少就与神权论有着某种关联。

（二）契约论

契约论是近代西方国家最具影响力的关于国家起源的思想，这是西方社会传统的契约伦理在现代政治理解上的自然延伸，其核心观点就是认为国家是人们订立契约的产物。契约论风行于整个启蒙时代，包括斯宾诺莎、霍布斯、洛克、卢梭等著名思想家都是契约论的支持者，只是他们在具体观点上存在一定的差异。比如，有的用契约论来解释政治的产生，有的用契约论来说明政府的原理，有的用契约论来寻求人类的解放等。以马克思主义的观点来衡量，无论是哪种具体的契约论观点，其实都是在说明国家：一方面用以说明国家起源和存在的正当性，另一方面用以说明统治者与被统治者关系的合理性。

契约论的逻辑起点，一般是一种关于“自然状态”的假设。在自然状态下，人有着普遍自利的本性，人与人的关系也是冲突的，但对于冲突的程度和影响，不同的契约理论家

---

① 慕平译注．尚书［M］．北京：中华书局，2009：133．

有着不同的看法。霍布斯认为，自然状态的冲突会愈演愈烈，进而将人类推入“一切人反对一切人的战争”；洛克认为，自然状态的冲突是有限的，表现为人们普遍追求生命、自由、财产等天赋权利时遇到的些许不便。无论怎样定义冲突的水平，都说明自然状态是不够完美的，因此就需要一种机制来控制冲突和解决争端，从而使人们能够更好地追求合理的人生目标，这个机制就是契约。人们通过彼此订立一个全民性的契约，建立一个具有强制权力的机构，这个机构就是政府。契约论不太习惯使用国家的概念，而是更倾向于用政府来指代这种强制性权力的归属和应用。在马克思主义看来，这与解释国家形成是一回事。马克思主义坚持以历史事实为基础，主张从事实中寻找必然性。契约论则把国家看成一种超历史现象，并不在意国家起源的历史证据，转而侧重对国家存在的道德基础提供哲学解释。这种脱离事实依据的逻辑推理容易陷入价值虚无和主观主义的误区，但不可否认的是，契约论对激励资产阶级革命、推动资本主义国家的建立发挥了重要的作用，其浅显生动的理论说明对人民主权观念和自由平等价值的普及也做出了重要贡献。

（三）暴力论

暴力论的基本观点是国家起源于掠夺和征服，即国家是在人类群体之间使用暴力的结果。持这种观点的代表人物有与马克思和恩格斯同时代的德国哲学家、经济学家杜林和奥地利法学家、社会学家巩普洛维奇等。比如，杜林就强调暴力是社会发展的决定性因素，国家经常是作为一个部落对另一个部落施以暴力的结果而出现的，是较强的部落对较弱的部落的征服与奴役。

暴力论的合理之处在于它敏锐地注意到了战争或者说外部威胁与国家形成的密切关联，具体表现为两个方面：一是有些国家确实是随着对外部的战争征服而产生的，比如德意志国家的形成就具有类似特点；二是战争需要或生存威胁确实有助于加速相关人群组织权力的集中化，而集权程度正是国家形成的基本条件和发展特征。然而，在马克思主义看来，暴力论存在着明显的认知缺陷，主要表现为其单纯地把战争征服和政治奴役本身看作独立的动机，而对为什么要征服和为什么要奴役却没有给予注意。简单说，就是暴力论有意无意地忽略了人们进行战争征服和政治奴役的动机，尤其漠视其中起决定作用的经济因素的影响。就是说，如果不是社会生产力发展到使个体劳动能够创造出多于自身需要的剩余产品而使其劳动力具有剥削价值，战争征服和政治奴役将变得不可理解和毫无意义。也许原始人群之间的确存在着广泛而经常的暴力冲突，但那样的暴力应用只是基于安全或复仇的考虑，而与奴役和剥削的目的无关，因此是不能导致国家的产生的。马克思主义从不否认国家形成过程中暴力因素可能产生的促进作用，但强调社会内部经济发展和阶级分化的在先发生才是认识国家起源问题的关键，这是其与暴力论最根本的区别。

第二节　国家的本质

国家本质，是马克思主义国家学说的核心概念，也是整个马克思主义政治学中具有方法论意义的根本问题。马克思主义不仅从本质的角度说明国家，而且几乎所有马克思主义视野中的政治问题，如国家形式与国家机构、民主与专政、革命与改良等，其提出与解决都取决于对国家本质问题的回答。列宁曾一针见血地指出："在社会主义革命在全世界已经开始并且恰好在几个国家内获得胜利的时候，在反对全世界资本的斗争特别尖锐的时候，这个问题即国家问题就具有重大的意义，可以说，已经成为最迫切的问题，成为当代一切政治问题和一切政治争论的焦点了。"①

国家的本质

一、国家的含义和本质

马克思主义通过对国家起源的分析来揭示国家的本质，将与原始社会氏族组织的根本区别作为理解国家本质的关键，并从国家本质的角度对国家的含义进行界定。

马克思主义认为，国家是在原始社会氏族制度瓦解的基础上产生的，国家代表着一种全新的人类社会组织方式，其与氏族组织存在根本的不同。

第一，国家是按地域划分居民，氏族是按血缘划分居民。这里所说的"划分"，是指对其所统辖的组织成员以什么为基础进行管理，按地域划分居民相对于按血缘划分居民意味着成员之间的关系发生了根本变化。按血缘划分居民的氏族，其成员之间的关系性质是伦理的；按地域划分居民的国家，其成员之间的关系性质是经济的。以血缘为纽带的伦理关系在本质上体现的是其成员根本利益的一致，以地域为基础的经济关系在本质上体现的是其成员根本利益的冲突。因此，相对于氏族简单的管理方式，国家需要建立特殊的依靠力量和管理机构。

第二，国家设立了强制性的公共权力，氏族只依靠父亲般的道德力量。所谓公共权力，是指武装的人——军队、警察和物质的附属物——监狱和强制机关。这样的公共权力在氏族时代并不存在，其产生是以人类群体的阶级分化、社会关系的严重对立、人们为了争夺资源导致矛盾冲突越来越频繁和尖锐为前提的。社会广泛而深刻的利益冲突，致使原来那种依托血缘伦理而发生作用的简单的氏族管理手段越来越难以与之相适应，因此需要一种特殊的组织力量，并建立专门的常设机构来集中行使，其作用是缓和社会冲突，把冲突控制在"秩序"范围以内。

国家与氏族的根本区别见表 1－1。

表 1－1 国家与氏族的根本区别

	划分居民方式	组织管理手段
氏族	按血缘划分： 说明成员的根本利益一致	道德力量
国家	按地域划分： 说明人们的根本利益冲突	公共权力

马克思主义经典作家立足于国家与氏族的根本区别，从国家本质的角度给出了一个形象而生动的关于国家的定义——"国家是维护一个阶级对另一个阶级的统治的机器"②。这是列

① 列宁．列宁专题文集·论辩证唯物主义和历史唯物主义［M］．北京：人民出版社，2009：293.

② 同①288.

宁在马克思和恩格斯有关国家基本论断的基础上作出的简明而深刻的理论概括。结合马克思主义关于国家起源的经典论述，可以对马克思主义国家观的主要内容作如下梳理：

第一，国家是有阶级社会的政治组织。这既提示了作为阶级统治工具的国家的阶级本质，也指出了作为社会历史范畴的国家的存续时间。在马克思主义看来，国家是一个历史现象，既不是从来就有的，也不是永远存在的，只是在人类社会发展的特定历史阶段——阶级社会产生和存续的。国家因人类社会内部基本矛盾的运动而产生，也将跟随社会基本矛盾的变化而发展，并最终因社会基本矛盾运动的转化而消亡。

第二，国家是阶级统治的工具。这是对国家本质的形象描述，包括两层含义：首先，国家是一种手段，一种强制性的统治手段；其次，国家是为特定阶级所有的统治手段，而不是全社会所共有的管理手段。国家只是表面上采取了公共的形式，以使其获得广泛的正当性和普遍的约束力，但这不能从根本上掩盖其公共形式背后的阶级实质。马克思主义对国家本质问题的强调，就是要让人们看清，是哪个阶级在借助国家的公共名义实现着特定阶级的统治。“正是由于特殊利益和共同利益之间的这种矛盾，共同利益才采取国家这种与实际的单个利益和全体利益相脱离的独立形式，同时采取虚幻的共同体的形式”①。

第三，国家是一部机器。这说的是国家在构成上的复杂性、整体性和精密性。国家不是单一的机构，也不是简单的暴力，而是由多个部分和多种功能构成的一个密切关联的有机整体。首先，国家实现了管理者的常任化和管理机构的专门化，也就是组织了行使这种权力的专门的官吏和专门的国家机关。其次，国家建立了组织化的职业性的常备军，“因为自从社会分裂为阶级以后，居民的自动的武装组织已经成为不可能了”②。最后，国家建立了维持其存在所必需的赋税制度，使公共权力的运转有了稳定的经济保障。作为一个如此精心设计的统治机器，对于统治阶级来说，意味着要求其必须具备一定的技艺才能驾驭；对于被统治阶级来说，则意味着一种符合统治阶级利益的特殊秩序将被超强维护。

二、其他具有代表性的国家观分析

马克思主义侧重从本质的角度来说明国家，其他具有代表性的国家观也都有各自看待国家的独特视角，其中不乏一些有启发的见解。

（一）社会共同体说

古希腊和古罗马时代，人们对国家的理解表现为一种注重共同体价值的国家观，是社会共同体说的代表，其主要观点是把国家看作人们基于特定目的而结合在一起的群体。古希腊的亚里士多德在《政治学》中提到，国家是许多家族及村落的联合体，是为达到完美的和自治的生活而组织的人类团体，国家代表着最高的、共同的善，人的价值是通过在国家共同体中过政治生活得以实现的。古罗马的西塞罗也是共同体国家观的重要阐述者，认为国家在本质上体现为一种共和国，是由许多人基于法的一致及利益的共同性而结合起来的集合体。以马克思主义观点来衡量，社会共同体说只是注意到国家代表公共利益的一面，而没有深入国家作为统治工具的层面，是用国家形式上的公共性遮蔽了国家本质上的

① 马克思，恩格斯．马克思恩格斯文集：第1卷［M］. 北京：人民出版社，2009：536.

② 马克思，恩格斯．马克思恩格斯文集：第4卷［M］. 北京：人民出版社，2009：190.

阶级性。这种观点更多地体现了人类原始社会强调族群整体价值观的一种延续，还没有做到把国家与氏族、部落等社会组织的根本不同区分开来。

（二）国家契约说

国家契约说是国家起源契约论的自然延伸，其基本内容是围绕国家是人们通过订立契约建立的社会组织这一基本认识来说明国家的地位、作用及职能等问题。契约论思想最早始于古希腊时代的伊壁鸠鲁，文艺复兴之后被广泛用来说明政治社会的产生及国家或政府的存在目的与权力范围，并逐渐发展成为资产阶级最具代表性的国家学说，是资本主义政治意识形态的重要理论基石。契约论的特点是以个人自由为价值起点，从个人目的的角度阐述国家与个人的关系，从而将国家设计成一个为个人自由服务、保障个人权利的工具。不仅欧洲启蒙时代的思想家配合资产阶级革命竞相用契约论从理论层面解释国家，18 世纪美国国家的建立过程也可以被认为是国家契约说的一次直接的政治实践。历时三个月的制宪会议，诞生了具有国民契约性质的美国国家宪法，国家权力限度及公民权利内容都被作出清晰的约定，国家似乎真的成为契约的产物。国家契约说作为近代资产阶级推翻封建国家的重要思想武器，其对资本主义国家的建立和发展确实是发挥了积极而深远的影响的。但以马克思主义的观点来衡量，国家契约说完全局限在主观设想的层面上，充其量是一种关于国家的特定的偏好性解释，既没有给出国家产生的史实依据，也没有直面国家本质的阶级属性，因此，从根本上说，国家契约说不过是资产阶级否认和掩盖国家本质的一种理论工具罢了。

（三）国家要素说

国家要素说认为国家的成立和存在是通过具备一系列基本构成要件实现的，如领土、居民、政府、主权等。以此视角来理解的国家，就是一种生活在固定领土之上拥有政府和主权的居民的共同体组织。国家要素说是西方政治学一种较为流行的国家理论，具体又有三要素、四要素甚至五要素等不同说法。其中，比较有代表性的是国家四要素说，即认为国家是指由领土、居民、政府、主权四个基本条件构成的人类社会共同体。领土，是特定人群生存和发展的物质基础，是国家权力行使的空间载体，拥有固定的领土是国家存在的前提条件。居民，是指定居在一定领土之上并受相应国家权力管辖的特定人群，国家作为一种人类共同体，必然拥有一定数量的居民。政府，是国家权力的行使者和国家事务的组织者，是国家意志和职能赖以实现的实体保障，是最为重要的国家构成要素。主权，通常表现为国家对内的最高统治权和对外的独立自主权，是国家与其他政治组织的根本区分标志，近代以来被普遍认为是国家的固有属性。以马克思主义的观点衡量国家要素说，可以看出它比较全面地关注到了国家的一些外在特征，但只是单纯强调国家的外在形式，容易陷入忽视国家本质的误区。从这个意义上说，国家要素说为国家永续存在的说法提供了理论铺垫。

第三节　国家的职能

马克思主义与其他学说在国家职能认知方面主要表现为整体观和局部观的差异，马克思主义理解的是由国家本质决定的统一性的国家职能观，其他学说理解的是由社会需要决定的功能性的国家职能观。相应地，其他学说往往将国家职能表述为“国家功能”，就是把国家各个组成部分的具体活动和任务说成是国家的职能。比如，从国家权力划分与制衡的角度认为国家有立法、行政、司法三项职能，或者从国家发挥作用的领域角度认为国家有安全、法治、经济、文化四项职能。

马克思主义并不认可这样分散地、局部地看待国家，而是将国家作为一个统一的整体，从国家本质决定的高度来理解国家的职能。恩格斯在关于国家起源的论述中提到，国家的作用就是“缓和冲突，把冲突保持在‘秩序’的范围以内”①。这其实谈的就是国家的职能问题。这里的“秩序”，指的是统治阶级所希望的秩序，它以政治秩序为核心，以经济秩序为基础。把“冲突保持在‘秩序’的范围以内”，就是要维护有利于统治阶级的生产关系，进而维护在生产关系中占统治地位的阶级的根本利益。这就是国家的根本职能。

在马克思主义看来，组成国家机器的各个部分虽然在具体任务、目的、活动方式上各有不同，但它们都是围绕维护由国家本质所决定的特定的“秩序”这一总目的和总任务而展开的。万变不离其宗，国家的本质决定着国家职能的性质、内容和实现方式，这是马克思主义理解国家职能问题的根本思路，并以此给出了国家职能的定义：国家职能，就是由国家本质所决定的国家活动的总目的和总方向，是全部国家机器活动的总和与整体功能。

一、内部职能和外部职能

马克思主义认为，国家职能可以分为对内和对外两个基本方面，即内部职能和外部职能。

内部职能，是指国家控制社会秩序、维护社会稳定、谋求经济发展、促进社会进步的职能。内部职能的目的，是维护有利于统治阶级的政治秩序，保障统治阶级相关利益的充分实现。其主要内容包括：镇压敌对阶级的反抗，巩固和保卫国家政权，维护政治秩序的稳定，促进经济、社会、文化等各项事业的发展，推动国家整体文明水平的提升等。

外部职能，是指国家抵御外敌入侵、保卫国家安全、扩大国际影响、拓展生存空间的职能。外部职能的目的，是创造有利于国家生存的国际环境，提供实现国家对内统治的外部条件。其主要内容包括：抵御外敌入侵，维护国家的主权和领土完整；保卫国家安全，防范境外阴谋颠覆和破坏活动；开展外交活动，争取和平的国际关系和发展环境等。

内部职能与外部职能虽然在着力方向和内容表现上有所不同，但其共同目的都是最大限度地实现和增加统治阶级的根本利益，因此，二者是紧密联系、相互促进的辩证统一关系。

一般来说，内部职能是居于主要地位的。一个国家只有积极履行内部职能，使其具备一定的综合国力并持续提升，包括军事和经济方面的硬实力，也包括政治、社会、文化等方面的软实力，才能在发挥外部职能时具备坚实的物质基础和精神基础。任何国家的统治

① 马克思，恩格斯．马克思恩格斯选集：第4卷［M］.3版．北京：人民出版社，2012：187.

阶级如果不首先立足于把自己的国家建好建强，那么其国际形象和国际地位必将受到严重的削弱，其改善国际关系和生存环境也会变得困难重重。“弱国无外交”，我国在旧社会就深受内政不修、积贫积弱之害。比如，北洋政府时期，尽管我们倾尽了所有的外交努力，但依然无法在巴黎和会上获得基本的主权尊重。反观当下新时代中国特色社会主义建设的伟大时期，我们凭借数十年改革开放、经济社会发展积聚起来的强大国家实力，提出共建“一带一路”合作倡议，推动构建人类命运共同体，彰显了负责任的大国形象，展现了中国国家发展的道路自信。

相对来说，外部职能是处于次要地位的。但外部职能的有效发挥，比如争取到和平友好的国际环境，也会对国内政权的巩固、经济的发展和社会的稳定起到积极的促进作用。尤其在战争时期，外部职能会明显上升到主要矛盾的位置，其执行的情况和实现的效果甚至关系到国家的存亡。没有国家的独立和领土的完整，就没有民族生存和发展的可能。中国自鸦片战争以来历经百年进行了艰苦卓绝的抵御各种外敌入侵的战争，尽管代价惨重，却也前赴后继，成为在中国共产党领导下取得民族独立的重要组成部分。另外，人类进入21世纪以来，全球经济竞争加剧，地缘政治摩擦升级，开创有利的国际关系环境和生存发展空间成为各个国家关心的重要目标。面对百年未有之大变局，中国共产党领导国家全面推进中国特色大国外交，维护多元稳定的国际经济格局和经贸关系，积极建设全球伙伴关系网络，为发展中的中国抓住时代机遇、助力中华民族的伟大复兴创造了积极的外部职能支持。

二、政治职能和社会职能

政治职能与社会职能

根据国家活动的性质和方式，国家的内部职能又可以进一步划分为政治职能和社会职能。

政治职能，也称阶级统治职能，是指国家按照统治阶级的意志，综合运用各种手段并以强制力保障实施的维护社会秩序的职能。政治职能是由国家的阶级性质决定的，是国家特有的根本性职能。

社会职能，也称社会管理职能，是指统治阶级为了实现和维护自己的政治统治，必须实施的对于社会公共事务的管理职能。社会职能是与社会存在的事实相关联的，是包括国家在内的任何代表社会整体的组织都要承担的必要职能。

关于国家政治职能与社会职能的关系，马克思主义是这样论述的：

首先，从来源依据上讲，政治职能与社会职能是相对独立、主次分明的。

在恩格斯关于国家起源的经典论述中，有国家是“一种表面上凌驾于社会之上的力量”的表述，这就指明了国家具有公共性和阶级性的双重属性。作为公共属性的国家，是社会公益的提供者，具有社会职能。作为阶级属性的国家，是阶级统治的实施者，具有政治职能。政治职能和社会职能在来源依据上是相对独立的，分别代表了国家统治和社会生存两种不同的需求。另外，基于国家作为阶级统治工具的本质规定性，政治职能是居于主导地位的，是任何国家都必须优先保证履行的首要职能。如果不做到这一点，国家就不能称为“国家”了。社会职能是居于从属地位的，这就是说，无论社会职能的发挥被凸显到怎样的程度，都必须以不妨碍政治职能的实现为基本限度，并且要始终服务于政治职能的实现。

其次，从静态关系来看，政治职能与社会职能是互相依存、辩证统一的。

虽然政治职能居主、社会职能居次，但社会职能因其对于人类社会的存在和发展具有不可或缺性，因此不仅不能被随意忽视，而且常常成为国家履行政治职能的前提条件。恩格斯就曾指出，“政治统治到处都是以执行某种社会职能为基础，而且政治统治只有在它执行了它的这种社会职能时才能持续下去”①。另外，社会职能的发挥必须以政治职能的有效实现为基础。社会职能的实施客观上要依托于统治阶级掌握国家权力这一事实，如果国家失去了强制性的权威地位，管理和服务社会就将成为一句空话。

最后，从动态过程来看，任何国家在不同时期其政治职能与社会职能相互的重要性都可能有所变化，但只有在社会主义国家，两种职能的关系地位才可以发生根本的转换。

在前资本主义时代，国家承担的社会职能相对有限，政治职能占据明显突出的位置，甚至是直接、赤裸和粗暴的压迫。进入资本主义社会，随着工业化进程的加快，新兴城市不断出现，需要国家承担的经济管理和社会服务的内容不断增加，其社会职能无论是在范围、程度还是实现方式上都发生了巨大变化。尤其是第二次世界大战之后，随着凯恩斯主义和福利国家思想相继兴起，资本主义国家的社会职能更是拓展到空前的广度。然而，必须明白的一点是，对于包括资本主义在内的一切阶级社会，无论其国家的社会职能如何扩大，其角色地位也不可能超过政治职能，即社会职能永远不可能与政治职能发生相互关系地位的根本转换，因为阶级社会的国家职能必须守着把秩序控制在统治阶级允许的“秩序”范围以内这条根本的政治主线。正如恩格斯所指出的，“现代国家，不管它的形式如何，本质上都是资本主义的机器，资本家的国家，理想的总资本家”②。

社会主义是人类从有阶级社会到无阶级社会过渡的历史阶段，社会主义国家也是人类历史上唯一不以阶级统治为根本目的的全新类型的国家。因此，社会主义国家的政治职能和社会职能的关系地位与阶级社会的国家职能相比发生了根本变化。在社会主义社会，国家的政治职能和社会职能不仅可以根据社会发展不同阶段的需要而表现出职能重心的不同，而且其关系地位还可以发生根本的转换。简单说，就是社会主义国家能够真正实现以社会职能为主要职能。这是因为，在社会主义社会，国家的政治职能的发展趋势就是随着经济和社会的发展、阶级斗争和阶级差别的消失而逐渐缩减并消失的。这是社会主义国家担负建立人类共产主义社会历史使命的应有之义和必然要求。

我国是人民当家作主的社会主义国家，剥削阶级作为阶级已经消灭，阶级矛盾不再是社会的主要矛盾，国家的职能重心应该并且正在向以社会职能为主的方向转变。“党和国家工作的重点必须转移到以经济建设为中心的社会主义现代化建设上来”③。如今，当前社会的主要矛盾演变为人民日益增长的美好生活需要和不平衡不充分的发展之间的矛盾。通过创新、协调、开放、共享和绿色发展，不断满足人民日益增长的对于美好生活的需求，积极发展社会主义民主和法治，促进社会的公平正义，建设先进的社会主义文化和生态文明，这是当前我国新时代中国特色社会主义国家职能的主要内容和根本方向。

---

① 马克思，恩格斯．马克思恩格斯文集：第9卷［M］．北京：人民出版社，2009：187.

② 马克思，恩格斯．马克思恩格斯文集：第3卷［M］．北京：人民出版社，2009：559.

③ 中共中央文献研究室．十一届三中全会以来重要文献选读（上册）［M］．北京：人民出版社，1987：345.

第四节　国家的消亡

国家消亡是马克思主义国家学说的特有观点，也是马克思主义政治学的最终落脚点。可以说，马克思主义是唯一预言国家将会消亡并且提出了系统的国家消亡理论的学说，这是其运用历史唯物主义分析人类社会发展规律所得出的必然结论。正确理解国家的消亡问题，对于深入把握社会主义的本质、自觉践行无产阶级国家政权的历史使命，具有重要的指导意义。

一、国家消亡的历史必然性

马克思主义认为，作为一个历史现象，国家的消亡是人类社会基本矛盾运动发展的必然结果，是不以人的意志为转移的客观规律。这就是说，自起源开始，国家就是在朝着既定的方向运动和发展的，最终将随着社会基本矛盾的展开和转化而使自己完成一种更高层次的复归——超越阶级社会，进入没有阶级压迫和阶级差别的共产主义社会。

恩格斯指出："阶级不可避免地要消失，正如它们从前不可避免地产生一样。随着阶级的消失，国家也不可避免地要消失。在生产者自由平等的联合体的基础上按新方式来组织生产的社会，将把全部国家机器放到它应该去的地方，即放到古物陈列馆去，同纺车和青铜斧陈列在一起。"① 这表明，国家消亡的前提是阶级的消亡。随着阶级的消亡，作为应对阶级矛盾而产生和存在的国家，自然将失去其职能作用，从而作为毫无用处的东西而逐渐从社会历史中淡出。

马克思主义进一步指出，虽然国家消亡从理论上说是必然的，但现实中的国家消亡只能在人类普遍进入社会主义并从全人类整体的意义上消灭阶级、阶级差别以及一切产生阶级差别的因素之后才可能发生。这意味着，国家消亡将是一件全人类整体发展齐头并进的事情，在此之前任何国家都不可能单独启动国家消亡。无论是某个剥削者国家幻想跨越阶段，还是个别社会主义国家试图单兵突进，在全人类的经济、社会和政治的发展还没达到可以向共产主义迁跃的普遍条件之前，都是主观、盲目甚至是危险的。首先，对于阶级社会来说，任何剥削阶级都不会心甘情愿地放弃自己的统治，不先经历无产阶级革命，建立社会主义的国家政权，统治阶级是不可能自动退出历史舞台的。其次，对于社会主义来说，实践中社会主义国家的建立和发展无不处在敌意环伺的复杂国际环境当中，此时如果错误地理解国家的消亡进程，人为地削弱国家政权建设，就将使自己陷入被反动势力颠覆的危险境地。从这个意义上说，国家消亡既是马克思主义异常笃定的历史规律，也是整个马克思主义国家学说中唯一处于设想和预言的环节，其对社会主义的实践指导还是潜在和具有不确定性的，客观上需要人类在未来的实践中不断探索和发展，因而切不可片面生硬地理解和应用。

① 马克思，恩格斯．马克思恩格斯文集：第4卷［M］. 北京：人民出版社，2009：193.

二、国家消亡的条件与途径

国家虽然是必然要消亡的，但也不是随便可以消亡的，国家的消亡需要复杂的条件和特定的途径。国家消亡的条件和途径问题的提出，说明马克思主义不仅是一种理论构想，还是一种现实关切，通过指导无产阶级具体地把握国家消亡这一历史进程的实践要求，体现了历史规律的客观必然性与社会实践的主观能动性的有机统一。

（一）国家消亡的条件

国家消亡条件的核心就是要消灭阶级及消灭一切阶级差别，彻底铲除阶级产生和存在的社会根源，使阶级和阶级差别既不能存在，也不能再生。不具备这样的社会条件，国家是不可能消亡的。要想具备这些条件，就需要在社会主义革命成功建立无产阶级国家政权之后，通过无产阶级政党的领导，正确认识社会主义发展的阶段性和复杂性，在相当长的历史时期内，坚持不懈地推动社会主义国家各项事业的发展，在经济、政治、社会等方面取得前所未有甚至是超出时代想象的巨大历史成就。

经济方面：生产力高度发达，社会产品极大丰富，各尽所能、按需分配；劳动不再是谋生的手段，而是生活的第一需要。

政治方面：国家职能高度简化，成为纯粹的社会管理活动，公职人员不再需要专门的知识和技能，人人都可以自由担任。

社会方面：人类的道德水平有了极大的提高，人与人关系和谐、友爱互助，任何个人的发展成为所有人发展的条件。

只有具备了这样的条件，国家才能逐渐走向消亡；而具备这样条件的社会，就是马克思主义所说的人类社会的高级阶段——共产主义社会。“在共产主义社会高级阶段，在迫使个人奴隶般地服从分工的情形已经消失，从而脑力劳动和体力劳动的对立也随之消失之后；在劳动已经不仅仅是谋生的手段，而且本身成了生活的第一需要之后；在随着个人的全面发展，他们的生产力也增长起来，而集体财富的一切源泉都充分涌流之后，——只有在那个时候，才能完全超出资产阶级权利的狭隘眼界，社会才能在自己的旗帜上写上：各尽所能，按需分配！”①

马克思主义的这些设想，明确概括了国家消亡所必需的各个层面的条件要点：第一，阶级对立和阶级差别的完全消灭，是国家消亡的政治条件；第二，旧社会分工和脑力劳动同体力劳动差别的消除，是国家消亡的社会条件；第三，全体人民思想道德和科学文化水平的普遍提高，是国家消亡的精神条件；第四，在全世界消灭一切剥削制度，使全人类获得解放，是国家消亡的国际条件；第五，社会生产力的高度发展，是国家消亡的最根本条件，这是因为，“社会阶级的消灭是以生产高度发展的阶段为前提的”②。

（二）国家消亡的途径

马克思主义认为，国家的消亡需要通过特定的途径才能实现，其发展进程也有规律可供遵循。

首先，国家的消亡是通过无产阶级专政实现的。无产阶级专政是无产阶级的国家政权，是以社会职能为主要职能的新型国家，无产阶级专政的历史使命就是发展高度的社会

① 马克思，恩格斯．马克思恩格斯文集：第3卷［M］．北京：人民出版社，2009：435－436.
② 同①563.

生产力，消灭阶级压迫和阶级差别，从而使国家变成纯粹的社会管理组织，完成从有阶级社会到无阶级社会的跃迁。因此，国家消亡离不开无产阶级专政这个基本的途径和凭借，只有通过无产阶级革命建立无产阶级专政，并在无产阶级政党的全面领导下，才能达到消灭阶级和消亡国家的目标。

其次，“国家不是‘被废除’的，它是自行消亡的。”① 国家的消亡不是什么人发布命令做到的，而是国家在人类社会基本矛盾运动变化发展的推动下充分发挥了自身职能之后一种自然而然的归宿。“‘国家消亡’这个说法选得非常恰当，因为它既表明了过程的渐进性，又表明了过程的自发性。”② 渐进性是指，国家消亡是一个相当漫长的历史过程，只有包括精神条件在内的诸多方面的条件逐渐齐备、人们之间关系性质彻底改变，作为强制性的暴力机器的国家才会成为社会不再需要的东西而消亡。自发性是指，国家的消亡没有也不需要外力的强加，一切都是顺应人类社会基本矛盾运动的结果，国家是在其作为人类特定的历史现象逐渐失去其存在必要性之后自动自然地淡出人类历史的。这是马克思主义关于国家消亡途径的独到见解。

最后，国家消亡的时间及形式等具体问题有待于人类在未来实践中不断探索。正如列宁所提示的，“我们只能谈国家消亡的必然性，同时着重指出这个过程是长期的，指出它的长短将取决于共产主义高级阶段的发展速度，而把消亡的日期或消亡的具体形式问题作为悬案，因为现在还没有可供解决这些问题的材料”③。

思考题

1. 马克思主义经典作家为什么重视对原始社会民族组织的研究？
2. 如何理解恩格斯“两种生产决定社会制度”的基本原理？
3. 关于国家起源的契约论观点的含义及局限是什么？
4. 如何理解恩格斯关于国家起源的经典论述？
5. 马克思主义关于国家本质的基本论断是什么？
6. 如何理解国家的作用是将冲突控制在“秩序”的范围之内？
7. 国家职能中政治职能与社会职能有怎样的关系？
8. 如何理解国家消亡的历史必然性和具体消亡过程的复杂性？

在线自测

扫一扫　练一练

① 马克思，恩格斯．马克思恩格斯文集：第 9 卷［M］．北京：人民出版社，2009：297．

② 列宁．列宁专题文集·论马克思主义［M］．北京：人民出版社，2009：260．

③ 同②267．

第二章

国家的历史类型

学习目标

通过本章的学习，掌握马克思主义“国家历史类型”的定义和划分标准，理解国家历史类型分类提出的意义；了解奴隶制国家、封建制国家、资本主义国家、社会主义国家四种具体国家历史类型的内涵及主要特征；掌握国家历史类型的更替规律及更替方式。

国家作为政治生活的核心现象，既具有深刻的内涵本质，又包含复杂的外延形式。国家历史类型，是马克思主义关于国家分类问题作出的科学阐释，是在国家本质论断基础上对国家现象复杂性的高度理论概括，揭示了不同类型国家演进的历史规律性。

第一节 国家历史类型的含义

在人类的政治实践史上，不同时代、不同文明及不同区域的国家有着不同的表现形式和个性特征。如何透过复杂的现象差异，把握其中的共性规律，是国家分类所要解决的问题。国家历史类型，就是马克思主义致力于对国家进行科学分类而提出的一个特有概念。它既是从历史唯物主义高度理解国家分类的必然结论，又体现了对既往国家分类思想的反思和超越。

国家历史类型的含义

一、马克思主义对国家的分类

古希腊的亚里士多德是较早对国家类型进行深入思考并提出系统分类的思想家，他依据所处时代城邦国家的政体特征对国家进行了类型划分。他首先以掌握国家权力的人数为标准，将国家划分为三种基本类型，即君主国、贵族国和民主国。君主国，是指国家权力掌握在一个人手中的国家；贵族国，是指国家权力掌握在少数人手中的国家；民主国，是指国家权力掌握在多数人即民众手中的国家。在这三种基本类型的基础上，亚里士多德又以正宗政体与变异政体的对应区分作为国家类型的附加分类标准。所谓正宗政体国家，就是照顾到公共利益的国家，君主国、贵族国和民主国这三种基本的国家类型即是此类的正宗政体国家。变异政体国家则是指只照顾统治者们的利益的国家，亚里士多德称之为正宗政体国家的变异形式。君主国如果不为多数人谋福利而是追求统治者的私利，它就变态为专制国。同样逻辑，寡头国是贵族国的变态形式，暴民国是民主国的变态形式。

亚里士多德的国家分类思想对后世产生了深远影响。在中世纪，有学者在亚里士多德提出的分类的基础上，加上一个神权国，即上帝（神）掌权的国家，用以解释中世纪的神权国家。也有学者依据国家对主权的掌握程度，把国家分为主权国、部分主权国及殖民地国家。还有学者以地理特征为标准，把国家分为海洋国、大陆国和岛国。现代西方国家学者则比较倾向于使用法治国家、民主国家、专制国家、福利国家这样的分类提法。

包括亚里士多德的观点在内的上述国家分类主张的共同之处都是从国家的外部特征入手去思考问题，很少深入国家本质和根本目的的层面，因而属于国家的非本质性分类。马克思主义认为国家是阶级统治的工具，维护特定阶级的统治是国家的根本特征，因此主张从国家本质角度入手，根据“经济基础”和“阶级本质”来划分国家，实现对国家类型共性特征的根本把握。简单说，就是看“哪种生产关系占统治地位”“哪个阶级是统治阶级”。

根据马克思主义经典作家的论述，国家历史类型，就是指根据不同国家在国家本质方面所对应的阶级属性内容的不同，对国家进行的体现历史演进规律的类型划分。由于人类社会具有相同经济基础和阶级属性的国家基本出现在相同的历史年代，具有明显的整体阶段性和更替规律性，因此马克思主义将其称为国家的历史类型，也是希望通过这种独特的划分进一步表明人类历史上不同类型国家的本质及相互关系。总之，马克思主义在国家分类问题上的卓越洞见和积极贡献在于：超越了国家外在的特征，抓住了国家的内在本质；既要区分形式，又要深入本质，更要阐明规律。

二、国家历史类型的划分标准

恩格斯指出："在古代是占有奴隶的公民的国家，在中世纪是封建贵族的国家，在我们的时代是资产阶级的国家。"① 列宁也指出："你们应当时刻注意到社会从奴隶制的原始形式过渡到农奴制、最后又过渡到资本主义这一基本事实，……你们根据这种基本划分来观察国家，就会看出，……在人类史上有几十个几百个国家经历过和经历着奴隶制、农奴制和资本主义。"②

经典作家的这些论述，清楚地给出了理解国家历史类型划分标准的基本思路，就是根据"社会的经济基础"和"国家的阶级本质"对国家进行根本性质的区分（见表 2-1）。这一标准，明确提示了国家掌握在哪个阶级手中、保护什么样的经济基础。通过确定国家历史类型划分，不同外在表现的国家就有了共性的识别标签——"谁的国家""国家会怎样行动""国家的未来命运如何"，这些曾经复杂隐晦的问题因此变得一目了然了。

表 2-1 马克思主义的国家历史类型划分

国家历史类型		划分标准	
		经济基础	阶级本质
剥削者类型国家	奴隶制国家	生产资料及生产者的奴隶主占有制	奴隶主阶级的政治统治工具
	封建制国家	生产资料（土地）的地主占有制及领主占有制等	土地占有者阶级的政治统治工具
	资本主义国家	生产资料的资产阶级私有制	资产阶级的政治统治工具
新型国家	社会主义国家	生产资料的社会主义公有制	无产阶级的政治统治 新型民主与新型专政的统一

① 马克思，恩格斯．马克思恩格斯文集：第 9 卷［M］．北京：人民出版社，2009：297.

② 列宁．列宁专题文集·论辩证唯物主义和历史唯物主义［M］．北京：人民出版社，2009：287.

国家历史类型，从根本上说是由国家赖以存在的社会经济基础决定的。在阶级社会中，有什么样的经济基础，就有什么样的阶级统治，因而就有什么样历史类型的国家。在马克思主义看来，世界上的国家虽然许许多多、形形色色，但无论其外在特征差异多大，比如人口的多少、疆域的大小、历史的长短等，根据国家历史类型的划分，只要是建立在同一社会经济基础上的就都是具有同一共性本质的国家类型。

第二节　具体国家历史类型概述

马克思主义指出，自原始社会解体进入阶级时代以来，人类社会先后经历了四种不同的生产方式——奴隶制生产方式、封建制生产方式、资本主义生产方式和社会主义生产方式。每种生产方式中占主导地位的阶级分别是奴隶主阶级、地主阶级、资产阶级和无产阶级。那么，根据国家历史类型的划分标准，相应地也形成了四种具体历史类型的国家——奴隶制国家、封建制国家、资本主义国家和社会主义国家。前三种历史类型的国家，其经济基础都是以私有制为特征的，是少数剥削者对广大劳动人民的专政，可以统称为剥削者类型的国家，只是具体的剥削阶级及剥削方式有所不同。社会主义国家则是完全新的历史类型国家，它是人类历史上第一个建立在生产资料公有制基础上的国家类型，是工人阶级和广大劳动人民摆脱压迫和剥削、实现平等和幸福并持续推进经济建设和社会进步进而实现共产主义社会理想的政治工具。

一、奴隶制国家

奴隶制国家是人类历史上第一个剥削者类型的国家，它是随着原始氏族公社的解体、奴隶占有制的出现、奴隶阶级与奴隶主阶级对立的形成以至于阶级矛盾的不可调和，出于控制社会冲突和把冲突保持在秩序的范围以内的需要而产生的。

（一）奴隶制国家的本质

奴隶制国家是建立在奴隶占有制经济基础之上的上层建筑。奴隶社会的经济基础，是奴隶主既占有全部的生产资料，又完全地占有生产者——奴隶——的人身。在这种关系中，奴隶主享有一切权利，不仅可以占有和买卖奴隶，甚至可以随意伤害和处死奴隶。相应地，奴隶没有任何反抗的权利，更不用说经济和政治权利了。在欧洲典型的奴隶社会，奴隶只是被当作会说话的工具。这种极度的不平等和不人道观念，甚至在19世纪末20世纪初的美国南方白人农场主的奴隶制种植园里依然延续存在。

另外，在原始社会末期，由于使用奴隶劳动越来越普遍，自由农民和手工业者的经济状况也遭到严重冲击，他们随时面临着破产的威胁，或者不堪高利贷者的剥削，逐渐沦为失去生产资料的自由贫民。

奴隶社会的阶级关系，主要表现为奴隶阶级同奴隶主阶级的尖锐矛盾，同时自由贫民与奴隶主之间也存在着一定的斗争。反映在政治上，这种阶级关系就是统治与反抗统治，具体表现就是大规模的奴隶反抗和社会暴动。

在这种经济基础和阶级结构上建立起来的国家，毫无疑问将是奴隶主阶级用来维护自己的根本利益、压迫和剥削广大奴隶及贫民的政治工具，其实质就是奴隶主阶级的全面专政。

（二）奴隶制国家的职能

由于需要定期补充奴隶，历史上的奴隶制国家经常发动对外掠夺的战争，从而使奴隶制国家的两项基本职能——内部职能和外部职能——表现得都非常明显。奴隶制国家就是通过内外两个职能的协同发挥来实现奴隶主阶级的政治统治的。

奴隶制国家的内部职能，是控制奴隶和自由贫民等广大被压迫民众。奴隶主阶级凭借国家的一系列暴力机关，采用极端残酷的手段，镇压奴隶的反抗，实施赤裸裸的暴力统治，这是奴隶主阶级剥削的基本形式。古希腊的奴隶制城邦国家斯巴达，大批屠杀其所奴役的希洛人（奴隶），以此恫吓其余的奴隶。如果阶级斗争激化，导致奴隶起义，奴隶主阶级的镇压和迫害手段会更加残酷。历史上著名的斯巴达克起义失败后，竟有 6 000 名奴隶起义者被活活钉死在十字架上。

奴隶主阶级通过国家控制被压迫阶级的另一种办法，就是将宗教作为精神武器，以麻痹奴隶和自由贫民的反抗意志。古代埃及和古代巴比伦的祭司在国家机关中的地位显赫，古罗马的僧侣则被认为是神在人间的代表，中国古代的奴隶社会形态虽然没有欧洲的典型，但自殷商时代起就设太祝，专掌祭祀。宗教和祭祀在奴隶社会被认为是重要的政治生活方式和一切民众必须遵守的准则，稍有违反，便会遭到严厉的惩处。在古希腊的雅典奴隶制城邦国家，规定对不信神或违反固定的宗教祭祀仪式的人可以判处死刑。

奴隶制国家的外部职能是侵略别国领土或保卫本国领土以防别国侵犯。由于奴隶主对奴隶的非人虐待和残酷镇压，经常导致奴隶惨死和逃亡，这就使大批补充奴隶成为一种政治刚需。而发动对外战争，进行人口掠夺，使俘虏沦为奴隶，就成为增加奴隶数量的一种有效手段。因此，在奴隶制国家时代，战争是非常频繁的。每个奴隶制国家既随时准备侵略弱小的国家，又必须时刻提防强大国家的侵略。古埃及、古罗马、古亚述都进行过大规模的对外战争，而罗马正是通过不断的侵略战争才由一个城邦国家变成一个横跨地中海的辽阔帝国。

（三）奴隶制国家的统治形式

由于奴隶制国家所处的生产力发展阶段不同，或者生产资料占有制的具体方式及阶级力量对比状况存在差异，因此其可能采取的统治形式也有所不同。

古代东方的奴隶制国家，如古埃及、古巴比伦、古亚述、波斯等国，采用君主制，表现为全部国家权力属于世袭的君主，其通过复杂的军事官僚机构来管理国家。

古希腊的城邦国家雅典，采用奴隶主阶级的民主制，表现为“人民大会”掌握国家权力，公职人员由选举和抽签产生。当然，这种民主只是奴隶主阶级内部的民主，广大奴隶既然都被剥夺了人的资格，当然也就没有任何民主权利。

古罗马国家采取的是贵族制，奴隶主阶级专政是通过奴隶主阶级中少数显贵的统治实现的，表现为由数量不多的奴隶主贵族组成元老院（古罗马）和长老会议（斯巴达）并借以掌握主要权力，其他重要职务也由军事显贵或土地富有的显贵担任。

无论奴隶制国家采取怎样的统治形式，把权力集中于一个人（君主）还是少数人（贵族），抑或是更多一些人（民主），都改变不了奴隶主阶级专政的实质，即奴隶制国家是奴隶主阶级实行的政治统治。

二、封建制国家

封建制国家，是在奴隶制生产关系瓦解、新的封建制生产关系形成之际，为适应新的阶级矛盾和统治需要建立起来的。欧洲社会大约在公元 5 世纪进入封建时代，我国的封建社会不具有欧洲那样的典型形态，但基于土地占有制而形成的阶级统治是相似的，因而总体上也属于封建制国家这种历史类型。

（一）封建制国家的经济基础和阶级本质

封建制国家是建立在封建制经济基础之上的上层建筑。封建社会是以自然经济为主的农业社会，农业是最基本的生产部门，土地是最主要的生产资料，土地所有制是封建社会生产关系的核心。封建社会的土地所有制形式，有地主占有制、领主占有制、国家占有制和自耕农占有制等。其中，最具代表性的是地主占有制与领主占有制。在中国是地主占有制，在欧洲是领主占有制。

中国封建社会占支配地位的土地所有制形式是地主占有制，并在战国时期就开始承认土地买卖的合法性。在这种制度下，社会中的富有阶层可以通过购买获得大量的土地，然后将其出租给佃农耕种，以收取地租的方式剥削农民的劳动。“农民用自己的工具去耕种地主、贵族和皇室的土地，并将收获的四成、五成、六成、七成甚至八成以上，奉献给地主、贵族和皇室享用。”①

在欧洲封建社会的大部分时期，占支配地位的封建土地所有制形式是领主占有制。在这种制度下，土地由国王封赐给大封建主，大封建主再向下逐级分封给各级领主。领地可以世袭，但不能买卖。土地分封形成了封建领主之间的人身依附关系。下级领主对上级领主承担一定的义务，如提供兵役、交纳贡赋等。各级领主在自己的领地内拥有几乎全部统治性权力，通过超经济强制实现并维护其对农奴的剥削关系。具体方式是把土地分为份地和保有地，农奴使用自己的工具耕种份地以维持自己和家庭的生活，同时无偿为领主耕种保有地，并承担领地内的贡赋和徭役等。与奴隶制相比，农奴的处境有所改善，领主不能随便伤害农奴，但农奴的人身仍然被强制束缚在领地之上。

地主占有制和领主占有制两种土地所有制虽然具体形式有别，但都实现了土地占有者阶级对广大农民或农奴的剥削。这就决定了封建社会的主要矛盾是农民（奴）阶级与土地占有者阶级之间的矛盾。建立在这种经济基础和阶级矛盾之上的国家，其本质也必定是在土地所有制上占统治地位的封建阶级对广大农业劳动者进行剥削和压迫的政治工具。

（二）封建制国家的统治形式与文化特征

由于历史背景和地理与人文环境的不同，中国与欧洲在封建制国家的统治形式和文化特征方面也存在明显的差异，主要表现在三个方面。

1. 在国家结构方面，中国是中央集权制，欧洲是分封割据制

封建制国家的统治形式

一个国家采取怎样的统治形式，从根本上说是由维护其经济剥削地

① 毛泽东．毛泽东选集：第 2 卷［M］. 2 版．北京：人民出版社，1991：624.

位的需要决定的。与奴隶制及资本主义制两种生产关系中生产资料所有权与劳动者分离、劳动者因此不能直接支配劳动产品的特点不同，封建制生产关系下农民拥有自己的生产工具，又全部或部分地是生产过程的组织者，因此能够方便地直接支配全部或部分劳动产品，而土地占有者则无法简单地迫使农民以实物或劳役的形式贡献自己的剩余劳动。这种情况下，土地占有者阶级就必须借助一种经济之外的力量机制来维护其剥削关系的实现。这种超经济强制，在中国表现为通过国家集中掌握政治权力，从整体上确立地主阶级对农民阶级的剥削秩序，在欧洲表现为通过封建领主个别掌握和行使政治权力，从而直接对依附于其领地之上的农奴实施强制。

中国封建地主占有制经济的最大特点有两个：一是土地可以自由买卖，这意味着土地并不属于特定的地主个人或家族；二是农民有选择租佃对象的相对自由，这意味着劳动者也并不与特定的土地相捆绑。这种土地权与劳动者的双向可流动性，导致无法将劳动者束缚在特定土地之上，并且也没有这样做的必要。于是，欧洲那套由土地所有者直接在自己的领地上实施政治强制以维护剥削秩序的做法在中国就显得不合时宜。中国的做法是由国家统一掌握政治权力，从整体上按照地主阶级的意志建立控制农民阶级的剥削秩序。同时，为了抑制农民流动可能造成的对稳定剥削关系的损害，国家还发明了“编户齐民”这样的户籍控制办法，相当于国家整体上用政权的力量将农民束缚在特定的地域之内。地主阶级为了最大限度地满足自己的统治需要，势必尽可能建立一个强大的统一国家。因此，自秦统一“海内为郡县，法令由一统”① 开始，到北宋大力推行文官治国体制，中国历经千年打造出一套由专职官吏操纵的庞大的中央集权的国家机器。总之，“没有封建的地主经济作基础，中央集权的专制官僚政体是不可能因为任何理由发生与发展的”②。

欧洲封建领主占有制经济的特点是领主的土地由分封而来，世代相袭，且不能买卖，因而领主个人作为土地占有者的身份是固定的、有保障的。同时，领主的剥削方式主要以劳役形式占有农民的剩余劳动，这就要求保证农民对领主有较强的人身依附性。于是，在欧洲领主制封建社会，土地所有权和实施超经济强制的政治权力都由领主个别拥有和行使。领主在得到分封土地的同时，也得到了这块土地上的“特恩权”，包括行政、立法、司法、军事、铸币等特权，以此强制建立农民对其形成人身依附。领主在其领地内几乎行使着全部国家性质的权力，从而形成了普遍的封建割据状态，这时所谓的封建制国家只是若干很少联系的、半独立的领地的联合体而已。

2. 在权力组织方面，中国是官僚等级制，欧洲是分封等级制

与地主占有制经济要求的中央集权政治体制相适应，中国封建社会形成了特有的官僚等级制的政治权力组织方式。王亚南评论说：“中国的专制官僚政体，是随着中国的封建的地主经济的产生而出现的，它主要是建立在那种经济基础上的。”③ 这种官僚等级制具有三个特点：首先，它是由专职官吏组成的权力机构，各级官僚不是凭借自己的经济地位而掌握权力，而是通过举荐、科举等途径由国家任命而获得任官，并从国家领取俸禄；其

① 韩兆琦译注．史记·秦始皇本纪［M］. 北京：中华书局，2007：36.
② 王亚南．中国地主经济封建制度论纲［M］. 上海：华东人民出版社，1954：15.
③ 王亚南．中国官僚政治研究［M］. 北京：商务印书馆，2010：46.

次，在官僚集团内部，建立了按等级划分官职的严密组织体系，从秦朝开始到魏晋时代逐渐发展为九品三十级的官僚等级制度，成为维持中央集权国家的有效手段；最后，封建社会的官吏除了食取俸禄之外，还按官阶高低配享不同的特权，特权成为官僚等级制的核心。

欧洲封建社会实行的是一种土地所有权与政治特权相结合的制度，逐级分封形成的严格等级成为国家权力结构的直接基础。正如恩格斯所说："在中世纪的封建国家中，也是这样，在那里，政治上的权力地位是按照地产来排列的。"① 在这种分封等级制下，统治阶级内部各等级之间有着一定的人身依附关系，各个等级的土地占有者拥有相应的政治特权，没有土地的农奴成为没有任何政治权利的被剥削者和被压迫者。这种以领地分封为基础的阶梯式的权力结构，是欧洲封建制国家的基本特征。

3. 在统治思想方面，中国侧重于宗法伦理，西方借助于宗教信仰

政治上的专制与思想上的控制是分不开的，利用宗教化的意识形态对民众进行思想统治，是封建社会统治阶级巩固国家政权、维护其统治地位的重要手段。

中国封建国家对中央集权的要求，再叠加上君主专制的特点，使其既需要一种宗教化的意识形态来控制民众的思想，又不允许有像欧洲教会那样独立于国家政权之外的宗教权威的存在。因此，在中国两千多年的封建历史中，皇权从来没有允许宗教挑战过自己至高无上的权威地位。中国本土的道教本身就具有脱离现实的虚无主义倾向，世界三大宗教——佛教、基督教和伊斯兰教——在传入中国后也被调理成与世无争的姿态。而中国封建制国家实现意识形态控制的方式，是将特定的宗法伦理观念宗教化。自汉武帝"罢黜百家，独尊儒术"开始，儒家思想被推到官方意识形态的位置。儒家思想倡导的以宗法观念为核心的"君君臣臣父父子子"的伦理道德，既有利于培养政治忠诚，又有利于维护社会稳定。于是，孔子和儒家被塑造成一种世俗的信仰，国家鼓动民众崇拜儒家圣贤，因而又有"孔教"和"儒教"之称。

西方封建制国家则是直接借助宗教意识形态为自己服务。由于特殊的历史背景，基督教在欧洲封建社会成为超越于世俗政治的权威存在是一个不争的事实。由于封建王权及领主权力并不需要高度的集中统一就能胜任各自领地的超经济强制需要，因此其对教会权威的做大做强并不根本排斥，王权与教权虽偶有冲突，总体上倒也相安无事。基督教在欧洲中世纪的影响力是无与伦比的，既牢牢控制了人们的精神和思想，又拥有广袤的土地、司法的权力，甚至能轻易地动员起忠于自己的军队。一方面，教会的这种超然存在削弱了王权，阻止了个别国王的政治统一企图，维持和巩固了欧洲社会的封建化；另一方面，基督教教义中人的原罪观念以及教导人们禁欲忍耐的世俗态度，恰好为维护封建政治统治和剥削关系提供了助力。从这个意义上说，西方封建社会可以理解为政治与宗教相互配合的一种共治方式。

综上所述，中国与欧洲封建制国家的特征比较见表2-2。

---

① 马克思，恩格斯．马克思恩格斯文集：第4卷［M］．北京：人民出版社，2009：192.

表 2-2 中国与欧洲封建制国家的特征比较

比较内容	中国	欧洲
国家结构	中央集权制	分封割据制
权力组织	官僚等级制	分封等级制
统治思想	宗法伦理	宗教信仰

三、资本主义国家

资本主义国家是第一个现代历史类型的国家，是人类社会发展和国家更替的重大进步。在经济方面，资本主义以一种与古代社会完全不同的生产方式，极大地促进了人类社会生产力的提高，创造了空前丰富的物质文明成果。在政治方面，资本主义创造出议会制度、选举制度、政党制度等现代国家的政治运行规则，并推动了民主意识、平等意识、法治意识等人类政治文明价值的普及。但是，由于资本主义本身无法克服的生产资料私人占有制与社会化大生产之间的固有矛盾，使其无法适应生产力的持续发展，因此其终将被人类历史潮流所抛弃。

（一）资本主义国家的产生

资本主义国家的产生，是封建社会末期生产力发展的结果，是适应新生的资本主义生产关系和维护资产阶级统治地位的政治需要。

资本主义生产关系萌芽于 11 世纪欧洲的自治城市。随着生产分工和商品贸易的发展，富裕起来的商人开始把积累的财富投入手工业，成为最早的工业资本。他们与手工业劳动者签订雇佣合同，从而将自己转变成了资本家。马克思指出："现代资产阶级本身是一个长期发展过程的产物，是生产方式和交换方式的一系列变革的产物。"①

资本主义生产关系的迅速发展需要两个基本条件：一是有充足的货币集中在新兴的资本家手中；二是出现大量能够自由出卖自己劳动力的雇佣劳动者。这两个条件都是通过资本的"原始积累"实现的，包括圈地运动、奴隶贸易以及殖民掠夺等具体方式。著名的"圈地运动"，就是运用暴力手段把农民成批地从土地上赶走，从而强制劳动者与农业生产资料分离。这样，既能将农业生产资料转化为工业资本，又能获得大批自由出卖自己劳动力的雇佣劳动者，同时还摧毁了原有领主经济的社会基础。奴隶贸易和殖民活动也对资产阶级快速获得劳动力和广阔的市场起到了重要作用。正如列宁指出的，"原始积累是强迫劳动者同生产资料分离，把农民从土地上赶走，侵占公有地，实行殖民制度、国债制度、保护关税制度等等。'原始积累'在一极造成'自由的'无产者，在另一极造成货币所有者即资本家"②。

资本主义生产关系具有四个基本特征：第一，生产资料为资本家私人所有；第二，资本主义生产的目的是获取剩余价值；第三，资本主义生产以雇用自由劳动力的方式进行；第四，资本主义生产以交换和货币关系作为自己存在的必要条件。这些特征与被其替代的

① 马克思，恩格斯．马克思恩格斯文集：第 2 卷［M］．北京：人民出版社，2009：33.
② 列宁．列宁专题文集・论马克思主义［M］．北京：人民出版社，2009：33.

封建制生产关系有着相容的一面。首先，它们都是以生产资料的私人占有制为基础的，从而使新的生产关系可以在不改变旧的所有制性质的情况下，仅仅通过经营方式的改变就能获得生长。其次，“资产阶级赖以形成的生产资料和交换手段，是在封建社会里造成的”①，这使其可以在不触动封建国家政权的情况下就获得发展。

然而，资本主义毕竟代表着先进生产力的发展要求，这决定了其必然具有与封建生产关系存在矛盾的一面。首先，封建生产关系是以劳动者对封建主的人身依附为基础的，劳动者没有出卖自身劳动力的自由；资本主义的雇佣劳动实际上是一种资本与劳动力的交易关系，这就需要以劳动者具备支配自己劳动的自由权力为前提。其次，封建生产关系下的生产活动以产品的使用价值的创造为目的，因此生产规模限于自给自足；资本主义生产活动则以追求商品的剩余价值为目的，因此生产规模具有扩张的动力。最后，封建生产关系是建立在政治权力的超经济强制基础上的，与之相适应的是体现领地特权的分封等级制；资本主义生产关系则是以市场机制的等价交换为原则的，与之相适应的是体现自由平等的政治民主制。经济决定政治，生产方式的差异必然推动资本主义国家突破旧的封建国家形式，由此才能获得更充分的发展。

资本主义国家主要是通过资产阶级革命建立的，但由于各国历史条件及阶级状况的不同，其资产阶级国家建立的具体方式也有所不同，主要有英国、法国和德国三种模式。

英国资产阶级国家建立的特点是资产阶级与封建势力的妥协模式。1640 年英国资产阶级革命爆发，资产阶级、新贵族和广大工人农民成为革命力量，他们与封建王权存在日益尖锐的矛盾，革命初期封建专制王权被推翻。然而，由于封建势力的强大及大资产阶级革命意志的不彻底，其后的革命经历了革命力量与封建势力的反复较量，最终于 1688 年在大资产阶级的主导下与封建势力达成了政治妥协，以所谓“光荣革命”的方式建立了君主立宪制的资产阶级国家。

法国资产阶级国家建立的特点是一种急风暴雨式的大革命模式。法国新兴的资产阶级最初选择了与王权结盟，以摧毁贵族势力的封建割据，为发展资本主义开辟道路。到了 18 世纪，一方面，法国是欧洲大陆资本主义工商业发展程度最高的国家；另一方面，法国也是当时欧洲率先实现中央集权君主专制的国家。国王控制着全部的国家权力，在法律上公开确认不平等，将社会划分为三个等级，第一等级的贵族和第二等级的僧侣是特权等级，而作为当时最富有、最强大、最具经济影响力的资产阶级却与农民、城市贫民和工人一起被归为第三等级，完全被排除在政治特权之外。这种经济地位与政治地位倒错的格局，决定了资产阶级只能以最激烈的革命手段来争取属于自己的政权。于是，从 1789 年法国大革命开始，经过几十年的复辟与反复辟的拉锯斗争，资产阶级共和国才得以稳固建立。

德国资产阶级国家建立的特点是封建阶级以国家的力量推动经济和政治变革。19 世纪初时，英国和法国经过资产阶级革命已经取得了经济和国力的迅速发展，而当时的德国仍然是一个政治上分裂、经济上落后的封建国家。德国社会的内忧外患，刺激占统治地位的容克贵族集团转向开明政策，以国家的力量推进资本主义生产方式的建立，并采取相应

① 马克思，恩格斯．马克思恩格斯文集：第 2 卷［M］．北京：人民出版社，2009：36.

的政治改良措施。1807 年，以普鲁士首相斯坦因颁布关于解放农奴人身依附关系、停止徭役的“农奴解放令”为标志，德国开启了快速迈向资本主义和现代国家的赶超历程。到 1871 年，资产阶级取得统治地位，德国也完成了国家统一，至此由封建国家演变为资本主义国家。

（二）资本主义国家的本质

资产阶级凭借其对资本的控制以及在雇佣劳动中的优势关系，获得了对无产阶级和广大劳动民众的支配地位，进而有能力建立和维持一套具备普遍强制力的国家机器，从而使资产阶级由经济上占统治地位的阶级上升为在政治上占统治地位的阶级，全面主导社会生活和政治过程，建立并维持符合资产阶级要求的政治、经济和社会秩序。可见，资本主义国家是建立在资本主义生产关系基础上的政治上层建筑，其本质是资产阶级维护资本私有制及根本利益、剥削和压迫无产阶级和广大民众的统治工具。

国家本质决定国家职能，资本主义国家交替运用对内职能和对外职能、政治职能和社会职能等职能手段，积极实现和维护资产阶级的根本利益。马克思和恩格斯指出，资本主义国家“完全同在专制国家中一样，在那里，政府的监督劳动和全面干涉包括两方面：既包括由一切社会的性质产生的各种公共事务的执行，又包括由政府同人民大众相对立而产生的各种特有的职能”[1]。

在资本主义国家建立的初期，资产阶级对无产阶级和广大民众主要采取暴力镇压的职能方式。随着资产阶级政权的逐渐巩固，资本主义国家可以更多地采用体现所谓“民主”的职能方式。这就是列宁所说的，“‘自由主义的’方法，即采取扩大政治权利、实行改良、让步等等措施的方法”[2]。这是包含选举制、代议制及多党竞争制在内的一套系统的政治设计安排，表面上以推进自由和平等价值为名义，实质上是通过给予无产阶级和广大民众一定的政治参与权来缓和阶级矛盾，进而达到掩饰资产阶级专政国家本质的目的。这是因为资产阶级非常清楚，政治选择权越是分散为由民众个人的选票决定，越是有利于资本的政治控制，同时还有助于瓦解无产阶级的整体意识。当今西方国家的民主越来越演变为多元政治、金元政治，就是这种形式民主背后国家专政本质的体现。另外，由于资本主义私人占有制和自由竞争的特点决定资产阶级内部也非铁板一块，存在大量个人或集团对国家权力的竞争需求，因此资本主义国家被设计成“管理整个资产阶级的共同事务的委员会”[3]。从“整个”和“共同”的意义上说，资本主义国家这套所谓竞争性的民主制度，也具有协调资本集团内部政治竞争的缓冲作用。

资本主义国家的发展

（三）资本主义国家的发展

迄今为止的资本主义经历了两个主要发展阶段：自由资本主义时期和垄断资本主义时期。相应地，资本主义国家的发展分为两个基本形态：自由资本主义国家和垄断资本主义国家。

① 马克思，恩格斯．马克思恩格斯文集：第 7 卷［M］．北京：人民出版社，2009：431－432.
② 列宁．列宁专题文集·论资本主义［M］．北京：人民出版社，2009：68.
③ 马克思，恩格斯．马克思恩格斯文集：第 2 卷［M］．北京：人民出版社，2009：33.

1. 自由资本主义国家

自由资本主义国家，是指资本主义国家建立初期资本主义处于自由发展状态的国家形态，列宁称其为“正常的资本主义社会”①。在这个阶段中，资本的规模普遍较小，市场的空间相对较大，生产经营比较分散，经济活动主体以单个企业为主。这些特点决定了这个时期的资本主义主要采取开放市场、自由贸易、鼓励竞争的经济模式。经济决定政治，政治生活同样也被理解为要按体现自由竞争的规则和方式来运行，即所谓的自由主义政治模式。关于自由资本主义国家的具体特征，可以从政治价值、政治制度和政府职能三个方面来把握。

在政治价值方面，自由主义政治模式将公民的政治自由、政治权利和政治平等作为政治生活的基本观念和价值基础。

在政治制度方面，自由主义政治模式建立了选举制、代议制和政党政治，作为这些制度核心机构的国家议会占据政治生活的重心。

在政府职能方面，自由主义的政治模式将国家定位成“夜警国家”，宣扬“管得越少的政府越是好政府”，要求把国家对经济和社会的干预控制在最低限度。

2. 垄断资本主义国家

垄断资本主义国家，是指资本主义发展到垄断阶段的国家形态。19 世纪末，资本主义的发展从自由资本主义时期进入垄断资本主义时期，资本主义国家也随之从自由资本主义国家过渡到垄断资本主义国家。垄断资本主义国家的形成，意味着资本主义社会矛盾的全面激化。

资本的逐利冲动，必然导致经济竞争的加剧，经济竞争的加剧又必然带来资本的优胜劣汰。在激烈的竞争中，具有优势的资本不断壮大，逐渐吞并相对较弱的中小资本，致使生产资料和社会财富日益集中在少数资本家手中，甚至出现了控制整个行业的工业财团和金融寡头。垄断资本家凭借其自身的垄断优势轻松地获得超额利润，逐渐丧失了追求技术进步的动力，甚至开始人为地阻碍创新，从而走到了生产力发展的反面，成为社会发展进步的障碍。

由于垄断资产阶级取代自由资产阶级成为资产阶级的主体，垄断集团的利益要求大大超过个人资本的利益要求，因此资本主义国家也开始从以保护个人自由为主转向以保护集团利益为主，公民个人自由至上的价值理念被集团利益至上的政治现实所侵蚀。相应地，代表自由民主价值的议会在政治生活中的地位逐渐弱化，方便垄断资本控制的行政权力开始加强。垄断资产阶级与国家政权的联系越来越紧密，甚至不满足于驱使代理人参与政治进程，越来越多的垄断资本家直接出面掌控国家，资本主义国家越来越沦为垄断集团和垄断寡头的利益工具。列宁指出：“垄断既然已经形成，而且操纵着几十亿资本，它就绝对不可避免地要渗透到社会生活的各个方面去，而不管政治制度或其他任何‘细节’如何。”② 今天是部长，明天是银行家，或者今天是银行家，明天是部长，成为垄断资本主义国家的普遍现象。

---

① 列宁．列宁专题文集·论资本主义［M］．北京：人民出版社，2009：68.

② 同①147.

在国家职能方面，垄断资本主义时代的政府逐渐变成一个集中各种权力的“万能政府”，即从自由资本主义时代普遍的自由放任转变为对经济、社会、文化的全面干预。这一变化始于1929—1933年波及西方主要资本主义国家的经济大萧条。这场危机重创了相关国家的社会生产力，使得各种社会矛盾急剧尖锐化。为了尽快摆脱危机，各国垄断资产阶级纷纷强化国家政权对社会生活和经济生活的控制与干预。以美国为代表的国家采用了凯恩斯主义，通过国家干预经济发展，调节社会分配，建立保障体系，并在第二次世界大战之后进一步扩大为“福利国家”实践。以德国、意大利和日本为代表的垄断势力和保守势力更为强大的国家则采取了暴力镇压和恐怖统治的方法，公然走上了法西斯主义的道路。福利国家和法西斯国家，都体现了20世纪30年代以来西方垄断资本主义国家应对经济社会矛盾危机时的自我调整，但二者的选择及后果却迥然不同。

福利国家，是第二次世界大战之后，面对社会经济危机和无产阶级斗争的双重压力，资本主义国家将政府干预的范围从调控经济扩大到公众福利的结果。主要资本主义国家普遍建立了一套号称“从摇篮到坟墓”的社会福利制度，使资本主义社会的阶级对立和社会矛盾得到了相当程度的缓和。然而，究其实质，不过是通过国家再分配的方式把资产阶级从劳动人民那里榨取的剩余价值拿出一部分来安抚和麻痹社会反抗情绪而已，从而最大限度地维护资产阶级的统治利益。所以，无论福利怎样提高，都不可能改变资本主义国家经济剥削和阶级统治的实质，而且福利的增长也不会是没有限度的，一旦其量或质达到可能损害统治阶级的根本利益的程度，所谓的普遍福利就会被果断放弃。20世纪70年代以来以美英为代表的西方主要资本主义国家兴起的限制国家干预、压缩政府开支、削减社会福利、推进私有改革的新自由主义变革浪潮就是福利国家谎言被戳穿的证明。

法西斯国家，是垄断资本主义国家一种特殊形态，是特定资本主义国家的垄断资产阶级追求自身利益日趋狂热化，进而裹挟国家政权走向极端的一种政治选择，某种意义上也可以视为资本主义制度加速奔向穷途末路的象征。在思想方面，法西斯国家鼓吹国家的存在和发展高于一切，并将领袖人物的权威绝对化甚至神化，以此论证法西斯专制的合理性；同时宣扬“民族优秀论”“种族优越论”“适者生存论”等极端思想，用以麻痹和操控民众的精神和情绪。在经济方面，法西斯国家是垄断资本与国家政权的紧密结合，不仅将私人垄断资本转变成国家垄断资本借以控制国家的经济命脉，甚至对国民经济进行全面的军事化组织和管理。在政治方面，法西斯国家连形式上的自由、民主和人权等资产阶级的基本价值都公然抛弃，甚至取消议会制、选举制和多党制，直接实行赤裸裸的独裁统治。在外交方面，法西斯国家通过发动对外战争来转移国内矛盾，并用战争掠夺和殖民活动来加强垄断资本的国际竞争地位。只是这种穷兵黩武不仅没能解决资本主义社会的根本矛盾，反而造成了内外矛盾的普遍激化，加速了法西斯国家的迅速崩溃。

四、社会主义国家

社会主义国家，是无产阶级通过革命在打碎资产阶级国家机器基础上建立起来的一种全新历史类型的国家。社会主义国家的出现，是资本主义社会的基本矛盾，即生产社会化与生产资料资本主义私人占有制之间的矛盾发展的必然结果。社会主义的本质是解放生产力、发展生产力，消灭剥削、消除两极分化，最终达到共同富裕，从而为人类向更高层次社会的跃进准备物质条件和精神条件。

（一）社会主义国家的建立

随着资本主义的发展，资本主义社会的内在矛盾也在不断积聚。资本主义生产方式固有的社会化大生产与生产资料私人占有制之间的矛盾，是在资本主义自身范畴内无法根本解决的，其结果就是周期性经济危机的爆发，从而严重损害资本主义社会生产力的发展。无产阶级是社会化大生产的代表，其阶级意志和利益要求与先进的生产力发展要求相一致。因此，历史的发展便显而易见——社会主义必然代替资本主义，社会主义国家必然代替资本主义等剥削者类型的国家，这是不以人的意志为转移的客观规律。社会主义国家的建立，表现出如下过程要点：

首先，社会主义国家的建立，是对资本主义国家经济基础进行彻底的历史性否定的过程。资本主义生产关系代替封建生产关系，实际上只涉及生产和经营方式层面的改变，即以商品交换的生产和经营方式否定了自然经济的生产和经营方式。显然，这种否定并未深入生产资料所有制的根本层面，而只是以一种私有制置换了另一种私有制。社会主义国家建立的根本动因，在于它符合社会化大生产的生产力发展的根本要求，这意味着它将寻求生产资料所有制性质的根本变革，即以全新的社会主义公有制否定原有的资本主义私有制。

其次，社会主义国家的建立，是无产阶级以革命的方式夺取剥削者阶级国家政权的过程。马克思主义认为，当一个剥削者阶级的国家发展到它的末期，代表旧生产关系的统治阶级为了挽救其反动统治，势必会极力阻止可能的社会变革。因此，无产阶级革命的根本问题就是国家政权问题，无产阶级必须首先夺取剥削者阶级的国家政权，建立无产阶级专政，这是无产阶级革命的重大战略问题。马克思主义指出，无产阶级夺取政权的方式主要是暴力革命，但也不能把暴力作为革命的唯一形式加以绝对化，只要革命出现和平发展的可能，“共产主义者当然是最不反对这种办法的人”①。

最后，社会主义国家的建立，是通过无产阶级专政主动建构国家经济基础的过程。新的剥削者国家的经济基础，通常是在旧的社会制度体系内形成的，新的生产关系孕育成熟之时，也是社会革命水到渠成之日。此类社会革命的任务非常简单明确，就是在政治上夺取国家政权。夺取了国家政权，革命的基本任务也就完成了。比如，资本主义生产关系就是在封建社会内部萌芽和发展起来的，然后资产阶级革命恰如其时地发生进而建立了与之相适应的政治国家。然而，作为以生产资料公有制为特征的社会主义国家的经济基础，因其所有制性质的根本对立，是不可能在以私有制为特征的社会内部自发形成的。因此，无产阶级革命的基本任务，除了与以往社会革命一样夺取国家政权，还必须在成功夺取政权之后“利用自己的政治统治，一步一步地夺取资产阶级的全部资本”②，改造旧的剥削者生产关系和建设新的社会主义生产关系，即建构全新的社会主义国家的经济基础。

（二）社会主义国家的本质

社会主义国家的本质是无产阶级专政，是无产阶级的政治统治。这种政治统治同一切

---

① 马克思，恩格斯．马克思恩格斯文集：第1卷［M］．北京：人民出版社，2009：684.

② 马克思，恩格斯．马克思恩格斯文集：第2卷［M］．北京：人民出版社，2009：52.

剥削阶级的政治统治有着根本的不同，它是新型民主和新型专政的有机统一。

社会主义民主作为新型民主，它是无产阶级和广大劳动人民享有的民主，是广泛的、真实的民主。

第一，社会主义民主，是建立在社会主义公有制经济基础之上的，具体表现为无产阶级和广大劳动人民共同占有生产资料，从而为人们享有真实的民主权利提供了坚实的经济基础。同时，社会主义公有制的确立，也为社会主义国家的全体人民建构了一种根本一致的关系基础，这就为有效处理人民内部利益矛盾创造了有利条件。

第二，社会主义民主，通过不同于资本主义民主的一系列制度安排，有效地规范了民主的运行和公民权利的实现。社会主义民主以民主集中制为根本原则组织国家机构，实现了人民当家作主的地位，保证了国家各项权力按照人民意志统一行使。社会主义民主以共产党的领导作为民主的组织力量，保证了人民的根本利益能够得到持续的代表和实现。社会主义民主以全过程的人民参与，保证了对公共权力运行的有效监督和制约。社会主义民主以社会主义法治作为民主的运行方式，保障了人民权利内容实现的稳定和有序。

社会主义新型民主同时也是一种新型专政，只有社会主义国家才能真正做到民主与专政的有机统一，只有社会主义国家才能称自己为人民民主专政。社会主义国家出现之前，人类历史上所有的专政都是剥削阶级的专政，实施专政的是剥削阶级，被剥削阶级是专政的对象。只有社会主义国家，在人类历史上才破天荒地以被剥削阶级取代剥削阶级掌握国家政权，这意味着将由被剥削阶级实施专政，而剥削阶级是专政对象。当然，这种专政地位的反转，也使“专政”一词逐渐失去了其本来意味。由于社会主义国家建立以消灭剥削阶级为基本前提，因此社会主义国家在其存续的绝大部分时间其实都无“政”可“专”，而与专政相关联的暴力与强制的应用也只在社会主义国家建立的初期短暂存在过。社会主义国家政权并不是不需要暴力和强制，只是其全部的暴力和强制功能都用在从根本上保障人民充分享有民主的政治环境。正是在这个意义上，社会主义国家的民主和专政本质上是统一的，民主更加真实，专政也远离压迫，一切都是新型的，一切都是属于人民的。

（三）社会主义国家的特征

社会主义社会的建立，创造了与资本主义截然不同的生产关系，从而为生产力的迅速发展创造了广阔的空间。社会主义的本质是“解放生产力，发展生产力，消灭剥削，消除两极分化，最终达到共同富裕”①。社会主义国家是社会主义社会上层建筑的核心，社会主义国家的本质要通过国家的基本职能和各项具体功能的发挥体现出来，这是一项全新的人类事业，这就决定了社会主义国家具有不同于以往历史类型国家的特征。

第一，社会主义国家以生产资料公有制为经济基础。工人阶级和广大劳动人民作为生产资料的主人，确立了生产过程中人与人之间的真正平等，实现了按劳分配，进而为消除两极分化、最终达到共同富裕创造了条件。

第二，社会主义国家以工人阶级为国家的领导阶级，以工农联盟为国家的阶级基础。工人阶级与现代大工业生产相联系，是先进的社会化大生产的生产力代表，是社会主义国

---

① 邓小平．邓小平文选：第3卷［M］．北京：人民出版社，1993：373.

家的领导阶级。知识分子作为工人阶级的一部分，是社会主义建设的重要力量。农民阶级与工人阶级有着共同的阶级利益和历史命运，是工人阶级可靠的同盟军。

第三，社会主义国家的基本职能在于大力发展生产力，建设社会主义物质文明、政治文明和精神文明，实现全面、协调和可持续发展，推动社会全面进步，建设和谐社会，以满足人民不断增长的物质和文化需求。这也意味着，社会国家的政治职能已经退居到次要地位，社会主义国家不再是以镇压为主要职能的国家。社会主义国家职能的这种变化是对已经质变的国家本质的积极响应，同时也标志着社会主义国家在人类社会文明的发展进程中迈入了全新的阶段。

第四，社会主义国家是无产阶级政党领导下的国家，坚持党的全面领导是社会主义国家的根本政治特征。无产阶级专政不能直接由包括无产阶级在内的全体人民来实现，只能通过作为无产阶级和广大劳动人民先进代表的先锋队组织——无产阶级政党——的领导来实现。“马克思主义教育工人的党，也就是教育无产阶级的先锋队，使它能够夺取政权并引导全体人民走向社会主义，指导并组织新制度，成为所有被剥削劳动者在不要资产阶级并反对资产阶级而建设自己社会生活的事业中的导师、领导者和领袖。”①

第五，社会主义国家以马克思主义作为指导思想。马克思主义是关于人类社会本质和发展规律的科学阐述，通过对资本主义社会内在矛盾的揭示，指明了无产阶级的历史地位和政治使命，是无产阶级革命的精神武器，是社会主义建设的理论指南，是对无产阶级和广大劳动人民根本利益高度的理论概括。马克思主义同时又是一个开放的理论体系，面对正在展开的全新的人类实践，马克思主义也要与时俱进，在与实践的互动中不断丰富和发展。

第三节　国家历史类型的更替

马克思主义认为，一种历史类型的国家发展到一定阶段就要被与之相关的一种新的历史类型的国家所替代，这是不以人们意志为转移的客观规律。国家历史类型的更替，是由生产力与生产关系、经济基础与上层建筑这两对人类社会基本矛盾的运动、变化、发展所决定的。这是马克思主义国家学说在国家本质论断基础上对国家发展规律性认识的进一步拓展和深化。

一、国家历史类型的更替规律

马克思主义认为，国家历史类型的更替规律，是由生产关系必须适应生产力的发展、上层建筑必须适应经济基础的变化的规律决定的。生产力与生产关系的矛盾是人类社会的根本矛盾，生产关系一定要适应生产力的发展水平，这是推动人类社会发展的原动力。社会制度的变革，包括国家历史类型的更替，都是生产关系一定要适应生产力发展水平的规

① 列宁．列宁专题文集·论马克思主义［M］. 北京：人民出版社，2009：198.

律发生作用的结果。

根据马克思主义，人类社会的生产力是绝对发展的，生产关系一经产生则会在一定时期内保持稳定。因而，当社会的生产力发展到一定阶段，必然会与既有的生产关系发生矛盾，从而要求推动生产关系变革。经济基础的这种变革，又将必然引起全部上层建筑的相应变革。在这一变革过程中，国家政权从旧有阶级转移到代表生产力发展要求的先进阶级手中，旧的国家类型也同时被新的国家类型所代替。社会基本矛盾运动的一个阶段就此结束，一个新的运动阶段也由此开始，国家类型的发展也将迎来新的历史阶段。马克思在《〈政治经济学批判〉序言》中深刻地揭示了这种变革过程："社会的物质生产力发展到一定阶段，便同它们一直在其中运动的现存生产关系或财产关系（这只是生产关系的法律用语）发生矛盾。于是这些关系便由生产力的发展形式变成生产力的桎梏。那时社会革命的时代就到来了。随着经济基础的变更，全部庞大的上层建筑也或慢或快地发生变革。"①

国家历史类型更替的一般规律，并不排除具体更替或发展过程中出现某种特殊性。在不同的社会背景下，由于经济、文化发展水平不同，以及社会历史传统、阶级力量构成等方面的差异，国家历史类型更替的具体方式也是多种多样的。

二、国家历史类型的更替方式

马克思主义认为，国家历史类型更替的基本方式是政治革命。这是因为，国家历史类型的更替是社会政治发展的质变，代表旧的生产力的阶级及其国家与代表新的生产力的阶级及其国家在本质上是对立的。尽管旧的社会制度和国家已经不合时宜，但旧的统治阶级并不会心甘情愿地退出历史舞台。只有通过政治革命，推翻旧的政治统治，一种国家历史类型向另一种国家历史类型的转变才能完成。由于政治的根本问题是国家政权问题，在推翻旧的国家政权的过程中必然会遭遇原有统治阶级的激烈反抗，政治革命意味着必须诉诸暴力打碎旧的国家机器，因此只有政治革命才能实现国家政权从一个阶级到另一个阶级的转移。政治革命的发生是必然的，其根源在于生产关系一定要适应生产力发展的需要，因此政治革命意味着摧毁旧的生产关系和上层建筑，同时建立和发展新的生产关系和上层建筑。

政治改良是社会政治变化的另一种方式，马克思主义承认它在一定的条件下对社会发展是有积极意义的，但不认为它能上升到国家历史类型更替方式的高度。改良的实质是统治阶级在被统治阶级斗争的压力下，被迫做出的某些局部性的让步，它并不会改变社会的根本政治制度和政治形态，因而不能完成国家历史类型的更替。尽管如此，改良毕竟是被统治阶级通过艰苦斗争获得的，其结果在某种程度上对被统治阶级仍然是有益的。当革命的形势还未成熟时，通过渐进改良为革命积蓄力量或改善革命条件，也是可取的。从这个意义上说，马克思主义并不绝对地反对改良，只是反对用改良来否定或替代革命。列宁曾提醒："无产阶级取得胜利以前，改良是革命的阶级斗争的副产品。取得胜利以后，改良在国际范围内仍然是一种'副产品'，但对取得胜利的国家来说，如果经过极度紧张的斗

① 马克思，恩格斯．马克思恩格斯文集：第2卷［M］．北京：人民出版社，2009：591－592．

争，实力显然不足以用革命手段来实行某种过渡，那么改良是一种必要的、合理的喘息时机。”① 这就是说，政治革命是无产阶级斗争的主要的、基本的方法；改良则是一种次要的、辅助性的方法，其目的仅限于用来提高人民的政治和经济地位，锻炼和积蓄革命力量，进而为社会和政治的彻底变革创造条件。

综上所述，马克思主义的国家历史类型理论及人类已有的历史进程表明：一切剥削阶级类型的国家，都是通过社会变革更替的。资本主义制度是最后一种剥削制度，资产阶级是最后一个剥削阶级。代替资产阶级国家而出现的新的国家历史类型，就是无产阶级通过社会主义革命所建立的社会主义国家。社会主义国家是人类历史上最高类型的国家，在社会主义社会向共产主义社会过渡的过程中，国家存在的阶级基础和社会基础就将逐渐消失，相应地，社会主义国家也是逐步自行消亡的。因此，与所有剥削者阶级国家历史类型的命运不同，社会主义国家不是被更替的，而是自己自动自觉地退出历史舞台的。

思考题

1. 马克思主义的国家分类主张与其他国家分类方法有什么不同？
2. 国家历史类型的定义和划分标准是什么？
3. 为什么说社会主义国家取代资本主义国家是历史的必然？
4. 如何看待资本主义国家普遍采用“民主”的职能方式？
5. 资本主义“福利国家”的进步与局限是什么？
6. 社会主义国家的历史地位和作用是什么？
7. 如何理解社会主义国家是新型民主与新型专政的统一？
8. 革命与改良的区别是什么？

在线自测

扫一扫 练一练

① 列宁．列宁专题文集・论社会主义［M］．北京：人民出版社，2009：295.

第三章

国家权力与国家形式

学习目标

通过本章的学习，了解和掌握马克思主义关于国家权力与国家形式的基本理论；掌握国体与政体之间的关系、马克思主义关于政体分类的标准和选择国家结构形式的依据和原则；理解我国的人民代表大会制的国家政权组织形式和单一制的国家结构形式；理解和掌握我国的民族区域自治制度和特别行政区制度。

国家权力既是国家本质的集中表现，也是统治阶级实行统治的重要力量。在阶级社会中，为了保障和维护自身的政治地位与利益，贯彻并实现其意志，各个不同的阶级、阶层和社会集团都力图掌握或分享国家权力。国家形式实质上就是国家权力的纵向与横向配置方式，包括国家结构形式与国家政权组织形式两方面。国家权力和国家形式问题的研究，有助于进一步理解马克思主义政治学的国家理论，深入认识国家权力的本质和结构特点。

第一节　国家权力与形式

自从人类社会产生了国家，国家权力就开始存在了。为了理解国家权力和国家形式，就要考察国家权力的基本内涵和主要特征，分析国家权力的结构，说明国家形式的基本内涵。国家形式实质上就是国家权力的配置方式，包括国家政权组织形式、国家结构形式与政治体制等方面的内容。

国家权力的本质与特征

一、国家权力的内涵

国家权力是统治阶级强制被统治阶级或从属阶级服从其意志的能力。国家权力是统治阶级意志的体现，它能够在一定地域范围内以社会整体代表的名义来运用强制力管理社会公共事务。

从发生学的角度上讲，权力与人类社会存在着共生关系。但是，国家权力不同于人类社会中其他形式的权力，它是在人类社会分裂为阶级以后随着国家的产生而形成的权力。在阶级社会，由于社会成分的复杂化与社会关系的非均衡化，人们为了获得生存资源和利益而引发的阶级矛盾和冲突日益频繁和激烈，因此，原来的那种以血缘为纽带、依靠“自然形成的共同体的权力”① 来维系并以习俗为主要调整手段的社会整合机制就不足以保障正常的社会秩序。这就需要一种特殊的力量来保障社会秩序，缓和社会冲突，把冲突控制在一定的“秩序”范围之内，防止社会由于内部矛盾和冲突的不断激化而导致整个社会的毁灭。这种特殊的力量是通过集中化的、常设的、专门的机构来行使的。以国家为表现形式的公共权力就是这种特殊的力量，它是社会公共职能独立化、社会内部分裂成管理者与被管理者的结果。

国家权力与社会相分离的具体表现有三方面。第一，形成了行使国家权力的专门机构与人员，即各种形式的国家机关和官吏，使管理机构得以专门化，管理者得以常任化。第二，建立了职业性的常备军。国家之所以需要建立有组织的暴力机构，“是因为自从社会分裂为阶级以后，居民的自动的武装组织已经成为不可能了”②。第三，确立了赋税制度。“赋税是政府机器的经济的基础”③。赋税属于社会全部剩余产品中的特殊组成部分，它是保持公共权力存在和运作的基本经济前提。

---

① 恩格斯．家庭、私有制和国家的起源［M］．北京：人民出版社，2018：106.

② 马克思，恩格斯．马克思恩格斯选集：第4卷［M］．3版．北京：人民出版社，2012：187.

③ 马克思，恩格斯．马克思恩格斯选集：第3卷［M］．3版．北京：人民出版社，2012：375.

从本质上讲，国家权力是一种政治权力。在阶级社会，不同阶级的各种政治力量的活动与相互关系主要是围绕国家权力的产生、分配和行使而展开的。国家权力的本质属性是阶级性，它代表以国家意志作为表现形式的统治阶级的意志，是统治阶级实现政治统治的工具。马克思和恩格斯同时也指出，国家权力"是整个社会的正式代表，是社会在一个有形的组织中的集中表现"①。国家权力通过相应的组织体系将统治阶级的意志集中起来，并上升为国家意志，对内对外正式代表国家并通过国家机构予以实施。

马克思主义经典作家关于国家权力的论述，主要包括如下三方面内容：

第一，国家权力是根源于社会经济基础的政治权力。国家产生于社会，社会的生产关系构成了国家的经济基础。从根本上讲，国家的目标、维持和运作都是由社会经济基础决定的。自从人类社会产生不同的阶级以后，那些在社会经济生活中占据统治地位的阶级就掌握了国家权力。恩格斯在分析政治统治阶级时指出，国家"照例是最强大的、在经济上占统治地位的阶级的国家"②。那些在社会经济关系中居于统治地位的阶级，必然会根据本阶级的利益和意志在政治关系中处于统治地位，并且通过国家权力维护既有的经济结构和政治秩序。因此，国家在本质上是在社会经济关系中居于统治地位的阶级的国家，国家权力则是统治阶级在经济领域拥有支配性权力的政治体现。

第二，国家权力本质上是在政治生活中占据统治地位的阶级的权力，它所表达的国家意志实际上是统治阶级的意志。国家权力通常会表现为以社会形式出现的公共权力，国家的本质规定性则在于其阶级属性。国家权力不是基于某种自然关系产生的，也不是纯粹为满足社会公共需要建立的，而是阶级矛盾和冲突的结果，是经济上占支配地位的阶级通过一定形式上升为政治统治阶级的结果。国家权力所表达的国家意志，本质上是在政治上占据统治地位的阶级的意志。因此，国家权力从根本上讲是阶级统治的权力，是阶级权力通过一定形式上升为国家权力的结果，是统治阶级为了维护其阶级利益、巩固其阶级统治而将阶级意志上升为国家意志的结果。

第三，国家权力是承担着社会管理职能的公共权力，具有管理社会公共事务的职能。国家是在社会基础上形成的，是社会发展到一定阶段的产物，国家权力因而必然具有管理社会公共事务的职能，表现为以社会形式存在着的公共权力。恩格斯曾经指出，"政治统治到处都是以执行某种社会职能为基础，而且政治统治只有在它执行了它的这种社会职能时才能持续下去"③。因此，尽管国家权力在本质上是统治阶级实现其统治的工具，然而，其作为公共权力是以履行一定的社会公共职能为前提的。实际上，国家权力只有在履行社会管理职能的基础上才能更好地维护统治阶级的权力和统治秩序。

二、国家权力的特征

与其他类型的权力相比，国家权力的特征主要表现在如下几个方面：

（一）主权性

主权性既是国家权力具有的基本属性，也是国家独立所不可或缺的基本条件。在国家

---

① 马克思，恩格斯．马克思恩格斯文集：第9卷［M］．北京：人民出版社，2009：297.

② 马克思，恩格斯．马克思恩格斯文集：第4卷［M］．北京：人民出版社，2009：191.

③ 马克思，恩格斯．马克思恩格斯选集：第3卷［M］．3版．北京：人民出版社，2012：559-560.

内部，主权是指国家具有至高无上的权力，即与社会中各种其他类型的权力相比，国家权力的地位和效力是最高的，任何其他类型的权力都不能抵触或违背国家权力的意志。在国际关系中，主权是指一个国家的独立性，即一个国家具有独立自主地处理对内对外事务的最高权力。如果一个国家失去了主权，那么，它就不能成为独立的国家。因此，国家主权是不容侵犯和破坏的，任何侵犯和破坏一个国家主权的行为都会危及这个国家的安全与生存。

（二）强制性

国家权力是一种具有强制性的力量，是一种“有组织的暴力”①。恩格斯就曾强调指出，“这种公共权力在每一个国家里都存在。构成这种权力的，不仅有武装的人，而且还有物质的附属物，如监狱和各种强制设施”②。自从国家产生以后，国家权力就成为一种特殊的力量，它可以有组织地、系统地运用强制力，并且不再允许合法地存在着任何其他形式的暴力组织。在这个意义上，国家权力与其他类型的权力的区别主要就在于它是一种凌驾于其他各种社会权力之上的权力，能够在国家管辖范围内垄断性地运用强制力。

（三）普遍性

作为一种凌驾于其他各种社会权力之上的公共权力，国家权力对于其管辖范围内的全体居民具有普遍约束力，所有社会成员、组织、集团都不得违背国家权力的意志和规定。这就是说，国家权力应当在国家管辖范围内得到普遍遵循，它不仅对被统治阶级和从属阶级的成员具有约束力，而且对统治阶级内部的成员也具有约束力。

（四）组织性

国家权力之所以具有强制性和普遍性，原因在于它是通过相应的国家组织体系予以保障实施的。国家组织体系具有相应的规模、层级和广度，它依据国家权力的类型、职能、层级等构建出各种国家机构，形成特定的国家权力结构。通过在其管辖范围内构建出全覆盖的组织体系，国家才能维护主权，抵御侵略，保障国家法律得到遵循，保证国家的方针政策能够在其地域空间内获得普遍而有效的实施。

（五）公共性

虽然国家权力是统治阶级实现统治的工具，但是，它是以履行一定的社会公共职能为前提的。只有在较好地履行社会公共职能的前提下，国家权力才能更好地实现政治职能。这就表明，国家权力具有一定的公共性，需要尽可能地解决社会面临的公共问题。

三、国家权力的结构

（一）国家权力的结构构成

国家权力通常依赖于相应的国家组织机构而存在，它是一种具有结构性的权力。国家权力通常由两类结构性权力构成：一类是按照国家权力的功能分工将其划分为不同的功能性权力，另一类是按照国家权力的层级配置将其划分为不同的层级性权力，如图 3－1 所示。

---

① 马克思，恩格斯．共产党宣言［M］．北京：人民出版社，2018：50.

② 马克思，恩格斯．马克思恩格斯文集：第 4 卷［M］．北京：人民出版社，2009：190.

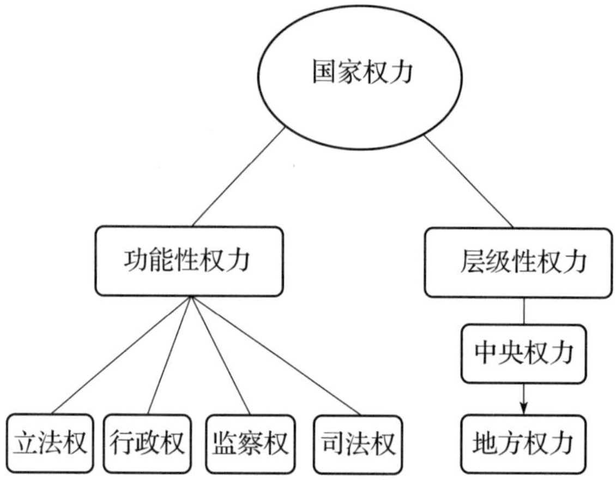

图 3-1 国家权力的结构构成

1. 功能性权力

从国家权力的功能分工上讲，功能性的国家权力通常区分为立法权、行政权、监察权和司法权。

(1) 立法权是国家意志的集中表达。一般而言，现代国家的立法权主要由立法机构行使，其权力运作的基本方式是集体商议和投票表决。

(2) 行政权是执行和落实国家意志，管理国家政治、经济、社会和文化等公共事务的权力。行政权通常由行政机关行使，通过自上而下的纵向的国家机构予以贯彻实施。

(3) 监察权是监督、调查和处置各级国家机关及其公职人员的权力。监察权通常由监察机关依据法律规定独立行使。

(4) 司法权是指在诉讼案件和非诉讼案件过程中，通过施行法律解决社会纠纷、维护国家意志的权力。司法权一般由司法机关行使。

2. 层级性权力

从国家权力的层级配置上讲，层级性的国家权力是在不同行政层级上配置的国家权力，其中主要是国家权力在中央与地方层级上的配置，即中央权力与地方权力。中央权力是一个国家的中央国家机关掌握的权力，地方权力则是地方国家机关拥有的权力。

（二）国家权力的横向结构

国家权力的横向结构，是各种功能性国家权力的相互关系和运行原则的结构性构成。

国家权力的横向结构在国家政权组织原则和组织形式上的体现，就构成了国家的政体。在当代，资本主义国家奉行“分权制衡”的原则，社会主义国家则以“民主集中制”为组织原则。

1. 资本主义国家的政权组织原则

资本主义国家通常以“分权制衡”作为政权组织原则。所谓分权制衡，就是按照不同的功能将国家权力分为立法权、行政权与司法权三种权力，让它们由三种不同的国家机关各自独立执掌和行使，形成鼎立之势，互相制约，由此形成分权制衡的权力结构。通常来说，议会行使立法权，总统或内阁行使行政权，法院行使司法权。

作为资产阶级国家政权的组织原则，分权制衡是资本主义经济、社会、文化与政治发展的产物，它是资产阶级为防止统治集团中个别人或少数人实行专制统治而做出的制度安排，成为资产阶级在国家机构内部协调关系、整合统治力量的方法和手段，从而也就成为在整体上保证资产阶级政治统治利益的政治权力结构。需要指出的是，由于历史传统、社会文化与具体国情等方面的不同，也由于在制度设计时实际的政治形势与政治力量对比的差异，分权制衡原则在各个资本主义国家的具体实施形式不同，从而形成了不同的政治体制。

2. 社会主义国家的政权组织原则

社会主义国家的政权组织原则为民主集中制，民主集中制是民主基础上的集中和集中指导下的民主相结合的制度。民主集中制组织原则具体体现为：

（1）遵循“一切权力属于人民”的根本原则。各级国家权力机关必须以人民民主为基础，由民主选举产生，对人民负责，受人民监督，为人民服务。其他国家机关，包括行政机关、监察机关、司法机关等，都由国家权力机关选举产生，对它负责，受它监督。

（2）合理划分和高效协同国家机关权责的原则。国家对元首权、行政权、监察权、审判权、检察权和武装力量的领导权和职责都有明确划分。国家元首、行政机关、监察机关、司法机关和军事机关都依法行使各自的权力，在各自职权范围内开展工作。

（3）实行民主与集中有机结合的国家权力运行原则。国家权力机关制定法律和作出其他决定，均经过充分协商讨论，并以投票表决等方式通过；国家其他机关实行首长负责制，集中行使权力，保证政令与法令的统一。

（4）在中央和地方的关系上，实行中央集中统一领导下合理配置权力的原则。在中央集中统一领导的前提下，充分发挥中央和地方两个积极性，合理划分中央国家机关和地方国家机关的职权；既要有高度统一的中央集权，又要有适度的地方分权，既要保证中央权威，使政令统一和畅通，又要发挥地方的自主性、积极性和主动性，从而发挥全部国家机关的整体效能。

（三）国家权力的纵向结构

国家权力的纵向结构是国家层级权力相互关系及其运行原则的结构性构成，它在组织和机构方面体现为中央与地方政权机关的相互关系结构。这种权力关系所包括的内容主要有两个方面：

1. 纵向权力的划分和配置

国家以法定程序，将国家权力配置给中央政权机关和地方政权机关，明确划分中央和地方政权机关各自应享有的专有权以及共同行使的共有权的范围，规定它们各自行使权力的方式等。

2. 纵向权力的协调和制约

在中央和地方政权机关之间进行权力划分和配置的基础上，国家使两者所拥有的权力在运行过程中以法定程序有机协同，以实现相互协调和制约。

四、国家形式

（一）国家形式的含义

国家形式是统治阶级为实现本阶级的统治而组织国家的政权组织形式和结构形式，是组织、管理和控制国家机器的制度和体制的总和。从国家形式的本质意义来考察，任何国家的统治阶级为了进行有效的统治，都必须以一定的形式、方法和手段协调和团结本阶级的力量，解决其内部关系问题，也必须以一定的形式、方法和手段来解决与被统治阶级的关系问题。这里所说的形式、方法和手段是制度、体制意义上的，而制度化、体制化的形式、方法和手段就从根本上决定了国家的形式，也体现了国家采取一定的国家形式的根本目的。

（二）国家形式的基本内容

从国家形式的基本内容上分析，它包括以下三个方面：

第一，国家政权组织形式，即政体，尤其是中央（全国）政权机关的组织形式。政体主要涉及中央政权机关的设置、权力配置和相互关系等，它决定了国家机关设置和权力配置的基本原则，体现了一个国家的横向权力结构和权力分配关系。从权力配置和国家机关设置的角度看，政体主要体现为国家最高统治权力的行使方式和最高国家权力机关的组织形式。前者是指国家最高统治权力是由一个机关集中行使，还是由数个机关分工行使；后者是指国家最高权力机关是由一个人组成还是由一个集体组成，也就是由一个人还是由一个集体形式的机构行使国家最高统治权。

第二，国家的结构形式，主要是指国家的中央权力机关与地方权力机关、整体与局部之间关系的构成方式，它是中央权力与地方权力的关系在国家组织结构形式和原则上的体现。国家结构是国家形式的另一个重要内容，它决定调整和处理国家整体与部分之间的相互关系和权力划分的基本原则，反映了一个国家的纵向权力结构和权力分配关系。

第三，国家机关权力的具体运作方式和具体制度，通常被统称为“政治体制”。在国家形式中，除了国家政权组织形式和国家的结构形式以外，还有一些具体制度和具体形式，如选举制度、执政党与政权的关系、决策程序、政府机构的设置和规模、中央对地方的领导体制和具体控制手段、国家机关公职人员的选用和管理方式等。它们只是组织、管理和控制国家机器的制度的具体环节，属于国家形式的细节方面。

第二节　国家政权组织形式

在政治社会中，所有国家都必须通过相应的政体形式组织起来。为了理解国家政权组织形式，要考察国家政体的基本含义与特性，分析政体与国体的关系，比较剥削阶级国家与社会主义国家政权组织形式的差异。

一、国家政权组织形式概述

（一）政体的含义

国家政权组织形式，即政体，是指一个国家的统治阶级为了实现其统治需要而采用的一定的政权组织形式，也就是统治阶级组织国家政权机关的形式。毛泽东曾经指出，政体是“政权构成的形式”，是指“一定的社会阶级取何种形式去组织那反对敌人保护自己的政权机关”[①]。从国家权力配置的角度上讲，政体主要体现为国家最高统治权力的行使方式，即国家最高统治权力是由一个机关集中行使，还是由若干机关分工行使；从国家机关设置的角度上看，政体主要体现为国家最高统治权力的组成形式，即国家最高权力机关是由一个人组成，还是由一个集体组成。

（二）政体与国体的关系

政体问题始终是政治学关注的一个主要问题。历史上，不少思想家都曾研究过国家的政体问题，提出了政体划分标准并划分出不同的政体，比较不同政体形式的优劣。例如，亚里士多德将政体看成是“城邦一切政治组织的依据”，是用来“确定最高统治机构和政权的安排”、订立城邦及其全体“所企求的目的”的职能组织[②]。法国思想家孟德斯鸠认为，“政体的原则对法律有最大的影响”[③]。总的说来，西方思想家的政体基本分类原则是一致的，他们基本上是继承了亚里士多德的学说，其理论上共同的根本缺陷在于，他们都没有说明政体与阶级统治的关系，没有在区分国体的基础上对政体进行分类，混淆了国体与政体的区别。从根本上讲，如果要正确地说明政体问题，那就必须理解政体与国体的关系，不能将两者混为一谈，不能离开国体来讨论政体，也不能用政体的区分来掩盖和代替国体的区分。

在阐释政体与国体的关系之前，必须对它们的内涵稍作分析。毛泽东曾指出，国体就是指“社会各阶级在国家中的地位”[④]。这就是说，国体所体现的是国家的阶级性质。在关于国体的分析中，最重要的是关于哪个或哪些阶级掌握政权的问题，如果在几个阶级联合执政的情况下则应当进一步分清哪个阶级是这个执政联盟的领导阶级。因此，国体与国家的历史类型是密切相关的。自从人类社会进入文明时代以来，任何国家都是具有一定性质的国家，是由一定的阶级统治的，都属于一定的国体，也都具有一定的历史类型。

从国体与政体的关系来看，两者是辩证统一的关系。国体表明哪个阶级是占据统治地位的阶级，而政体则规定统治阶级通过什么样的形式来组织政权实现统治。国体与政体的关系，是内容与形式的辩证关系。内容决定形式又离不开形式，形式表现内容又不能脱离内容。这就像恩格斯论述共和政体时指出的那样，“共和国像其他任何政体一样，是由它的内容决定的”[⑤]。

一方面，内容决定形式，国体决定政体。国体表明一个国家是由哪个阶级进行统治的，它反映了国家的阶级属性和阶级内容。国体决定着政体的本质属性和目标，决定着一个国家的统治阶级选择何种政权组织形式以服务于其阶级利益。与政体相比，国体是占首要地位的。政体必须体现国体的性质，服从于国体的需要，即服务于统治阶级组织、完善和巩固其统治的需要。在现实政治中，国家的阶级本质从根本上决定着政体的选择和采用，政体都是依附于一定的国体，为一定的国体服务的。一个国家采取和选择何种政体，主要是由其统治阶级根据本国国情决定的。政体必须适应于国体，当国体发生变革时，政

① 毛泽东．毛泽东选集：第2卷［M］.2版．北京：人民出版社，1991：677.

② 亚里士多德．政治学［M］. 北京：商务印书馆，1965：129，178.

③ 孟德斯鸠．论法的精神：上册［M］. 张雁深，译．北京：商务印书馆，1961：7.

④ 同①676.

⑤ 马克思，恩格斯．马克思恩格斯选集：第4卷［M］.3版．北京：人民出版社，2012：652.

体也就会发生变化。

另一方面，形式体现内容，政体反映国体。从内容和形式的关系讲，没有一定的形式，内容就会变成虚幻的东西。一定的国体要通过一定的政体形式来表现，“没有适当形式的政权机关，就不能代表国家”①。只有具备适当而完备的政体，统治阶级才能更好地组织和运行自己的国家机器，维护和巩固国家的性质，实现统治阶级的意志和利益。因此，所有统治阶级都是依据其利益和需要来设计国家权力结构，确定最高政权机关内部的权力配置关系。

需要指出的是，政体具有相对独立性。作为国家政权组织形式，政体并非完全处于被动状态，它在实现和保证统治阶级的地位和权力、增强政权的统治能力方面具有重要作用。国体相同的国家可以采取具体形式不同的政体，同一个国家在不同历史时期所采取的政体的具体形式也会有所不同。一个国家必然要求实现国体和政体的统一，两者是相辅相成，不可或缺的。

（三）政体的基本特性

通常而言，国体一经建立，就具有相对稳定性，在没有发生重大历史变革的情况下，国体是不会改变的。政体则是相对变化的，它与国体相比具有复杂性、多样性、相对灵活性等特征。

1. 政体的选择受到多种复杂因素的影响

政体的基本原则是由国家的阶级性质决定的，国体对政体的决定作用是根本性的、第一位的。然而，除此之外，特定国家的政体选择还受多方面因素的影响。统治阶级在决定国家采取何种政体时，必须考虑各种社会政治力量的要求，甚至不能无视被统治阶级的要求。也就是说，一个国家采取何种政体还受到各种政治力量对比状况的制约。同时，一个国家的具体历史条件、文化传统和民族构成、民族习惯、民族心理以及国际环境等因素，也都会影响其政体形式的形成。“世界上不存在完全相同的政治制度，也不存在适用于一切国家的政治制度模式。‘物之不齐，物之情也。’各国国情不同，每个国家的政治制度都是独特的，都是由这个国家的人民决定的，都是在这个国家历史传承、文化传统、经济社会发展的基础上长期发展、渐进改进、内生性演化的结果。”②

2. 政体具有多样性

一般而言，国体决定政体，每一种国体都会采取与之相适合的特定政体。国体不同的国家，政体也必然具有体现其阶级统治性质的区别。但是，这并不意味着一种国体只能选择采取一种政体，不意味着国体相同的国家也必然采取相同的政体。影响一个国家政体的因素是多方面的、复杂的，因此，国体与政体并非简单的对应关系，政体不是直接地、机械地表现国家的阶级本质。由于一国的政治力量对比和具体历史条件、文化传统等因素的影响，现实中的政体是多种多样的。国体性质相同的国家完全可能采取不同的政体，例如，美国和英国的国体相同，但美国采用共和制，英国却采用君主立宪制，其主要原因在于两国选择国家政体形式时所面临的历史环境和文化传统不同。

---

① 毛泽东．毛泽东选集：第2卷［M］．2版．北京：人民出版社，1991：677.

② 习近平．在庆祝全国人民代表大会成立60周年大会上的讲话［M］．北京：人民出版社，2014：16.

3. 政体是国情的产物

在历史上，那些具有不同性质的国家在政体问题上也存在着一定的继承和借鉴关系。例如，不少欧美国家在建立资产阶级国家以后仍然以某种形式保留了封建时代的君主制，而现代的资产阶级共和国则在很大程度上借鉴了古罗马的共和制。这说明，不同的国家之间，包括国体不同的国家之间，可以在政体形式方面相互借鉴。不过，一个国家采用何种政体，借鉴什么，如何借鉴，都是由特定国家的统治阶级和人民根据本国的国情做出决定的。“设计和发展国家政治制度，必须注重历史和现实、理论和实践、形式和内容有机统一。要坚持从国情出发、从实际出发，既要把握长期形成的历史传承，又要把握走过的发展道路、积累的政治经验、形成的政治原则，还要把握现实要求、着眼解决现实问题，不能割断历史，不能想象突然就搬来一座政治制度上的‘飞来峰’。”①

4. 相对于国体而言，政体的发展变化具有灵活性和变异性

在一定的社会发展历史阶段上，一定的经济基础和阶级统治一旦建立，就会在相当长的时期里持续存在，因此，国体是比较稳定的。在许多情况下，即使发生了政权更替，也未必导致国体的改变。例如，中国历史上的多次改朝换代，现代许多国家的政府更迭和政变，并不意味着政权由一个阶级转移到了另一个阶级手里。然而，政体却受到更多、更复杂的因素的影响，其灵活性和变异性要大得多。在不同的历史时期，虽然同一个国家的国体没有改变，但是，其政体形式却可能发生变更。例如，法国在第二次世界大战后其国体没有转变，而其政体则先是采用议会共和制，后来改为半总统制。

（四）政体的分类

政体的形式具有多样性，这就需要进行政体分类。政体分类的目的，是要比较分析不同的政体，发现它们的优劣，从中选择理想的政体，为实现国家的长治久安而设计适宜的政体形式。

早在古希腊和古罗马时期，不少思想家和学者就已经注意到国家的政体形式问题，并进行了政体的分类。古希腊的历史学家希罗多德是最早进行政体类型划分的学者，他曾依据执政者人数将政体区分为君主政体、贵族政体和民主政体。亚里士多德在调查和分析古希腊 158 个城邦的基础上第一次较为系统地研究了政体问题，并提出了政体划分标准以及关于政体选择的主张。亚里士多德认为，政体分类的标准主要有两条：一是统治者是为城邦谋利益还是为自己谋利益，二是统治者人数的多寡。根据前一条标准，他将政体分为照顾城邦公共利益的正宗政体和照顾统治者利益的变异政体两类；根据后一条标准，他先将正宗政体分为君主政体、贵族政体和共和政体，相应地将变异政体分为僭主政体、寡头政体和平民政体。此外，古罗马学者波利比乌斯、西塞罗等人也提出过划分政体的标准。

近代以来，许多资产阶级思想家在批判封建专制统治的过程中十分重视对政体问题的研究，并探讨了政体的划分标准。16 世纪的法国思想家布丹提出以国家主权的归属即主权者的人数和行使权力的方式来区分政体；17 世纪的英国思想家洛克则以立法权行使者的多寡区分民主政体、寡头政体和君主政体；18 世纪的法国思想家孟德斯鸠根据国家最

① 习近平．在庆祝全国人民代表大会成立 60 周年大会上的讲话［M］．北京：人民出版社，2014：15.

高权力掌握在哪些人手中以及他们对待法律的态度对政体问题做过分类研究。

总体上讲，尽管上述西方思想家的观点彼此间存在着较大的分歧，然而，他们所遵循的政体分类原则基本上只是继承亚里士多德的学说，往往都局限于有关政体分类的技术性层面，缺乏对政权的社会阶级性质和形成过程的考察，混淆了国体与政体的区别，没有在区分国体的基础上进行政体分类。

马克思主义主张，在对国家政体进行分类时不能脱离对阶级统治性质的分析，应当联系特定国家的国体即国家的阶级统治性质进行分析。也就是，不仅应当显示国家政体的类型，而且需要揭示特定政体形式的阶级属性。列宁曾经指出："国家形式是多种多样的。"① 在奴隶制时代，国家的政体类型就有君主制和共和制、贵族制和民主制的区别。由此可见，在确认国家阶级本质的基础上，联系国家阶级本质对政体进行分类，是把握国家形式与本质统一的重要途径。

按照马克思主义方法，我国学者在对国家政体进行分类时，首先依据国体的不同，确定国家的阶级本质，然后分析总结历史上产生和存在过的以及现存的种种政体形式，最终提出下述关于国家政体的具体分类标准和依据：第一，最高国家权力的归属，即最高国家权力机关的组成是一个人还是一个集体；第二，最高国家权力机关的产生方式及任期；第三，中央国家权力机关的设置以及它们之间的权力分配、地位和相互关系。

根据前两条标准，可以把历史上的国家分为君主制政体和共和制政体两种类型。君主制政体的基本特征是，最高国家权力事实上或象征意义上集中于君主一人，君主一般是世袭的，是没有任期限制的。共和制政体的基本特征是，无论象征性掌握最高国家权力的机关还是实际行使国家权力的机关都是通过某种形式的选举产生的，并且一般都具有严格的任期限制。在此基础上，运用第三条标准，也就是，根据中央国家机关是否分工行使国家权力，它们的权力是否受到宪法和法律的限制、是否受到制约，它们的地位和相互关系如何等，就可以进一步在君主制和共和制的基础上区分出各种不同的政体形式。例如，列宁在分析奴隶制共和国政体时，就根据共和国的"内部结构"进一步区分了"贵族共和国"和"民主共和国"②。需要指出的是，还应当看到，在现实政治生活中，任何政体的分类标准都是相对的，不同的政体形式往往可能会相互交替、混杂掺和。

国家政权组织形式与国家结构形式

二、不同类型国家的政权组织形式

按照马克思主义关于政体分类的观点，依据国体的不同，可以将迄今为止所有的国家政体形式归为两类：一是剥削阶级国家的政权组织形式，二是社会主义国家的政权组织形式。

（一）剥削阶级国家的政权组织形式

1. *君主制*

君主制通常是指由一名君主实际上或名义上掌握最高国家权力的政权组织形式。君主制国家一般实行君主世袭制，其典型的世袭原则是君主权位由其男性后代依长幼顺序继

---

① 列宁．列宁专题文集·论辩证唯物主义和历史唯物主义［M］．北京：人民出版社，2009：289.

② 同①290.

承。同时，有些君主制国家在实行男性优先的原则下也允许女性后代继承君位，即传子为主，无子传女；有些君主制国家则在王族内部实行轮流继承，通常是兄终弟及，叔亡侄继；也有些国家的君主可能是通过推选产生的，例如，古罗马早期帝国，以及中世纪欧洲的一些由诸侯国家组成的帝国。无论君主是世袭的还是推举产生的，都是终身任职，没有期限限制。在君主制国家中，在决定君主权位时，实际的政治形势和政治力量对比的影响都是不可低估的。由于各国国情和阶级状态不同，君主制国家具有若干种不同的具体形式，不同国家君主制的具体表现形式也有所不同。列宁就曾指出："君主制根本不是形式单一和一成不变的制度，而是非常灵活的和能够适应各阶级的统治关系的制度。"① 通常而言，君主制可以划分为以下几种具体类型：

（1）专制君主制。专制君主制又称"绝对君主制"或"无限君主制"。在这种制度下，君主独自掌握最高统治权，拥有绝对的、不受任何法律限制的权力，也不受任何机关的制约，君主集立法、行政、司法、军事、财政大权于一身，通过直接对他负责的官僚机构进行统治。专制君主制是奴隶制、封建制国家所盛行的政体。这种政体在古代东方国家比较典型，西欧各国在封建社会末期多发展成为专制君主制国家。

（2）贵族君主制。君主名义上掌握着全国最高权力，实际上其权力则只限于自己的领地，全国最高统治权由君主和贵族会议共同掌握。这是一种君权比较虚弱并且被分割的君主制，它主要存在于西欧封建社会的早期阶段。

（3）立宪君主制。立宪君主制又称"有限君主制"。在这种制度下，君主虽然拥有某些最高国家权力，但是，君主的权力按照宪法规定在不同程度上受到其他国家机关的制约和限制。立宪君主制通常是资产阶级与封建势力相互妥协的产物，它属于资产阶级国家的一种政权组织形式。"当资产阶级还没有和专制君主政体彻底决裂的时候"，"立宪君主政体是资产阶级统治的适当形式"。②

2. 共和制

共和制通常是指国家最高权力机关和国家元首由选举产生并有一定任期的政权组织形式。与君主制政体一样，共和制政体也有不同的表现形式：

（1）贵族共和制。贵族共和制的基本特征是，国家行政长官由公民大会选举产生并有任期限制，国家最高权力实际上掌握在贵族手中。这种政体形式主要见于古希腊和古罗马。

（2）民主共和制。民主共和制是资产阶级国家普遍采用的一种政体形式。列宁指出，"民主共和制是资本主义所能采用的最好的政治外壳"③。在民主共和制国家中，国家元首、议会和政府首脑等各主要国家权力机关通常由公民直接或间接选举产生，并有严格的任期限制。从国家元首、议会和政府三者的关系上看，由于国家元首、议会和政府的地位、产生方式和权限配置不同，民主共和制可以区分为议会共和制和总统共和制。

议会共和制：凡是政府（内阁）由拥有多数议席的政党组成并对议会负责的国家，称为议会共和制国家。在议会共和制国家中，议会是国家的最高权力机关，享有立法权和监

① 列宁．列宁全集：第 20 卷［M］. 2 版．北京：人民出版社，2017：358－359.

② 马克思，恩格斯．马克思恩格斯选集：第 4 卷［M］. 3 版．北京：人民出版社，2012：565－566.

③ 列宁．列宁选集：第 3 卷［M］. 3 版．北京：人民出版社，2012：120.

督权；政府（内阁）是由议会授权产生的，对议会负责；总统只是名义上的国家元首，没有实权。因此，议会共和制的主要特点表现为，政府（内阁）的产生和存废以议会为基础。当代的意大利、德国、奥地利等国采用这种政体。

总统共和制：总统既是国家元首又是政府首脑，领导内阁并执掌行政权。在总统共和制国家中，总统掌握行政实权，其任命和领导的政府各部部长及一切行政机构在法律上只对总统负责，不对议会负责；议会掌握立法权，与总统所代表的行政权之间是并立和相互制约关系。因此，总统制共和国的主要特点是，政府（内阁）由总统提名组织成立并对总统负责。美国是实行总统共和制的典型国家。

（二）社会主义国家的政权组织形式

社会主义国家一般采取民主共和制的政权组织形式，但是，这种民主共和制与资本主义国家民主共和制有着本质区别。社会主义国家政权本质上是人民民主专政，是人民当家作主的政权，它实行一切权力属于人民的原则，所以，只有社会主义国家才实现了本质与形式的统一，真正实现了“民主共和制”。恩格斯曾经预言，工人阶级“只有在民主共和国这种形式下，才能取得统治。民主共和国甚至是无产阶级专政的特殊形式”①。

从历史的角度来看，社会主义国家的民主共和制是在长期的社会主义实践中逐步发展起来的。在不同国家的社会主义政治实践过程中，已经出现过多种多样的民主共和制形式，其中，具有典型意义的是下述三种政体形式。

1. 公社制

1871 年，巴黎无产阶级和人民群众举行武装起义，建立了人类历史上第一个无产阶级专政的政体形式。公社制是巴黎公社的政权组织形式，其基本特点包括以下几点：第一，公社委员会作为最高权力机关，统一行使立法权和行政权。第二，公社实行直接选举，公社管理人员由普选的代表组成，代表对选民负责，随时可以撤换。公社的一切大事由普选产生的代表民主讨论决定，由各分组委员会具体贯彻执行。第三，公社废除旧式国家机器，废除旧警察和官吏，将公职人员变成人民的公仆。第四，公社废除常备军，用武装的人民取代它。这不仅是用新的武装力量来保护自己，而且意味着这种武装力量在性质上根本不同于资产阶级的武装力量。巴黎公社是“无产阶级社会主义共和国的这种‘一定的’形式”②，也是按照议行合一精神建立起来的无产阶级政权组织形式。

2. 苏维埃制

苏维埃制是俄国十月革命后建立的第一个社会主义国家的政权组织形式。苏维埃制的社会阶级基础是工人阶级和农民阶级，其基本特点在于：第一，最高苏维埃既是最高立法机关，又是最高国家权力机关，其他一切国家机关都由它产生，由它授权并对它负责；第二，最高苏维埃实行两院制，设立主席团作为常设机构；第三，苏维埃的代表由人民选举，对人民负责，代表可以由人民撤换。苏维埃制是社会主义国家选择政体形式的伟大创造，为后来的社会主义国家提供了重要经验。中国共产党在土地革命战争时期（1927—1937 年）曾经创建了中央政权机构中华苏维埃共和国（1931 年）。苏维埃政权的建立在一定程度上加强了对

① 马克思，恩格斯．马克思恩格斯选集：第 4 卷［M］．北京：人民出版社，2012：294.

② 列宁．列宁专题文集·论马克思主义［M］．北京：人民出版社，2009：214.

各根据地、各部分红军的中枢指挥作用，也为抗日战争和解放战争时期的根据地建设，以及后来的新中国政权建设提供了丰富的经验，培养了大批领导骨干和组织管理人才。

3. 人民代表大会制

人民代表大会制是中华人民共和国的根本政治制度，是中国人民在长期的革命和建设中的经验总结。人民代表大会制以我国的工人阶级为领导、工农联盟为基础，最广泛地代表着人民的利益和诉求。人民代表大会制是中国各族人民按照民主集中制的原则，定期选举产生自己的代表，组成各级人民代表大会，作为人民行使国家权力的机关，其他国家机关由人民代表大会产生并对其负责。也就是说，人民代表大会是我国国家生活的中心，也是国家权力的中心；全国人民代表大会是最高国家权力机关，全国人民代表大会及其常务委员会行使国家立法权。人民代表大会制是我国人民在中国共产党领导下，按照马克思主义国家学说并结合中国实际而创立的新型的人民民主专政的国家政权组织形式，是适合我国国情的社会主义国家政权组织形式和治理形式。

第三节 国家结构形式

自从人类社会产生了国家，国家就需要处理中央与地方、整体与部分之间的关系，国家结构形式问题也就随之产生。为了准确把握国家结构形式，要考察国家结构形式的基本含义与类型，说明单一制国家与复合制国家的基本差异。

一、国家结构形式的含义

国家结构形式，是指国家为了处理中央与地方、整体与部分之间的关系而对国家权力进行划分与配置的基本模式，它涉及的是一个国家的各个部分以什么形式和方式整合为国家的问题。

自从人类社会产生了国家，国家结构问题也就产生了。一个国家采用何种国家结构形式，是由多种因素共同作用决定的。一个国家的地理环境、历史传统、民族构成、文化习惯、国民心理和情感以及统治阶级为解决民族问题所采取的政策和策略等都会成为影响选择国家结构形式的因素。由于各个国家的具体国情、历史条件、文化传统等因素不同，它们所采用的国家结构形式自然也不同。国家结构形式的选择，最终也要由各国人民根据自己的国情自主决定。同时，一个国家的国家结构形式也不是一成不变的，它在一定的条件下是可能转化的。

二、国家结构形式的基本类型

近代以来，世界各国采用的国家结构形式可以分为两种基本类型，即单一制和复合制。

（一）单一制

单一制是将国土按地域划分成若干行政单位、具有统一主权的国家结构形式。单一制的基本特征是：国家具有单一的宪法、统一的法律体系和司法体系、统一的最高国家权力机关和行政机关体系以及公民具有统一的国籍。当今世界许多国家实行单一制。按照中央与地方权力分配的程度差异，单一制又可以细分为中央集权型单一制和地方分权型单一制两种类型。

1. 中央集权型单一制

国家权力高度集中于中央政府，地方政府受中央政府的控制和监督。在西方国家中，法国是比较典型的中央集权型单一制国家。

2. 地方分权型单一制

中央政府单独执掌军事、外交等方面的全国性政务，它对地方政府的权力受到某种程度的限制，一般只能通过立法监督、行政监督和财政监督等间接手段来实现对地方政府的控制，地方政府在地方事务方面享有较大的行政自治权。在西方国家中，英国是比较典型的地方分权型单一制国家。

（二）复合制

复合制国家结构形式比较复杂，其一般特征是由若干个国家或地区作为成员单位通过协议组成联合体。由于国家或地区联合的程度、形式与权力划分等因素的不同，复合制国家结构又存在多种具体表现形式。在当代，复合制国家结构形式有两种常见的类型：一是联邦制，二是邦联制。

1. 联邦制

联邦制是当代常见的复合制国家结构形式。它是由若干具有相对独立性的政治实体（州、邦、省）通过制定并遵守统一的联邦宪法而形成的具有单一主权的国家结构形式。联邦制具有如下特点：从整体来看，联邦制国家具有适用于全国的宪法和基本法律，联邦公民具有统一的国籍，联邦政府在全国范围内设立立法、行政和司法体系，行使国防、外交、发行货币等主要国家权力，对外代表联邦作为主权国家拥有国际法主体资格；从组成成员看，联邦成员在不违反联邦宪法和法律的前提下具有各自的宪法、法律以及各自的立法、行政和司法机关，拥有相当大的自主权管理本区域内的财政、税收、文化、教育、社会发展等公共事务。不过，有少数联邦国家允许其组成成员在联邦宪法、法律和条约的范围内，就某些事务与外国签订条约和协定。1789 年以来的美国、第二次世界大战后的德国都属于典型的联邦制国家。

联邦国家与联邦成员之间通常建立的是分享国家权力的关系，这种关系构成了联邦制国家结构形式的具体内容。在典型的联邦制国家中，联邦政府是由各个组成成员协议建立的，其权力被认为是由联邦成员让与的，因而联邦与其成员之间并非领导与服从的关系，而是契约与合作的关系。一方面，联邦是一个统一的主权国家，各个联邦成员都要共同遵守联邦宪法与基本法律，接受联邦政府的法定管理；另一方面，联邦成员又是具有相当大的独立性的政治实体，它们拥有各自的宪法和法律，独立享有管理本区域公共事务的权力，并且保留联邦宪法规定以外的全部权力。这就与地方分权型单一制国家有着根本的不同。

2. 邦联制

邦联制是由若干独立的主权国家为实现某种特定目的，通过缔结条约分享部分国家主权而形成的松散的国家联合形式。邦联制是历史上存在过的特殊国家形式。

邦联制的特点是：从整体来看，邦联没有统一的宪法，只有各成员国缔结的条约，邦联没有统一的军队、赋税、预算和国籍，对各成员国缺乏强制性的约束力；从组成成员看，各成员国仍然是独立的主权国家，保持着除条约规定的明确委托邦联机构的权力之外的对内对外的国家主权，具有对内对外的政府管理职能，可以自由退出邦联。由于邦联并不具有单一主权国家特征，因此实际上它只是主权国家之间的一种特殊联盟关系。在这种意义上，邦联并不具有真正的国家性质，它甚至不能被看作一种国家结构形式。历史上的北美十三州的联盟、现在的英联邦等都是比较有代表性的邦联。

综上所述，国家结构形式的基本类型如图 3－2 所示。

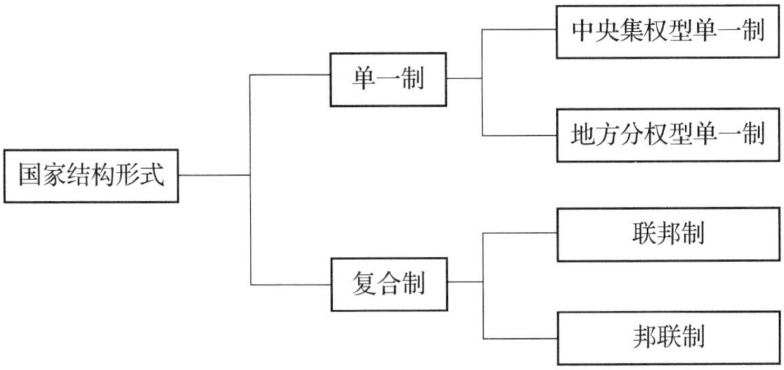

图 3－2 国家结构形式的基本类型

（三）单一制与复合制的区别

单一制国家和复合制国家在主权状况、国家机构、法律系统、对外关系和独立自主性等多个方面存在着诸多区别。

（1）从主权状况看，单一制国家只有一个统一的主权，地方政府不享有主权；在复合制国家中，联邦制国家的成员单位一旦成为联邦成员后就不再保留独立的主权，不再具有国家的地位，而邦联的成员国或加盟国则拥有各自的主权。

（2）从国家机构看，单一制国家只有一个最高立法机关、一个中央政府，地方政府是由中央政府设立的，地方政府的权力是由中央政府授予的，地方政府必须服从中央政府所代表的最高国家权力；在复合制国家中，联邦政府或邦联是由各个成员单位协议建立的，各成员单位甚至先于联邦政府或邦联而存在，复合制国家的立法机关、行政机关和司法机关与成员国或加盟国的立法机关、行政机关和司法机关互不隶属，其中邦联甚至没有自己的立法机关。

（3）从法律系统看，单一制国家仅拥有一部宪法，地方政府的地位由宪法规定；在复合制国家中，联邦的宪法和法律是全国最高法，联邦的成员单位拥有各自的宪法或法律，它们是联邦制国家宪法的立法者，而邦联甚至没有统一的宪法，而只有成员国或加盟国之间的盟约。

（4）从对外关系看，单一制国家在国际法中被视为单一主体，在主权国家参与的国际组织中，具有国际法中单一主体的地位，公民拥有统一国籍；在复合制国家中，联邦制国家在国际法中通常被视为单一主体，其公民拥有统一国籍，而邦联则不是国际法的主体，它只在某种场合代表联合的全体，各成员国的公民也没有共同的国籍，邦联的成员国或加盟国在国际法中可以各自以主体地位参与由主权国家参与的国际组织。

（5）从独立自主性看，单一制国家的地方政府没有从国家分离出去的权力；在复合制国家中，联邦的成员单位不能否认和拒绝联邦的权力，通常不能自由地退出联邦，而邦联的成员国或加盟国则拥有脱离邦联的权力。

第四节　社会主义中国的国家形式

中国是人民民主专政的社会主义国家，中国人民在中国共产党的领导下按照马克思主义国家学说，结合中国的实际创立了相应的国家政权组织形式与国家结构形式。本节将介绍我国的国家政权组织形式与国家结构形式，说明其基本特征、形成缘由和特色。我国的国家政权组织形式是人民代表大会制度。我国是统一的、多民族的单一制国家，民族区域自治制度和特别行政区制度是我国单一制的两大特色。

一、中国的国家政权组织形式

（一）人民代表大会制度是中国的国家政权组织形式

人民代表大会制度是中华人民共和国的政体，是中国采用的政权组织形式，是中国人民在中国共产党的领导下按照马克思主义国家学说，结合中国实际而创立的新型人民民主专政的国家政权组织形式。“在中国实行人民代表大会制度，是中国人民在人类政治制度史上的伟大创造，是深刻总结近代以后中国政治生活惨痛教训得出的基本结论，是中国社会 100 多年激越变革、激荡发展的历史结果，是中国人民翻身作主、掌握自己命运的必然选择。”①

作为一种政体，人民代表大会制度的基本内容包括如下几方面②：

第一，中华人民共和国的一切权力属于人民，这是中国政治制度的核心内容和根本准则。中国一切国家机关的权力都来自人民。我国国家政治体制的安排和国家机构的设置，根本目的是从政治上和组织上保证全体人民掌握国家权力，真正成为国家的主人。人民行使国家权力的机关，是全国人民代表大会和地方各级人民代表大会，它们均由民主选举产生的代表组成，受选民和选举单位的监督。选民或者选举单位有权依照法律规定的程序罢免自己选出的代表。

第二，全国人民代表大会是国家最高权力机关，其他一切国家机关，包括国家主席、国务院、中央军委、国家监委、最高人民法院和最高人民检察院，都由全国人民代表大会产生并对它负责，向它报告工作，受它监督。因此，我国的国家权力是由人民代表大会统一行使的，体现了社会主义制度下工人阶级和最广大人民群众根本利益的至上性和统一性。

第三，全国人民代表大会是国家最高立法机关，全国人民代表大会及其常设机关即全国

---

① 习近平．在庆祝全国人民代表大会成立 60 周年大会上的讲话［M］．北京：人民出版社，2014：4－5．

② 彭真．彭真文选［M］．北京：人民出版社，1991：442－456．

人民代表大会常务委员会行使国家立法权。我国是人口众多的大国，全国人民代表大会人数不能太少，但人数多了又不便于经常开展工作，因此设立了全国人民代表大会常务委员会作为全国人民代表大会的常设机关。全国人民代表大会常务委员会每届任期同全国人民代表大会每届任期相同，它行使职权到下届全国人民代表大会选出新的常务委员会为止。

第四，实行合理分工、协调一致、分工合作、相互配合的原则。在全国人民代表大会统一行使国家权力的前提下，对国家的元首权、行政权、监察权、审判权、检察权和武装力量的领导权进行明确的划分，同时规定全国人民代表大会常务委员会委员不得同时担任国家行政机关、监察机关、审判机关和检察机关的职务。这就使各个国家机关都在各自的权力范围内行使自己的职权，使国家权力机关和其他国家机关能够合理分工、协调一致地工作。国家机构的这种合理分工，既能避免权力过于集中，又能使国家机构之间相互配合，使国家的各项工作有效地进行。

在我国，人民代表大会是国家政治生活的中心，也是国家权力的中心。人民代表大会制是实现人民当家作主的一种根本政治制度。“中国实行工人阶级领导的、以工农联盟为基础的人民民主专政的国体，实行人民代表大会制度的政体，实行中国共产党领导的多党合作和政治协商制度，实行民族区域自治制度，实行基层群众自治制度，具有鲜明的中国特色。这样一套制度安排，能够有效保证人民享有更加广泛、更加充实的权利和自由，保证人民广泛参加国家治理和社会治理”①。

（二）我国实行人民代表大会制度的历史必然性

人民代表大会制度是适合我国国情的治理形式，也是适合我国社会与政治发展的社会主义政体形式。中国实行人民代表大会制度，而不实行分权制衡的国家政权组织形式，是由我国的社会政治发展状况和国家性质决定的。

人民代表大会制度的基本内容与历史必然性

第一，中国社会政治发展的历史表明，人民代表大会制度是我国人民的历史选择。1840 年鸦片战争以后，由于西方列强的入侵和封建统治的腐败，中国逐渐沦为半殖民地半封建社会。从那时候开始直到新中国成立，各阶级、各阶层围绕着中国应当建立什么样的政治制度和政权组织形式提出了种种主张，展开了激烈斗争。中国人民从长期的探索和奋斗中深刻认识到，在中国照搬西方政治体制是一条走不通的路，要实现民族独立、人民解放和国家富强，就必须彻底推翻剥削阶级的政治制度，建立全新的人民民主的政治制度，真正实现人民当家作主。以毛泽东为主要代表的中国共产党人，从第一次国内革命战争时期、第二次国内革命战争时期、抗日战争时期、解放战争时期到新中国成立初期，创造性地将马克思主义国家学说同中国具体实际相结合，对建立新型人民民主政权及其组织形式进行了长期探索和实践，为新中国成立以后确立人民当家作主的国体和政体积累了经验。毛泽东于 1940 年在《新民主主义论》中第一次提出中国未来的政权组织形式是人民代表大会制度。1949 年 9 月，中国人民政治协商会议第一届全体会议制定的《中国人民政治协商会议共同纲领》正式确定人民代表大会制度为中华人

① 习近平．习近平谈治国理政：第 2 卷［M］．北京：外文出版社，2017：288.

民共和国的政权组织形式。1949 年 10 月 1 日，中华人民共和国的成立，标志着中国政治实现了向人民民主的伟大跨越。1954 年 9 月 15 日，第一届全国人民代表大会第一次会议在北京召开，标志着人民代表大会制度在全国范围内得以建立。

第二，人民代表大会制度体现了我国的政权性质，是最适合于我国人民当家作主和管理国家的政权组织形式。中国是社会主义国家，是工人阶级领导的、以工农联盟为基础的人民民主专政的国家。因此，我国的政体形式必须适应我国的国体性质。通过人民代表大会制度，我国人民在普遍的民主选举的基础上，产生自己的代表，组成各级人民代表大会。各级人民代表大会都对人民负责、受人民监督，保证全国各族人民依法实行民主选举、民主决策、民主管理、民主监督，享有宪法和法律规定的广泛的民主、自由和权利。我国各级人民代表大会的代表具有广泛的群众基础，包括各地区、各民族、各阶层、各方面的人士，他们来自人民，反映人民的意见和要求，代表人民决定国家的和地方的大事。除了在充分讨论的基础上进行表决以外，我国各级人民代表大会的代表之间经常进行沟通和协商，因而既能够将不同地区、民族、阶层的共同意愿集中起来，又能够反映和协调各方面的特殊利益，统筹兼顾，把广大人民的意志和力量凝聚起来。

第三，人民代表大会制度实现了国家权力机构与其他国家机关之间的合理分工，能够保障国家机关协调高效运转。作为国家权力机关，人民代表大会统一行使国家权力，实行民主集中制，集体决定问题；国家行政机关、监察机关、审判机关、检察机关以及军事机关由人民代表大会产生，对它负责、受它监督，合理分工、协调一致地工作，使国家的各项事业能够统一有效地进行。

第四，人民代表大会制度维护了国家统一和民族团结，保障了国家的长治久安。我国人民代表大会制度坚持在中央统一领导下，合理划分中央和地方的职权，在各少数民族聚居的地方实行区域自治。这有利于充分发挥中央和地方两个积极性，团结一切可以团结的力量，调动一切可以调动的积极因素，巩固和发展平等团结互助的社会主义民族关系，实现全国各族人民的大团结。

我国人民代表大会制度确立半个多世纪以来的历程充分证明，它是符合中国国情的政体形式，体现了中国社会主义国家的性质，为中国人民当家作主提供了最好的组织形式，为国家机构高效运转提供了有力的制度保障。因此，人民代表大会制度不仅是中国人民当家作主的根本途径，也是中国国家力量的重要源泉。

中国的国家结构形式

二、中国的国家结构形式

（一）中国是统一的、多民族的单一制国家

根据国家的社会主义性质，结合历史传统和具体国情，中国的国家结构形式为统一的、多民族的单一制国家。中国的国家结构形式具有以下几方面的特点：

第一，中华人民共和国是全国各族人民共同缔造的统一的多民族国家。

第二，中央和地方的国家机构职权的划分，遵循在中央的统一领导下，充分发挥地方的主动性、积极性的原则。

第三，在少数民族聚居的地方实行区域自治，各民族自治地方都是中华人民共和国不

可分离的部分。

第四，全国人民代表大会批准省级地方（省、自治区和直辖市）的建置，国务院批准省级地方的区划并批准省以下地方的建置和区划，全国人民代表大会决定特别行政区的设立及制度。

第五，省、直辖市人民代表大会及其常务委员会可以在不与宪法、法律、行政法规相抵触的前提下制定地方性法规，但须报全国人民代表大会常务委员会备案；自治区人民代表大会有权制定自治条例和单行条例，但须报全国人民代表大会常务委员会批准后生效。全国人民代表大会常务委员会有权撤销省、自治区、直辖市国家权力机关制定的地方性法规和决议，国务院有权改变或者撤销地方各级国家行政机关的决定和命令。

第六，地方各级人民政府既要对同级人民代表大会负责并报告工作，也要对上一级国家行政机关负责并报告工作，国务院统一领导全国地方各级国家行政机关的工作，全国地方各级人民政府都服从国务院。

这些特点表明，中国既是一个多民族的国家，又是一个统一的国家；在国家结构形式上实行单一制，但本着发挥中央和地方两个积极性的原则，实行适度的地方分权。

中国作为一个多民族的国家，之所以采用单一制，其原因主要在于：

第一，我国历史上有统一的传统和实行单一制的渊源。早在公元前 3 世纪的秦朝，我国就建立起统一的、中央集权的多民族国家，之后虽有过几次短暂的割据和分裂，但在大部分时间里是统一的，而且总的趋势是统一的。几千年来，我国各民族都把国家统一作为最高的价值追求，统一理念深入人心。

第二，我国作为多民族的国家，各民族之间有着和睦相处、友好往来的传统。经过历史上多次大的民族融合，我国形成了汉族人口占绝大多数、汉族与各少数民族共同组成中华民族的民族格局。我国绝大多数少数民族在分族聚居的同时，又与其他兄弟民族主要是汉族相互杂居，即形成"大杂居、小聚居"的局面，各民族之间在长期的密切交往中互通有无，建立了相互帮助、相互依存、不可分离的关系。这就构成了统一的单一制国家的民族基础。"我国是全国各族人民共同缔造的国家。在长期历史进程中，各民族共同开发祖国的辽阔疆域，共同创造灿烂的中华文化，形成了共同团结奋斗、共同繁荣发展的中华民族多元一体格局。近代以来，各族人民休戚与共、抵御外侮，特别是在中国共产党领导下浴血奋斗，为国家独立、民族解放作出巨大贡献，赋予中华民族以全新的意义。"①

第三，我国是一个多民族、多元文化的国家，多样性统一的中华文化是各民族对统一的多民族国家认同的强大思想基础。多元性的统一，既是多民族国家的构成方式，也是中华文化的内在特征。各民族文化的相互交流，始终贯穿中华文化的形成和发展全过程。历史证明，各民族共同促进了中华文化的形成和发展，中华文化多样性的统一是中华文化的根本特性，也是各民族文化的依托和根基。

第四，我国各族人民的最高利益是维护祖国统一。近代以来，我国各族人民为了抵御外来侵略、摆脱帝国主义的压迫、实现国家独立，同仇敌忾，浴血奋斗。尤其在抗日战争

① 中共中央文献研究室．十八大以来重要文献选编（中）［M］．北京：中央文献出版社，2016：103.

中，在中国共产党领导下结成了广泛的抗日民族统一战线，抗击并最终战胜了日本帝国主义，赢得了百年以来中华民族反侵略战争的第一次完全胜利。经过解放战争，我国各民族在中国共产党领导下建立了统一的武装力量，获得了政治上的解放，为实现祖国统一奠定了坚实基础。我国建立单一制国家，有助于实现各族人民的最高利益，维护国家统一。

第五，我国各民族之间的关系是平等、团结、互助、和谐的社会主义新型民族关系，汉族离不开少数民族，少数民族离不开汉族，各少数民族之间也互相离不开。各民族在长期历史发展中结成了休戚与共、互助合作的紧密联系，在经济发展、科学技术、文化教育、自然资源等方面各有优势、互补共济。采取单一制国家形式，有利于充分发挥汉族地区和少数民族地区各自的长处，互相学习，互相支持，互相帮助，使之相互结合、取长补短，实现各民族共同繁荣、共同发展。

第六，我国各民族既具有团结友爱的光荣传统，也需要紧密团结与合作，防止和抵御外来干涉和侵略。我国各民族在历经数千年的迁徙、贸易、婚嫁、交融中，孕育了团结友爱的宝贵传统。近代以来，我国各民族同仇敌忾，共御外侮，使团结友爱的优良传统得以发扬光大，使中华民族从自在的联合走向自觉的联合，各民族团结一致走上了通向伟大复兴的崭新征程。我国建立单一制国家，有助于促进各民族共同团结奋斗，有力防止和抵御外来干涉和侵略，维护祖国统一，维持国家独立和安全。

民族区域自治制度与特别行政区

（二）中国单一制国家的特色

中国实行单一制的国家结构。中国的单一制是具有中国特色的单一制。其中，民族区域自治制度和特别行政区制度是中国特色社会主义基本政治制度的重要组成部分，是具有中国特色的单一制国家结构形式的重要体现，也是中国人民根据中国的实际情况独创的制度。

1. 民族区域自治制度

在单一制的国家结构形式下，中国的行政区主要划分为一般行政地方和民族自治地方。民族区域自治制度是中国的一项基本政治制度，是在国家统一领导下实行的，它包括民族自治地方的建制和自治管理。所谓民族区域自治制度，是指在国家的统一领导下，各少数民族聚居的地方实行区域自治，设立自治机关，行使自治权。民族区域自治制度的前提是国家的集中统一，核心是自治机关行使自治权，根本目的是实现各民族共同团结奋斗、共同繁荣发展。在我国的行政区划序列中，民族自治地方包括自治区、自治州、自治县（旗）三级；另外，在相当于乡的民族聚居地方设立民族乡。中华人民共和国的民族区域自治制度是在统一的国家内实行的，各民族自治地方都是中华人民共和国不可分离的部分，各少数民族都要维护国家统一，保证中央人民政府的统一领导和国家总的路线、方针、政策在各民族自治地方贯彻执行。

根据《中华人民共和国民族区域自治法》的规定，民族自治地方的自治机关（包括人民代表大会和政府）除享有《中华人民共和国宪法》（以下简称《宪法》）规定的一般地方国家机关的权力外，在不违背《宪法》和法律的原则下，还享有自治权，包括根据当地民族特点，通过制定自治条例和单行条例，采取特殊政策和灵活措施，加速民族自治地方经济、文化建设事业的发展。实行民族区域自治，体现了国家坚持实行各民族平等、团结和共同繁荣的原则，有利于把党和国家总的路线、方针、政策与民族自治地方的具体实际情况结合起来，有利于把各民族热爱祖国的感情与热爱自己民族的感情结合起来，有利于保障各少数民族当家作主的权利，促进各少数民族地区经济、社会和文化的发展，确保国家统一和共同繁荣。

2. 特别行政区制度

我国现行《宪法》规定："国家在必要时得设立特别行政区。在特别行政区内实行的制度按照具体情况由全国人民代表大会以法律规定。"① 这一规定为贯彻"一国两制"的原则、实现祖国和平统一提供了宪法保障。

1997 年 7 月 1 日和 1999 年 12 月 20 日，中华人民共和国分别恢复对香港、澳门行使主权，中国人民解放军进驻香港、澳门，中国外交部在香港、澳门分别设立了特派员公署，香港特别行政区和澳门特别行政区以及两个特别行政区政府也相应成立，并开始正常运转，"一国两制""港人治港""澳人治澳"的设想在香港、澳门正式变成现实。

特别行政区制度是中国特色社会主义政治制度的重要组成部分，它包括如下两方面的内涵：

一方面，国家主权统一于中华人民共和国的中央政府。特别行政区制度设立的前提与核心是"一个国家"，即中华人民共和国。中华人民共和国只有一个最高国家权力机关——全国人民代表大会，一个中央政府——国务院。特别行政区是中华人民共和国的一部分，是直接接受中央政府管辖的一个地方行政区域。特别行政区政府是一级地方行政机关，它与中央政府之间是地方与中央的关系。特别行政区的基本法是由全国人民代表大会制定的，特别行政区的立法机关根据基本法的规定制定法律，并须报全国人民代表大会备案。特别行政区行政长官由当地选举产生后，须经中央政府任命，并在国务院总理的监督下宣誓就职。特别行政区必须积极维护中央政府的权威和国家的统一，中央政府依照《宪法》和法律对特别行政区行使全面管制权。因此，虽然特别行政区享有高度的自治权，但是，这些权力归根结底都是中央政府授予的，权力来源于中央。因此，"一国两制"并没有改变我国单一制国家结构的基本形式。

另一方面，特别行政区享有高度的自治权。特别行政区实行与其他省、自治区、直辖市不同的社会经济、政治和文化制度。特别行政区基本法是特别行政区的宪制性法律，不仅特别行政区要遵守，全国上下都要遵守，中央政府和全国各地方都不允许干预特别行政区依照基本法实行的高度自治。除外交事务和国防事务由中央政府管理外，特别行政区享有行政管理权、立法权、独立的司法权和终审权；特别行政区保持财政独立，实行独立的税收制度，财政收入不上缴中央，中央政府也不在特别行政区征税；特别行政区享有铸币权，可以发行自己的货币；特别行政区享有特定的外事权，可以以"中国香港""中国澳门"的名义发展对外经济、文化关系，参加民间性国际组织。

实施"一国两制"方针，保持香港、澳门长期繁荣稳定，必须全面准确贯彻"一国两制"、"港人治港"、"澳人治澳"、高度自治的方针，严格依照《宪法》和基本法办事，牢

① 中华人民共和国宪法 [M]. 北京：人民出版社，2018：20.

牢掌握《宪法》和基本法赋予的中央政府对香港、澳门的全面管治权，完善与基本法实施相关的制度和机制。要支持特别行政区政府和行政长官依法施政，团结带领香港、澳门各界人士齐心协力谋发展、促和谐，保障和改善民生，有序推进民主，维护社会稳定，履行维护国家主权、安全、发展利益的宪制责任。

思考题

1. 简述国家权力的基本特征。
2. 简述国体与政体的关系。
3. 简述资本主义国家与社会主义国家在政权组织原则上的差异。
4. 人民代表大会制度为什么是中国的根本政治制度？
5. 中国为什么必须坚持人民代表大会制度而不能实施“分权制衡”？
6. 简述当代中国国家结构形式的基本特点。
7. 简述我国的“一国两制”方针。

在线自测

扫一扫 练一练

第四章

国家机构

学习目标

通过本章的学习，掌握国家机构的含义与构成，理解影响和制约国家机构设置的因素，正确认识社会主义国家机构和资本主义国家机构在组织原则上的区别；正确认识三权分立与制衡原则的主要内容和历史地位；准确理解民主集中制在社会主义中国的国家机构建设中的指导意义，并在此基础上了解我国各个时期国家机构改革和国家治理体系建设的主要内容和特点。

国家机构是公共权力运作的组织载体，是统治阶级巩固和维持其统治地位、实现其阶级利益和履行国家职能的组织体系。中央层次的国家机构设置主要包括国家元首、立法机关、行政机关、监察机关和司法机关等，地方层次也有相应的国家机构设置。国家机构是社会的正式代表，是体现国家本质和执行国家职能的组织表征和保证。马克思喻称国家机构的整体为“国家机器”。国家是文明社会的概括，这种概括集中体现在国家采取什么政体形式并由此决定国家机构的设置和活动上。分权制衡是当代西方国家机构的基本设置原则，民主集中制是社会主义国家机构的组织原则。

第一节　国家机构概述

国家机构的含义

一、国家机构的含义和特征

（一）国家机构的含义

国家是阶级统治的政治运筹机器。任何一个国家的统治阶级都要通过行使国家权力实现其阶级统治。统治阶级在实现其阶级统治的政治组织中，最主要和最强有力的政治组织是国家权力组织。国家权力的政治组织体系即国家政权机关，它是一个复杂、严整而有活力，并具有纵向层次性和横向分部性的政治组织体系。国家机构是国家机关的总和。作为国家机器（即国家权力承载和运作行使的机器），国家机构由各种国家机关组合构成，国家的本质和职能正是通过这架机器得以体现和实现。任何一个国家的统治阶级为了实现和维护本阶级的意志和利益，履行国家职能，行使国家权力，都要组建各种国家机关。

国家机构的特征

（二）国家机构的特征

作为国家权力运行的组织载体，国家机构不同于一般的社会公共机构，它具有以下几个主要特征：

1. 阶级性

国家机构具有鲜明的阶级性。作为阶级统治的工具，国家机构是由在经济上占统治地位的阶级所组建、掌握和运用的，并为维护其阶级统治利益和为维持统治阶级所必需的社会秩序服务。从这个意义上讲，国家机构的存在和全部活动都具有鲜明的阶级倾向和政治倾向。国家机构的阶级性不是由统治阶级的全体成员掌握和运作国家机构来表现的，而是由它的少数优秀分子进入国家机构来操作这套机构，组成国家统治集团来运作这套机构。国家机构的鲜明阶级性集中体现在国家统治集团身上。

2. 社会性

任何国家机构都是以全社会的名义进行活动的，其社会性首先是由于国家机关面向国家全体社会成员，其次是由于国家管理是对社会生活各个领域的全面管理。国家机构的社会性特征从根本上是由国家机构执行的政治统治职能和社会管理职能这两大国家基本职能决定的，而且政治统治职能的实现必须以社会管理职能的实施、实现为前提和基础。正因为这样，国家机构一般以全社会的名义进行活动。此外，国家机构运行的全部费用也是由全社会负担的，它的一切活动开支及工作人员的薪俸都由国库支付，国库收入的来源则是通过税收等途径由全体社会成员提供。

3. 整体性

国家机构是统一的整体，是有机构成的政治组织体系和国家权力系统。组成国家机构的各个国家机关既不是各自孤立的，相互之间也不是分离的或对立的。它们既各自分立又密切联系，既各自分工又相互配合，既分权行使又统一于一个国家权力系统。为了贯彻统治阶级的统一意志，各个不同国家机关从根本上说是相互依赖、相互合作，并形成领导、指挥和操作的网络，它们是一个完整的政治组织体系和政治权力运筹系统。保持和维护国家机构的整体性十分重要，如果某一国家机关或各个国家机关之间的权力、职能配置不合理，机构设置和组织产生弊端，就会影响整个国家机构的正常运转，甚至造成整个国家管理和社会管理的混乱。

4. 强制性

统治阶级通过国家机构的活动普遍地约束全体社会成员，包括国家公职人员在内一律遵守根据统治阶级需要确立的法律规范、道德规范等各种社会规范，把各种社会矛盾维护在“秩序”的范围内。国家机构的强制性既不是说所有国家机关都是暴力机关，也不是说国家机构的一切活动都采取强制的甚至暴力手段，而是所有的国家机关都是以强制力为后盾和支持的。具体说来，在依法治国背景下，主要依靠法律强制；解决对抗性矛盾，则需要依靠暴力强制。法律强制即国家机构制定和执行法律、法规，惩罚、制裁违法行为，要求所有社会成员一律遵守法律、法规。暴力强制即暴力机关（如武装力量、警察、法院、监狱）对公民中那些危害国家安全、侵害人民生命财产、破坏公共事业的刑事犯罪分子依法予以打击、惩治。一般而言，法律强制是普遍适用于所有人，而以暴力强制为后盾的。暴力强制则直接施用于少数危害社会的严重犯罪分子。

二、国家机构的构成

国家机构的构成

国家发展史和国家学说发展史表明，任何一个国家的国家机构都是由各种国家机关组成的，各种国家机关都是国家机构整体的组成部分。每个国家机关都担负一定任务，执行一定职能，行使一定职权，发挥一定作用。它们在国家机构体系中，各自具有特定功能。各个国家机关之间与一国国民经济和社会发展规律的现实与未来需求相适应，存在必要的、合理的、某种形式的分工。从历史上古代雅典国家机构的产生和发展过程可见，原来的氏族议事机关承担起立法职责，原来的氏族酋长和军事首领转化为国家首脑，并以他们为中心建立起系统地进行国家管理的机关，并产生了专门依法进行裁决的机关。古代雅典国家机构的这种体制，就是由立法机关、行政机关、司法机关这些主要国家机关构成统一整体国家机构的雏形。它表明古代雅典国家机构已初步形成了国家机关之间最基本的分工。古希腊的亚里士多德最早注意到了这点，他在考察和比较研究希腊城邦政体的基础上，对古代雅典国家机关进行了分析，认为一切政体都具有三种机能，即议事机能、行政机能、审判（司法）机能。[1] 18 世纪法国启蒙

① 亚里士多德．政治学［M］. 北京：商务印书馆，1965：215.

思想家孟德斯鸠提出“三权分立与相互制衡”理论，进一步把国家权力分为分权与相互制衡的三个部分——立法权、行政权、司法权，相应地把国家机关划分为分立与相互制衡的三个机关——立法机关、行政机关、司法机关。从现代国家成长的历史进程来看，国家元首、立法机关、行政机关、监察机关和司法机关是构成国家机构的基本组成要素。

(一) 国家元首

近代以来，世界上任何国家都设置国家元首这一国家机关以代表国家主持内外国家事务。国家元首的功能是充当一个国家对外的最高代表，依据国内法处于国家最高领导地位，根据国际惯例享有最高规格的国际礼遇，充当一国在国际社会中的国际政治行为主体。不论在事实上还是在形式与礼仪上，国家元首处于国家机关体系的最高地位，象征国家的统一，体现最高国家权力，象征国家主权，行使国家元首的各项职权。国家元首作为一个国家机关，通常由一个人担任，也有由集体组成或由个人与集体结合为一体组成的。在具体的政治实践中，有的国家元首同时为政府首脑，有的国家则是国家元首与立法机关共同行使国家元首的权力。

(二) 立法机关

立法机关是行使立法权的国家机关，即有权审议、制定、修改和废止法律以及进行执法监督的国家机关。国家立法机关的基本职能是立法和监督。它所制定的法律是体现国家意志并具有法律效力的规范性、权威性文件。法律规范与一般社会规范不同，它是一种具有国家强制力和约束力的特殊规范。一个国家的最高立法机关，通常处于最高国家权力机关的地位，因此它对行政机关、司法机关起更大的制约作用，是国家机构的最重要的组成部分。

(三) 行政机关

行政，含有“执行”和“管理”两方面的含义。在国家机构各国家机关分工组织体系中，执行是指执行立法机关制定的法律和决定，管理则是指管理国家内政、外交、军事等方面的事务。国家行政机关是负责拟定和执行法律、制定和执行国家政策、管理国家对内对外事务的机关。最高国家行政机关即通常所说的中央政府，负责制定并组织实施全国的政治、经济、文化、外交、军事等一切内政外交的重大决策和政策。国家行政机关面向全社会进行全方位全天候的日常管理和服务，在国家机构组织体系中处于关乎国家安危、社会发展、国计民生和国家国际地位的位置。最高国家行政机关是国家机构的关键组成部分。

(四) 监察机关

监察机关是指国家对所有行使公共权力的公职人员实施法定监督，行使国家监察职能的机关。通常情况下，监察机关主要实施法定的监督权、调查权和处置权，对涉嫌违反法律规定的职务犯罪案件，须按照程序转交国家司法机关处置。监察机关独立行使监察权，不受行政机关、社会团体和个人干预。监察机关通常由立法机关产生并对其负责。在我国，监察机关由本级人民代表大会选举产生，与本级行政机关、审判机关和检察机关是相互配合、相互制约的关系，共同对本级人民代表大会及其常务委员会负责。

（五）司法机关

司法机关是代表国家行使司法权的国家机关。对于司法机关有狭义和广义两种理解和权限设定。狭义的司法机关仅指行使审判权的审判机关，即法院。法院代表国家依法审理各种民事案件和刑事案件及其他某些特别案件，并做出判决。法院一般分为不同审级，如初审法院、上诉法院和终审法院。广义的司法机关除法院外，还包括行使法律监督权的检察机关。检察机关的主要职责是对刑事案件进行调查并代表国家提起公诉，追究被告的刑事责任。由于各国国情的不同，取狭义司法机关概念或取广义司法机关概念时，具有不同的情形，但司法权除审判权外也包括检察权的法理认知却大致是共识。

三、国家机构的设置

国家机构不是自发产生、形成的，它是各国综合各方面制约国家机构设置的主客观因素，根据国体和政体的要求，按照统治阶级意志和一定的组织原则，编制、组织和构建起来的。一般说来，国家机构的设置受到多种因素的影响，主要有：一是国体因素。国体因素决定国家机构的性质和运行取向。一般说来，占统治地位的阶级在设置国家机构时，总是按照统治阶级政治统治效益最大化的要求，设计、建构和运行、维护本阶级统治的国家机构。二是国家统治方式。国家机构是一个国家政权的组织形态，直接受到国家统治方式的制约。一般地，政体类似的国家，其国家机构的设置原则通常也基本相似。三是社会因素。社会因素主要包括社会经济、社会结构和社会文化状况，也包括社会心理和历史传统。

（一）国家机构设置的影响和制约因素

国家机构的设置不是任意的和随意的，其设置受到一些主客观因素的影响和制约。统治阶级设置国家机构一般要充分考虑如下影响和制约因素：

1. 国体的影响和制约

国家机构是国家政权本质的实体体现和表征。一般而言，国体的性质决定国家机构的性质和运行取向，决定国家机构的设置和国家机关划分及相互关系的基本原则。国体相同的国家，它们的国家机构性质相同，其担负和执行的政治职能和社会职能在本质上也相同，因此它们的国家机构的设置和国家机关划分及相互关系的基本原则也大体相同。反之，国体不同，其国家机构的性质也具有根本区别，这种区别特别反映在国家机关的划分及其相互关系上。

2. 国家统治方式的影响和制约

国家统治方式是指统治阶级的政治统治方式，包括国家治理形式、国家管理形式、国家结构形式。这三种形式都影响国家机构的设置。其中，国家治理形式，即实行法治还是人治，是主导性制约因素；而国家管理形式即政体，直接制约国家机构的设置。国家政体体现一个国家的横向权力结构和权力分配关系，而且国体相同的国家可以采用不同的政体，它在实际上决定国家机构设置和权力配置及权力运行机制的特征，包括设立哪些国家机关、各个国家机关在国家机构体系中的地位以及这些国家机关之间权力、职能的划分及其相互关系，等等。国家结构形式直接决定中央国家机构和地方国家机构的关系，间接地影响国家管理形式特别是中央政府与地方政府的管理体制。以上这三种形式综合地制约着一个国家的国家机构的组建和设置形式。

3. 国情与社会因素的影响和制约

国家机构的组建，一般预先有方案。方案的拟议确定，必须与特定社会的国情相适应，主要包括一个国家社会经济、社会结构和社会文化状况，也包括社会心理和历史传统。历史和现实表明，不同国度有不同国情，其所面临的经济、政治、文化、社会等方面的形势、局面、问题不同，国家在一定历史时期内需要完成的总任务和经济社会发展的目标不同，因此，国家机构需要承担和执行的政治统治与社会管理的国家基本职能的具体内容和重点也不同。这些不同的地方，都制约和影响一个国家国家机构的具体安排，特别是国家的总任务和具体任务不同，就需要在国家机关的结构性划分和部门与层次性划分以及职能方式转换性划分等方面，精心设计，周密组织。同时，还要考虑一个国家的自然与人文环境条件，诸如历史状况、文化传统、种族与民族、物质文化发展水平、人口数量、结构与素质、疆域与资源，以及国家面对的国际环境。这些因素也都会对一个国家的国家机构设置产生影响。国家机构设置的影响和制约因素如图 4-1 所示。

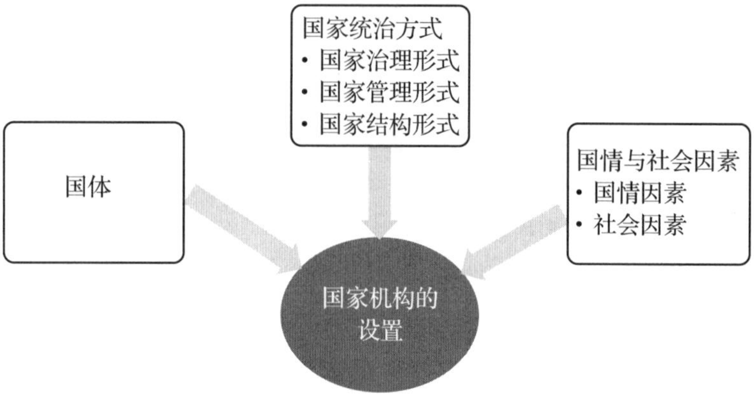

图 4-1　国家机构设置的影响和制约因素

（二）国家机构设置原则和形式的差异性

1. 国家机构的设置原则

国家机构的设置或组建是统治阶级按照自己的意志，在一定的理论原则和法制原则指导和确认下，进行周密政治设计的国家自主行为。理论原则确定国家机构的总框架及国家机关之间的相互关系，即国家机构体制；法制原则规定理论原则法制化的具体要求，即国家机构的制度、规则，国家机关的权限、职能、责任与编制，以及各国家机关之间相互关系的体制与机制。不同历史类型国家统治阶级组建国家机构的理论原则和法制原则是不同的，但是，任何国家的统治阶级总是根据最有利于巩固、维护、完善本阶级统治需要，遵循一定的理论原则和法制原则去建立自己的国家机构的。

2. 形式的差异性

构成国家机构的各个国家机关的具体设置和形式，在不同国家会有种种差别，不会完全相同，甚至完全不同。一般而言，国家机构是由国家元首、立法机关、行政机关、监察机关和司法机关构成的，体现国家职能的一般需要，这是一般规律性表现。但是，这个一般规律性在不同时代、不同国家的现实体现却存在差别，即主要国家机关在不同国家的设置和采取的结构形式是不同的。比如，当代各国，同样是总统制，有独任总统、双任总统（国家元首和政府首脑），有实权总统也有虚位总统。又如，同样是立法机关，有的是两院制，有的则是一院制，都实行两院制的国家其两院关系和政治机制也不尽相同。此外，即使在同一个国家，在其不同历史时期，国家机关的设置，其地位、作用、形式也是有变化的。

在不同的国家，各国家机关之间的权力分配、地位和作用、职能和职责，以及相互关系机制，也是有一些差别的。比如，同样是国家行政机关，有的国家由政府单独行使行政权，有的国家由国家元首直接领导政府，有的国家由国家元首和政府共同或连带行使行政权。换言之，各个国家的国家机关如何产生，权限和任职期限，各国家机关的相互制约体制、机制、形式和程度，它们之间如何相互依赖、相互配合，在不同国家是不尽相同的，在同一国家也由于社会与政治、经济体制的变动而有所变革。

第二节　西方国家的国家机构

西方国家的国家机构是资产阶级在革命中推翻封建阶级统治，建立资产阶级共和国以取代封建专制国家，按照资产阶级思想家的分权理论原则并把这一原则法制化建立和逐步完善起来的。

一、西方国家机构的组织原则

资本主义以前的奴隶制国家的一部分和封建制国家的大部分，盛行君主制政体，其国家机构组织原则一般为君主集权制。按照这一原则，国家权力全部集中在最高统治者——君主手中，其国家权力也存在立法、行政、司法的分类，但这三种权力都源于和授自君主，受君主统一控制和监督。君主权力高于一切，君主是国家最高主宰，官僚队伍和官僚机构臣属于君主，是君主的仆从和配备物。从权力结构看，奴隶制国家和封建制国家“行政权高于立法、司法权，这种三权关系所形成的权力结构要求的政权组织形式，是专制型的政权组织形式”①。其国家机构的体制是君主专制。资产阶级革命推翻了封建阶级的政治统治，随之也否定了君主专制的国家机构。资产阶级共和国建立后，普遍实行了共和制政体，依据启蒙思想家洛克、孟德斯鸠的三权分立与制衡学说，形成三权鼎立的权力结构、政权组织形式，三权分立与制衡成为资本主义国家设计与组建国家机构的理论原则和法制原则。三权分立与制衡原则的基本含义是国家权力为立法权、行政权、司法权三种权力，它们分别由三个不同的国家机关掌握，各自独立，形成鼎立之势，而又相互制约和平衡。

① 王惠岩．当代政治学基本理论［M］．天津：天津人民出版社，1998：42.

三权分立与制衡的组织原则和政权组织制度，经历了一个逐步发展的历史过程。始初，在封建社会末期，由于资本主义生产关系孕育近于成熟，国王、贵族和市民三者展开权力斗争，出现了等级间结成联盟、相互制约的局面，形成了以等级代表会议为政治舞台的等级分权格局。后来，资产阶级成长壮大，它以由等级代表会议发展而来的议会为阵地，同以国王为代表的封建统治阶级争夺统治，分享权力。在这一历史背景下，17 世纪英国思想家洛克提出了阶级分权学说，主张把国家权力分为立法权、行政权和联盟权，其中以立法权地位最高，由议会掌握，行政权则由国王掌握（联盟权实际为行政权的一部分）。洛克的阶级分权学说的实质是要削弱国王的权力和地位，而让新兴资产阶级控制的议会成为国家最高权力机关，其政治倾向和利益显然在新兴资产阶级一边。正如马克思、恩格斯所指出的："在某一国家的某个时期，王权、贵族和资产阶级为夺取统治而争斗，因而，在那里统治是分享的，那里占统治地位的思想就会是关于分权的学说，于是分权就被宣布为'永恒的规律'。"① 到 18 世纪，法国启蒙思想家孟德斯鸠进一步发展了分权理论，他把国家权力分为立法权、行政权和司法权，并主张司法独立。他强调，由于任何政府都有腐化的趋向和扩张权力的自发倾向，为了防止专制，应当实行以权力制约权力的政治权力结构。孟德斯鸠提出并奠定了三权分立与制衡理论的基础，其实质是反对和防止国王的专制统治，以保障谋求发展的新兴资产阶级所需要的自由。之后，资产阶级革命推翻了封建统治，建立了资本主义国家，在总结反对封建专制统治斗争经验的基础上，各国普遍确认和实行了三权分立与制衡这一国家机构组织原则，将国家权力分为立法权、行政权、司法权，分别由立法机关、行政机关、司法机关行使，相互制约平衡。这时，这一原则已不再具有等级分权、阶级分权的意义，而成为防止统治集团中个别人或少数人实行专制统治而做出的政治制度安排。

资本主义国家在立国伊始，即实行法治的国家治理形式，三权分立与制衡制度化法制化，成为西方国家建构国家机构的法制原则。在西方各国宪法中，它通常表现为下述几方面的制度设计：由三个不同的机关分别执掌和行使立法权、行政权、司法权；每一个机关都是相对独立的，它们在行使各自分掌的权力时，都不能离开其他机关的协助；每一个机关都拥有防止、抵御其他机关侵犯其权力的法律手段。通过上述三方面的实际安排，实现不同权力的制约与平衡，"从而形成三权分立的权力结构。这种权力结构比专制的权力结构要进步、要民主，在体现民主程度上要比专制前进一步"②。

需要指出的是，由于各国的国情不尽相同，三权分立与制衡原则在西方各国的具体实施形式也不同，从而形成了不同的国家机构体制。比如美国实行"严格的三权分立"，立法权、行政权、司法权分别归属于国会、总统、最高法院及联邦下级法院，三者之间在宪法上的地位是平等的。宪法没有规定最高权力机关。而英国则实行以立法至上为特点的"混合权力体制"——议会权力最高，国王在名义上有最高地位，首相和内阁是国王的辅佐，行政与立法分立，但内阁由议会产生，向议会负责，二者混在一起。法国更特别，1958 年第五共和国采用了"以行政权为重点的分权"——1958 年法国宪法大大加强和提

---

① 马克思，恩格斯．马克思恩格斯选集：第 1 卷［M］. 3 版．北京：人民出版社，2012：179.

② 王惠岩．当代政治学基本理论［M］. 天津：天津人民出版社，1998：42.

高了总统地位，由总统和总理共同连带掌握、行使行政权，同时对议会权力作了不少限制。

二、西方国家的主要国家机关及其职权

由于各资本主义国家按照三权分立与制衡原则组建国家机构，它们的主要国家机关分别是执掌和行使立法权、行政权、司法权的立法机关、行政机关、司法机关。尽管西方各国在这三个国家机关的设置、运作和相互关系等方面有差异，但这三个国家机关在国家机构体系中的基本地位、组织原则和基本职权上大体是相同的。

（一）立法机关

西方国家的立法机关即议会（或称“国会”）。议会是资本主义时代的产物，它滥觞于中世纪后期欧洲某些国家由君主召集的包括僧侣、贵族、新兴市民阶级的代表组成的等级代表会议，这种代表会议被资产阶级代表控制后，逐渐演变、发展为现代议会。作为资本主义国家立法机关的议会最早产生于英国，后在美国、法国及其他西方国家普遍建立。英国、美国、法国三国的议会机构和议会制度，是西方国家立法机关和立法制度的典型代表。

西方国家的议会一般由选举产生的法定人数的议员组成。议员有法定的任期，向选民负责。全国议会议员一般是专门职业性职务，领取薪俸、津贴和办公费用，并可雇佣一定数量的工作人员。议员在议会会议期间享有不受逮捕、在议会会议上发言表决以及在议会外免受追诉等特殊权利。

各国议会的内部组织结构一般有一院制、两院制两种形式，大多为两院制。实行两院制的如英国、美国、法国、德国等，实行一院制的如瑞典、葡萄牙、丹麦、新西兰等。两院制即议会由两院组成，一般称为参议院、众议院，通称为上议院、下议院。下议院议员通常按选区直接选举产生，名额按人口或选民人数依一定比例分配。上议院议员的选举办法和名额分配：有的实行直接选举，有的实行间接选举，有的国家还有部分任命产生、世袭或当然担任的议员。议会作为立法机关，任何法律均须依法和按法律程序经两院通过。只是下议院一般在提出财政预算议案方面有优先权。同时，两院之间也存在权力之间的相互制约的关系，一般下议院权力高于上议院。如下议院通过的法案受到上议院的否决时，如果下议院再次表决通过该法案，该法案即自然成为法律。这时，上议院的意见对此便无能为力。

议会实行两院制还是一院制，各有缘由。实际上，二者都是在一定历史条件下形成的。如英国的议会两院制源于等级代表会议时的贵族院和平民院。美国国会的两院制则是制宪会议时为协调大州与小州之间现实利益的矛盾，以及为了防止“立法专制”而选择的一种方案，其目的是协调平衡资产阶级各利益集团和联邦内各不同区域之间的不同利益。归根到底，实行一院制还是两院制，各国也是从本国实际出发的。

西方国家议会作为立法机关有较宽泛的权力，各国宪法规定的职权不完全相同，其主要职权职能大致可以概括为立法权、财政权、监督权三项。

1. 立法权

立法权即以国家名义制定、修改、废止法律的权力。这是议会最基本的权力，通过这

项权力的行使，资产阶级的意志通过立法程序上升为国家意志，成为全社会的行为规范。其立法程序是：提案—审议—通过—公布。提案权又称“创议权”，有的国家的创议权专属于议员（如美国），有的属于政府和议员两方面（如法国、德国、意大利等）。立法程序中，核心是审议和表决通过法律草案，这是议会立法权的最重要表现。议会在审议重要的议案时，一般可举行听证会，听取政府官员和有关公民的意见，再经议员展开辩论，然后表决以多数通过。公布法律的权力则归于国家元首。

2. 财政权

财政权即财政同意权，是议会控制政府税收和开支的权力，其主要内容是审议和批准由国家行政机关编制的预算案、赋税案、公债案以及其他有关公民负担的财政案。上述几方面议案经议会通过即为法律形式的法案，政府方可执行，政府开支则只限议会同意的范围以内。这就是说，政府必须根据议会授权才能征税和支出，未经法律拨款，政府不得从国库开支。国家预算法律，通常以适用一年为限，这在西方各国已成惯例。财政同意权是各国议会防止政府滥征税、乱开支、加重企业和公民个人负担的有力措施。因为政府收支反映政府的政策倾向，所以这项权力也表现出议会对政府财政政策的监督。

3. 监督权

监督权即议会对政府及其政策和政府官员行为进行监督的权力。对政府的监督主要表现在以下四个方面：一是决定和监督政府的组成。这在总统制国家和议会制国家具有不同情形。在实行总统制的美国，总统不由议会选举产生，总统组织、领导政府，在组织政府的过程中，总统提名的政府高级官员，必须经过参议院同意后才可任命。在议会制国家，由议会选举产生政府首脑（总理或首相），由政府首脑再组织政府。一般政府首脑由议会中多数党领袖担任。二是在议会制国家，议会拥有倒阁权，即通过对政府不信任案使政府集体辞职。政府对议会负政治责任，政府的总政策和施政纲领必须获得议会多数的支持，当议会不同意政府的政策时即可追究政府的政治责任，这时，政府或者集体辞职，或者以解散议会的方式，通过选民重新选举议会，对议会与政府的“冲突”做出最终判断和选择。对政府的不信任案一般由下议院通过。三是行使弹劾权，即议会对政府高级官员个人的犯罪或严重失职行为进行控告和制裁，追究法律责任，罢免其职务或判罪。弹劾案通常由议会或下议院通过决议提起弹劾起诉，再由相应机构（英国是上议院、法国是高等法院、美国是参议院）进行审理并裁决。四是行使质询权，即议员对政府的政策和政府成员所管理的事务提出口头或书面询问，要求有关者做出解释和答复。

（二）行政机关

西方国家的最高国家行政机关即中央政府，一般由政府首脑和各部部长组成，通常称为“内阁”，所以组织政府常称作“组阁”。但是，内阁也常用以指称政府首脑和政府重要成员组成的核心决策中心机构。

西方国家行政机关的体制与国家政体之间的关系在大体上是对应的。议会制政府体制亦称“内阁制”，政府由政府首脑领导、对议会负集体责任，不对国家元首负责。总统制政府体制为总统兼任政府首脑，各内阁成员就个人所主管的部门对总统负责。不论哪种政府体制，在西方国家政府组成过程中，都充满统治集团内部进行政治交易的气味，经济利益、政治利益的矛盾和党派之间的政治竞争等因素在其中有重要影响，而且这种影响还会延续到政府组成之后。

现代西方国家的政府权力由宪法和法律规定，受宪法和法律以及议会、司法机关的制约。其职权主要有如下五个方面：

1. 执行法律与委托立法

执行法律是政府的基本权力，即维护宪法、执行法律的权力。议会制定的法律，只规定有关事务的一般规范，通常由议会授权政府补充必要的实施细则，为此，政府有权制定相应的规章、规则、条例，这些一般与法律具有同等或相关效力。这种行政立法权称为“委托立法权”。

2. 管理全国公共事务和行政事务

管理全国公共事务和行政事务是政府职权中范围广泛、复杂纷繁的职权，中央政府和地方政府在管理权限上有明确划分。中央政府的管理权限涉及国家的内政、外交、军事等各个方面，包括管理重大全局性行政事务和调控社会经济活动。地方政府一般只管理内政事务，没有外交权和军事权。政府在行使管理权时，有权制定政策和进行行政决策，发布行政命令，采取相应的行政措施；必要时，可以实施戒严，动用警察、民防武装和军队。但采取这些措施时，要依照法律，接受议会监督，要经过议会授权。

3. 处理对外关系事务

处理对外关系事务即外交权，包括制定外交战略和政策、与外国建立外交关系、谈判和缔结条约和协定、参加国际组织和国际会议、指导外交机构和驻外使节的活动等。如缔约，由政府负责谈判条约内容，磋商条约的细节和文字，由国家元首代表国家签署，经议会批准生效。

4. 军事权

政府的军事权包括领导国家武装力量的建设及其军事行动，制定军队编制，组织军队训练和装备，组织武器研制、制造和采购，以及军队的调遣和指挥，等等。西方各国多以国家元首为武装力量最高统帅，但在议会制国家，国家元首的武装力量统帅权只是名义上的。而在总统制国家，因国家元首兼政府首脑，武装力量统帅权和军事指挥权属总统一人。但是，无论哪种体制，政府的军事权均受议会的制约，如军队编制和军事预算须经议会通过。在战争问题上，各国一般区分为宣战权和军事指挥权，宣战权归于议会，议会通过决定，再由政府组织实施。

5. 立法参与权

立法参与权即政府有权参与立法程序，由此构成行政机关对立法机关的制衡。立法参与权主要分为两方面：一是立法创议权，适用于议会制国家，包括创议修改宪法和制定普通法律，以宪法修正案和法律草案形式提出。在总统制国家，总统和政府无权拟定法律草案，总统的立法参与权限于指导立法，即可以国情咨文或专门咨文形式提出立法纲领和立法计划。二是法律否决权，其在公布法律的程序中体现，适用于总统制国家。如美国总统同时又是政府首脑，如果他拒绝某些法律，可将否决意见书连同法案一起退回国会，如果国会两院以 2/3 多数再次通过该法案，法律即成立并生效。

（三）司法机关

按照三权分立原则和三权鼎立权力结构的要求，现代西方国家的司法机关是独立行使司法权的国家机关。孟德斯鸠认为，“如果司法权不同立法权和行政权分立，自由也就不存在了”①，那就会出现“专断的权力”。司法机关独立，旨在保障公民自由，首先是资产阶级的自由，同时也进一步明确了国家机关的分工，有利于实行法治，有利于防止专制和暴政，有利于政府保持清正廉洁，是历史的进步。在西方国家机构体系中，司法权的行使属于法院，但采用狭义上的司法权概念，主要指审判权和法律解释权。而检察机关归属政府领导，总检察长通常为内阁成员，充当政府法律顾问，代表政府出庭参加诉讼。检察官受总检察长领导，但在对案件进行调查时享有独立行事权和保障。基于上述司法体制，司法机关的职权主要有如下三个方面：

1. 审理各种诉讼案件

法院审理的各种诉讼案件，主要包括刑事案件、民事案件、行政案件、选举案件等。在司法诉讼中，法院的职能是适用法律，即按法定程序通过审理认定案件的事实，依法做出裁决。审判权为法院所独有，其他国家机关不得侵犯。

2. 处理某些非诉讼性事务

法院处理某些非诉讼性事务，主要指某些民事法律关系由法院执行、保证、监督和公证，如登记财产、公证结婚、检验遗嘱、处理遗产、公布失踪和死亡、指定监护人和保护人等。

3. 违宪审查

违宪审查是司法机关审查和裁决国家机关的行为是否违反宪法，审查对象包括立法机关制定的法律、法令，政府根据法律颁布的行政法规、发布的行政命令以及采取的行政措施。

行使违宪审查权的机构有两种类型：一是由普通法院行使违宪审查权，如美国、日本、加拿大、澳大利亚及拉美一些国家；二是由专门的宪法法院行使违宪审查权，如意大利、德国、法国、奥地利等。各国司法机关行使违宪审查权的方式有“事后审查”和“事前审查”两种。“事后审查”以美国为典型，其法院不主动审查议会通过的法律、法令和政府的命令、法规，法律生效后，如未遇有具体诉讼案件，也不主动审查，只在通过审理具体诉讼案件时就其适用法律是否违宪做出裁决。法院认为有关法律违宪，亦不直接宣告撤销或废除违宪的有关法律，只宣布“不执行”或“拒绝执行”——意味着这条法律实际上已被废止。“事前审查”（又称“预防性审查”）以法国为典型，宪法法院——宪法委员会在各项组织法颁布前，议会两院内部规则执行前，均予以审查，裁决其是否符合宪法，而不论其是否发生了争议。议会的其他立法，在颁布前如发生争议，总统、总理、议会两院议长、60 名议员，均可提请宪法委员会审议。宪法委员会裁决违宪的法律不得公布。

西方国家司法机关在司法实践中逐步形成一套司法原则和司法制度，主要有司法独立原则、无罪推定原则、不告不理原则，以及辩护制度、法官保障制度。在这些原则和制度

---

① 孟德斯鸠．论法的精神：上册［M］．张雁深，译．北京：商务印书馆，1961：156.

中，司法独立原则是最重要的基本原则，其他原则和制度都是保证“司法独立”的实现和体现“司法独立”的。所谓“司法独立”是指法院和法官只服从法律，独立行使司法权。其具体含义有三个方面：一是司法权由法院和法官独立行使，不受立法机关和行政机关的干涉，法院和法官的审判活动只服从宪法和法律；二是一个法院的审判活动不受另一个法院的干涉，上级法院对下级法院亦然，只是可在其判决做出后，依上诉程序或上告程序变更其判决；三是法官在审理过程中坚持独立，不受各方意见包括检察官起诉的影响，法官按照“自由心证”原则办案，即法官凭自己的“良心”审理案件，行使司法权力。

司法独立原则及其他原则和制度，对于保障公民人身和私有财产权利，维护市场经济所需要的社会秩序起了积极作用。当然，西方国家的司法机关是实现资产阶级阶级统治和政治统治的机关，其法律是维护资本主义社会的经济、政治、社会关系的行为规范和规则，其司法原则和制度是以其国家强制力为保证，为维护整个资本主义社会制度和资产阶级的整体利益服务的。

第三节 社会主义中国的国家机构

中国的国家机构以民主集中制作为国家机构建设的组织原则，并由全国人民代表大会、中华人民共和国主席、国务院、中央军事委员会、地方各级人民代表大会和地方各级人民政府、民族自治地方的自治机关、监察委员会、人民法院和人民检察院等国家机关组成。按其属性和职能，我国国家机构系统分为国家权力机关、国家主席、国家行政机关、国家监察机关和国家司法机关等。中央和地方国家机构职权的划分遵循在中央的统一领导下，充分发挥地方的主动性、积极性的原则。

一、中国国家机构的组织原则

（一）民主集中制原则的由来

民主集中制原则最初是作为无产阶级政党组织原则提出来的。马克思、恩格斯在领导和参与建立建设无产阶级政党的过程中，形成了民主集中制的思想，并把它作为第一国际的组织和活动原则。列宁在领导俄国革命和俄国无产阶级政党建立建设中，明确地“主张民主集中制”①。民主集中制原则运用于无产阶级国家政权建设并确定为国家机构组织原则是经由巴黎公社委员会组织原则——“议行合一”发展来的。

马克思在批判资产阶级政治思想和西方资本主义国家三权分立与制衡政权体制、权力结构和国家机构机制的过程中，总结巴黎公社政权建设的历史经验，提出要用议行合一原则代替三权分立与制衡原则。巴黎公社的无产阶级政权机关是公社委员会，公社委员会统一兼管和同时行使立法权、行政权，即公社委员会是立法机关与行政机关合二为一的，公社市政委员既参与公社委员会制定法律和做出重大决定，又担任各部门委员会委员，直接

① 列宁．列宁全集：第27卷［M］.2版．北京：人民出版社，2017：89.

组织、执行公社委员会制定的法令和决议。马克思认为："公社是一个实干的而不是议会式的机构，它既是行政机关，同时也是立法机关。"① 也就是说，公社委员会这一无产阶级政权机构的组织原则是议行合一。按照马克思的思想，议行合一原则具有三层含义：（1）议行合一以否定、替代资本主义议会制的三权分立与制衡原则为前提；（2）在国家政权机构组织的意义上，议行合一不是行政机关和立法机关在组织形式上的简单合并，而是两种国家权力和职能在执掌、从属上的集中统一；（3）议行合一即公社委员会兼管行政权和立法权，两权兼管是由人民选出的代表机关统一行使国家权力，这种人民代表机关既是权力机关又是工作机关。议行合一原则中已包含了民主集中制思想，或者说，公社委员会无产阶级政权机构组织的经验已包含了民主和集中两个方面。一方面，公社委员全部由普选产生，并随时可以撤换；另一方面，由公社委员会集中统一行使权力，并开展各项工作。这两方面结合为一体，实际上体现了在民主基础上的"集中"和在集中指导下的"民主"的基本精神。

中国共产党在领导新民主主义革命过程中，在抗日战争时期的抗日民主政权建设中，即确定以民主集中制为抗日联合政府的组织原则。毛泽东指出："政府的组织形式是民主集中制，它是民主的，又是集中的"，"一方面，我们所要求的政府，必须是能够真正代表民意的政府；这个政府一定要有全中国广大人民群众的支持和拥护，人民也一定要能够自由地去支持政府，和有一切机会去影响政府的政策。这就是民主制的意义。另一方面，行政权力的集中化是必要的；当人民要求的政策一经通过民意机关而交付与自己选举的政府的时候，即由政府去执行，只要执行时不违背曾经民意通过的方针，其执行必能顺利无阻。这就是集中制的意义"②。1945 年，中国共产党提出建立新民主主义共和国和联合政府主张，毛泽东进一步系统阐述了民主集中制是建立建设新民主主义共和国国家政权的机构组织原则，指出："新民主主义的政权组织，应该采取民主集中制，由各级人民代表大会决定大政方针，选举政府。它是民主的，又是集中的，就是说，在民主基础上的集中，在集中指导下的民主。只有这个制度，才既能表现广泛的民主，使各级人民代表大会有高度的权力；又能集中处理国事，使各级政府能集中地处理被各级人民代表大会所委托的一切事务，并保障人民的一切必要的民主活动。"③ 这就明确指明了人民政权国家机构的建立建设，要在人民代表大会根本政治制度框架内，按照民主集中制原则划分国家机关和确定其相互关系。

根据马克思主义、毛泽东思想关于无产阶级专政的社会主义国家国家机构建设的指导思想，从中国实际出发，中华人民共和国以民主集中制作为国家机构建设的组织原则，这一原则在国家机构的划分和各国家机关之间的相互关系方面主要表现为：在人民代表大会制度这一政权组织形式、这一政体、这一根本政治制度的"权力结构"范围内，由人民选举的、有一定任期的代表组成的人民代表机关是国家最高权力机关和立法机关，行政机关、监察机关、司法机关由它产生，对它负责，受它监督；权力机关与行政、监察、司法

① 马克思，恩格斯．马克思恩格斯文集：第 3 卷［M］．北京：人民出版社，2009：154.
② 毛泽东．毛泽东选集：第 2 卷［M］.2 版．北京：人民出版社，1991：383.
③ 毛泽东．毛泽东选集：第 3 卷［M］.2 版．北京：人民出版社，1991：1057.

机关的相互关系不是平行或并列关系，更不是相互制约或制衡关系，而是产生与负责、决定与执行、监督与被监督的主导与从属关系。其基本精神是人民通过自己选出的代表对国家事务拥有全权；在体制和结构上，它强调社会对公共权力的直接制约，以及人民代表大会权力机关对行政机关、司法机关的制约。中华人民共和国的历史和现实表明，坚持实行民主集中制这一国家机构组织原则，比西方国家的三权分立与制衡原则有更大的优越性，正如邓小平所指出："西方的民主就是三权分立，多党竞选……我们实行的就是全国人民代表大会一院制，这最符合中国实际。如果政策正确，方向正确，这种体制益处很大，很有助于国家的兴旺发达，避免很多牵扯。"① 习近平也指出："我国社会主义制度能够集中力量办大事是我们成就事业的重要法宝……集中力量办大事，抓重大、抓尖端、抓基本，形成推进自主创新的强大合力。"②

（二）民主集中制原则在国家机构中的体现

我国的国家机构以立法权、行政权、监察权、司法权的配置为主要结构，以民主集中制作为国家机构建设的组织原则。这与西方国家三权分立的区别是它们都以人民主权为基础为依归，即权力的来源与归宿都是当家作主的人民。民主集中制原则在国家机构的设置和组织、权力运作上，体现在下述四个方面：

1. 保证人民当家作主，国家一切权力属于人民，由人民代表大会行使

社会主义中国是人民当家作主的国家，国家机构的建立和建设，必须遵循人民主权根本原则，以人民民主为基础，获得人民支持和拥护，对人民负责，受人民监督，为人民服务。这具体表现在：全国和地方各级人民代表大会是行使国家权力的国家机关，必须由民主选举产生，对人民负责，受人民监督。其他国家机关（行政机关、监察机关、司法机关），由国家权力机关产生，对它负责，受它监督。这就是说，主要国家权力的关系不是鼎立的，而是由全国人民代表大会作为最高国家权力机关统一集中行使国家权力，其他国家机关受其制约，从属于它。两者之间的关系不是并列的，而是产生与负责、决定与执行、监督与被监督的关系。权力机关体现人民当家作主，保证人民当家作主，其他国家机关的总体功能是为人民服务，体现为人民公仆。

2. 保证国家机关之间合理分工，协调运作，依法进行权力制约

社会主义国家的国家权力机关同时也是立法机关，它在行使立法权、重大问题决定权以及执法监督权和对一府两院活动与工作监督权的同时，按照民主集中制原则，对行政权、审判权与检察权、武装力量领导权以及国家元首权都依法明确划分，使各国家机关依法行使各自的权力，在各自职权范围内进行工作。这样，保证国家机关之间实行合理分工，协调运作，并进行有效的民主监督和法制监督；保证国家权力机关集中统一行使国家权力，在各国家机关之间依法行使权力时建立制约机制，既防止权力的分散、无力，又避免权力过分集中，以使整个国家机器有活力地运转，便于各国家机关有效地进行工作，并不断提高效率。

---

① 邓小平．邓小平文选：第3卷［M］．北京：人民出版社，1993：220.

② 中共中央文献研究室．十八大以来重要文献选编（中）［M］．北京：中央文献出版社，2016：26.

3. 保证立法与决策民主化和执行的集中化与分工责任制

国家机构的活动实行民主集中制，要民主，更要集中。即国家权力机关制定法律和做出其他重要决定，集中代表人民的意志和利益，体现人民民主；法律和决策的执行，必须实行政令法令的统一，必须保证行政权、司法权行使的集中统一，并实行行政机关、司法机关的严格的责任制，以保证行政机关顺利高效地工作，严格有效地执行国家权力机关制定的法律和做出的决定，从而使整个国家机构做到分工负责，各行其权，各司其职，各尽其责。

4. 保证合理划分中央国家机关和地方国家机关的职权和管理权限，充分发挥中央与地方两个积极性

民主集中制是社会主义制度的组成部分。按照这一原则，在中央国家机构和地方国家机构的关系上，既要有高度统一的中央集权，又要有适度的地方分权。在中央集中统一领导的前提下，充分发挥中央和地方两个积极性。既要保证中央权威，使政令统一和畅通，又要发挥地方国家机关的一定自主性、主动性和积极性。合理地确定中央国家机关和地方国家机关的设置，合理地划分二者的职权范围、管理权限，以发挥全部国家机关的整体效能。

二、中国的主要国家机关及其职权

我国的国家机构由国家权力机关、国家主席、行政机关、监察机关和司法机关这五个主要国家机关构成，在政权权力结构上具有体现人民当家作主和人民主权的基本特点，即最高国家权力机关同时也是最高立法机关，最高国家权力机关集中统一行使国家权力并行使立法权，全部国家机关都以它为中心、为主导并受其全权自上而下的制约，构成国家机构的统一整体。我国的国家行政机关、监察机关、司法机关都由人民代表大会产生，对它负责，受它监督。

（一）国家权力机关

我国的国家权力机关是全国人民代表大会和地方各级人民代表大会及其常务委员会。全国人民代表大会行使国家一切权力，包括立法权。它首先是由人民选举的人民代表组成的统一行使国家一切权力的机关，同时具有立法职能、立法权；它作为最高国家权力机关，不受任何其他国家机关的限制，不允许其他国家机关与之抗衡；它在国家机关体系中处于最高地位，拥有最高权力，其他国家机关由其产生，对其负责，受其监督、制约。

国家权力机关由人民代表组成，人民代表通过直接选举或间接选举产生，不受职业限制，体现不同民族、性别、宗教、教育程度、职业在人民代表大会代议机构中的代表性。人民代表在代表大会上享有发言和表决不受法律追究的权利以及人身特别保护权利。人民代表是兼职的，在会议期间和会外行使人民代表职权，由所在单位给予时间、工资、奖金及其他的福利保障。人民代表在代表大会会议结束后，回到所在单位，在生产或工作岗位表现出人民代表的代表性，保持同人民群众经常的、密切的联系。

为了保证人民代表的广泛性，人民代表的数量较多，各界人民代表在代表总数中占有适当的比例。由于绝大多数代表是兼职的，因此人民代表大会会期较短，人民代表大会闭

会期间，全国人民代表大会和县以上各级地方人民代表大会设常务委员会为常设机关。常设机关负责召集人民代表，在大会闭会期间，依法行使人民代表大会的部分职权。常设机关对人民代表大会负责，向其报告工作，受其监督。

我国最高国家权力机关的职权广泛，大致可归纳为以下四个方面：

1. 立法权

立法权即制定、修改、废止和补充法律的职权。中华人民共和国宪法中包含全国人民代表大会和全国人民代表大会常务委员会的立法权限划分规定：全国人民代表大会有权修改宪法，制定和修改刑事、民事和其他基本法；全国人民代表大会常务委员会可制定和修改“除应当由全国人民代表大会制定的法律以外的其他法律”，还可以在全国人民代表大会闭会期间在不同全国人民代表大会制定的法律的基本原则相抵触的前提下对该法进行“部分补充和修改”。

2. 决定权

决定权是最高国家权力机关就国家重大问题和事项做出决定的权力。全国人民代表大会此项权力的范围包括：审查和批准国民经济和社会发展计划和计划执行情况的报告；审查和批准国家的预算和预算执行情况的报告；改变或者撤销全国人民代表大会常务委员会不适当的决定；批准省、自治区和直辖市的建置；决定特别行政区的设立及其制度；决定战争和和平的问题；等等。全国人民代表大会常务委员会有权决定同外国缔结的条约和重要协定的批准和废除；规定军人和外交人员的衔级制度和其他专门衔级制度；规定和决定授予国家的勋章和荣誉称号；决定特赦；在全国人民代表大会闭会期间，如果遇到国家遭受武装侵犯或者必须履行国际间共同防止侵略的条约的情况，决定战争状态的宣布；决定全国总动员或者局部动员；等等。此外，宪法还规定全国人民代表大会可以行使“应当由最高国家权力机关行使的其他职权”，全国人民代表大会常务委员会可以行使“全国人民代表大会授予的其他职权”。

3. 任免权

任免权是最高国家权力机关组织其他国家机关的权力，具体指人事任免权。如我国全国人民代表大会有权选举国家主席、副主席，中央军事委员会主席，国家监察委员会主任，最高人民法院院长，最高人民检察院检察长；根据国家主席的提名决定国务院总理的提名；根据国务院总理的提名决定国务院的其他组成人员的人选；根据中央军事委员会主席的提名，决定中央军事委员会其他组成人员的人选。此外，还有罢免权，如全国人民代表大会有权罢免由它选举和决定的上述人员。全国人民代表大会常务委员会的人事任免权限是：根据国家监察委员会主任的提请，任免国家监察委员会副主任、委员；根据最高人民法院院长的提请，任免最高人民法院副院长、审判员、审判委员会委员和军事法院院长；根据最高人民检察院检察长的提请，任免最高人民检察院副检察长、检察员、检察委员会委员和军事检察院检察长，并且批准省、自治区、直辖市的人民检察院检察长的任免；决定驻外全权代表的任免；等等。

4. 监督权

监督权是最高国家权力机关监督其他国家机关的权力。这项权力实施的范围包括：通过法定方式和程序，听取由它产生的其他最高国家机关的工作报告，进行审议，提出质询；对其他最高国家机关的工作进行检查、调查、督促和纠正；通过执法检查，督促由它制定的法律和作出的决定的贯彻实施。宪法规定，全国人民代表大会及其常务委员会有权监督宪法的实施，全国人民代表大会常务委员会有权解释宪法和法律；全国人民代表大会有权审查和批准国民经济和社会发展计划和计划执行情况的报告、国家预算和预算执行情况的报告；全国人民代表大会常务委员会有权监督国务院、中央军事委员会、国家监察委员会、最高人民法院和最高人民检察院的工作，有权撤销国务院制定的同宪法、法律相抵触的行政法规、决定和命令。此外，全国人民代表大会及其常务委员会在必要时还可以组织对特定问题的调查，并根据调查结果作出相应的决议。

（二）国家主席

中国的国家元首是国家主席，国家主席是国家机构的重要组成部分，其地位和职权是其他国家机关所不能代替的。国家主席由全国人民代表大会选举产生，国家主席每届任期同全国人民代表大会每届任期相同。国家主席的职权根据全国人民代表大会及其常务委员会的决定来行使，主要包括：公布法律；任免国务院总理、副总理、国务委员、各部部长、各委员会主任、审计长、秘书长；授予国家的勋章和荣誉称号；发布特赦令，宣布进入紧急状态，宣布战争状态，发布动员令；进行国事活动，接受外国使节，派遣和召回驻外全权代表，批准和废除同外国缔结的条约和重要协定等。

（三）行政机关

中国的最高国家行政机关即国务院，作为中央政府，它是最高国家权力机关——全国人民代表大会的执行机关。国务院由全国人民代表大会产生，向它报告工作，对它负责，受它监督。地方各级政府由地方各级人民代表大会产生，既对产生它的地方国家权力机关负责，也对上级国家权力机关和上级政府负责。在我国，国家行政机关受国家权力机关的监督和制约，不存在国家行政机关对国家权力机关的制约。这是人民代表大会制度决定的，体现人民代表大会制度的优越性。

1982年宪法规定，国务院实行总理负责制。国务院由总理、副总理、国务委员、各部部长、各委员会主任、审计长、秘书长组成。总理、副总理、国务委员、秘书长组成国务院常务会议。总理全面领导国务院的工作，召集和主持国务院全体会议和常务会议，讨论决定国务院工作的重大问题，但这种讨论决定不是表决通过，而是经集体讨论，由总理裁定应做决定的问题。地方各级人民政府也实行各级行政首长负责制。

国务院的职权范围广泛，大致可以概括为如下七项：

1. 行政立法权

国务院的行政立法权即根据宪法和法律，规定行政措施，制定行政法规，发布决定和命令，以及根据全国人民代表大会及其常务委员会的授权制定暂行规定和条例。

2. 议案权

根据我国宪法的规定，国务院有权向全国人民代表大会及其常务委员会提出议案。其中最重要的是法律议案，即法律草案由国务院有关部门草拟，经国务院全体会议通过后提交全国人民代表大会或全国人民代表大会常务委员会，经立法程序成为国家法律、法令。

重要议案还包括由国务院编制和执行、向全国人民代表大会或全国人民代表大会常务委员会提交的关于国民经济和社会发展计划及计划执行情况、国家预算和预算执行情况的议案。

3. 行政管理权

国务院的行政管理权宽泛繁复，主要包括：统一领导全国行政机关的工作，宏观管理国民经济与文化及社会事务，规定中央、省、自治区、直辖市的行政机关的职权划分，管理和调整国家公务员的选择和配备，审定国家各级行政机关的编制，任免、培训、考核、奖惩国家公务员，改变或撤销各部委和地方各级国家行政机关的不适当的决定和命令。

4. 行政区划管理权

国务院有权确定和管理地方行政区域的划分和建置，根据全国人民代表大会批准的省、自治区、直辖市建置，确定它们的区域划分，批准县、市、自治州、自治县的建置和区域划分。

5. 领导和管理经济和城乡建设权

国务院领导和管理全国经济和城乡建设工作，以及环境保护工作。其职能主要是统筹规划、制定政策、运用政策和信息引导市场，做好宏观调控，依法对市场进行监督，组织协调，提供服务。

6. 社会管理权

国务院的社会管理权也很广泛，主要有负责维护公共秩序，保护保障公民权利，领导和管理教育、科技、文化、卫生、体育、人口控制等工作，领导和管理民政、公安、司法行政工作，以及少数民族事务和华侨事务等。

7. 其他职权

国务院还可行使全国人民代表大会和全国人民代表大会常务委员会授予的其他职权。

（四）监察机关

中国的监察机关是国家的各级监察委员会，包含国家监察委员会和地方各级监察委员会。监察委员会由主任、副主任、委员组成。国家监察委员会是我国的最高监察机关，由全国人民代表大会产生，负责全国监察工作；地方各级监察委员会由本级人民代表大会产生，负责本行政区域内的监察工作。监察委员会主任每届任期同本级人民代表大会每届任期相同。国家监察委员会主任连续任职不得超过两届。国家监察委员会对全国人民代表大会和全国人民代表大会常务委员会负责。国家监察委员会领导地方各级监察委员会的工作，上级监察委员会领导下级监察委员会的工作。地方各级监察委员会对产生它的国家权力机关和上一级监察委员会负责。监察委员会依照法律规定独立行使监察权，不受行政机关、社会团体和个人的干涉。监察机关办理职务违法和职务犯罪案件，应与审判机关、检察机关、执法部门互相配合，互相制约。

监察委员会依照法律规定履行监督、调查、处置职责，包括以下几个方面：对公职人员开展廉政教育，对其依法履职、秉公用权、廉洁从政从业以及道德操守情况进行监督检查；对涉嫌贪污贿赂、滥用职权、玩忽职守、权力寻租、利益输送、徇私舞弊以及浪费国家资财等职务违法和职务犯罪进行调查；对违法的公职人员依法作出政务处分决定；对履行职责不力、失职失责的领导人员进行问责；对涉嫌职务犯罪的，将调查结果移送人民检察院依法审查、提起公诉；向监察对象所在单位提出监察建议。

监察委员会的监察对象包括：中国共产党机关、人民代表大会及其常务委员会机关、人民政府、监察委员会、人民法院、人民检察院、中国人民政治协商会议各级委员会机关、民主党派机关和工商业联合会机关的公务员，以及参照《中华人民共和国公务员法》管理的人员；法律、法规授权或者受国家机关依法委托管理公共事务的组织中从事公务的人员；国有企业管理人员；公办的教育、科研、文化、医疗卫生、体育等单位中从事管理的人员；基层群众性自治组织中从事管理的人员；其他依法履行公职的人员。

监察机关行使监督、调查职权，有权依法向有关单位和个人了解情况，收集、调取证据。根据监督、调查结果，依法作出处置。

（五）司法机关

我国司法机关是依照宪法和法律代表国家行使审判权和法律监督权的机关，由审判机关（人民法院）和法律监督机关（人民检察院）共同构成，由国家权力机关产生，对其负责，受其监督。法官和检察官由人民代表大会及其常务委员会选举和任免。

人民法院审理民事案件、刑事案件和行政诉讼案件。人民法院实行四级两审终审制，设有基层、中级、高级、最高人民法院。此外，还有各类专门法院。最高人民法院对全国人民代表大会及其常务委员会负责，地方各级人民法院对产生它的国家权力机关负责。最高人民法院监督地方各级人民法院和专门法院的审判工作，上级人民法院监督下级人民法院的审判工作。

人民检察院行使法律监督权，提起公诉，对法院的错误判决和裁定，依法提出抗诉。人民检察院分为最高人民检察院，省、自治区、直辖市人民检察院，地、市、自治州人民检察院，县、市、自治县和市辖区人民检察院。各级人民检察院实行双重领导体制。最高人民检察院是最高检察机关，对全国人民代表大会及其常务委员会负责，地方各级检察院对产生它的国家权力机关和上级检察院负责。最高人民检察院领导地方各级检察院的检察工作，上级检察院领导下级检察院的检察工作。

我国司法机关的活动和工作遵循和执行“有法可依，有法必依，执法必严，违法必究”的方针和如下几项原则：（1）法院和检察院分工负责、互相配合、互相制约原则；（2）“以事实为根据，以法律为准绳”进行审判、检察活动的原则；（3）司法独立，只服从法律，不受任何行政机关、社会团体和个人干涉原则；（4）法律面前人人平等，不容特权，不容民族歧视原则；（5）保障诉讼参与人依法享有的权利原则；（6）公开审判原则（涉及国家机密、个人隐私和未成年人犯罪案件除外）；（7）民主集中制即合议制原则。

三、当代中国国家机构改革与国家治理体系建设

国家机构和政权体系建设关系到国家的生存发展和长治久安。新中国成立伊始，党和国家就非常重视政权体系和国家机构建设，完善国家治理体系，确立了我国的根本政治制度与基本政治制度。

（一）社会主义革命和建设时期国家政权体系的确立与发展

1949 年 9 月中国人民政治协商会议第一届全体会议在北京召开，会议通过了具有临时

宪法性质的《中国人民政治协商会议共同纲领》(以下简称《共同纲领》)。《共同纲领》规定了我国国体为工人阶级领导的人民民主专政的社会主义国家，政体为人民代表大会制度。毛泽东认为国体就是“社会各阶级在国家中的地位”①，而人民民主专政的国体体现了人民当家作主的主人翁地位。人民代表大会由人民选举产生，反映人民意见，表达人民诉求，接受人民监督，是人民行使国家权力、管理国家事务的组织载体。采用人民代表大会制度作为我国的政权组织形式，体现了我国国家政权的人民性，与马克思主义国家学说中的人民性既一脉相承，又实现了继承与发展。此外，《共同纲领》确立了我国的政党制度并确定我国实行民族区域自治制度。我国的政党制度既不同于西方的两党制与多党制，也不同于苏联的一党制。中国人民政治协商会议的召开，也标志着中国共产党领导的多党合作与政治协商制度正式形成。这一新型政党制度，在中国共产党的领导下提倡各民主党派通力合作、互相监督，既摆脱了一党制缺乏监督的弊端，也避免了多党制的效率低下与政治碎化片。《共同纲领》还规定“各少数民族聚居的地区，应实行民族的区域自治”。由此，民族区域自治制度作为我国的一项基本政治制度被确定下来。作为社会政治发展总问题的一部分，民族问题如果不能妥善处理，会影响到国家政权的稳定与发展。新中国对采取何种民族政策十分慎重，中国与苏联国情不同，我国国内各民族在中国共产党领导下，由平等联合进行革命，到平等联合建立统一的、单一制人民共和国，始终都是一个统一的国家。

随着国民经济的不断恢复发展，各级国家政权结构的逐步完善，召开全国人民代表大会的时机已经成熟。1954 年 9 月第一届全国人民代表大会第一次会议在北京举行，这标志着新中国的人民代表大会制度正式开始实行。会议通过了新中国第一部宪法(“五四宪法”)、《中华人民共和国国务院组织法》和《中华人民共和国法院组织法》等一系列重要法律。五四宪法以国家根本大法的形式，对人民民主专政的国体和人民代表大会制度的政体，对中国共产党领导的多党合作和政治协商制度、民族区域自治制度等国家基本政治制度作了更为完备的法律规定，为新中国沿着正确的方向和道路进行社会主义现代化建设，奠定了重要的制度保障和法律基础。

(二) 改革开放和现代化建设新时期的国家机构改革

1978 年 12 月党的十一届三中全会总结新中国成立以来的历史经验和教训，明确提出发展社会主义民主、健全社会主义法制的基本方针，标志着我国国家机构与政权体系建设进入新的发展阶段。

1\. 改革党和国家领导制度，使国家机构与政权体系建设重回正轨

1980 年 8 月中央政治局召开扩大会议讨论党和国家领导制度改革问题，邓小平同志发表《党和国家领导制度的改革》重要讲话，突出强调制度的重要性，深刻阐述了党和国家领导制度改革的必要性和基本原则。此后一段时间，党中央采取一系列重要措施，推进党和国家政权体系制度改革。1979 年第五届全国人民代表大会二次会议通过《关于修正〈中华人民共和国宪法〉若干规定的决议》，明确县和县以上的地方各级人民代表大会设立

① 毛泽东．毛泽东选集：第 2 卷 [M]. 2 版．北京：人民出版社，1991：676.

常务委员会，将地方各级革命委员会改为地方各级人民政府，将县的人民代表大会改为由选民直接选举，将上级人民检察院同下级人民检察院的关系由监督改为领导等。1982 年第五届全国人民代表大会第五次会议通过的新宪法（“八二宪法”）对《选举法》和《地方组织法》进行了相应修改。八二宪法深刻总结我国社会主义政权建设的经验，适应改革开放和社会主义现代化建设的新要求，加强社会主义民主法制建设，巩固了现有国家政权体系建设的成果。

2. 探索社会主义市场经济条件下的国家机构与政权建设

随着经济体制改革的深入开展，政治体制不适应经济社会发展的问题愈加显得突出迫切。1992 年邓小平先后到武昌、深圳、珠海、上海等地视察，发表了一系列重要谈话（“南方谈话”），邓小平“南方谈话”从理论上深刻回答了长期困扰和束缚人们思想的许多重大问题，把改革开放和现代化建设推向了一个新阶段，开启了探索如何在社会主义市场经济条件下国家政权建设和发展的道路。为适应社会主义市场经济发展，发扬社会主义民主、健全社会主义法治，党的十四大提出加强人民代表大会及其常务委员会的立法和监督等职能；九届全国人民代表大会二次会议通过宪法修正案，将“中华人民共和国实行依法治国，建设社会主义法治国家”载入宪法；党的十六大报告提出，保证人民代表大会及其常务委员会依法履行职能，保证立法和决策更好地体现人民的意志，优化人大常委会组成人员的结构；党的十七大提出，建议逐步实行城乡按相同人口比例选举人大代表……优化司法职权配置，规范司法行为，建设公正高效权威的社会主义司法制度，保证审判机关、检察机关依法独立公正地行使审判权、检察权。1995 年、2004 年、2010 年全国人民代表大会及其常务委员会三次修改了《中华人民共和国全国人民代表大会和地方各级人民代表大会选举法》，2000 年通过了《中华人民共和国立法法》，2006 年通过了《中华人民共和国各级人民代表大会常务委员会监督法》，为我国的选举制度、立法制度和监督制度提供了重要的法律基础。

3. 转变政府职能，推进大部制改革

党的十四届二中全会讨论通过了新的国家机构改革方案，这是中国共产党历史上第一次在中央全会上讨论通过机构改革方案。随后的八届、九届、十届、十一届和十二届全国人民代表大会一次会议都将国务院机构改革列入重要议程，探索适应社会主义市场经济发展、权责一致、分工合理、决策科学、执行顺畅、监督有力的行政管理体制。八届全国人民代表大会一次会议通过的国务院机构改革方案采取五级联动，重点加强宏观调控和监督部门；九届全国人民代表大会一次会议通过的国务院机构改革方案强调精简机构和人员、实行政企分开、加强宏观经济调控部门、调整和减少专业经济管理部门；十届全国人民代表大会一次会议通过的国务院机构改革方案则集中力量解决行政管理体制中影响改革和发展的突出矛盾和问题，为促进改革开放和现代化建设提供组织保障；十一届全国人民代表大会一次会议的国务院机构改革方案，围绕转变政府职能和理顺部门职责关系，探索实行职能有机统一的大部门体制，强调以改善民生为重点，加强与整合社会管理和公共服务部门；十二届全国人民代表大会一次会议通过的国务院机构改革方案重点围绕转变职能和理顺职责关系，稳步推进大部门制改革。

（三）中国特色社会主义新时代国家治理体系建设新篇章

十八大以来，习近平总书记高度重视国家治理体系建设，多次在党的会议上发表重要论述，深刻阐述了坚定不移走中国特色社会主义政治发展道路、不断推进社会主义政治制度自我完善和发展、推进国家治理体系和治理能力现代化等一系列重大理论和实践问题，为新时代国家机构改革指明了方向。新时代我国国家机构和国家治理体系建设更加突出政治属性，更加彰显以人民为中心的理念；统筹党政机构改革，更加注重改革的系统性、整体性、协同性。

1. 加强党的全面领导

在国家制度和国家治理体系中，党是决定整个系统运行的关键。中国共产党领导是中国特色社会主义最本质的特征，坚持党的全面领导是坚持和发展中国特色社会主义的必由之路。党政军民学，东西南北中，党是领导一切的。必须加强和改善党的领导，充分发挥党总揽全局、协调各方的领导核心作用。党的十九届四中全会将党的领导制度明确为中国的根本领导制度，强调要坚决维护党中央权威，健全总揽全局、协调各方的党的领导制度体系。严格执行向党中央请示报告制度，中央书记处和中央纪律检查委员会、全国人大常委会党组、国务院党组、全国政协党组、最高人民法院党组、最高人民检察院党组每年向中央政治局常委会、中央政治局报告工作；中央政治局委员、书记处书记，全国人大常委会、国务院、全国政协党组成员，最高人民法院、最高人民检察院党组书记每年向党中央和总书记书面述职；强化党中央决策议事协调机构职能作用；深化党和国家机构改革，成立中央全面深化改革委员会、中央国家安全委员会、中央网络安全和信息化委员会、中央财经委员会、中央全面依法治国委员会等，从机构职能上把加强党的领导落实到各个领域、各个方面、各个环节。党的十九届六中全会指出党的领导是全面的、系统的、整体的，党中央集中统一领导是党的领导的最高原则，要健全党的领导制度体系和党对重大工作的领导体制，完善党领导人大、政府、政协、监察机关、审判机关、检察机关、武装力量、人民团体、企事业单位、基层群众性自治组织、社会组织等制度，确保党在各种组织中发挥领导作用。

2. 发展全过程人民民主，保障人民当家作主

“践行以人民为中心的发展思想，发展全过程人民民主”是对我国社会主义民主的新概括、新论断、新要求。2019 年 11 月习近平总书记在上海考察时指出，我们走的是一条中国特色社会主义政治发展道路，人民民主是一种全过程的民主。党的二十大报告进一步明确全过程人民民主是社会主义民主政治的本质属性。人民代表大会制度是实现我国全过程人民民主的重要制度载体。我们要坚持和完善人民代表大会制度，加强和改进新时代人民代表大会工作，不断发展全过程人民民主，巩固和发展生动活泼、安定团结的政治局面。我们要在党的领导下不断扩大人民有序政治参与，加强人权法治保障，保证人民依法享有广泛权利和自由；保证人民依法行使选举权利，民主选举产生人大代表，保证人民的知情权、参与权、表达权、监督权落实到人大工作各方面、各环节、全过程，确保党和国家在决策、执行、监督落实各个环节都能听到来自人民的声音；要完善人大的民主民意表达平台和载体，健全吸纳民意、汇集民智的工作机制，推进人大协商、立法协商，把各方

面社情民意统一于最广大人民根本利益之中。

社会主义协商民主是中国社会主义民主政治的特有形式和独特优势，是在中国共产党领导下人民内部各方面围绕改革发展稳定重大问题和涉及群众切身利益的实际问题，在决策之前和决策实施之中开展广泛协商，努力形成共识的重要民主形式，是中国共产党的群众路线在政治领域的重要体现。党的十八大提出在发展我国社会主义民主政治的进程中，要完善协商民主制度和工作机制，推进协商民主广泛多层制度化发展。党的十八届三中全会强调在党的领导下以经济社会发展重大问题和涉及群众切身利益的实际问题为内容，在全社会开展广泛协商，坚持协商于决策之前和决策实施之中。党的十九大则进一步强调要统筹推进政党协商、人大协商、政府协商、政协协商、人民团体协商、基层协商以及社会组织协商。2022 年 6 月中共中央印发了《中国共产党政治协商工作条例》，对政治协商工作的性质定位和基本原则作出明确规定，对政治协商工作的根本内容和基本形式作出科学规范，对如何提高政治协商工作科学化制度化规范化水平作出明确要求，是党政治协商工作的第一部党内法规，具有里程碑意义。

3. 深化党和国家机构改革，推进国家治理体系和治理能力现代化

党的十八届三中全会把完善和发展中国特色社会主义制度、推进国家治理体系和治理能力现代化，确定为全面深化改革的总目标。党的十九大明确提出要深化机构和行政体制改革，统筹考虑各类机构设置，科学配置党政部门及内设机构权力、明确职责。十九届三中全会通过了《中共中央关于深化党和国家机构改革的决定》和《深化党和国家机构改革方案》，对深化党和国家机构改革作出了全面规划和系统部署，这次改革是对党和国家组织结构和管理体制的一次系统性、整体性重构，是推进国家治理体系和治理能力现代化的一场深刻变革。十三届全国人大一次会议批准国务院机构改革方案，中共中央印发《深化党和国家机构改革方案》，深化党和国家机构改革全面启动。党和国家机构改革以加强党的全面领导为统领，以国家治理体系和治理能力现代化为导向，以推进党和国家机构职能优化协同高效为着力点，改革机构设置，优化职能配置，深化转职能、转方式、转作风，提高效率效能。党和国家机构改革为完善和发展中国特色社会主义制度、推进国家治理体系和治理能力现代化提供了有力组织保障。

4. 全面实施依法治国，深化国家司法、监察体制改革

党的十八届四中全会通过了《中共中央关于全面推进依法治国若干重大问题的决定》，这是党历史上首次以专题研究法治建设的形式，对全面依法治国作出部署，宣告我国司法体制改革以前所未有的力度开展。党的十九大报告多次提及司法体制改革，强调“深化司法体制综合配套改革，全面落实司法责任制，努力让人民群众在每一个司法案件中感受到公平正义”。十九届三中全会决定组建中央全面依法治国委员会，负责全面依法治国的顶层设计和总体布局。国家监察体制改革是一项事关全局、推动全面从严治党向纵深发展的重大战略举措。十八届中央纪律检查委员会第六次全体会议提出要建立覆盖国家机关和公务人员的国家监察体系，实现由监督“狭义政府”到监督“广义政府”的转变。党的十九大对深化国家监察体制改革作出重大决策，要求将试点工作在全国推开，组建国家、省、市、县监察委员会，同党的纪律检查机关合署办公，实现对所有行使公权力的公职人员监

察全覆盖。此后，国家监察体制改革试点工作在北京市、山西省、浙江省有序展开。2018年2月随着广西崇左市大新县监察委员会正式成立，全国省、市、县三级监察委员会全部完成组建。十三届全国人大一次会议通过《中华人民共和国宪法修正案》和《中华人民共和国监察法》、组建国家监察委员会，实现了国家机构、党和国家监督体系重大创新，构建起集中统一、权威、高效的国家监察体系，实现了对所有行使公权力的公职人员监察全覆盖，中国特色的国家监察体制逐步走向成熟。

思考题

1. 国家机构的含义及特征。
2. 简述国家机构的基本构成要素。
3. 简述国家机构设置的影响和制约因素。
4. 简述国家机构的设置原则及形式的差异性。
5. 西方国家立法机关、行政机关和司法机关的关系。
6. 简述我国的根本政治制度是人民代表大会制度。
7. 简述民主集中制在我国国家机构设置、组织和权力运作上的体现。
8. 简述当代中国国家机构改革与国家治理体系建设的历程。

在线自测

扫一扫　练一练

第五章

政党和政党制度

学习目标

通过本章的学习，了解和掌握政党的含义、特征、作用等基本理论；掌握政党制度的影响因素、政党制度的主要类型；掌握和理解中国共产党与中国民主党派的关系，中国新型政党制度的内涵、特征和优势；掌握和理解中国统一战线的内涵与作用。

政党是现代社会普遍的政治现象。政党制度是现代民主政治的重要实现形式，是国家政治制度的重要组成部分。一个国家的政党制度是由该国国情决定的。世界政党制度具有多样性，没有普遍适用于各国的政党制度。中国共产党领导的多党合作和政治协商制度是适合中国国情的新型政党制度，具有鲜明特色和显著优势。

第一节　政党基本理论概述

一、政党的含义与特征

政党的含义与特征

（一）政党的含义

从词源上看，政党一词的拉丁文“Pars”、英文“Party”、法文“Parti”等都是从拉丁文词根 Pars 转化而来的，其原意是“部分”，后来转意为一种政治组织。

关于政党的定义，西方学者基于不同的角度做过多种界定。有人认为“政党是为赢得执政权力（通过选举或其他手段）的人们组织而成的团体。”① 有人认为政党是“是以通过赢得大选的方式来影响政府为目标的组织。”② 还有人认为政党是连接公众与政府间的纽带和桥梁的组织③，等等。这些定义只是指出了政党的某些特征，更多的是从政党的活动和政党政治的表面形态上所作的描述，没有触及政党的实质。

马克思主义从政党的阶级实质角度，结合政党的组织和活动内容，对政党做了全面和深入的阐述。马克思主义认为，政党是在阶级的基础上产生的，是特定阶级用来执掌或影响国家政权的工具，是社会政治斗争的集中代表。列宁具体论述了政党以及无产阶级政党的内涵和特征。他指出：“阶级是由政党来领导的；政党通常是由最有威信、最有影响、最有经验、被选出担任最重要职务而称为领袖的人们所组成的比较稳定的集团来主持的。”④ 无产阶级政党“是阶级的先进觉悟阶层，是阶级的先锋队”⑤，“只有以先进理论为指南的党，才能实现先进战士的作用”⑥。

根据马克思主义经典作家的论述，结合政党发展的历史与现实，我们可以将政党作这样的界定：政党是代表一定阶级、阶层或集团的根本利益，并由其中一部分最积极的分子组成，具有共同政治纲领和理论主张，采取共同的行动，为参与、取得和维护政权而建立的政治组织。

（二）政党的特征

政党作为一种政治组织具有以下特征：

---

① 安德鲁·海伍德．政治学的思维方式［M］．北京：中国人民大学出版社，2014：207.
② 迈克尔·罗斯金．政治科学［M］．北京：华夏出版社，2006：227.
③ 迈克尔·G 罗斯金，等．政治学与生活：12 版［M］．林震，等译．北京：中国人民大学出版社，2014：194.
④ 列宁．列宁全集：第 39 卷［M］．2 版．北京：人民出版社，2017：21.
⑤ 列宁．列宁全集：第 24 卷［M］．2 版．北京：人民出版社，2017：38.
⑥ 列宁．列宁选集：第 1 卷［M］．3 版．北京：人民出版社，2012：312.

1. 政党是一种特殊的政治历史现象

政党作为一种特殊的政治历史现象，不是从来就有的，是阶级斗争发展到一定历史阶段的产物，也将随着阶级、阶级斗争以及政治国家的消亡而消亡。历史上最早出现的现代意义上的政党是资产阶级政党。西方代议制度的确立和运行，是资产阶级政党产生和发展的政治历史条件。无产阶级政党是无产阶级反对资产阶级的斗争发展到一定历史阶段的产物，即由经济斗争发展到政治斗争阶段的实践要求。

2. 政党是由阶级、阶层或某些社会集团中最积极的分子组成的，是阶级的先锋队

社会是由人组成的群体。组成群体的人即群众，由于群众在生产中的地位不同，特别是由于对生产资料占有关系的不同，通常会形成不同的阶层、阶级。从比较宽泛的意义上说，阶层、阶级都可以称为“集团”。不同集团具有不同的经济、政治等目标和利益诉求。各个集团在追求和实现自身目标和利益时，通常都会由其中的骨干分子组成政党，其中，最有威信、最有影响、最有经验的人则成为政党的领袖，带领政党组织和领导本集团共同行动。政党通常代表集团的根本利益、长远利益和全局利益，是集团利益的最高代表；集团中的其他组织往往只代表集团局部的、一定时期内的、地域性的利益，这是政党与其他政治组织的主要区别之一。

3. 政党有自己的政治纲领

政治纲领即政见，表明并规定了政党的政治信仰、政治目标及其实现方式。政治纲领是政党成员结合的基础，没有这个基础，任何团体都不能称为政党。正如列宁指出的：“一个政党如果没有纲领，就不可能成为政治上比较完整的、能够在事态发生任何转折时始终坚持自己路线的有机体。”① 因此，政治纲领是政党“公开树立起来的旗帜”②，政党的政治纲领一方面用以号召群众，争取群众的信任、支持和拥护；另一方面也表明了政党与其他社会组织的根本区别。

4. 政党有自己的组织和纪律

政党要发挥集团的组织者和领导者的作用，就必须建立自己的组织体系，并以此将全党的力量集中起来，共同行动，以实现自己的奋斗目标。同时，政党要实现自己的奋斗目标，使集中起来的力量能够统一行动，就需要有严格的组织纪律以约束其成员，从而把全党的力量统一起来。一个政党的组织越严密、纪律越严格，就越具有战斗力。有些资产阶级政党组织结构比较松散，纪律也比较松弛，只有在选举时才表现出来。无产阶级政党具有建立在自愿、自觉基础上的严密的组织和严格的纪律，这种严密的组织和严格的纪律是无产阶级取得革命和建设胜利的基本保证。

5. 政党与政权密不可分

掌握政权是政党的核心目标，这是政党区别于其他政治组织的一个根本特点。政党只有掌握了政权才标志着其政治纲领的实现。在资本主义国家，执掌政权的政党称为“执政党”，未执掌政权的政党则称为“反对党”或“在野党”。无产阶级政党也需要通过掌握政

---

① 列宁．列宁全集：第20卷［M］.2版．北京：人民出版社，2017：357.

② 马克思，恩格斯．马克思恩格斯选集：第3卷［M］.3版．北京：人民出版社，2012：350.

权来实现其政治纲领，但是它同资产阶级政党之间追求的轮流执政不同。无产阶级政党以推翻资本主义制度，建立人民政权，实现和发展最广大人民的根本利益为最终目标。

总的来说，政党一般都具备上述五个相互联系、不可分割的基本特征（见图 5－1），不同的是，不同政治制度下的政党可能有某个特征显现得明显或不明显。需要说明的是，随着社会政治的发展，政党的一些特征也在悄然发生变化。例如：在选举这一政治条件下，部分政党出现了政策趋同倾向。而出现在各国政治舞台的一些新兴政党，其特征具有明显的特殊性，如绿党，它不是简单地代表特定阶级和阶层的利益，而是具有非常广泛的社会基础；跨国政党，如欧洲议会党团、欧洲政党联盟，与特定国家政权的直接关联并不明显。这些都是政党和政党政治发展中出现的新现象。

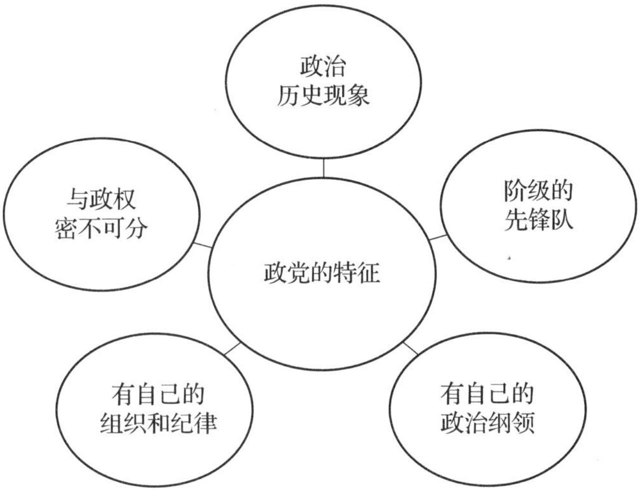

图 5－1　政党的特征

二、政党的产生与分类

（一）政党的产生

17 世纪 70 年代英国议会中形成的辉格党和托利党，通常被认为是近代资产阶级政党形成和发展的开端。资本主义生产关系的形成和发展是资产阶级政党产生的经济根源。资产阶级政党的产生是其巩固反对封建统治成果、争取和扩大自己在政治上的平等权利以及阶级内部不同集团和派别利益的客观需要。随着资产阶级革命的成功和资本主义制度的确立，特别是随着选举制度的实施，政党和政党政治逐步成为资本主义国家政治生活的重要组成部分。

西方政治发展历史表明，在资本主义国家建立初期，如美国，在其法律和制度框架内并没有与政党相关的制度设计和规范，甚至一度将政党排斥在政治活动范围之外。但是，由于资产阶级革命解除了封建制度对社会成员个体的人身束缚和压迫，新的利益群体和社会政治力量不断涌现，政党以其具有的利益代表、力量整合、行动组织、政治社会化等功能，在国家政治生活中特别是在选举活动中显示出巨大优势。因此，资本主义国家逐步接受政党这一政治现象，并逐步把政党制度纳入各国政治制度和法律体系。例如：联邦德国、意大利、法国等在第二次世界大战以后先后通过宪法这一途径对政党的法律地位作出明确规定。联邦德国1967年颁布的《政党法》(一般被认为是西方国家第一部关于政党的法律)，对政党的地位、作用、组织、经费等问题作了比较系统和明确的规定。美国、英国的宪法虽然没有明确规定政党的具体政治角色，但在普通法律或最高法院的裁决中，还是体现了政党在该国政治体制中的地位和作用。

无产阶级政党产生于资本主义社会。在资本主义社会，工业革命的发展促使整个社会日益分裂为资产阶级和无产阶级两大根本利益直接对立的阶级。无产阶级在反抗资产阶级剥削和压迫的尖锐、复杂斗争中不断成熟，并逐步认识到只有自己组成有战斗力的政党，才可能获得政权、得到真正的解放。这是无产阶级政党产生的社会阶级基础条件。世界上第一个工人阶级政党——共产主义者同盟是于1847年在马克思和恩格斯亲自指导下创建的。马克思和恩格斯为共产主义者同盟撰写了纲领——《共产党宣言》。《共产党宣言》不仅是世界上第一个无产阶级政党的政治纲领，也是马克思主义特别是科学社会主义的纲领性文献。共产主义者同盟成立及其纲领《共产党宣言》的发表，标志着无产阶级真正作为独立的政治力量登上历史舞台。19世纪后期，欧洲许多国家陆续成立了工人阶级政党。此后，在各种类型的国家里陆续出现了一大批以马克思主义为指导的工人阶级政党。中国共产党于1921年成立。作为中国工人阶级和中国各民族人民利益的代表，中国共产党领导中国人民经过艰苦卓绝的斗争，于1949年成立了中华人民共和国。

(二) 政党的分类

政党是20世纪人类政治生活的重要政治现象。当代世界各国和地区存在众多的政党。根据常见的标准，可以将这些政党进行分类。

1. 以阶级利益或阶级基础为标准

以阶级利益或阶级基础为标准，可以把当今世界上的政党划分为资产阶级政党和无产阶级政党。资产阶级政党又有代表中小资产阶级利益的政党和代表垄断资产阶级利益的政党。无产阶级政党代表无产阶级和广大劳动人民的利益。在社会主义国家还存在一些接受共产党领导、享有参政权的民主党派。

这是根据马克思主义对政党本质的分析，对政党类型进行的划分。这种划分不仅可以区分资本主义国家内的不同政党，而且可以区分资本主义国家和社会主义国家的政党。

2. 以是否掌握政权为标准

以是否掌握政权为标准，可以将政党划分为执政党、参政党、反对党、在野党。在资本主义国家，根据政党是否担任政府首脑、是否掌控国家行政机关，可以把政党划分为执政党、反对党或在野党等。在议会选举中取得多数议席的政党、政党联盟，或者是在总统选举中获胜的政党为执政党，而其他政党则为反对党或在野党。在日常政治生活中，人们常把在野党称为“反对党”，但严格说来，二者是有区别的：反对党是指在两党制的条件下与执政党相对峙的最大的那个“在野”的党派，它往往有一套类似政府组织的班子，即“影子内阁”，随时可能通过政治危机或合法选举上台执政，如在英国这样的实行两党制的内阁制国家，只有最大的在野党才能被称为“反对党”；而在野党则是指在多党制条件下所有不执政的政党。在多党制下，往往没有反对党。此外，需要注意的是，在实行总统制的国家，由于立法机关和行政机关没有连带责任，因此，执政党不一定是多数党，在野党或反对党也不一定是少数党。

在社会主义国家，共产党是执政党，同时有些国家还有民主党派存在，作为参政党参与政治活动。

3. 以法律地位为标准

以法律地位为标准，可以将政党划分为合法政党和非法政党。凡为法律所承认的政党就是合法政党，反之则为非法政党。除此以外，在个别国家还有半合法政党，即那些虽然没有为法律所承认，但当局又默许他们的成员进行活动的政党。一个政党是否具有合法地位，仅仅与该国的法律有关，与该政党的性质无关。

4. 以活动范围为标准

以活动范围为标准，可以将政党划分为跨国政党联盟、国内政党和地区性政党。目前，绝大多数政党属于国内政党，其活动限于民族国家之内，但在历史上和现实中也存在一些跨国政党联盟，其活动范围超越民族国家，如共产主义的政党组织第一国际、第二国际、第三国际以及主要存在于欧洲的社会党国际等。当代最引人注目的跨国政党联盟，是欧洲共同体出现的“欧洲议会党团”和“欧洲政党联盟”。还有一些政党是在一定范围地区中开展活动的。

5. 以意识形态倾向为标准

以意识形态倾向为标准，可以将政党区分为极左翼、左翼、中间、右翼和极右翼或激进党派和保守党派。一般说来，左派政党更加强调平等和社会保障，主张更多的国家干预；右派政党则更多强调效率和个人自由，要求国家减少对经济活动的干预。这种分类的标准常常是比较模糊的。

除此之外，西方学者还以20世纪50年代以来西方国家政党与社会以及国家关系发展所带来的政党组织形态变迁为视角，提出了群众型、全方位型、卡特尔型三种政党类型。

以上分类方法选取的角度不同，彼此不相排斥，可以多种方法并用，互为补充。

三、政党的作用

政党的作用

政党作为当代政治生活中普遍的政治现象，在政治生活中发挥着重要的作用。由于东西方政治制度和意识形态不同，因此对政党功能的认识也存在差异。

西方学者通常把政党在组织选举、控制政府、担任公职、制定政策、监督政府、利益表达、利益综合、政治录用、政治社会化、政治沟通等方面的活动看作政党的主要功能。政党的这些活动确实反映了政党的作用，但忽略了政党与阶级的关系，把政党作为一种超阶级的团体。

马克思主义认为，研究政党的作用不能离开阶级关系。在剥削阶级占统治地位的国家里，统治阶级政党的一切活动都是为了维护和巩固统治阶级的政治统治；被统治阶级政党的一切活动都是为了反对和推翻统治阶级的政治统治。因此，研究政党的功能，应着重研究政党同本阶级群众的关系和代表本阶级利益所从事的主要活动。据此，可以将政党的作用概括为如下几个方面：

（一）争取群众和教育群众

政党的本质属性是阶级性。作为阶级、阶层的一部分，政党存在的基础是群众，如果没有群众，脱离群众，或者只有少数追随者，政党就会陷入孤军作战的境地，最终导致溃散。因此，政党的首要任务就是争取自己所代表的阶级、阶层和集团的群众的支持。当然，不同阶级政党争取群众的目的不同。资产阶级政党争取和教育群众的目的在于争取选举获胜、执掌政权。为争取选票，他们不惜采取任何手段，包括虚假承诺、金钱收买、利益诱导等。无产阶级政党不仅代表工人阶级和最广大劳动群众的根本利益，而且代表历史发展方向。因此，无产阶级政党不仅把争取广大群众的支持作为其重要任务，还把教育群众、提高群众政治觉悟作为其重要使命，正如列宁所指出的，无产阶级政党争取和教育群众的目的不仅在于要“说服大多数人民相信其纲领和策略的正确”[①]，而且在于要“训练、启发、教育工人阶级和农民中最落后的阶层和群众并吸引他们来参加新生活”[②]。具体而言，无产阶级政党在掌握政权以前，教育人民群众的目的是动员、凝聚和加强革命力量；在掌握政权以后，宣传教育人民群众的目的，则是使广大人民群众了解、信任和拥护党的路线、方针、政策，激发人民群众的积极性、主动性和创造性，正确行使人民当家作主的权利。

（二）集中和表达阶级意志及利益要求

执掌政权和实现政治统治体现的是阶级整体的和根本的意志和利益。但是，组成阶级的成员由于政治、经济地位存在差异，文化水平和认知能力以及偏好不同，必然存在多方面的分歧和矛盾。因此，政党作为阶级整体的和根本的意志和利益的代表，要实现其执掌政权和政治统治目标，首要功能就是要集中和表达阶级意志及其利益要求。

在资本主义国家，一个政党能在多大程度上集中整个阶级的意志，通常要通过竞选活动来检验。资产阶级政党在竞选活动中，通过对其纲领、政策的宣传，争取本阶级群众对其政纲的支持和拥护。因此，资产阶级政党的竞选活动实际上就是统一阶级意志的过程。获得选举胜利的政党通过执掌政权、制定法律和政策的方式将其阶级意志集中起来，上升为国家意志。

在社会主义国家，无产阶级政党与人民群众的根本利益是一致的。但是由于社会主义国家根本意志和利益反映的是人民的长远利益和整体利益，而人民的获得感往往来自眼前利益、局部利益的实现，这种矛盾决定了无产阶级政党在执政过程中，始终需要集中统一人民群众整体意志，凝聚最大共识，处理好长远利益和眼前利益、整体利益和局部利益的关系，处理好发展与稳定的关系。

（三）掌握和行使国家权力

政党不仅要把阶级意志集中起来，还要把集中起来的阶级意志上升为国家意志。阶级意志上升为国家意志，必须通过掌握和行使国家权力，以立法和制定政策等方式才能实

---

① 列宁．列宁专题文集·论社会主义［M］．北京：人民出版社，2009：82.

② 列宁．列宁选集：第4卷［M］．3版．北京：人民出版社，2012：160.

现。所以，成立政党的目的和作用就是要掌握和行使国家权力。

在资本主义国家，政党掌握政权的方式有两种：一是通过选举取得议会多数席位，把本党的政纲通过议会制定为法律交由政府执行；二是由本党的官员组织和参加政府。在实际政治生活中，资本主义国家的政党还在调节议会和政府之间的权力制衡关系、调和联邦制国家中央和地方分权之间的矛盾以及对政府进行监督等方面具有重要作用和影响。

在社会主义国家，无产阶级政党是社会主义国家的执政党和领导核心。共产党的执政目标是实现社会主义国家和人民的整体利益。

（四）培养政治骨干

政党不仅聚集着本阶级、阶层、集团的政治精英和中坚分子，而且还以其特定的理论、纲领、组织原则、活动方式等，教育和塑造党员，以提高党员的政治素质、强化党员的政治意识和精神、培养党员特别是政治骨干的实际政治能力，为实现政党的政治和社会目标发挥不可或缺的作用。

综上，政党的作用如图 5-2 所示：

图 5-2　政党的作用

第二节　政党制度及其主要类型

政党制度作为国家政治制度的重要组成部分，在很大程度上决定了国家政治生活的形态。任何国家的政党制度都受其社会利益结构、阶级力量和政治力量成熟程度、国体与政体形式、具体政治制度与政治规则以及这个国家历史、文化、经济社会发展等影响，都具有独特特点。

一、政党制度的内涵

政党制度是现代国家政治制度的重要组成部分。政党制度是由国家法律规定或在政治生活实践中形成的，是关于政党参与政治生活的规则、方式以及政党之间、政党与国家政治生活中其他要素之间关系的制度。政党与国家政治生活中其他要素之间的关系主要包括政党与政权的关系、政党与各国家机构的关系、政党与社会的关系，等等。

政党制度具有如下特点：

第一，政党制度由统治阶级依据其意志和利益要求而制定，因此有利于统治阶级政治统治和利益的实现；统治阶级可以依据自己的统治和利益需要随时改变政党制度。

第二，政党制度可以由成文法规定，在宪法中以原则性规定呈现；也可以依据宪法惯例规定而成，以宪法惯例方式呈现。

第三，政党制度规定了该国政党的地位、作用和活动方式，因此，对该国国家政治制度、政治体制以及社会成员的政治活动方式具有深刻影响。

人们通常在同一意义上使用“政党制度”与“政党政治”两个概念。但严格说来，二者是有区别的：政党制度是指政党行使或参与国家政权的规范的总和，包括政党的组织形式、成员类型、纲领章程、活动方式等内容，而政党政治则是指由政党组织、行使、参与或者影响国家权力运行的一种政治活动方式或者状态。

政党制度及其影响因素

二、政党制度的影响因素

一个国家政党制度的形成和发展受诸多因素影响，主要有以下几个方面：

（一）社会利益结构

在资本主义国家，资本家的个人利益在整个社会利益结构中占据主导地位。资本家为实现各自不同利益，必然组织不同的政党进行政治竞争，从而形成多党竞争局面。

在社会主义国家，无产阶级和广大劳动群众的共同利益和根本利益在整个社会利益结构中占据主导地位，而无产阶级政党作为这一利益的代表，是国家的执政党，其他政党作为广大劳动群众不同方面利益的代表，与执政党之间必然形成合作和监督关系。

（二）不同阶级力量对比关系和政治力量发展、成熟程度

政党是在不同阶级利益和政治利益基础上形成的各种政治力量的代表。政党制度的形成不仅表明某一政党在对国家政治生活的影响力方面获得了优势，而且表明它在与其他政党、政治团体之间的关系方面形成了优势。

（三）国体和政体

政党制度是统治阶级意志和利益要求的反映。国体作为国家的性质和根本属性，规定了国家各阶级、阶层在国家政治生活中的地位；政体作为国家政权的组织形式，规定国家各阶级、阶层在政治生活中的作用以及发挥作用的方式和程序。因此，国体和政体必然影响国家政党制度的具体形态。例如：在议会共和制政体中，政党制度受议会制度影响很大，政党的主要活动场所在议会，主要活动方式是通过竞争议席、控制议席进而控制国家权力；在总统共和制政体中，政党制度既受议会制度影响，也与总统直接相关，政党既要竞争议席、控制议席，也要争夺总统职位。

（四）具体政治制度和政治规则

国家具体政治制度和政治规则对其政党制度也具有不可忽视的甚至决定性的影响。选举制度的差异对各国政党制度的影响非常明显：采取两轮多数选举制和比例代表制的国家，往往形成多党制，而采取一轮投票多数制的国家，则容易走向两党竞争及两党制。

除上述因素之外，一国的历史文化传统、民族结构、地域因素等也都对该国政党制度具有重要影响。总体而言，世界各国历史传统和现实国情的多样性，不仅决定了世界政党制度具有多样性，也决定了世界上没有普遍适用于各国的政党制度。中国共产党领导的多党合作和政治协商制度是适合中国国情的新型政党制度，具有鲜明特色和显著优势。

综上，政党制度的主要影响因素如图 5－3 所示：

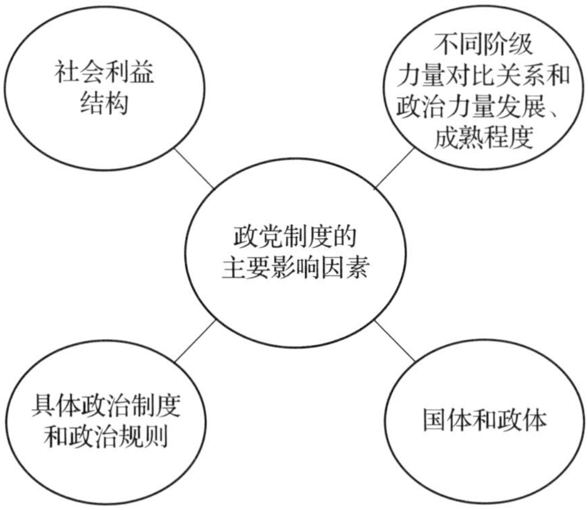

图 5－3 政党制度的主要影响因素

三、政党制度的主要类型

为了更好理解各国政党制度，人们对政党制度进行了不同分类。最有代表性的是根据政党与政权的关系以及参与政权的政党数量，将政党制度划分为一党制、两党制和多党制三种类型。也有学者根据政党之间的关系，将政党制度划分为竞争性政党制度和非竞争性政党制度，等等。

马克思主义主张根据政党制度的性质划分政党制度类型。按照这个标准，可以将政党制度划分为资本主义国家的政党制度和社会主义国家的政党制度。

（一）资本主义国家的政党制度及其主要类型

资本主义国家的政党制度是资本主义国家政党活动的规则、方式和程序。资本主义国家的政党制度是各资本主义国家政党在参与国家政治生活过程中逐渐形成的。由于历史传统、具体政治制度以及现实国情不同，各资本主义国家的政党制度的形式也各不相同。从执政的政党数目、政党关系、政党执政方式等方面综合考察，资本主义国家的政党制度通常可以分为三种类型，即两党制、多党制和一党制。

1. 两党制

（1）两党制的内涵。

资本主义国家的两党制是指资本主义国家中代表资产阶级不同利益集团的两个势均力敌的政党通过竞选取得议会多数席位，或赢得总统选举胜利而轮流执掌国家政权、组织政府、主持国家事务的政党制度。在议会选举中获得多数席位或在总统竞选中获胜的一党执掌政权，成为执政党或称“在朝党”；而在议会选举中没有取得多数席位或在总统竞选中失利的政党，成为反对党或称“在野党”。需要注意的是，两党制国家的反对党一般不是从根本上反对政府，更不是要推翻现政权，而是以合法监督政府、制约执政党的形式充当现政府的后备军，在时机成熟的时候，即政府换届或执政党陷入政治危机时取而代之，实现政权的和平更迭。

两党制描述的仅仅是一国内两大政党轮流执政的政治现象，不是说这个国家内只存在两个政党。事实上，实行两党制的资本主义国家，除了轮流执政的两大政党外，往往还存在其他一些小党。例如：在美国，除民主党和共和党外，还存在共产党、社会党、社会劳工党、社会主义工人党等；在英国，除了保守党、工党两大党外，还存在自由党、共产党、社会民主党、民族阵线等小党。但这些小党因本国政治制度，特别是选举制度及其运作机制的限制，往往难以独掌政权，只能以其他方式和途径影响、参与政府决策和社会政治生活，如当一个大党在议会中难以赢得议会多数时，往往需要小党的支持，或者两大党力量均衡、僵持不下的时候，小党可以对这二者到底由谁取得执政权产生重要的影响作用。

（2）两党制的典型形式。

两党制最初产生于英国，后传入英国的殖民地和受英国影响较深的国家，如美国、加拿大、新西兰、澳大利亚等国家。各国的两党制与其具体政治制度相结合，就形成了各具特色的两党制政党制度模式。目前实行两党制的国家中，有两种典型的两党制模式。

一种是以英国为代表的议会内阁制下的两党制模式。英国两党制的形成和演变过程与英国政党的演变过程一致，大体经历了三个阶段：

第一阶段，托利党与辉格党先后交替执政时期。在这个阶段，英国还没有形成实质性的政党制度，但为英国两党制的形成和发展奠定了基础。英王威廉三世以前，政府内阁是由托利党人和辉格党人选出若干人共同组成的。直到 1714 年，乔治一世即位不久，英国议会才形成了国王不出席内阁会议，而由乔治一世指定议会中获得多数议席的辉格党领导组阁。由此，议会下议院多数党领袖组阁成为英国政治制度中的宪法惯例。在这一阶段，受选举法所限，英国两党的活动仅限于议会。

第二阶段，保守党与自由党轮流执政时期。工业革命之后，托利党和辉格党演变成保守党和自由党，并开始轮流执政。在这个阶段，为适应 19 世纪中叶开始确立的普选制，两党从议会内的政派集团逐步扩展成全国群众性政党组织，这既是近代意义上的政党形成的标志，也是政党政治形成的标志。

第三阶段，保守党与工党轮流执政时期。这也是英国两党制的成熟和完善时期。在这个阶段，英国工党取代自由党地位，形成保守党和工党轮流执政的政治格局。1907 年，保守党首创“影子内阁”，随后，凡在大选中获得下议院次多数议席的政党则正式成为反对党，可以组织“影子内阁”，成为“后备政府”。反对党可以通过不信任投票推翻现政府，取代执政党上台执政。反对党成为有责任的“反对党”。这一阶段，英国形成了一套体系完整的、具有英国特色的两党制。具体而言，英国两党制具有如下特点：

第一，两党围绕下议院议席选举展开活动。英国实行议会内阁制的政治制度。上议院议员由贵族世袭或国王任命，与政党制度无关；下议院议员由选举产生，两大党竞选争夺下议院议员席位，获得多数席位的政党为执政党，组织内阁，执掌政权。执政党的领袖担任首相，内阁成员也都是议会议员。因此，英国执政党不仅掌握行政权，也掌握立法权。在选举中获次多数议席的政党，成为法定“反对党”。执政党与反对党的“对抗”性活动仅以议会为限。反对党作为“后备政府”，也有一套类似政府组织的班子（其设置与内阁部门一一对应），即“影子内阁”领导本党在下议院中的一切活动。当议会就某项政策进行辩论时，由负责该事务的“影子内阁”成员代表反对党发言。如果在下届议会选举中获胜，“影子内阁”就成为该党的执政内阁。

第二，两党均采取集中制。为保证执政党的议案、政策能在下议院顺利通过，并得到有效贯彻和执行，英国两大政党都制定了严格的党纪约束本党党员和议员的行动。在每次重要投票中，两党所有议员必须按其所属政党的决定投票。否则，轻则影响晋升，重则在下次大选中不予提名，甚至被开除党籍。英国两党都有由其领袖任命的党的干事监督该党议员的议会出席情况和投票情况。所以，尽管两党政治分野相当明显，但只要本党议员内部不发生严重分歧，作为多数党领袖的首相，在整个任期内，一般都能得到议会的支持，能够比较有效地推行其政策，从而能够保证本届政府的稳定和统一。英国政党制度的集中制性质还体现在政党本身的组织结构上。英国政党中央和地方组织之间有着直接的联系纽带，并且政党活动具有连续性。两次大选之间，政党的活动并不停止，而是继续开展各自的宣传活动，如召开会议、组织地方力量参加地方选举、保持与议会和内阁的接触等。

另一种两党制典型形式是以美国为代表的总统制下的两党制模式。美国是典型的两党制国家。长期以来，美国民主党和共和党轮流执政，共同维持美国的政治发展与稳定。美国两党制最早萌芽于建国之初联邦党人和反联邦党人的对立。在这段时期，美国事实上只存在民主共和党的一党制。后来几经分化、重组，直至 1828 年大选，民主共和党分化为民主党和国民共和党（国民共和党于 1834 年改名为辉格党，后来内部分裂，北部辉格党与反对奴隶制的民主党人等政治力量在 1854 年 7 月成立新党，取名共和党），开始实行由两党的全国代表提名总统候选人的制度，美国两党制初步形成。美国两党都建立了从全国到地方的各级党的国会外组织。1828—1852 年，两党轮流执政，但民主党在政治舞台上占据优势，辉格党仅有两次执政机会（1840—1844 年，1844—1852 年）。到 19 世纪末 20 世纪初，美国正式形成了比较稳定的由共和党和民主党轮流执政的政党制度。

美国两党制具有如下特点：

第一，美国两党制与总统竞选紧密相关。美国实行总统制，总统和国会在法律地位上是平等的。美国两党制以总统竞选论胜败，两党在议会中席位的多少与执政党和非执政党的地位无关。总统竞选获胜者为执政党，失败者为反对党。在这一制度下，一党若在总统选举中获胜，即使在国会选举中失利也不会影响其执政地位。也就是说，在美国，执政党不一定是多数党，在野党或反对党也不一定是少数党。在美国历史上，常常出现在总统选举中获胜的执政党却是国会中的少数党的情形，这种情形需要执政党与在野党或反对党进行更多的妥协与合作。

第二，在美国，总统选举和参、众两院的选举是两个各自独立的过程。美国议员由选民选举产生，其进退升迁与政党选举胜败无关，所以议员主要从选区利益出发，考虑自己的态度和倾向。这是美国两大政党组织及其领导人对本党议员不具有英国式的、强有力约束的根本原因。

第三，美国两大政党均组织结构松散，没有严格的纪律约束。美国的两大政党虽然存在从地方到中央的组织机构，但两大政党均没有严格的纪律，两党党员也没有严格的入党手续，党员人数统计以大选前的选民登记或以投票为依据。因此，美国的政党凝聚力较弱，基本上是各州和地方委员会的松散联盟，两大政党的全国机构在州和地方机构的权力很有限。美国两大政党这种松散的结构和纪律约束形式，使得两党内部的人员流动比较大，两党所代表的阶级利益差别也日趋模糊，趋向一致。

（3）当代两党制的新变化。

近年来，两党制出现了一些新变化，主要有以下两种：

第一，两党的社会基础日益趋向一致。在工党崛起之前，英国自由党、保守党都是代表资产阶级利益的政党。在工人运动基础上建立的工党自称代表劳工的利益，而且其选民中有相对较多的下层劳动者。第二次世界大战后，中等收入者逐步增加，为争取这部分人的选票，英国工党在政治态度方面一再宣称向所谓的“中间方向”靠拢，与自由党、保守党的社会基础差别已不如成立之初那样分明。美国两党松散的组织结构也导致出现两党相互交融，界限日趋模糊。

第二，两党政策与立法主张趋同。第二次世界大战以来，英国两大政党的政策主张趋同现象非常明显。战后英国两大政党政策上的趋同性主要表现在其福利国家政策体系上。这也是英国两大政党共识政治的核心内容。另外，在立法方面，虽然两党制国家政府周期性更迭，但执政党并不轻易否定上届政府的立法，而且往往重提下台政府因大选而搁置的一部分议案，甚至是在野时所批评、攻击乃至于反对的某些议案。例如：1970 年，新上台的英国保守党政府重提被上届工党政府搁置的 14 项议案；1974 年，工党政府重提保守党政府搁置的 15 项议案。美国两大政党虽然在很多问题上存在较大分歧和差异，但由于两党形成于共同民主价值观及政体之下，加之受政党组织涣散、选民中间化、政治经济形势复杂化等因素影响，其在政策和立法主张方面也具有很大趋同性。

2. 多党制

（1）多党制的内涵。

所谓多党制，就是在一个国家中，多个政党都具有合法地位，由某一政党单独或联合其他政党组成联盟进行竞选和执政的政党制度。在多党制国家，选举中获得议会多数席位的政党或政党联盟组织政府，单独或联合执政；选举失利的政党成为在野党，起监督和牵制执政党的作用。实行多党制的国家主要是在西欧、北欧的一些国家和第三世界摆脱殖民统治的一些民族独立国家。

（2）多党制形成的原因。

第一，资产阶级内部存在众多阶层和利益集团是多党制形成的内在原因。

第二，在实行多党制的国家，由于社会利益多元化需求，形成了代表不同层次和不同利益需求的众多政党，而且各政党在谋求各自利益的相互竞争中，往往不足以单独获得政权，因此，由几个政党在求同存异条件下联合竞选就成为必然选择。例如：德国历史上就长期存在由于宗教分歧、教派之争形成的基督教民主联盟、基督教社会联盟；由工人阶级与资产阶级的矛盾和对抗产生的各种维护和代表工人利益的工人组织和政党；由主张德意志民族统一与代表诸侯国利益的地方主义矛盾派生出的许多代表地方利益的小党，如巴伐利亚故乡党、德国汉诺威党等；由生态问题促成的以保护生态平衡为宗旨的绿党及其他多个类似的小党等。这些政党以其单独之力都不足以获取政权，势必谋求必要的联合以执掌国家权力。

第三，历史传统也是多党制形成的主要原因。实行多党制的国家往往在历史上有过多头党政治实践。例如：法国在大革命时期出现过多头党政治势头，由此形成法国政治生活中的多党制政治传统。

第四，比例代表制是多党制形成的主要制度条件。选举制度形式与政党制度模式密切相关。比例代表制使小党有机会、有可能在议会中占有一席之地，从而有利于多党派和多党制的形成、存在与发展。

（3）多党制的特点。

第一，多党制国家存在三个以上在政治上比较活跃且在议会拥有议席的政党。第二，多党制国家在法律上和制度上都赋予各政党单独或者联合参加竞选并在占议会多数席位情况下单独或联合执政的合法性权利。第三，多党制国家常见的是多党联盟执政形式。第四，实行多党制的国家，由于政党之间矛盾和分歧复杂，且经常不可调和，因此，多党联盟组成的联合政府往往不够稳固，经常出现政局不稳、政府频繁更替现象。

（4）多党制的主要类型。

在实行多党制的国家中，因政党结构的差异，执政党执政方式亦有不同，一般可分为三种类型。

1）两极多元格局的多党制。这种类型的政党制度的特点是：第一，政党数量多，力量分散。第二，各政党往往分化成阵线分明的左右两大阵营，轮流执政。第三，政权的更替往往取决于第三党的结盟。第五共和国时期的法国是这种类型的典型国家。在法国第五共和国第一届国民议会成立之前，戴高乐总统决定实行“单记名多数两轮投票制”，弃用原来的比例代表制。1962 年 11 月，法国立法选举中首次使用单记名多数两轮投票制，由此，法国多党林立的政党格局开始向左翼和右翼两极分化。此后，每经历一次选举，法国党派就重新进行一次分化组合，直到 1974 年 5 月总统选举后，法国最终形成“两极多元”的政党格局。

2）多元并存的多党制。在这种政党制度下，任何一个政党在选举中都很难单独获得绝对多数席位，因此，政府一般都是联合政府，反对派也组成联合阵线与之抗衡。实行这种多党制的国家有意大利、瑞士、芬兰和 1958 年第五共和国建立之前的法国。意大利是这种多党制的典型。战后活跃在意大利政坛上的、影响较大的政党有天主教民主党、意大利共产党、社会党、社会民主党等七个政党。天主教民主党作为战后意大利最大的政党，一直是意大利最主要的执政党；共产党是第二大党，经常处于反对党地位。这两大党占据议会中绝大多数席位，其他小党的席位远远少于两大党，即使在其最强大时也无法与两大党抗衡；而且两大党所获选票数相差不大，在参、众两院席位数也相差无几，都无法成为议会多数，因此，它们往往争取其他小党的支持，组成联合内阁，共同执政。在这种情况下，只要有一个小党，哪怕微不足道的小党撤回对政府的支持或退出政府，都可能会引起政府危机。正是这种政党格局，造成了意大利政局的频繁动荡。

多元并存政党制度的最大特点是：第一，常常不得不形成多党联合执政的局面。第二，政权更迭比较频繁。值得注意的是，政权不稳定并不一定意味着政治不稳定。例如，法国经历了第三、第四共和国的频繁倒阁，第五共和国宪法孕育而生，促成了两极多元的政党体制，保证了政局的相对稳定。虽然意大利政府频繁更换，但内阁主要成员保持了相对稳定。一般而言，新政府的大部分组成人员都是前一届政府的人马，特别是外交部长和内政部长这两个重要职务，人员变动较小，即实际控制意大利政府大权的政界要员变动不大，一方面保证了意大利内外政策的连续性，另一方面也使意大利在政府频繁更迭的情况下保持了相对安定的政治局面。

3）一党独大的多党制。在这种多党制度国家，也存在多个合法政党，但其中只有一个政党处于明显的优势地位并单独执政，而其他政党处于在野党地位。典型的例子是日本的“五五体制”。在日本，议会中拥有席位的政党有7个左右，但在1955年，日本自由党和民主党合并为自由民主党，从此自民党便获得了议会的绝对多数，连续执政38年。根据宪法，日本并不禁止其他政党执政，所以属于多党制。

3. 一党制

资本主义国家一党制是指国家政权完全掌握在一个资产阶级政党手中，在法律上和事实上都不允许其他政党存在或与之争夺政权的政党制度。一党制的要害，不是一党执政，而是全国只有一个合法政党。现代国家的一党制有两种典型形式：一种是法西斯国家的一党制，另一种是亚非拉部分民族独立国家的一党制。

法西斯国家的一党制形成于20世纪20—30年代。当时的日本、德国、意大利等资本主义国家面临全面危机，这些国家的垄断资产阶级为维护其统治地位，抛弃了资产阶级民主制，将本国的封建专制和军国主义文化传统相结合，实行赤裸裸的一党专制的极权统治。法西斯国家的一党制的特点是：第一，代表的是大垄断资本的利益和要求；第二，公开并严令取缔一切其他政党的存在和活动；第三，实行恐怖专政、血腥统治，以暴力和屠杀作为主要统治手段；第四，对外进行疯狂的军事扩张。

亚非拉部分民族独立国家的一党制有其深刻独特的历史背景。这些国家长期处于殖民统治之下，经济、文化极端落后；政治上分裂，部族矛盾、宗教矛盾、民族矛盾以及国家间矛盾十分尖锐，缺乏民主传统。因此，实行这种一党制往往是这些国家维护政治稳定、经济发展以及国家主权独立的现实需要。

（二）社会主义国家的政党制度及其主要类型

共产党领导是社会主义国家政党政治的本质特征。但是，体现这种政党政治本质的形式——政党制度，在不同的国家有不同的形式。这是由各国不同的阶级关系状况、历史条件和革命进程决定的。从历史上看，社会主义国家实行或曾经实行过的政党制度主要有两种类型：无产阶级政党领导制和无产阶级政党领导下的多党合作制。

在一些社会主义国家（包括原社会主义国家），工人阶级政党是唯一合法存在的政党并执掌国家政权。这些国家工人阶级政党单独执政地位的形成有着多种原因，包括：有的国家是因为工人阶级政党在其民主革命或反法西斯战争中是唯一的领导政党，新的国家政权建立以后，其他政党因逐渐失去政治影响而消失；有的国家是因为共产党或工人阶级政党成为执政党后，出于主观或客观原因取缔了其他政党，建立起工人阶级政党单独执政的政党制度。前社会主义国家苏联是实行共产党单独执政的典型。十月革命后，俄国国内不仅有布尔什维克，还存在孟什维克和社会革命党等其他许多小资产阶级性质的政党和团体。列宁根据当时各政党和革命的实际情况，曾经设想过由多党组成“联合政府”和“分掌政权”，正如他于1917年11月在《俄国社会民主工党（布尔什维克）中央委员会宣言》

中所指出的："我们坚持苏维埃政权的原则……同意同苏维埃中的少数派分掌政权，但这个少数派必须诚心诚意地服从多数，并执行全俄苏维埃第二次代表大会全体批准的，采取渐进的、然而是坚定不移的步骤走向社会主义的纲领"①，因此，在全俄苏维埃第二次代表大会（1917 年 11 月）和全俄苏维埃第八次代表大会（1920 年 2 月）期间，布尔什维克在代表大会中占绝对优势，社会革命党、孟什维克等也一直有代表参会。所以，苏维埃政权初期的苏联，实际是布尔什维克占多数的"联合政府"。十月革命后，由于新生的布尔什维克政权面临复杂的国内外形势，布尔什维克与其他政党在《布列斯特-立托夫斯克和约》和战时共产主义政策等问题上发生了分歧，左派社会革命党人退出了政府。第二年武装叛乱发生后，小资产阶级政党也从苏联历史上消失，布尔什维克成为苏联的唯一执政党。东欧的一些原社会主义国家也曾经实行工人阶级政党单独执政的政党制度，如罗马尼亚、匈牙利、阿尔巴尼亚等国家。

在一些社会主义国家，还实行了共产党领导下的多党合作的政党制度形式，如原东欧社会主义国家中的保加利亚、波兰、捷克斯洛伐克等。这些国家有着相似的历史背景，即在第二次世界大战中，这些国家的各种民主力量在反对法西斯的斗争中联合起来，共同斗争；取得胜利后，各民主党派认同并接受工人阶级政党所确立的目标和纲领，继续与工人阶级政党合作，从而在新兴社会主义国家中逐渐形成了工人阶级政党领导的多党合作制度。保加利亚实行的是保加利亚工人党和农民联盟党两党的合作制；波兰实行的是波兰统一党领导下的统一工人党、统一农民党和民主党的合作制；捷克斯洛伐克实行的是共产党与人民党、自由党等的合作制。

中国实行的是中国共产党领导的多党合作和政治协商制度。中国各民主党派在抗日战争和解放战争中与中国共产党结成统一战线，共同为新民主主义革命胜利和新中国成立做出了贡献，并在新民主主义革命胜利后，自觉接受和支持中国共产党的领导，成为与执政的中国共产党合作的参政党，为社会主义建设事业贡献力量。

第三节　当代中国的政党与政党制度

当代中国的政党主要有作为执政党的中国共产党和作为参政党的八个民主党派。中国政党制度即中国共产党领导的多党合作和政治协商制度。中国政党制度作为一种适合中国国情的新型政党制度，不仅在中国政治生活中具有独特优势和不可替代的作用，而且创造了一种新的政党政治模式，对人类政治文明发展具有重大价值。

一、当代中国的政党

当代中国的政党主要包括作为执政党的中国共产党和作为参政党的八个民主党派，即中国国民党革命委员会（简称民革）、中国民主同盟（简称民盟）、中国民主建国会（简称

---

① 列宁．列宁选集：第 3 卷［M］. 3 版．北京：人民出版社，2012：359.

民建）、中国民主促进会（简称民进）、中国农工民主党（简称农工党）、中国致公党（简称致公党）、九三学社、台湾民主自治同盟（简称台盟）。

中国共产党同各民主党派在长期的共同革命和合作中，形成了“共产党领导、多党派合作，共产党执政、多党派参政”的政治格局。

（一）中国共产党是中国的执政党，处于领导地位

1. 中国共产党的执政地位和领导地位是历史和人民的选择

中国共产党的执政地位和领导地位是在中国长期的革命、建设和改革实践中逐步形成并不断巩固的，是中国历史和人民的选择。

鸦片战争以后，中国逐步沦为半殖民地半封建社会，帝国主义的侵略和封建势力的压迫使广大劳动人民处于水深火热之中，民族危机和社会危机不断加深。中华民族面临着争取民族解放和国家独立这两大历史任务。历史经验表明，旧式的农民起义、封建统治阶级的自强、资产阶级改良派和革命派的努力，都没能改变中国半殖民地半封建的社会性质和中国人民的悲惨命运。官僚买办资产阶级，包括北洋军阀和国民党统治集团，所代表的是大地主大资产阶级的利益，在本质上都是反动力量，是旧制度的维护者。中国的民族资产阶级试图建立资产阶级共和国，并为之付出过诸多努力，但因其无法真正摆脱与帝国主义、封建主义的联系，又没有发动群众起来斗争，更提不出彻底反帝反封建的革命纲领，所以，他们领导的革命只能以失败告终。在这种特定的历史背景下，中国共产党登上中国的历史舞台。中国共产党把马克思列宁主义与中国革命的具体实践相结合，制定了中国新民主主义革命的正确纲领和路线，领导全国各族人民经过艰苦卓绝的斗争，实现了反帝反封建斗争的完全胜利，建立起工人阶级领导的、以工农联盟为基础的人民民主专政的社会主义国家，并在社会主义建设和改革进程中不断向实现国家繁荣富强、人民富裕幸福的目标迈进。所以，中国共产党的领导地位是其在带领中国人民完成两大历史任务的过程中形成的。

中国革命的发展过程，也是中国各族人民和各民主派别逐步认识中国共产党、自愿接受中国共产党领导的过程。中国共产党在领导中国人民完成反帝国主义、反封建主义两大历史任务的斗争中，在领导中国社会主义现代化建设和改革开放伟大事业进程中，始终坚持一切从最广大人民的根本利益出发、坚持代表全国各族人民的根本利益，从而获得了中国各族人民最广泛的支持。中国革命、建设以及改革开放的实践一再证明，中国共产党领导不仅是历史的选择、人民的选择，也是中华民族解放、国家独立和富强、实现伟大复兴中国梦的根本政治保证。

2. 中国共产党的领导作用

中国共产党的领导是中国特色社会主义最本质的特征和中国特色社会主义事业健康发展的根本保证。中国共产党对中国社会主义革命和建设事业的领导主要体现为党始终发挥总揽全局、协调各方的领导核心作用。党的核心领导作用是通过党的政治领导、思想领导和组织领导实现的。

党的政治领导主要体现为：在党和国家建设事业发展进程中，党始终依照马克思主义基本原理，立足中国国情，反映时代要求和人民意志，确定奋斗目标，制定正确的路线、方针、政策，并通过法律程序将其转变为国家意志，成为全体人民共同遵循的规范，从而确保党中央权威和党的集中统一领导。

党的思想领导主要体现为：党始终坚持不懈地用马克思主义理论特别是中国化马克思主义理论成果武装全党、教育人民，不断提高全党和全国各族人民群众的思想觉悟，组织和鼓舞全党和全国各族人民自觉地为实现共同目标而努力奋斗。

党的组织领导主要体现为：充分发挥各级党组织的政治核心作用和战斗堡垒作用，发挥党员的先锋模范作用；培养、选拔、考核和监督干部并向国家机关推荐德才兼备的干部；密切党同人民群众的血肉联系；保证党的路线、方针、政策的贯彻执行，保证国家的宪法、法律付诸实施，以推进中国特色社会主义事业的发展。

党的政治领导、思想领导、组织领导是统一的、不可分割的整体。党的政治领导是根本，思想领导是灵魂，组织领导是保证。在实践中，中国共产党坚持科学执政、民主执政、依法执政，不断改革和完善党的领导体制和工作机制，规范党委与人大、政府、政协以及各人民团体的关系，以确保党中央权威和党的集中统一领导，确保党发挥总揽全局、协调各方的领导核心作用。

3. 坚持党的领导必须不断改善党的领导

坚持党的领导和改善党的领导是辩证统一的。坚持党的领导所要解决的是社会主义事业的领导核心，即党在社会主义事业中的领导地位和作用的问题；改善党的领导所要解决的是通过完善党的领导方式和执政方式，更好地坚持和实现党对社会主义建设事业的领导问题。坚持党的领导是改善党的领导的前提，改善党的领导是更好、更持久坚持和实现党的领导的途径和现实要求。

党领导的社会主义建设事业是伟大而艰巨的事业，越向前推进、向前发展，面临的问题越复杂。只有根据时代发展要求，以改革创新精神不断提高和完善自己，不断推进党的建设的实践创新、理论创新、制度创新，才能确保党始终走在时代前列，始终成为发展中国特色社会主义的坚强领导核心。

新时代，中国共产党的中心任务就是团结带领全国各族人民全面建成社会主义现代化强国、实现第二个百年奋斗目标，以中国式现代化全面推进中华民族伟大复兴。要实现这一艰巨任务，必须坚决维护党中央权威和集中统一领导，实现党的全面领导，把党的领导落实到党和国家建设事业的各领域各方面各环节，从而确保我国社会主义现代化建设的正确方向，确保拥有团结奋斗的强大政治凝聚力，集聚起万众一心、共克时艰的磅礴力量。同时，要时刻保持解决大党独有难题的清醒和坚定，以党的执政能力建设和先进性建设作为主线，坚定不移全面从严治党，以改革创新精神深入推进新时代党的建设新的伟大工程，进一步把党建设成为立党为公、执政为民、求真务实、清正廉洁、富有活力、团结和谐的马克思主义执政党。

（二）中国民主党派是参政党，处于参政地位

1. 中国民主党派的形成

中国民主党派是在新民主主义革命时期，在反帝爱国、争取民主和反对国民党独裁专制的斗争中先后形成和建立的。中国民主党派的发展是高扬爱国主义旗帜、不断追求民主进步的过程，是同中国共产党风雨同舟、团结合作的过程。

中国民主党派大多成立于抗日战争时期和解放战争时期。当时，面对帝国主义的侵略压迫，中国的民族资产阶级、城市小资产阶级、知识分子先后组成不同的政治派别——民主党派，试图走国共两党之外的“第三条道路”。在中国共产党统一战线政策的影响和团结争取下，各民主党派不断加深对中国共产党的了解，与中国共产党逐步形成亲密合作关系，互相声援、彼此配合，共同致力于民族独立解放斗争。特别是1948年中国共产党发布著名的“五一口号”后，民主党派积极响应，纷纷表示愿意在中国共产党领导下，共同致力于中国民主革命的成功和新中国的早日实现。由此，标志着在血与火的斗争洗礼和比较选择中，中国民主党派在政治上实现了从同情和倾向中国共产党到公开表示自觉接受中国共产党领导、走新民主主义革命道路的根本转变，从而为中国共产党领导的多党合作和政治协商制度的形成奠定了政治基础。

2. 中国的民主党派

历史上，中国民主党派是指反对国民党独裁统治，以民主为宗旨的各党派。新中国成立，中国共产党成为执政党后，民主党派是指中国共产党以外的中国其他的参政党。目前我国有以下八个民主党派：

（1）中国国民党革命委员会，简称民革。民革主要由原中国国民党中的左翼人士、长期支持和参与民革革命活动的进步人士、同台湾各界有联系的人士以及其他人士中有代表性的中上层人士和中高级知识分子组成。中国国民党革命委员会于1948年1月1日正式宣布成立。

（2）中国民主同盟，简称民盟。民盟主要由从事文化教育以及科学技术工作的中高级知识分子组成。中国民主同盟于1941年3月19日成立，当时的名称是中国民主政团同盟。1944年9月，中国民主政团同盟召开全国代表会议，决定改名称为中国民主同盟。

（3）中国民主建国会，简称民建。目前，民建主要成员为来自大中型城市的工商企业家和经济界的中高层人士。民建于1945年12月16日由当时爱国的民族工商业者和与之有联系的知识分子发起，在重庆宣布成立。

（4）中国民主促进会，简称民进。目前，民进成员主要由教育、文化、出版工作领域的中高级知识分子组成。民进于1945年12月30日由当时文化、教育、出版界知识分子以及一部分工商界爱国人士发起，在上海正式宣告成立。

（5）中国农工民主党，简称农工党。农工党主要由医药卫生界中高级知识分子、生态环境和人口资源领域的代表性人士组成。农工党由国民党左派人士邓演达等于1930年8月9日在上海组织成立的中国国民党临时行动委员会发展而来，该委员会于1935年11月10日改名为中华民族解放行动委员会，1947年2月3日改名为中国农工民主党。

（6）中国致公党，简称致公党。致公党主要由归国华侨、侨眷及与海外有联系的代表性人士、专家学者组成。致公党于1925年10月由华侨社团发起，在美国旧金山成立。1947年5月，致公党第三次代表大会将其改组成为新民主主义的政党。

（7）九三学社。九三学社主要由科学技术界中高级知识分子组成。九三学社起始于

1944 年底，一批进步学者为争取抗战胜利、发扬反帝爱国与民主科学精神，在重庆组织了民主科学座谈会。后来，为纪念抗日战争和世界反法西斯战争胜利，改建为九三学社，并于 1946 年 5 月 4 日在重庆正式召开成立大会。

（8）台湾民主自治同盟，简称台盟。台盟主要由台湾省籍人士组成。台盟于 1947 年 11 月 12 日由部分从事爱国主义运动的台湾省人士在台湾人民“二二八”起义以后发起，在香港成立。

综上，中国各民主党派的成立时间、主要组成人员如表 5－1 所示。

表 5－1　中国各民主党派的成立时间、主要组成人员

中国民主党派名称	成立时间	主要组成人员
中国国民党革命委员会（民革）	1948 年 1 月 1 日	原中国国民党中的左翼人士、长期支持和参与民革革命活动的进步人士、同台湾各界有联系的人士以及其他人士中有代表性的中上层人士和中高级知识分子
中国民主同盟（民盟）	1941 年 3 月 19 日	从事文化教育以及科学技术工作的中高级知识分子
中国民主建国会（民建）	1945 年 12 月 16 日	来自大中型城市的工商企业家和经济界的中高层人士
中国民主促进会（民进）	1945 年 12 月 30 日	从事教育、文化、出版工作的中高级知识分子
中国农工民主党（农工党）	1930 年 8 月 9 日	医药卫生界中高级知识分子、生态环境和人口资源领域的代表性人士
中国致公党（致公党）	1925 年 10 月	归国华侨、侨眷及与海外有联系的代表性人士、专家学者
九三学社	1946 年 5 月 4 日	科学技术界中高级知识分子
台湾民主自治同盟（台盟）	1947 年 11 月 12 日	台湾省籍人士

此外，中国还有一批没有参加任何政党、有参政议政愿望和能力、对社会有积极贡献和一定影响的人士，其主体是知识分子，也是中国重要的政治力量，目前把他们称为“无党派人士”。

3. 中国民主党派的参政作用

中国民主党派是通过政治协商、民主监督和参政议政等方式发挥其参政党作用的。与西方国家的政党不同，中国民主党派不是执政党，也不是在野党和反对党，他们参加国家政权，参与国家大政、方针、政策以及法律、法规的制定和执行，参加国家领导人选的协商、国家事务的管理等，这些参政权是西方国家的在野党不可能拥有的。中国共产党与各民主党派在坚持四项基本原则的基础上通过提出意见、批评、建议等方式进行互相监督，而且，这种监督作为政治监督，是我国社会主义监督体系的重要组成部分。

中国各民主党派在中国革命特别是中国特色社会主义现代化建设和改革开放实践中，已经成为各自所联系的那部分社会主义劳动者、社会主义事业建设者和拥护社会主义的爱国者、拥护祖国统一和致力于中华民族伟大复兴的爱国者的政治联盟，成为中国共产党领导的社会主义现代化事业建设和发展的政治力量，在中国社会政治生活中担负着重要角色、发挥着不可替代的作用。各民主党派的领导机构和广大成员不仅代表他们所联系的那部分人民群众的具体利益与要求，同时也始终关心和研究国家的全局性问题，不断为国家发展和人民利益诉求建言献策。在半个多世纪的历史发展中，中国共产党和各民主党派通力合作，相互监督，共同推动了中国特色社会主义事业的发展。新时代，以中国式现代化全面推进中华民族伟大复兴更加需要各民主党派的支持和通力合作。因此，要支持民主党派按照各自章程规定的参政党建设目标，按照坚持中国共产党领导、坚持进步性和广泛性相统一，不断加强思想建设、组织建设、制度建设，不断提高民主党派政治协商、参政议政和民主监督水平。

二、中国政党制度是新型政党制度

（一）中国新型政党制度的概念与内涵

中国共产党领导的多党合作和政治协商制度是具有中国特色的新型政党制度。作为中国的一项基本政治制度，中国新型政党制度指的是中国共产党与中国各民主党派及其他社会组织通过人民政治协商会议以及其他形式进行合作和政治协商的制度。这一制度的内涵体现在以下四个方面。

1. 中国共产党领导是中国新型政党制度的前提和基础

在我国的政治生活中，中国共产党是执政党，处于统揽全局、协调各方和全面领导的地位；民主党派是参政党，接受中国共产党领导，同中国共产党通力合作。在中国新型政党制度下，共产党的领导不是指共产党包办一切事务，而是指在各党派民主平等基础上进行政治领导，即政治原则、政治方向和重大方针政策的领导。中国共产党的领导地位是在长期革命、建设、改革实践中形成并巩固起来的，是历史的选择、人民的选择。

2. 中国共产党和各民主党派根本利益一致，有共同的奋斗目标

中国共产党与各民主党派有共同的政治基础，其中最核心的内容是“爱国、民主和科学”。这一政治基础表明了中国共产党与各民主党派具有根本利益的一致性和共同的政治目标，决定了各民主党派在中国革命、建设、改革各个时期都能够接受中国共产党领导，并与中国共产党进行广泛合作。

3. 政治协商是中国新型政党制度的核心内容

政治协商作为中国新型政党制度的核心内容，是指中国共产党各民主党派、各人民团体、无党派人士和各族各界人士对国家和地方的大政方针以及政治、经济、文化和社会生活中的重要事务在决策之前和决策执行过程中进行充分的协商。中国共产党与民主党派政治协商的基本方式主要有两种，即“中国共产党同各民主党派的政治协商”和“中国共产党在人民政协同各民主党派和各界代表人士的协商”。

4. 宪法和法律是中国各政党活动的基本准则

中国共产党领导的多党合作和政治协商制度作为社会主义民主的重要内容，是在中国

宪法和法律制度框架下设定和运行的。各政党包括执政党都必须尊重宪法和法律的权威。各民主党派具有宪法规定的权利和义务，享有宪法所保障的政治自由、组织独立和法律地位，以及自主管理内部事务、独立开展活动的权利。

（二）中国新型政党制度的形成与发展

中国新型政党制度既是中国社会历史发展的必然产物，也源自中国共产党自身的组织和领导体制及其社会整合能力。

中国新型政党制度孕育于近代以来中国民主革命的历史进程中。近代中国陷入半殖民地半封建社会的深渊，国家和民族危难深重。为摆脱帝国主义和封建主义的压迫，一代又一代中国仁人志士奋起抗争，努力寻求救国救民的真理。中国革命的先行者孙中山先生发动和领导了具有资产阶级民主革命性质的辛亥革命，建立了中华民国，并效仿西方国家实行议会政治和多党制。随后各类政治团体竞相成立。中国共产党提出新民主主义革命纲领，在共同抗击日本帝国主义侵略、反对国民党独裁统治的斗争中，得到各民主党派的拥护和支持，与各民主党派建立了亲密的合作关系。

中国新型政党制度形成于协商筹建新中国的伟大实践中。1948 年 4 月，解放战争胜利前夕，中国共产党提出召开新政治协商会议、成立民主联合政府的主张。各民主党派、无党派人士和社会各界对此热烈响应和拥护。这在实际上表明了中国各民主党派、各人民团体、各族各界人士对中国共产党领导的自觉和公开接受，从而为中国共产党领导的多党合作和政治协商制度奠定了基础。1949 年 9 月，中国人民政治协商会议第一届全体会议召开，会议通过了《中国人民政治协商会议共同纲领》（以下简称《共同纲领》），《共同纲领》规定：在普选的全国人民代表大会召开以前，中国人民政治协商会议全体会议执行全国人民代表大会的职权；在普选的全国人民代表大会召开以后，中国人民政治协商会议要就有关国家建设事业的根本大计及其他重要措施，向全国人民代表大会或中央人民政府提出建议案。中国新型政党制度由此确立。

中国新型政党制度发展于社会主义革命、建设、改革的伟大进程中。中华人民共和国成立后，中国共产党不断加强与各民主党派、无党派人士的团结合作。随着“长期共存、互相监督、肝胆相照、荣辱与共”合作方针的形成，中国新型政党制度格局得以巩固。1989 年，中共中央制定了《关于坚持和完善中国共产党领导的多党合作和政治协商制度的意见》，中国新型政党制度建设走上了制度化轨道。1993 年，“中国共产党领导的多党合作和政治协商制度”载入宪法，中国新型政党制度有了明确的宪法依据。2002 年后，中国共产党从建设社会主义政治文明的高度，先后制定了《中共中央关于进一步加强中国共产党领导的多党合作和政治协商制度建设的意见》（2005 年）和《中共中央关于加强人民政协工作的意见》（2006 年），中国新型政党制度进一步发展。

中国新型政党制度完善于中国特色社会主义新时代。党的十八大以来，以习近平同志为核心的党中央一方面不断推进多党合作事业发展的理论创新，明确提出中国共产党领导的多党合作和政治协商制度是新型政党制度，是国家治理体系的重要组成部分，是对人类政治文明的重大贡献；另一方面，在实践上，把中国共产党领导的多党合作和政治协商推进到制度化、规范化发展新的阶段，并提出“进入新时代，多党合作要有新气象、思想共识要有新提高、履职尽责要有新作为、参政党要有新面貌”的发展方向和要求。可以预见，植根于中国历史和国情的中国新型政党制度，必将展示强大生命力，在推进国家治理体系和治理能力现代化中发挥独特优势和不可替代的作用，并为人类政治文明发展做出重大贡献。

（三）中国新型政党制度的基本功能和实现方式

1. 中国新型政党制度的基本功能

中国新型政党制度是人民当家作主的重要实现形式和社会主义协商民主的重要制度载体。中国新型政党制度以合作、参与、协商为基本精神，以团结、民主、和谐为本质属性，具有政治参与、利益表达、社会整合、民主监督和维护稳定的重要功能。具体而言，主要体现在以下几方面：

第一，提供制度化的政治参与渠道。中国新型政党制度把各种社会政治力量纳入政治体制框架内，为各民主党派的政治参与提供了制度化渠道，巩固和扩大了人民民主国家政权的基础；这一制度可以有效调动各方积极性，广集民智，广求良策，推动执政党和政府决策的科学化、民主化。

第二，反映和表达不同阶级、阶层利益要求。中国新型政党制度作为政治协商的平台，是各民主党派、各阶层有效反映中国经济体制变革、社会结构变动、利益格局调整所带来社会各方面的利益诉求的合法渠道，为党和国家兼顾和协调各方利益关系奠定坚实基础。

第三，整合社会力量、提高政治认同。中国新型政党制度运行以中国共产党领导为前提和基本原则，通过与各民主党派的广泛合作和政治协商，不仅能够紧密团结各民主党派，调动各方面的积极性，也能不断提高各民主党派、各族各界人士广泛的政治认同，从而引导和组织社会各方力量沿着中国式现代化道路和方向不断前进。

第四，实现民主监督、提高执政水平。各民主党派反映和代表各自所联系的群众的具体利益和要求，能够提供中国共产党自身之外的监督和更多方面的信息，从而促使共产党更加自觉、坚决地抵制和克服官僚主义和各种消极腐败现象，不断提高和改进执政水平和执政能力。

第五，化解社会矛盾、维护政治稳定。中国新型政党制度以合作、协商代替对立、竞争、争斗，能够有效化解各种社会矛盾和冲突，避免政党间互相倾轧造成的政局不稳和政权频繁更迭，从而最大限度地维护安定团结的社会政治局面，保持政治稳定和社会和谐。

第六，中国新型政党制度还具有国际功能，体现在：它不仅为人类政治文明贡献了中国智慧、中国经验和中国方案，还是人类进步事业和人类文明发展的重要力量。正如习近平在 2017 年 12 月 1 日的中国共产党与世界政党高层对话会上的主旨讲话中指出的，“世界格局在变，发展格局在变，各个政党都要顺应时代发展潮流、把握人类进步大势、顺应人民共同期待，把自身发展同国家、民族、人类的发展紧密结合在一起……共襄构建人类命运共同体的伟业。”作为世界上最大的政党，中国共产党不仅在中国“国家政治生活中发挥着重要作用，也是推动人类文明进步的重要力量”，中国共产党领导中国人民做好中国自己的事情，就是对构建人类命运共同体的贡献。

2. 中国新型政党制度的实现方式

中国人民政治协商会议是中国新型政党制度的重要组织形式和实现方式。人民政协在全国人民代表大会制度建立之前曾代行国家权力机关的职权，人民代表大会制度建立后，人民政协成为中国共产党与各民主党派、各人民团体及各界代表对国家大政方针和社会生活中的重大问题进行协商、合作的重要方式、机关和场所。作为中国新型政党制度实现方式的人民政协是中国国家治理体系的重要组成部分和具有中国特色的制度安排，是社会主义协商民主的重要渠道和专门协商机构。人民政协工作的内容和方式是“聚焦党和国家中心任务，围绕团结和民主两大主题，把协商民主贯穿政治协商、民主监督、参政议政全过程，完善协商议政内容和形式，着力增进共识、促进团结”。其民主监督的重点是“监督党和国家重大方针政策和重要决策部署的贯彻落实”①。各级党委支持人民政协开展政治协商的方式主要有：全体会议、专题议政性常务委员会会议、专题协商会、协商座谈会等。②

中国共产党召集的协商座谈会也是一种中国共产党与其他各民主党派实现合作的方式。《中共中央关于坚持和完善中国共产党领导的多党合作和政治协商制度的意见》规定，此类活动方式主要有三种：一是中共中央主要领导人邀请各民主党派主要领导人和无党派的代表人士举行民主协商会，一般每年举行一次；二是中共中央主要领导人根据形势需要，不定期地邀请民主党派主要领导人和无党派的代表人士举行高层次、小范围的谈心活动；三是由中共召开民主党派、无党派人士座谈会，大体每两个月举行一次。这类协商座谈会的方式是党的十一届三中全会以来逐步形成的一种我国政治生活包括政党合作的惯例。由于这类座谈会主要是在中国共产党和民主党派之间进行，因此成为我国政党合作制度的一种较为常见的方式。

中国共产党和各民主党派共同参加各级人大和政府工作是双方实现合作的一种重要方式。这种合作方式主要表现为中国共产党和各民主党派在协商基础上联合提出并确定全国和地方各级人大、国务院和各级人民政府中的代表及候选人。

（四）中国新型政党制度是伟大的政治创造

中国新型政党制度是中国的一项基本政治制度。这一制度是马克思主义政党理论与中国历史文化传统和国情实际相结合的产物，是中国共产党、中国人民、各民主党派、无党派人士的伟大政治创造，具有显著特征和独特优势。

1. 中国新型政党制度的显著特征

作为伟大的政治创造，中国新型政党制度的显著特征主要体现在：与其他国家政党制度相比，它是一种新型政党制度。具体而言，主要体现在：

第一，中国新型政党制度新就新在它是马克思主义政党理论同中国具体实际相结合的产物，能够真实、广泛、持久代表和实现最广大人民

中国新型政党制度的特征和优势

① 习近平．决胜全面建成小康社会，夺取新时代中国特色社会主义伟大胜利［M］．北京：人民出版社，2017：38.

② 中国共产党政治协商工作条例［M］．北京：人民出版社，2022：11－12.

根本利益、全国各族各界根本利益，有效避免了旧式政党制度代表少数人、少数利益集团的弊端。这是中国新型政党制度的最显著特征。马克思主义理论，特别是马克思主义政党理论是中国政党制度的理论基础。马克思主义建党理论与以往旧式政党理论的根本区别在于，旧式政党制度以维护部分人利益为建党目的，而马克思主义政党“强调和坚持整个无产阶级共同的不分民族的利益”①，服务于整个无产阶级。中国共产党以马克思主义政党理论和建党原则为指导，结合中国社会历史国情和中国特色社会主义事业发展实际要求，把广大人民群众根本利益作为出发点和落脚点，开启建党和领导中国革命、建设、改革开放和民族复兴的伟大事业。正是因为“在任何时候都把群众利益放在第一位，同群众同甘共苦，保持最密切的联系，坚持权为民所用、情为民所系、利为民所谋，不允许任何党员脱离群众，凌驾于群众之上”②，中国共产党才能领导中国人民取得新民主主义革命的胜利，才能取得中国各民主党派、各族各界人士的支持并接受其领导和主张，展开政治协商、成立新中国，并将中国特色社会主义现代化事业不断推向前进。

第二，中国新型政党制度新就新在它通过制度化程序安排把各个政党和无党派人士紧密团结起来、为着共同目标而奋斗，推进决策科学化、民主化，从而有效避免一党缺乏监督或者多党轮流坐庄、恶性竞争的种种弊端。中国新型政党制度以“合作”“协商”为原则，创造了新型的政党关系，形成了新型政党政治形式：中国共产党与各民主党派是团结合作的友党关系，而不是互相竞争的在朝党与在野党、执政党与反对党的关系。在中国新型政党制度框架下，中国共产党作为执政党和领导党，代表中华民族整体利益，各民主党派和无党派人士基于各自相应的社会基础，联系和代表一部分群众的利益，是中国共产党的好参谋、好帮手、好同事。同时，各党派通过制度化、程序化、规范化的政治安排协商共事，能够凝聚各方共识、智慧和力量，推动决策民主化科学化，还能有效避免旧式竞争性政党体制下各党派囿于各自党派利益、阶级利益、区域和集团利益决策和施政而导致社会不稳定的弊端。

西方资本主义国家政党政治的基本组织形式是“执政-在野（反对）”，而中国共产党领导的多党合作和政治协商制度的政治形式，是“执政-参政”。“执政-在野（反对）”的政党政治形式的规则是“零和博弈”，即“一方所得同时就是另一方所失”，即在选举中获胜的政党“上台”，选举失利的政党成为反对党或在野党。“执政-参政”的政党政治形式则是一种“双赢”的选择：在现行政治制度的框架下，不处于执政地位的各民主党派可以以参政党的身份参与国家政权，在政治生活中发挥积极作用，也可以在国家政权中获得相当的政治地位。中国新型政党制度的“执政-参政”政党政治形式为不同政治力量通过协商的形式解决国家政治发展中的各种问题提供了制度化平台，是对民主政治的一种创新性发展，是协商民主的典型体现。

第三，中国新型政党制度新就新在开创了新的政党间的相互监督形式和机制。西方国家在野党的一个重要功能就是监督执政党，但是这种监督是本着一己之私的单向监督形式。中国共产党和民主党派之间的民主监督是执政党与参政党双向的相互监督，双方相互

① 马克思，恩格斯．马克思恩格斯选集：第1卷［M］.3版．北京：人民出版社，2012：413.
② 中国共产党章程［M］.北京：人民出版社，2022：11.

监督的宗旨是实现人民根本利益，出发点是协调和实现各方面利益。在中国新型政党制度下，中国共产党对民主党派的监督是通过思想教育、政策宣传、团结引导等方式实现的，目的是切实保证和不断提高各民主党派的参政、议政和民主监督水平；各民主党派对中国共产党的监督是通过提出意见、批评、建议等方式进行的政治监督，目的是帮助中国共产党更好地执政，提高执政水平。当然，由于中国共产党是执政党，因此，各民主党派对中国共产党的监督是相互监督的主要方面。中国新型政党制度独特的“相互监督”形式和机制，使得中国的政党组织已不再是通常意义上相互冲突或矛盾的不同利益的代言人，而是人民根本利益一致基础上的政策协调与合作者。

2. 中国新型政党制度的独特优势

中国共产党领导的多党合作和政治协商制度，因其实现了执政与参政、领导与合作、协商与监督的有机统一，因而显示出独特优势。

第一，中国新型政党制度能够实现利益代表的广泛性。中国政党制度所联结的中国共产党和各民主党派、各族各界人士不仅代表了中国人民的根本利益和权利，也代表了不同党派、群体的特殊利益和权利，不仅有利于真实、广泛、持久地代表和实现最广大人民的根本利益、全国各族各界根本利益，也为各民主党派和无党派代表人士及其所代表的阶层和群体全面、真实、充分地反映各社会阶层人士的意见建议，开辟了制度化的渠道，具有能够实现利益代表的广泛性的优势。这既是中国人民的共同意志和愿望，也符合中华民族历来倡导的天下为公、兼容并蓄、求同存异等优秀传统文化，因而也是对人类政治文明的重大贡献。

第二，中国新型政党制度有利于凝聚各方共识、智慧和力量，调动各方积极性、主动性和创造性，共同致力于国家和民族的复兴大业。中国共产党新型政党制度体现的是国家和人民的根本意志和利益，这一制度的根本目标是在中国共产党的领导下，各民主党派、各族各界人士、无党派人士和广大爱国者结成最广泛的统一战线，共同致力于国家富强、民族复兴大业。正如习近平指出的：“多党合作建立之初心”，“把我国社会主义政党制度坚持好、发展好、完善好”，就是“坚定不移走中国特色社会主义政治发展道路”①。这一共同目标决定了中国新型政党制度是把为各方力量履职尽责提供支持保障、不断优化各种政治资源配置作为其完善和发展的方向和落脚点，因此，有利于广泛凝聚社会共识、智慧和力量，调动和发挥各界积极性、主动性、创造性，共同致力于中国特色社会主义现代化建设事业，致力于民族团结和祖国统一大业的实现。

第三，中国新型政党制度有利于促进决策施策的科学性，保障国家治理的有效性。中国新型政党制度超越党派利益、阶级利益、区域和集团利益，通过政党协商、参政议政、民主监督等制度化、规范化、程序化的安排，在中国共产党统一领导下，各党派积极参与国家事务，充分表达各种意见和建议，从而有利于集中达成最大共识并增强决策施策的科学性。同时，中国新型政党制度以合作、协商代替对立、争斗，坚持在协商中求同存异，能够有效避免否决政治、议而不决、决而不行，从而保证国家各项治理政策执行的有效性。

---

① 习近平．不忘合作初心 凝聚奋斗力量［N］．新华每日电讯，2018－03－05(3)．

三、中国政党制度与统一战线

统一战线是各种政治力量组成的联合、联盟。中国统一战线是中国新型政党制度的重要组成部分，是中国新型政党制度的重要运行方式，也是中国新型政党制度发挥作用的纽带。

（一）统一战线的内涵和理论基础

1. 统一战线的内涵

广义而言，统一战线是指在一定的历史条件下，不同社会政治力量（包括阶级、阶层、政党、集团乃至民族、国家等）为某种共同利益和目标结成的政治联盟、政治联合。在我国政治生活中，统一战线特指以中国共产党为领导、以工农联盟为基础，中国全体社会主义劳动者、社会主义事业的建设者、拥护社会主义的爱国者、拥护祖国统一和致力于中华民族伟大复兴的爱国者的联盟。

统一战线是中国共产党夺取革命、建设、改革事业胜利的重要法宝，是中国共产党凝聚人心、汇聚力量、巩固党的执政地位的重要法宝，也是全面建成小康社会、加快推进社会主义现代化、实现中华民族伟大复兴中国梦的重要法宝①。正如习近平所指出的，正是“我们坚持发展最广泛的爱国统一战线，发展独具特色的社会主义协商民主”，才“有效凝聚了各党派、各团体、各民族、各阶层、各界人士的智慧和力量”②。

2. 统一战线的理论基础

中国统一战线是中国共产党把马克思主义基本原理与中国革命具体实践相结合而形成的。统一战线是马克思主义的一个基本战略策略问题。马克思和恩格斯在《共产党宣言》中就曾指出：“被剥削被压迫的阶级（无产阶级），如果不同时使整个社会永远摆脱剥削、压迫和阶级斗争，就不再能使自己从剥削它压迫它的那个阶级（资产阶级）下解放出来”③，进而提出了“全世界无产者联合起来”的口号，并在指导无产阶级解放的革命斗争中，在总结经验的基础上，开创了无产阶级统一战线的思想。列宁在领导俄国革命实践中也强调，利用一切机会来获得同盟者，对于无产阶级夺取政权以前和以后的时期都是同样适用的。中国共产党人把马克思主义基本原理与中国具体实际相结合，把统一战线作为中国革命、建设、改革的一个基本问题，在实践中创造性地提出了一系列具有中国特色的统一战线理论和政策，包括：统一战线是中国革命、建设和改革事业取得胜利的重要法宝，是中国共产党执政兴国的重要法宝；统一战线的永恒主题是大团结大联合；坚持党对统一战线的领导权；要对官僚资产阶级和民族资产阶级采取不同策略；要坚持原则性和灵活性相结合；实行中国共产党领导的多党合作和政治协商制度；等等。

（二）统一战线的作用

中国革命、建设和改革的历史和实践表明，统一战线不仅是党克敌制胜、执政兴国的重要法宝，也是党团结海内外全体中华儿女实现中华民族伟大复兴的重要法宝。

---

① 中国共产党统一战线工作条例（试行）[M]. 北京：华文出版社，2015：1.
② 习近平 . 习近平谈治国理政：第 2 卷 [M]. 北京：外文出版社，2017：287.
③ 马克思，恩格斯 . 马克思恩格斯选集：第 1 卷 [M]. 3 版 . 北京：人民出版社，2012：380.

新中国成立前，中国共产党把统一战线作为进行革命斗争的重要武器，并根据不同阶段的历史任务，先后建立了国民革命联合战线、工农民主统一战线、抗日民族统一战线、人民民主统一战线，为夺取新民主主义革命胜利奠定了坚实基础。1948 年上半年，在解放战争胜利已成定局的情况下，中共中央发布《纪念“五一”劳动节口号》，号召各民主党派、各人民团体、各社会贤达迅速召开政治协商会议，讨论召开人民代表大会，成立民主联合政府等，并得到各界著名民主人士的拥护和响应。1949 年 9 月，中国人民政治协商会议的召开，标志着统一战线进入新的历史时期，并且形成了自己的组织形式——中国人民政治协商会议。中国人民政治协商会议第一届全体会议代行全国人民代表大会的职权，代表全国人民的意志，为中华人民共和国的成立发挥了重要的历史作用。

新中国成立后，国家面临百废待举、百业待兴的发展任务。中国共产党进一步巩固和扩大人民民主统一战线，广泛团结凝聚各党派、各团体、各民族、各阶层和各界人士，激发其投身社会主义革命和建设的热情。

改革开放后，为推进改革开放和社会主义现代化建设事业发展提供强大支持，中国共产党突出爱国主义性质和大团结大联合的鲜明主题，将新时期统一战线明确为“爱国统一战线”。

新时代，党和国家面临的新形势、新任务以及复杂的国际局势，更加需要统一战线发挥凝聚共识和力量的功能。为此，中国共产党明确提出，要巩固和发展最广泛的爱国统一战线，完善大统战工作格局，动员全体中华儿女围绕实现中华民族伟大复兴中国梦一起来想、一起来干①。

（三）统一战线的工作机制

统一战线的工作机制主要体现在其指导思想和主要任务、基本原则和目标、工作范围和对象、组织形式和领导机构等方面。

1. 统一战线的指导思想和主要任务

统一战线的指导思想和主要任务体现为：以马克思列宁主义、毛泽东思想、邓小平理论、“三个代表”重要思想、科学发展观和习近平新时代中国特色社会主义思想为指导，坚定不移走中国特色社会主义道路，紧紧围绕经济建设、政治建设、文化建设、社会建设、生态文明建设“五位一体”总体布局和全面建成小康社会、全面深化改革、全面依法治国、全面从严治党的“四个全面”战略布局，高举爱国主义、社会主义旗帜，坚持大团结大联合的主题，坚持正确处理一致性和多样性关系的方针，积极促进政党关系、民族关系、宗教关系、阶层关系、海内外同胞关系和谐，调动一切可以调动的积极因素和力量，为实现中华民族伟大复兴的中国梦服务，为维护社会和谐稳定、维护国家主权安全和发展利益服务，为保持香港澳门长期繁荣稳定、实现祖国完全统一服务②，为全面建成社会主义现代化强国、实现中华民族伟大复兴汇聚磅礴伟力。

---

① 习近平．高举中国特色社会主义伟大旗帜 为全面建设社会主义现代化国家而团结奋斗：在中国共产党第二十次全国代表大会上的报告［M]. 北京：人民出版社，2022：6.

② 中国共产党统一战线工作条例（试行）［M]. 北京：华文出版社，2015：2.

2. 统一战线的基本原则和目标

在中国革命、建设、改革事业长期发展中，党在统一战线工作中形成了一系列基本原则，主要有：坚持党对统一战线的领导，坚持高举爱国主义、社会主义两面旗帜，坚持为党和国家的中心任务和大局服务，坚持大团结大联合的主题，坚持正确处理一致性和多样性关系，坚持尊重、维护和照顾同盟者利益，坚持广交、深交党外朋友，坚持大统战工作格局，坚持“团结—批评—团结”等。

统一战线的目标随着党在中国革命、建设和改革各个历史时期总目标总任务不同而发展变化。在新民主主义革命时期，统一战线的主要目标是推翻帝国主义、封建主义、官僚资本主义三座大山，建立人民民主专政的国家政权；在社会主义改造时期，统一战线的主要目标是通过社会主义改造，实现由新民主主义革命向社会主义革命的转变；在社会主义建设和改革发展新时期，统一战线的主要目标是建设中国特色社会主义。新时代，统一战线的目标是，坚持和发展中国特色社会主义，在全面建成小康社会的基础上，实现社会主义现代化和中华民族伟大复兴，在21世纪中叶建成富强民主文明和谐美丽的社会主义现代化强国。

3. 统一战线的工作范围和对象

统一战线是中国共产党领导的、以工农联盟为基础的，包括全体社会主义劳动者、社会主义事业建设者、拥护社会主义的爱国者、拥护祖国统一和致力于中华民族伟大复兴的爱国者的联盟，这个联盟包括两个范围：一个是大陆范围内，以爱国主义和社会主义为政治基础的团结全体劳动者、建设者和爱国者的联盟，这是统一战线的主体和基础；另一个是大陆范围以外的，以爱国和拥护祖国统一为政治基础的团结台湾同胞、港澳同胞和海外侨胞的联盟，这是统一战线的重要组成部分。所以，其工作范围包括：“民主党派成员，无党派人士，党外知识分子，少数民族人士，宗教界人士，非公有制经济人士，新的社会阶层人士，出国和归国留学人员，香港同胞、澳门同胞，台湾同胞及其在大陆的亲属，华侨、归侨及侨眷，其他需要联系和团结的人员。”① 由此可见，统一战线工作对象为党外人士，重点是其中的代表人士。

4. 统一战线的组织形式和领导机构

统一战线的组织形式和领导机构是由我国宪法和《中国人民政治协商会议章程》规定的。我国宪法指出：“中国人民政治协商会议是有广泛代表性的统一战线组织。”《中国人民政治协商会议章程》（2018年修订）进一步指出：“中国人民政治协商会议是中国人民爱国统一战线的组织，是中国共产党领导的多党合作和政治协商的重要机构，是我国政治生活中发扬社会主义民主的重要形式。”②

中国人民政治协商会议是统一战线发展的产物，是统一战线的组织形式。在中国人民政治协商会议诞生之前，统一战线是党领导革命斗争的重要政治策略。新中国成立后，中国人民政治协商会议作为统一战线的组织形式，上升为国家政治制度的重要组成部分，并作为具有中国特色的制度安排，逐步成为中国共产党领导的多党合作和政治协商的重要机

① 中国共产党统一战线工作条例［M］. 北京：人民出版社，2021：5-6.

② 中国人民政治协商会议章程［M］. 北京：人民出版社，2018：10.

构、中国政治生活中发扬社会主义民主的重要形式和专门协商机构以及国家治理体系的重要组成部分，在国家建设和民族统一大业中发挥不可或缺的作用。因此，中国人民政治协商会议是统一战线思想、原则的制度化体现。

统一战线工作在党的领导下进行。党中央以及地方各级党委设置统战部，“统战部是党委主管统一战线工作的职能部门，是党委在统一战线工作方面的参谋机构、组织协调机构、具体执行机构、督促检查机构，承担了解情况、掌握政策、协调关系、安排人事、增进共识、加强团结等职责”①。

（四）新时代统一战线工作的主要内容

新时代统一战线已经发展成为全体社会主义劳动者、社会主义事业的建设者、拥护社会主义的爱国者、拥护祖国统一和致力于中华民族伟大复兴爱国者的联盟，其广泛代表性和政治上的巨大包容性，对最大限度地凝聚各方共识、力量和智慧，实现人民共同利益和根本利益具有不可替代的作用，因此，必须坚持和完善大统战工作格局，这也是新时代统一战线工作的主要内容。

1. 新时代坚持和完善大统战工作格局的内涵

坚持和完善大统战工作格局就是要构建党委统一领导、统战部门牵头协调、有关方面各负其责的大统战工作格局。主要体现为：在领导力量上，必须毫不动摇地坚持党对统一战线的集中统一领导，把党的领导贯穿于统一战线各领域各方面，确保统一战线工作始终坚持正确政治方向；在工作对象上，着眼于不断巩固和发展大陆范围内和大陆范围外两个范围联盟，扎实做好统一战线各方面成员的团结引导工作，谋求最大公约数，画出最大同心圆，把他们的主动性积极性充分调动和激发出来；在工作主体上，树立“一盘棋”意识，既要发挥统战部门的职能作用，又要充分发挥党政部门、人民团体、社会组织等方面的积极作用，形成全党重视、大家共同来做的良好局面；在工作机制上，进一步建立健全统一战线各领域的政策体系和制度体系，提升各项工作的制度化规范化程序化水平，把大统战工作格局落到实处。

新时代统一战线工作坚持和完善大统战工作格局是由中国特色社会主义建设事业面临的国际国内局势以及中心任务决定的。当今世界正经历百年未有之大变局，中国特色社会主义进入了新时代，这是我国发展新的历史方位，不仅所有制形式更加多样、社会阶层更加多样、社会思想观念更加多样，而且社会主要矛盾发生深刻变化（已经转化为人民日益增长的美好生活需要和不平衡不充分的发展之间的矛盾），统一战线所处的历史方位、肩负的使命任务也在发生重大变化。在这种复杂的新形势下，必须把党政、群团、社会组织等方方面面的资源力量充分调动起来，形成全党重视、共同来做统战工作的强大合力，即坚持和完善大统战工作格局，才能广泛团结和凝聚海内外中华儿女的智慧和力量，实现中华民族伟大复兴的历史使命。

2. 新时代坚持和完善大统战工作格局的具体要求

新时代统一战线坚持大统战工作格局必须正确处理好一致性和多样性的关系，主要包

---

① 中国共产党统一战线工作条例［M］. 北京：人民出版社，2021：9.

括政党关系、民族关系、宗教关系、阶层关系、海内外同胞关系。这五大关系，是中国政治领域和社会领域中涉及党和国家工作全局的重大关系。促进这些关系的和谐发展，也是新时代统一战线工作的主要内容和任务。

（1）处理好中国共产党和民主党派的关系。处理好中国共产党与民主党派的关系，关键在于完善和发展中国共产党领导的多党合作和政治协商制度，即中国新型政党制度。中国新型政党制度要求在统一战线工作中，正确处理好中国共产党与民主党派的关系，包括处理好坚持中国共产党的领导与促进多党派团结合作的关系、努力提高中国共产党的执政能力与注重发挥民主党派参政议政作用的关系、重视做好民主党派的思想引导工作与真诚接受他们民主监督的关系、全面推进党的建设新的伟大工程与积极支持民主党派加强自身建设的关系等，从而使执政党建设与参政党建设相互促进，共同为国家富强、民族复兴而奋斗。

（2）处理好各民族的关系。中国共产党团结带领全国各族人民在争取中华民族独立解放和繁荣发展的过程中形成了平等、团结、互助、和谐的社会主义民族关系。这种民族关系，体现了中华民族多元一体的基本格局，符合中华民族的整体利益和根本利益。正确认识和处理我国民族关系，最根本的就是要始终不渝地坚持民族平等，加强民族团结，推动民族互助，促进民族和谐。“民族团结是各族人民的生命线”①，“做好民族工作，最关键的是搞好民族团结，最管用的是争取人心”②。为此，统一战线工作要围绕促进民族团结、改善民生，推动民族地区经济社会发展，提高民族地区就业水平和基本公共服务水平展开；要着力于积极培育中华民族共同体意识，增进各族群众对中国、中国共产党、中国特色社会主义的认同；既要反对大民族主义，也要反对狭隘民族主义；要尊重少数民族风俗习惯，反对一切形式的民族歧视；依法处理涉及民族因素的矛盾和纠纷，同一切分裂祖国的行为作坚决斗争，维护国家统一、民族团结和社会稳定③。

（3）处理好信教群众和不信教群众以及信仰不同宗教群众之间的关系。信教群众和不信教群众以及信仰不同宗教群众之间的关系是多宗教国家处理宗教与社会关系的重要方面。在我国，统一战线工作的一个重要内容就是处理这三者之间的关系。全面贯彻党的宗教信仰自由政策，依法管理宗教事务，坚持独立自主自办原则，积极引导宗教与社会主义社会相适应，是做好宗教工作的基本方针。为此，第一，要教育群众坚持历史唯物主义的基本立场，以科学的历史的观点看待宗教。第二，要尊重和保护公民信仰宗教和不信仰宗教的自由权利。第三，要健全宗教事务管理法规和制度，依法处置涉及宗教因素的矛盾和问题。第四，要防范外国势力干预和支配我国宗教团体和宗教事务。第五，要支持和引导宗教界人士对宗教教义作出适应时代进步要求的阐释。第六，坚决禁止利用非法手段传播宗教、利用宗教进行破坏社会秩序、损害公民身体健康、妨碍国家教育制度、制造民族矛盾、破坏祖国统一等活动。

---

① 习近平．习近平在第二次中央新疆工作座谈会上强调：坚持依法治疆团结稳疆长期建疆 团结各族人民建设社会主义新疆［N］．人民日报，2014-05-30(1).

② 中央民族工作会议暨国务院第六次全国民族团结进步表彰大会在北京举行［N］．人民日报，2014-09-30(1).

③ 中国共产党统一战线工作条例（试行）［M］．北京：华文出版社，2015：14-15.

（4）处理好社会各阶层的关系。随着改革开放的深入推进，特别是社会主义市场经济体制的确立，我国社会阶层结构发生了深刻变化：包括知识分子在内的中国工人阶级队伍不仅数量不断扩大，整体素质也普遍提高；广大农民也日益成为社会主义新型农民；同时，我国还出现了大量非公有制经济人士等新的社会阶层。正确认识和处理新形势下我国社会各阶层关系是统一战线工作的重要内容。新时代，要更加注重科学分析和准确把握中国社会阶层结构发生的深刻变化，在发挥我国工人、农民、知识分子、干部、军人推动社会发展的主体作用的同时，处理好和协调好非公有制经济人士等新社会阶层的诉求，全面兼顾和实现社会各阶层群众的利益，从而推动和实现全社会和谐相处、共同发展。

（5）处理好大陆同胞和港澳同胞、台湾同胞、海外侨胞的关系。处理好大陆同胞和港澳同胞、台湾同胞、海外侨胞的关系，对保持香港、澳门长期繁荣稳定，推动两岸关系和平发展，团结全体中华儿女共同致力于实现祖国的完全统一和中华民族的伟大复兴，具有重要的意义。这也是新时代统一战线工作的核心内容。为此，统一战线工作一方面要围绕增强广大香港同胞、澳门同胞的国家观念和民族意识，增进港澳各界共识和团结，实现以爱国者为主体的“港人治港”“澳人治澳”，促进香港、澳门长期繁荣稳定；另一方面，要把加强同台湾同胞的团结，广泛争取台湾民心，共同遏制“台独”分裂势力及其活动作为工作的核心内容，从而最大限度凝聚共识、智慧和力量，为推进祖国和平统一和民族复兴贡献力量。

思考题

1. 如何理解政党的主要特征？
2. 政党的作用都有哪些？
3. 如何理解政党制度的影响因素？
4. 资本主义国家两党制有哪些典型形式？其特点有哪些？如何评价？
5. 论述中国共产党与民主党派的关系以及各自在国家政治生活中的地位和作用。
6. 如何理解中国新型政党制度的内涵、特征及优势？
7. 为什么说中国新型政党制度是伟大的政治创造？
8. 新时代统一战线工作的主要内容是什么？如何理解？

在线自测

扫一扫　练一练

第六章

政治民主

学习目标

通过本章的学习，理解政治民主的基本含义，掌握马克思主义关于民主概念的定义；了解资产阶级民主思想的发展和变化，理解资本主义民主制度的架构、内容和实质；掌握资本主义民主和社会主义民主的根本区别；理解社会主义民主的产生和发展；理解中国特色社会主义民主的本质、特征与优势；掌握全过程人民民主的基本含义和主要内容，理解积极发展全过程人民民主的主要途径。

民主是全人类的共同价值。在人类政治文明的历史长河中，民主的实现方式是多样的，中国的民主之花绚丽绽放。中国的民主是人民民主，人民当家作主是中国民主的本质和核心。中国共产党矢志追求社会主义民主政治发展规律，提出并践行了全过程人民民主，将人民民主的价值理念系统转化为科学有效的制度安排和具体现实的民主实践，为人类政治文明发展进步贡献了智慧和力量。

第一节　政治民主的含义

一、政治民主的概念

“民主”一词的本义，是指多数人的统治。“民主”一词起源于古希腊语的“demokratia”，这个词是由“demos”（指的是民众）和“kratos”（具有控制、掌握的含义）组合而成，意为由民众掌握、控制或做主。古希腊政治思想家认为，“民主”一词被用于描述多数人掌握政权的政体形式。这是人类政治文明史上对民主的最初理解。随着近代资本主义的兴起和发展，资本主义生产方式也快速发展起来，资产阶级作为一支独立且强大的政治力量登上了历史舞台。资产阶级积极谋取政治利益，为了打破欧洲封建统治阶级的专制统治，他们发动了启蒙运动。民主与自由、平等、博爱等一道成为资产阶级思想启蒙的先声和基调。在英国政治思想家约翰·洛克和法国启蒙思想家孟德斯鸠、卢梭等人的推动下，人民主权思想逐渐成为西方民主概念的核心要义，权力分立制衡则成为西方民主制度设计的基本原则。随着资本主义制度的确立和发展，资产阶级民主成为特定的国家政治制度，并逐渐演进为所谓的“西方自由民主制度”（Liberal Democracy）。资产阶级的政治思想家虽然对专制制度进行了较为深刻的揭露和批判，提出了民主的思想和主张，但是由于阶级局限性，他们抹杀了阶级社会中民主的阶级本质，只能侈谈抽象的、超阶级的民主。

“中华民族是历史悠久、勤劳智慧的民族，创造了辉煌灿烂的政治文明。在5 000多年历史长河中，中国人民探索形成的民本思想，蕴含着丰富的民主因素，体现了中国人民对民主的朴素认知和不懈追求。”① 在中国传统政治文化中，“民主”一词最早见于《尚书》。《尚书·多方》记载：“乃惟成汤克以尔多方简代夏作民主。”② 此处的“民主”有做民之主的含义，与通常意义上的“人民主权”的意思有本质的不同。明清时期，人民统治的民权思想才逐渐发展出来。孙中山是中国近现代民主思想的集大成者，他提出国家为人民之公产，凡人民之事，人民公理之。在此基础上，孙中山提出了民主共和、公仆、人民当家作主以及普通选举等重要观点。

民主是一个历史范畴，在不同的历史时期有着不同的内容，但均与“人民”和“统治”密切相关。民主的基本含义就是“人民的权力”、“人民的政权”或“人民进行统治、治理”，它首先是指国家的政治制度，因而“民主制是作为类概念的国家制度”③，这也是政治民主首

① 中华人民共和国国务院新闻办公室．中国的民主［M］．北京：人民出版社，2021：4.

② 顾迁．尚书［M］．北京：中华书局，2016：273.

③ 马克思，恩格斯．马克思恩格斯全集：第1卷［M］．北京：人民出版社，1956：280.

要和基本的含义。马克思指出，不是国家制度创造人民，而是人民创造国家制度。然而，人们对于“人民”“统治”及其具体方式的理解与实践各不相同，由此产生了民主概念、民主实现形式和民主制度设计等方面的差异。应该强调的是，在社会主义国家存在之前，一切民主制度均具有国家制度与人民意志、人民权利、人民需要之间的分离性甚至矛盾性。认识和理解民主，绝不能停留在某些思想家或者政治家的理论阐释和政治话语中。

马克思主义关于民主概念的界定

马克思主义对民主问题的考察总是同国家问题联系在一起，认为民主是一种与专制相对立的国家制度，属于上层建筑，由一定的经济基础所决定，并为其服务；经济基础的性质和变化决定民主的性质和变化，不同的经济基础产生不同类型的民主；民主的发展程度和形式与经济的发展水平相联系，并受一定社会文化和传统的影响。在阶级社会中，民主作为一种国家形态，是有阶级性的。有什么性质的国家就有什么性质的民主，不同的社会形态的民主有着根本的区别，同一类型的民主也会表现出不同的形式和特点。

众所周知，“民主是历史的、具体的、发展的，各国民主植根于本国的历史文化传统，成长于本国人民的实践探索和智慧创造，民主道路不同，民主形态各异”①。广义的民主，主要是指一定社会形式中由多数人进行决定的体制机制。在阶级社会，民主属于社会结构中的上层建筑，由经济基础所决定，并受阶级关系、政治结构、思想观念、文化传统等因素的综合性影响。在人类历史上，由于民主具有继承性和演进性，它的某些共识因素或共同形式在历史发展中被积淀下来，但绝不存在所谓的一般民主、普遍民主、绝对民主。狭义的民主，主要是指“政治民主”，即在国家政治制度层面的民主，或称为民主的政治制度、民主政体，还包括了民主的权利、民主的原则、民主的体制等。总之，政治民主是民主的基本含义，是各种民主理论研究的重点。

政治民主的基本特征

二、政治民主的基本特征

撇开各种类型的民主性质上的区别，民主作为与专制相对立的统治形式和国家形态，具有一些共同的基本价值和原则。这些价值和原则以及体现这些价值和原则的一些民主形式、程序和方法，随着社会历史的发展而不断得到继承和发展。随着人们对民主认识的不断深化和发展，政治民主特征的复杂性、多维性越发明显，是许多矛盾的统一，其中最重要的主要包括以下四个方面。

（一）民主属于上层建筑

在社会结构中，民主属于上层建筑，归根结底是为经济基础服务的。经济基础的性质和变化决定了民主政治的性质和变化，不同的经济基础产生不同类型的民主政治。民主政治的发展程度和形式既与经济发展的发展水平相联系，同时也受一定的社会文化和传统的影响。马克思主义认为，政治民主与经济民主、社会民主是辩证统一的。正如恩格斯所言：“直接的物质的生活资料的生产，从而一个民族或一个时代的一定的经济发展阶段，

① 中华人民共和国国务院新闻办公室．中国的民主［M］．北京：人民出版社，2021：2.

便构成基础，人们的国家设施、法的观点、艺术以至宗教观念，就是从这个基础上发展起来的，因而，也必须由这个基础来解释，而不是像过去那样做得相反。”① 对此，列宁明确指出：“任何民主，和任何政治上层建筑一样（这种上层建筑在阶级消灭之前，在无阶级的社会建立之前，是必然存在的），归根到底是为生产服务的，并且归根到底是由该社会中的生产关系决定的。”② 民主制度与民主权利属于政治范畴，即政治的上层建筑；民主思想、民主观念、民主精神属于社会意识形态范畴，即观念的上层建筑。作为上层建筑的民主，它的全部内容和实践都由社会的经济基础决定。之所以民主在资本主义社会迅猛发展，根本原因就在于资本主义生产方式的根基是商品经济的繁荣发展，商品经济与自由、平等的关系十分紧密，二者共同构成了资产阶级民主观、资本主义民主制度的蓬勃发展。正如马克思所言，“商品是物，所以不能反抗人。如果它不乐意，人可以使用强力，换句话说，把它拿走。为了使这些物作为商品彼此发生关系，商品监护人必须作为有自己的意志体现在这些物中的人彼此发生关系，因此，一方只有符合另一方的意志，就是说每一方只有通过双方共同一致的意志行为，才能让渡自己的商品，占有别人的商品。可见，他们必须彼此承认对方是私有者。这种具有契约形式的（不管这种契约是不是用法律固定下来的）法的关系，是一种反映着经济关系的意志关系。”③

（二）民主是阶级性与社会性的统一

政治民主是阶级社会的产物，阶级社会中的任何民主均具有阶级性。作为马克思主义民主理论的基本观点，民主属于特定阶级，并不存在超阶级的民主。民主的阶级性植根于它的经济基础，是经济上占支配地位、政治上占统治地位的阶级实现其政治统治的方式。正因如此，马克思、恩格斯在《共产党宣言》中明确提出：“工人革命的第一步就是使无产阶级上升为统治阶级，争得民主。无产阶级将利用自己的政治统治，一步一步地夺取资产阶级的全部资本，把一切生产工具集中在国家即组织成为统治阶级的无产阶级手里，并且尽可能快地增加生产力的总量。”④ 而当工人阶级内部出现了“纯粹民主”等去阶级性的论调时，列宁指出：“马克思主义教导工人说：你们应该利用资产阶级民主，看到它同封建制度相比是历史上的一大进步，但是一分钟也不要忘记这种‘民主’的资产阶级性质，忘记它是有历史条件的和有历史局限性的，不要‘迷信’‘国家’。”⑤ 强调民主的阶级性，就必须承认它的社会性，不能因民主的阶级性而否定民主的一般性。恩格斯指出，无法调和的利益分化与矛盾带来了不可避免的阶级冲突与对抗，因此需要“一种表面上凌驾于社会之上的力量，这种力量应当缓和冲突，把冲突保持在‘秩序’的范围以内；这种从社会中产生但又自居于社会之上并且日益同社会相异化的力量，就是国家”⑥。由此可见，作为国家政治制度形式的民主，必须通过公共权力保障公共秩序，维护社会存在和发

① 马克思，恩格斯．马克思恩格斯全集：第 25 卷［M］．2 版．北京：人民出版社，2001：594，597.
② 列宁．列宁选集：第 4 卷［M］．3 版．北京：人民出版社，2012：405.
③ 马克思，恩格斯．马克思恩格斯文集：第 5 卷［M］．北京：人民出版社，2009：103.
④ 马克思，恩格斯．马克思恩格斯文集：第 2 卷［M］．北京：人民出版社，2009：52.
⑤ 列宁．列宁选集：第 3 卷［M］．3 版．北京：人民出版社，2012：684.
⑥ 马克思，恩格斯．马克思恩格斯文集：第 4 卷［M］．北京：人民出版社，2009：189.

展的稳定性，必须"要用来解决人民需要解决的问题的"①。这就是民主的社会性。总之，民主既具有阶级性，又在某种程度和意义上不能否认其社会性。社会主义国家之前的民主的阶级性支配着它的社会性，而社会主义国家的民主则应在正确认识民主的阶级性的同时更加积极发展其社会性。

（三）民主是历史性与继承性的统一

民主是一个历史范畴。作为上层建筑的民主既是人类社会发展到一定阶段的产物，又在社会历史的发展中变化演进。"各国民主植根于本国的历史文化传统，成长于本国人民的实践探索和智慧创造，民主道路不同，民主形态各异。"② 与此同时，民主政治的实现形式和发展程度，既不应落后于社会发展的要求，也不能超前于社会发展的要求。从根本上看，民主是随着"人民"概念的发展而发展的，其"发展的辩证法（过程）是这样的：从专制制度到资产阶级民主；从资产阶级民主到无产阶级民主；从无产阶级民主到没有任何民主"③。与此同时，民主的历史性是连贯的，不是若干片段的拼接。正如古希腊城邦的直接民主制是原始社会民主制的继承一样，资产阶级民主是古代民主的继承，而社会主义国家的民主制是一切民主形态和实现形式的批判性继承。当然，继承性是历史性的一部分，"这个过程会在多大的程度上像在现代欧洲那样使旧的生产方式废除，并且是否会以资本主义生产方式代替它，这完全要取决于历史的发展阶段以及由此产生的各种情况"④。在很大程度上，民主的历史性正是在批判性继承和创造性转化中呈现出来，不同社会历史阶段的民主在辩证的扬弃中实现了民主制度、民主体制、民主形式、民主行为乃至民主观念的根本性变化。正如列宁所指出的："民主从古代的萌芽时期起，在几千年过程中，随着统治阶级的更迭，必然在形式上发生变化。在古代希腊各共和国中，在中世纪各城市中，在各先进的资本主义国家中，民主的形式都不同，民主的运用程度也不同。如果认为人类历史上最深刻的革命，世界上第一次使政权由剥削者少数手里转到被剥削者多数手里的革命，能够在旧式民主即资产阶级议会制民主的老框框内发生，不需要最急剧的转变，不需要建立新的民主形式以及体现运用民主的新条件的新机构等等，那就荒谬绝伦了。"⑤

（四）民主是具体性与多样性的统一

民主是具体的，没有抽象的、绝对的民主。不同的社会制度，决定了政治民主的目的是不同的，不同的民主目的决定了民主的道路、形态、模式等大相径庭；同时，作为政治上层建筑的民主，只要能够服务于它对应的经济基础，那么就可以采用多种手段、工具、方法，难以"如法炮制""定于一尊"。因此，"评价一个国家政治制度是不是民主的、有效的，主要看国家领导层能否依法有序更替，全体人民能否依法管理国家事务和社会事务、管理经济和文化事业，人民群众能否畅通表达利益要求，社会各方面能否有效参与国家政治生活，国家决策能否实现科学化、民主化，各方面人才能否通过公平竞争进入国家领导和管理体系，执政党能否依照宪法法律规定实现对国家事务的领导，权力运用能否得

① 中华人民共和国国务院新闻办公室．中国的民主［M］．北京：人民出版社，2021：2.
② 同①2.
③ 列宁．列宁全集：第31卷［M］．2版．北京：人民出版社，2017：156.
④ 马克思，恩格斯．马克思恩格斯文集：第7卷［M］．北京：人民出版社，2009：672.
⑤ 列宁．列宁全集：第35卷［M］．2版．北京：人民出版社，2017：492.

到有效制约和监督”[①]。正因为民主是具体的，所以必须尊重民主的多样性。所谓民主的多样性，主要指实现民主的方式的多样性。“用单一的标尺衡量世界丰富多彩的政治制度，用单调的眼光审视人类五彩缤纷的政治文明，本身就是不民主的。”[②] 具体地看待不同国家的民主，在各个国家不断丰富民主的实现形式，这也是政治民主的真谛。试图以某种特定的民主发展道路和民主模式作为标准，随意评价其他国家是否民主、政治民主优劣与否，这不仅在理论上说不通，在现实中也带来国家间不必要的矛盾纷争甚至战争灾难。

科学准确地理解政治民主的内涵和基本特征，必须采用历史唯物主义方法，更加自觉地认识到民主是不断发展和演变的，民主制度的完备性、效能性和文明性是在不断发展的。特别是随着数字技术、人工智能的蓬勃发展，民主的复杂性、综合性、变动性也越发显著，民主治理、数字民主等新问题也屡见不鲜，但无论情况如何变化，民主的实质始终应是“人民当家作主”。只有真正实现“人民当家作主”的民主，才能绽放出绚烂的民主之花，才能真正推进人类政治文明的发展前进。

第二节　西方资本主义民主

西方资本主义民主既在资本主义上升时期发挥过不可磨灭的历史进步价值，又必然具有阶级社会政治民主的实质虚伪性、形式欺骗性、内在矛盾性、历史局限性。只有客观全面地认识和把握西方资本主义民主的真实面貌，才能找到真正超越西方资本主义民主的必由之路、正确策略和有效方式。

一、西方资本主义民主的历史

西方资本主义民主在资本主义取代封建主义、资产阶级民主思想取代封建等级特权观念、资产阶级民主制度取代封建专制制度的历史上具有积极的历史进步性，发挥过不可替代的作用。随着资本主义生产方式的迅猛发展，资产阶级攫取了大量的社会财富，迫切需要从法律和制度上保障其私人财产权利，资产阶级民主革命势在必行。从 17 世纪到 18 世纪，欧美国家爆发了三次资产阶级革命，极大地推动了西方资本主义民主的奠基。1640 年，英国爆发内战，掀起了推翻君主专制政体的先声；1688 年，英国发生了“光荣革命”，资产阶级取得了民主革命的胜利，建立了立宪君主政体，明确了君主位于议会之下的原则，议会下院成为国家权力的核心，走上资产阶级政治民主发展道路。1776 年，美国人民经过独立战争，推翻了英国的殖民统治，发表了《独立宣言》，在人类历史上首次以政治纲领的形式提出了“人民主权原则”，明确了公民享有生命权、自由权和追求幸福权等基本权利，而美国宪法确认了美国为三权分立代议制国家，成为西方资本主义国家的基本权力结构。1789 年，轰轰烈烈的法国大革命彻底推翻了法国封建制度，建立了资产阶级共和国，颁行了《人权和公民权宣言》（即《人权宣言》），彰显了第三等级反对特权

---

① 中华人民共和国国务院新闻办公室．中国的民主［M］．北京：人民出版社，2021：2.

② 同①3.

和要求平等的思想，正如列宁所言："这次革命给本阶级，给它所服务的那个阶级，给资产阶级做了很多事情，以至整个19世纪，即给予全人类以文明和文化的世纪，都是在法国革命的标志下度过的。"①

19世纪后，欧美资本主义国家在推动资本主义民主政治的持续发展中出现了新变化。一是进一步完善资本主义民主制度。通过议会改革，英国的选举法制进一步完善，全国选民数不断增加，最终确立资产阶级的全面统治。1787年，《美利坚合众国宪法》颁布实施后，通过宪法修正案，明确了一系列公民宪法权利；1863年，林肯总统签署并颁布《解放宣言》，不久后彻底废除奴隶制，美国的人权保障取得了重大进步，"民治、民有、民享"的民主制度原则产生了深远影响。与此同时，法国人民为了捍卫民主革命成果进行了多次革命，在"血与火"的较量中巩固了法国的资本主义民主制度。二是资产阶级民主革命的影响扩大。在英国、美国、法国等国的资产阶级民主革命的推动下，自19世纪20年代起，西班牙、意大利、俄罗斯等国家先后爆发了推翻封建制度的大革命，这场资产阶级民主革命风暴在1848年达到了顶峰，欧美封建专制制度开始迅速瓦解。三是资产阶级政党开始成为西方资本主义民主制度的核心组成部分。19世纪30年代后，欧美国家的宗派性政党转变为较为现代的资产阶级政党，建立了较为完备的组织结构，直接参与资本主义国家的民主选举，政党及其"金主"成为西方资本主义民主制度的重要主体。四是作为一支独立政治力量的无产阶级开始登上历史舞台。在很大程度上，1848年欧洲革命后，无产阶级在实质上成了民主革命的主要力量。

19世纪末20世纪初，资本主义国家进入垄断资本主义时期和帝国主义阶段。与此同时，1917年俄国爆发了十月革命，诞生了第一个社会主义国家，人类社会历史进入了新纪元。这时，西方资本主义国家在加强专政的同时进行了局部民主改革。社会主义新型国家的出现和世界大战、国内外革命运动的高涨迫使资产阶级统治者不断加强对人民民主运动的镇压；与此同时，为了缓和巨大的社会矛盾和汹涌的罢工浪潮，西方国家在选举程序、公民权利、政治参与等方面进行了一些调整。

第二次世界大战结束后，西方殖民主义体系彻底崩溃，亚非拉民族解放运动的开展极大地冲击着以西方资本主义民主为代表的西方政治制度及其价值观念。世界人权事业蓬勃发展，殖民地国家迎来独立高潮，西方资本主义国家内的人民民主运动再次高涨，人民争取民主的斗争从政治领域进一步拓展到经济社会的其他领域。民权运动、反种族歧视斗争既推动了西方国家的民权立法，又充分揭露了西方资本主义民主的虚伪性。

冷战秩序以来，"民主"成为西方资本主义国家的政治意识形态话语的核心命题，西方国家常常打着"民主"的旗号主张所谓的价值观优先，实则持续对社会主义国家进行打压，不断镇压真正的民主进步力量。特别是苏联解体、东欧剧变之后，为了实现西方资本的世界性垄断，西方国家在世界上不断输出"民主"，对其他国家持续进行社会渗透、颜色革命甚至军事干涉，充分暴露了西方国家霸权主义和强权政治的真实面目。

纵观西方资本主义民主的历史，它在思想、制度、体制、机制和实践等各方面取得了

① 列宁．列宁全集：第36卷[M].2版．北京：人民出版社，2017：354.

巨大的发展。应该承认西方资本主义民主的“基本趋势是由少数国家发展到在许多西方国家建立和完善资产阶级民主制度的过程；是由政治民主向社会生活许多方面逐步扩大的过程；也是从形式上的民主到人民获得较多的政治、经济、社会和文化等权利的过程。这些发展不是统治阶级给人民的恩赐，而是人民斗争和人民力量壮大的结果，是科技进步和经济发展的结果”①。

二、西方资本主义民主制度

西方资本主义民主制度的类型

西方资本主义民主制度经历了数百年的发展，基本形成了相对稳定的制度类型和形式。从政体角度看，主要分为立宪君主制和民主共和制；从重要制度类型看，又具体表现为选举制度、议会制度、政党制度等。

（一）政体角度

众所周知，民主是多样的，实现民主的道路并非只有一条。各国的历史文化不同、现实国情不同，民主的形式特别是制度形式必然不同。从根本政治制度即政体的角度看，立宪君主制和民主共和制是西方资本主义民主政体的两种主要类型。

（1）立宪君主制。它有两个基本要素：世袭君主是国家元首，君主权力必须由宪法规定和约束。在立宪君主制国家，君主是国家的象征，不掌握国家权力，实际掌握政权的是广义的国家政府机构，如议会、内阁等，它们由选举产生，受资产阶级操控，因此具有资本主义民主制度的基本属性。

（2）民主共和制。这种政体的主要特征是国家元首由选举产生，具体表现为议会制、总统制（半总统制）、委员制等形式。

（二）重要制度

无论是立宪君主制还是民主共和制，西方国家普遍形成了选举制度、议会制度、政党制度等具有共性的重要政治制度，并随着资本主义的历史演变持续巩固、不断发展。

1. 选举制度

选举制度的基本逻辑是合法选民按照一定的选举程序选择掌握国家政治权力的代理人。由此可见，选民范围的确定、选举程序的设计、候选代理人的遴选是决定选举制度能否做到真实有效的根本前提。从历史上看，选民资格的限制条件是逐步减少的，西方国家的人民为了破除财产、教育、性别、种族、年龄等资格限制，曾经付出了巨大代价。20世纪70年代后，西方资本主义国家才基本实现了普选权，这是历史的进步。然而，普选制度的推行并不等于真正实现了民主，其本质是作为统治阶级的资产阶级不需要通过限制选民资格的方式操弄国家权力和攫取个人财富，西方国家的人民也并未当家作主。因此，正确看待选举制度，必须认识到：“一个国家民主不民主，关键在于是不是真正做到了人民当家作主，要看人民有没有投票权，更要看人民有没有广泛参与权；要看人民在选举过程中得到了什么口头许诺，更要看选举后这些承诺实现了多少”②。

① 李铁映．论民主［M］．北京：人民出版社，中国社会科学出版社，2001：404.

② 中华人民共和国国务院新闻办公室．中国的民主［M］．北京：人民出版社，2021：2.

2. 议会制度

现代西方议会制度基本是代议制度。顾名思义，议会制度的核心机构是议会，基本实现形式是选举产生的任期制代表（即议员）在议会中代表民意，履行相关法定权力。在西方国家的分权体系中，议会代表了立法权，具有极高的政治地位和重要的分权制衡功能。议会是资产阶级实现政治权力独占的奥秘所在，正如马克思所言："在共和国里，资产阶级通过议会形式实现统治，不像在君主国里那样，既要受行政权的否决权的限制，又要受行政权解散议会的权力的限制。"① 在当代西方国家中，议会一般分为一院制和两院制。大多数西方国家都采取一院制，以英国、美国为代表的联邦制国家则主要使用两院制。无论一院制还是两院制，议会都拥有立法权、国家预算权、监督权等重要权力，其应该具有科学合理的议事规则、积极有效的议会职权、客观公正的监督作用，议员素质也应该专业公正。然而，现实中的西方国家议会，是各党派和利益集团争权夺利的"纸牌屋"，是西方国家在全球推行霸权主义和单边政治的策源地，更是维护资产阶级统治的中枢神经。

3. 政党制度

"与选举制度一样，政党制度是当代西方资本主义民主的另一重要实现机制。"② 政党，是特定利益集团的政治组织形式。在西方国家，由于政党的组织方式的松散性，政党的产生和消失频繁、种类数量繁多、规模不一而足。但是，能够作为竞争性政党真正进入选举程序的寥寥无几。这些竞争性政党才是西方国家政党制度的真实主体和主要力量，普遍代表资产阶级的利益和要求，由资产阶级内部的政治精英中的职业政客直接把控，其主要政治活动就是开展频繁的竞选活动和议会斗争，这是西方政党政治的基础。近年来，西方国家的政党制度与选举制度、议会制度深度捆绑，持续法制化、规范化：一方面，政党的法律地位更加明确，政党活动越发得到法律保障；另一方面，竞争性政党的支配地位更加巩固，政党之间的角逐和竞争持续加剧。应该清楚地看到，"在西方资产阶级两党制或多党制下，轮流执政，似乎很民主。其实，不管哪个党执政，都是以阶级内部的权力转移来确保整个资产阶级统治的稳定。西方资产阶级政党的阶级本质不会因为执政党与在野党的换位而改变。"③

当前，世界百年未有之大变局加速演进，国际力量对比深刻调整，全球性问题加剧，世界进入新的动荡变革期。我们必须正确认识西方资本主义民主制度及其发展完善情况。

归根结底，西方资本主义民主制度是资产阶级专政。客观而言，在"工人运动及各种社会运动的推动，社会主义的压力和影响，资产阶级内部的矛盾"的共同作用下，西方资本主义民主制度的确在积极调整和不断演化，西方国家的国家控制能力明显增强、公民权利状况基本稳定、法制化规范化程序化水平有所提升。这体现了西方资本主义民主制度具有一定的自我调适性。不过，近年来，西方国家普遍面临经济发展乏力、社会对抗激烈、种族歧视加剧等严重问题，选举政治的弊端充分暴露、金钱政治的事实无法遮掩、政客政治的闹剧持续上演。

---

① 马克思，恩格斯．马克思恩格斯选集：第1卷［M］.3版．北京：人民出版社，2012：703.

② 《政治学概论》编写组．政治学概论［M］.2版．北京：高等教育出版社，2020：118.

③ 李铁映．论民主［M］.北京：人民出版社，中国社会科学出版社，2001：409-410.

三、西方资本主义民主的实质及局限性

西方资本主义民主的实质是资产阶级专政。阶级社会的民主制度必然是民主与专政的有机统一。虽然西方国家标榜自由民主是“普世”的民主、“全民”的民主、“纯粹”的民主，但这些形式性修辞越丰富，恰恰说明其实质性内容越模糊。马克思主义对资本主义民主这种形式遮蔽实质的虚伪性进行过深刻揭露，较为全面地阐释了西方资本主义民主的实质。

第一，西方资本主义民主是与资本主义私有制相适应的民主。西方资本主义民主的阶级实质是由其生产资料私有制的经济基础所决定的，与资本主义自由竞争的生产方式相辅相成。自由竞争的本质是资本的现实发展与相互角逐，其政治形式就是资本主义民主。马克思明确指出：“在自由竞争中自由的并不是个人，而是资本。只要以资本为基础的生产还是发展社会生产力所必需的、因而是最适当的形式，个人在资本的纯粹条件范围内的运动，就表现为个人的自由，然而，人们又通过不断回顾被自由竞争所摧毁的那些限制来把这种自由教条地宣扬为自由。自由竞争是资本的现实发展。”① 西方资本主义民主在取缔封建社会一切个人特权和世袭特权的斗争中获得了胜利，具有历史的进步性。但是，自由、平等、民主、人权等政治价值是服务于资本特权的，换言之，资本主义民主是资本特权占据政治垄断权的过程和结果。正如恩格斯所言：“资产阶级的力量全部取决于金钱，所以他们要取得政权就只有使金钱成为人在立法上的行为能力的唯一标准。他们一定得把历代的一切封建特权和政治垄断权合成一个金钱的大特权和大垄断权。资产阶级的政治统治之所以具有自由主义的外貌，原因就在于此。”② 简言之，私有制是经济统治的基础和目的，政治统治与经济统治必须保持一致，作为此种政治统治表现形式的资本主义民主必须服务于私有制，捍卫金钱特权，保护富人利益。

第二，西方资本主义民主是资产阶级的民主。西方国家历来标榜“自由、平等、博爱”，特别强调政治自由，试图将国家打造为一个超阶级的政治结构。然而，资产阶级自从登上历史舞台的第一天，就致力于排他地掌握权力。当资产阶级成为统治阶级后，他们为了保证本阶级的利益和特权不被改变，就有必要弱化自己作为统治阶级、第一等级的实质，通过制度安排和价值观改造，将自己的利益说成社会权利成员的共同利益，甚至不惜以宪法、法律的形式予以“确认”。为了使此种说辞更具说服力，西方国家进一步建构了一套完整的思想体系和话语体系，将特殊利益抽象为普遍利益，将资本主义民主的特殊性升华为唯一合理的、普遍意义的真理。为了让自己的虚伪性不被揭露出来，资本主义国家必然要高度警惕、打压分化工人阶级，必然要对无产阶级进行专制统治，只是方式方法和手段工具有所不同。列宁指出：“用民主共和的管理形式代替君主制的管理形式，丝毫也不会触动资本主义剥削制度的经济本质，相反地，只要把保护神圣不可侵犯的资本主义利润的斗争方式改变一下，在民主共和制下照样可以顺利地保持这种利润，如同在专制君主

---

① 马克思，恩格斯．马克思恩格斯文集：第 8 卷［M］．北京：人民出版社，2009：179.
② 马克思，恩格斯．马克思恩格斯全集：第 2 卷［M］．北京：人民出版社，1957：647.

制下一样。”[①] 如，“辛普森杀妻案”中辛普森无罪开释与“纽约中央公园五人案”中五名黑人少年蒙冤入狱，同样的种族、不同的结果，种族歧视并非造成这个问题的最后答案，其真实原因是西方资本主义民主在富人面前是“仆人”，而在穷人那里是“恶犬”。又比如，命运多舛的美国医疗保险法案，其难以出台的主要原因在于“富人俱乐部”不愿意为穷人提供廉价优质的医疗保障。他们宁愿为自己不断降低财富税的税率，也绝不在影响普通人生活水平最多的消费税上做出任何减免。美国国税局（IRS）的相关税务文件表明：2014—2018 年，最富有的 25 位美国人共缴纳 136 亿美元联邦所得税，但这 25 人的财富则在这五年间累计增加了 4 010 亿美元，美国著名富豪巴菲特的实际税率竟然是令人吃惊的 0.1%。

第三，西方资本主义民主具有无法克服的内在矛盾性。西方资本主义民主并非铁板一块，而是内含巨大的现实冲突，在形式与内容、经济与政治上存在严重的内在矛盾。马克思指出：“资产阶级口头上标榜自己是民主阶级，而实际上并不如此，它承认原则的正确性，但是从来不在实践中实现这种原则。”[②] 西方资本主义民主在形式和政治上保障了所谓的自由、平等、人权，但在内容和经济上却维系的是资本的自由、资产阶级的平等和少数人的人权，因而它只能是表面的、虚伪的。正如恩格斯所言：“平等应当不仅仅是表面的，不仅仅在国家的领域中实行，它还应当是实际的，还应当在社会的、经济的领域中实行”。[③] 诚然，在世界政治文明史中，西方资本主义民主的确实现了一定程度的政治解放，这是历史的进步，但并非历史的终结。资本主义民主推动实现的政治解放是以资产阶级为主体的个别阶级的解放，是一部分人解放自己并取得普遍统治的具体方式，是资产阶级进行普遍统治的具体方式，而非全体成员的解放和全体成员的共同统治。事实上，“任何一种所谓的人权都没有超出利己的人，没有超出作为市民社会成员的人，即没有超出作为退居于自身，退居于自己的私人利益和自己的私人任意，与共同体分隔开来的个体的人”[④]。

理解西方资本主义民主的实质，必须认识到它是由资本主义社会的生产力和生产关系、经济基础和上层建筑之间的矛盾所决定的。“只要资本主义社会的基本矛盾存在，资产阶级民主的上述矛盾就不可能克服。”[⑤] 无论西方资本主义民主的形式如何变化，都要为资产阶级的利益和需要服务，隐藏资产阶级专政和资产阶级剥削的实质。这正是西方资本主义民主的历史局限性。正因为如此，一旦无产阶级和人民群众要实现社会根本改造的时候，资产阶级就会撕掉其温情脉脉的面纱，完全暴露其反动性。正因为如此，西方资本主义民主绝不是“真正的民主”，无产阶级必须在改造旧世界、创造新世界的过程中缔造人民民主。

---

① 列宁．列宁选集：第 3 卷［M］.3 版．北京：人民出版社，1995：234.

② 马克思，恩格斯．马克思恩格斯全集：第 10 卷［M］.2 版．北京：人民出版社，1998：692.

③ 马克思，恩格斯．马克思恩格斯选集：第 3 卷［M］.3 版．北京：人民出版社，2012：484.

④ 马克思，恩格斯．马克思恩格斯全集：第 3 卷［M］.2 版．北京：人民出版社，2002：184－185.

⑤ 李铁映．论民主［M］. 北京：人民出版社，中国社会科学出版社，2001：67.

第三节　中国特色社会主义民主

人民民主是社会主义的生命。习近平总书记指出："中国特色社会主义民主是个新事物，也是个好事物。"① 历史证明，在革命、建设和改革的伟大实践中，中国共产党始终高举人民民主的光辉旗帜，创立、坚持和完善人民代表大会制度的根本政治制度，中国共产党领导的多党合作和政治协商制度、民族区域自治制度、基层群众自治制度的基本政治制度，形成人民当家作主制度体系，不断发展了社会主义民主政治。

社会主义愈发展，民主也愈发展。全过程人民民主在我国社会主义民主政治伟大实践中形成，在全面建设社会主义现代化国家新征程中不断发展。积极发展全过程人民民主，必须坚持党的领导、人民当家作主、依法治国有机统一，坚定不移走中国特色社会主义政治发展道路，坚持和完善人民当家作主制度体系，更加切实、更有成效地推进全过程人民民主，从各方面、全方位为人民当家作主提供有力保障。

一、社会主义民主的产生与发展

社会主义民主是一种根本区别于资本主义民主的新型民主，是人类发展历史上最高类型的民主。关于社会主义民主的思想，马克思、恩格斯曾在总结巴黎公社革命经验时进行了集中探讨，列宁则系统分析了苏维埃民主的基本问题。在实践中，社会主义民主则实现了人类社会的历史性变革。

马克思、恩格斯生活在资本主义国家，并未经历过社会主义民主，但他们却直接观察到了巴黎公社这个与资本主义民主制度截然不同的新式政权形式。1871 年，巴黎工人和市民以革命手段进行了无产阶级夺取政权的第一次历史性尝试，建立了巴黎公社。巴黎公社是人类历史上第一个无产阶级政权，也是社会主义民主共和制的最初形式。公社委员会是其最高权力机关，由一位主席、两位副主席和两位秘书组成；公社内设置了十个委员会，分别是执行、军事、粮食、财政、司法、治安、劳动工业和交换、社会服务、对外联络、教育委员会。这是克服资产阶级专政的伟大尝试，体现了工人阶级建立新型民主制的积极努力。作为社会主义民主制度的萌芽，巴黎公社缔造了一个完全新型的共和国。马克思将巴黎公社看作"真正民主制度的基础"，高度评价公社的历史功绩，他指出："公社——这是社会把国家政权重新收回，把它从统治社会、压制社会的力量变成社会本身的充满生气的力量；这是人民群众把国家政权重新收回，他们组成自己的力量去代替压迫他们的有组织的力量；这是人民群众获得社会解放的政治形式，这种政治形式代替了被人民群众的敌人用来压迫他们的假托的社会力量（即被人民群众的压迫者所篡夺的力量）（原为人民群众自己的力量，但被组织起来反对和打击他们）。这种形式很简单，像一切伟大事物一样"②。

---

① 习近平．在庆祝全国人民代表大会成立 60 周年大会上的讲话［M］. 北京：人民出版社，2014：19.

② 马克思，恩格斯．马克思恩格斯选集：第 3 卷［M］. 3 版．北京：人民出版社，2012：140.

1917 年，十月革命前夕，列宁指出苏维埃是无产阶级国家政权的唯一形式，宣告国家政权已归苏维埃，成立了苏维埃政府——人民委员会。十月革命胜利后，社会主义民主制度在一个国家范围内建立起来了，这是世界上第一个社会主义国家政权组织形式。在俄国的苏维埃民主制中，最高权力机关是全俄苏维埃代表大会，中央人民政府是人民委员会，全俄苏维埃代表大会和全俄苏维埃中央执行委员会由联盟苏维埃和民族苏维埃所组成，下设苏联最高法院。1936 年起全联盟苏维埃改为最高苏维埃，中央执行委员会改为最高苏维埃主席团，1946 年人民委员会变为部长会议。1936 年，各级苏维埃的选举均由间接选举制变为直接选举制。在社会主义民主的历史探索中，苏维埃这种国家类型“在世界历史上开辟了一个新的时代即无产阶级政治统治的时代，它取代了资产阶级统治的时代”①。苏维埃是社会主义民主制度的全新典范，正如列宁所言，这是“新的最高的民主类型，这是无产阶级专政的一种形式，是在不要资产阶级和反对资产阶级的情况下来管理国家的一种方式。在这里，民主第一次为群众为劳动者服务，不再是富人的民主”②。

列宁去世后，在斯大林和苏联共产党的领导下，苏联人民通过艰苦卓绝的斗争，赢得了伟大的卫国战争，为世界反法西斯战争的胜利做出了不可磨灭的贡献。此时，苏维埃民主制不断发展并充分展示出社会主义民主制的强大生命力。斯大林指出：“苏维埃社会制度比非苏维埃社会制度更有生命力，比它更稳固；苏维埃社会制度是比任何一个非苏维埃社会制度都要优越的社会组织形式。”③

中国社会主义民主制度的探索、建立和发展，是在中国共产党领导下实现的。中国具有非常丰富的传统政治文明，中国古代的民本思想蕴含诸多民主因素，是中国传统政治文化的瑰宝和制度文明的结晶。然而，在长期的封建专制之下，广大劳动人民始终处于受压迫受剥削的最底层，更无法有效探索民主制度。近代以后，国家蒙辱、人民蒙难、文明蒙尘，国家将倾、民族危亡、人民困苦。为救亡图存，中国人民奋起抗争，各种革命变革接连而起，各种救国方案轮番出台，但都未能取得成功。辛亥革命后，中国模仿议会制、多党制、总统制等西方政治制度模式的各种尝试都以失败告终。以“民主”“科学”为基本口号的新文化运动的兴起、俄国十月革命的胜利、“五四运动”的爆发、马克思主义在中国的传播，促进了中国人民的伟大觉醒，中国先进分子对民主有了更加深刻的思考和新的认知。

1921 年，中国共产党的成立，点亮了中国的民主之光。新民主主义革命时期，党领导人民为争取民主、反抗压迫和剥削进行了艰苦卓绝的斗争，取得新民主主义革命胜利，成立新中国，实现了中国从几千年封建专制政治向人民民主的伟大飞跃，中国人民从此站起来了，中国民主发展进入新纪元，人民当家作主从梦想变为现实。社会主义革命和建设时期，党领导人民建立和巩固国家政权，对生产资料进行社会主义改造，制定颁布新中国第一部宪法，确立人民代表大会制度、中国共产党领导的多党合作和政治协商制度、民族区域自治制度，人民当家作主的政治架构、经济基础、法律原则、制度框架基本确立并不

---

① 列宁．列宁选集：第 4 卷［M］. 3 版．北京：人民出版社，2012：639.
② 列宁．列宁选集：第 3 卷［M］. 3 版．北京：人民出版社，2012：568.
③ 斯大林．斯大林文选（1934—1952）：下［M］. 北京：人民出版社，1962：445.

断发展，中国的民主大厦巍然耸立起来。改革开放和社会主义现代化建设新时期，党领导人民坚定不移推进社会主义民主法治建设，坚持中国特色社会主义政治发展道路，坚持党的领导、人民当家作主、依法治国有机统一，积极稳妥推进政治体制改革，巩固和发展人民代表大会制度，进一步完善中国共产党领导的多党合作和政治协商制度、民族区域自治制度、基层群众自治制度等基本政治制度，民主发展的政治制度保障和社会物质基础更加坚实。

党的十八大以来，中国特色社会主义进入新时代。以习近平同志为核心的党中央，立足新的历史方位，深刻把握中国社会主要矛盾发生的新变化，积极回应人民对民主的新要求新期盼，深刻吸取古今中外治乱兴衰的经验教训，全面总结中国民主发展取得的显著成就，团结带领人民发展全过程人民民主，中国的民主发展进入历史新时期。坚持和加强党的全面领导，深化党和国家机构改革，党对发展全过程人民民主的领导进一步加强。推进国家治理体系和治理能力现代化，确立和坚持中国特色社会主义根本制度、基本制度、重要制度，人民当家作主制度体系更加健全。全面推进民主选举、民主协商、民主决策、民主管理、民主监督，协同推进选举民主与协商民主，人民依法有序政治参与不断扩大，人民的民主生活丰富多彩。

全过程人民民主，使人民当家作主更好地体现在国家政治生活和社会生活之中，中国特色社会主义政治制度优越性得到更好发挥，生动活泼、安定团结的政治局面得到巩固发展，激发和凝聚了中国人民奋斗新时代的磅礴力量。党团结带领人民，历史性地解决绝对贫困问题，全面建成小康社会，化解一系列重大风险，开启全面建设社会主义现代化国家新征程，向着全体人民共同富裕迈进。全过程人民民主在中华大地展示出勃勃生机和强大生命力，中国人民的民主自信更加坚定，中国的民主之路越走越宽广。全过程人民民主，是中国共产党团结带领人民追求民主、发展民主、实现民主的伟大创造，是党不断推进中国民主理论创新、制度创新、实践创新的经验结晶。中国共产党的奋斗史，是团结带领人民探索、形成、发展全过程人民民主的奋斗史。

全过程人民民主，是近代以来党团结带领人民长期奋斗历史逻辑、理论逻辑、实践逻辑的必然结果，是坚持党的本质属性、践行党的根本宗旨的必然要求。全过程人民民主，充分彰显社会主义国家性质，充分彰显人民主体地位，使人民意志得到更好体现、人民权益得到更好保障、人民创造活力进一步激发。全过程人民民主，形成和发展于党领导人民争取民族独立、人民解放和实现国家富强、人民幸福的不懈奋斗的历程中，扎根在广袤的中华大地，吮吸中华民族长期积淀的文化养分，学习借鉴人类文明优秀成果，符合中国国情，得到人民衷心拥护，具有深厚现实基础和广阔发展前景。全过程人民民主，具有完整的制度程序和完整的参与实践，使选举民主和协商民主这两种重要民主形式更好结合起来，构建起覆盖960多万平方公里土地、14亿多人民、56个民族的民主体系，实现了最广大人民的广泛持续参与。全过程人民民主，既有鲜明的中国特色，也体现全人类共同价值，为丰富和发展人类政治文明贡献了中国智慧、中国方案。①

① 中华人民共和国国务院新闻办公室．中国的民主［M］．北京：人民出版社，2021：4-9.

二、中国特色社会主义民主的本质、特征和优势

（一）中国特色社会主义民主的本质

人民当家作主是中国共产党矢志不渝的奋斗目标，是中国特色社会主义民主的本质。人民当家作主，贯穿了党领导人民进行革命、建设、改革的全过程，覆盖了国家治理的全链条，体现经济社会发展的全方面，集中体现在中国人民真正成为国家、社会和自己命运的主人。我国是工人阶级领导的、以工农联盟为基础的人民民主专政的社会主义国家。社会主义制度是我国的根本制度。我国的国体性质决定了国家的一切权力属于人民。为了从根本上保证人民当家作主，人民通过全国人民代表大会和地方各级人民代表大会行使国家权力，并依照法律规定，通过各种途径和形式，管理国家事务、经济和文化事业、社会事务。作为一个多民族国家，我国各民族一律平等。为了保障人民民主，我国实行依法治国，建设社会主义法治国家。从经济基础与上层建筑的关系来看，社会主义经济制度的基础是生产资料的社会主义公有制，即全民所有制和劳动群众集体所有制。这就从根本上决定了社会主义民主不受资本操控，中国特色社会主义民主就不可能是少数人的民主，而是真正的人民民主。

（二）中国特色社会主义民主的特征

中国特色社会主义民主，既充分体现了人民当家作主的社会主义国家的根本性质，又在丰富的实践中展现出了制度优势和实践伟力，真正成为人类历史上全新的民主类型。习近平总书记在党的二十大报告中指出："全过程人民民主是社会主义民主政治的本质属性，是最广泛、最真实、最管用的民主。"[①] 真正把握中国特色社会主义民主的实质和优势，必须科学理解它的基本特征，这主要表现在三个方面：

1. 广泛性

广泛性主要指我国社会主义民主主体和民主权利的广泛性，集中体现在全体人民享有的包括政治、人身、经济、社会、文化等方面的广泛权利。在中国，政治权力分配的依据不是地位、财富、关系，而是由全体人民平等享有。与西方资本主义国家的国家权力为资本服务不同，我国国家权力是为人民服务的。中国特色社会主义民主之所以能够具有广泛性，其根本原因在于中国实行的是以公有制为主体、多种所有制经济共同发展，按劳分配为主体、多种分配方式并存，社会主义市场经济体制等社会主义基本经济制度，人民掌握国家的经济命脉，人民当家作主具有坚实经济基础和物质保障。

2. 真实性

真实性是指中国特色社会主义民主具有内容和形式的一致性。众所周知，"人民只有在投票时被唤醒、投票后就进入休眠期，只有竞选时聆听天花乱坠的口号、竞选后就毫无发言权，只有拉票时受宠、选举后就被冷落，这样的民主不是真正的民主"[②]。在中国，党和国家要做什么、如何做、做得怎么样，人民参与贯穿始终。中国特色社会主义民主是真实的民主，民主主体和民主权利的广泛性直接体现在人民利益的畅通表达和人民意愿的

---

① 习近平．高举中国特色社会主义伟大旗帜 为全面建设社会主义现代化国家而团结奋斗：在中国共产党第二十次全国代表大会上的报告［M］．北京：人民出版社，2022：37.

② 中华人民共和国国务院新闻办公室．中国的民主［M］．北京：人民出版社，2021：39.

有效实现中，“人民的期盼、希望和诉求，从国家大政方针，到社会治理，再到百姓衣食住行，有地方说、说了有人听、听了有反馈”①。

3. 有效性

有效性是指中国特色社会主义民主的高质量与国家治理的高效能之间实现了有机统一。《中国的民主》白皮书指出：“民主的发展与国家治理的现代化相伴相生，相互作用，相互促进。绝无国家治理‘失灵’‘低效’，国内问题成堆，民主却是‘世界样板’的荒谬现象。好的民主一定是实现良政善治的，一定是推动国家发展的。”② 中国特色社会主义民主激发了广泛的民主主体的主人翁意识，使其为国家、民族和自己拼搏奋斗；有效调节国家政治关系，助力形成安定团结的政治局面和团结干事的强大合力；形成集中力量办大事的制度优势，社会主义现代化事业与人民生活质量和水平共同稳步提高；捍卫国家核心利益和中国人民利益，中国人民和中华民族的福祉持续扩大。

（三）中国特色社会主义民主的优势

在社会主义中国，公民在法律面前一律平等，国家尊重和保障人权，人民群众充分享有各项政治权利、经济权利和社会权利。作为社会主义中国的主人，除依照法律被剥夺政治权利的人以外，公民都享有选举权和被选举权，具有充分具体的自由权，人身自由得到宪法法律的全面保障，在人格尊严、住宅、通信等各方面享有免于侵害的权利。作为社会主义国家的劳动者，我国公民享有劳动的权利和义务，能够享有休息权和充分的社会保障，受教育的权利义务也是有机统一的。事实证明，这些基本的民主权利广泛地存在于政治生活、经济生活、社会生活中，体现了人民当家作主的真实性，同时也推进中国特色社会主义民主逐步实现了全方位、全覆盖。

“社会主义愈发展，民主也愈发展。在发展中国特色社会主义的历史进程中，中国共产党人和中国人民一定能够不断发展具有强大生命力的社会主义民主政治。”③ 在真正彰显人民当家作主的具体实践中，中国特色社会主义民主持续焕发显著性优势。中国特色社会主义民主将马克思主义民主理论同中国实际相结合、同中华优秀传统文化特别是传统政治文明相结合，深深扎根于中国的土壤中、矗立于中国的大地上，通过中国共产党领导下的人民当家作主，将最广大人民群众的根本利益、愿望和要求充分地表达出来并切实保障，动员全体中华儿女围绕实现中华民族伟大复兴中国梦一起来想、一起来干。党的十八大以来，中国特色社会主义进入新时代，中国特色社会主义民主显现出越发强大的生命力和更加明显的优势，“坚持走中国特色社会主义政治发展道路，全面发展全过程人民民主，社会主义民主政治制度化、规范化、程序化全面推进，社会主义协商民主广泛开展，人民当家作主更为扎实，基层民主活力增强，爱国统一战线巩固拓展，民族团结进步呈现新气象，党的宗教工作基本方针得到全面贯彻，人权得到更好保障”④。历史和事实已经证明，

① 中华人民共和国国务院新闻办公室．中国的民主［M］．北京：人民出版社，2021：40.

② 同①42.

③ 中共中央文献研究室．十七大以来重要文献选编（上）［M］．北京：中央文献出版社，2009：26.

④ 习近平．高举中国特色社会主义伟大旗帜　为全面建设社会主义现代化国家而团结奋斗：在中国共产党第二十次全国代表大会上的报告［M］．北京：人民出版社，2022：10.

中国特色社会主义民主不仅是最高类型的民主，而且是最优发展的民主。在社会主义中国，中国特色社会主义民主切实保证人民享有更加广泛、更加充实的权利和自由，保证人民广泛参与国家治理和社会治理；有效调节国家政治关系，政党关系、民族关系、宗教关系、阶层关系、海内外同胞关系充满活力，民族凝聚力持续增强，形成安定团结的政治局面；真正实现集中力量办大事，有效促进社会生产力解放和发展，现代化建设各项事业蓬勃发展，人民生活质量和水平不断提高；有力维护国家独立自主，国家主权、安全、发展利益不断巩固，中国人民和中华民族的福祉持续增强；持续为人类政治文明进步奉献了中国智慧、提供了中国方案、做出了中国贡献，真正惠及全球发展和世界人民。

中国特色社会主义民主制度

三、中国特色社会主义民主制度

习近平总书记在庆祝全国人民代表大会成立60周年大会上的讲话中指出：“一个国家的政治制度决定于这个国家的经济社会基础，同时又反作用于这个国家的经济社会基础，乃至于起到决定性作用。在一个国家的各种制度中，政治制度处于关键环节。”[①] 中国特色社会主义民主制度的设计、建构和发展是历史和现实、理论和实践、形式和内容的有机统一，是由中国人民决定的，都是在中国的历史传承、文化传统、经济社会发展的基础上长期发展、渐进改进、内生性演化的结果。

（一）人民代表大会制度

人民代表大会制度是坚持党的领导、人民当家作主、依法治国有机统一的根本制度安排，是适应人民民主专政国体的政权组织形式，是中国的根本政治制度，是中国人民当家作主的根本途径和最高实现形式，是实现全过程人民民主的重要制度载体。人民代表大会代表人民统一行使国家权力，全国人民代表大会是最高国家权力机关，地方人民代表大会是地方国家权力机关。各级国家行政机关、监察机关、审判机关、检察机关都由人民代表大会产生，对人民代表大会负责、受人民代表大会监督。人民代表大会有立法权、监督权、决定权、任免权。人民代表大会制度，实现了广泛民主，使各级人民代表大会有高度的权力，保证了人民掌握和行使国家权力，国家和民族前途命运牢牢掌握在人民手中。人民代表大会制度是人民当家作主的新型政治制度，在中国政治发展史乃至世界政治发展史上都具有划时代的意义。坚持和完善人民代表大会制度，关键在于“六个必须坚持”，即必须坚持中国共产党领导，必须坚持用制度体系保障人民当家作主，必须坚持全面依法治国，必须坚持民主集中制，必须坚持中国特色社会主义政治发展道路，必须坚持推进国家治理体系和治理能力现代化。

（二）中国共产党领导的多党合作和政治协商制度

中国共产党领导的多党合作和政治协商制度是中国的一项基本政治制度，是中国新型政党制度。它是马克思主义政党理论与中国实际相结合的产物，是中国共产党、中国人民和各民主党派、无党派人士的伟大政治创造，是从中国土壤中生长出来的，是在中国历史

① 习近平．在庆祝全国人民代表大会成立60周年大会上的讲话［M］．北京：人民出版社，2014：9－10．

传承、文化传统、经济社会发展的基础上长期发展的结果。《中华人民共和国宪法》规定：“中国共产党领导的多党合作和政治协商制度将长期存在和发展。”中国新型政党制度中包括中国共产党和八个民主党派，以及无党派人士。中国共产党同各民主党派长期共存、互相监督、肝胆相照、荣辱与共，形成了“共产党领导、多党派合作，共产党执政、多党派参政”的政治格局。

（三）民族区域自治制度

民族区域自治制度是指在国家统一领导下，各少数民族聚居的地方实行区域自治，设立自治机关，行使自治权的制度。民族区域自治制度在《中华人民共和国宪法》以及《中华人民共和国民族区域自治法》中得到明确，是中国的一项基本政治制度。民族区域自治制度是中国共产党把马克思主义民族理论和国家学说同中国民族问题实际相结合，经过长期探索，开创的具有中国特色、解决民族问题的制度模式。它具体表现在：各少数民族聚居的地方实行区域自治，设立自治机关，行使自治权，保障各民族平等权益，维护和发展各民族的平等团结互助和谐关系。民族区域自治制度具有显著的优势和重要的作用，它体现了党和国家尊重民族情感、尊重各民族主体地位、尊重民族创造精神，直接反映了我国民族发展具有公平正义、团结互助、共同繁荣的鲜明特点。几十年来，民族区域自治制度得到了全国各族人民的衷心拥护，符合中国特色社会主义事业的发展要求和全国各族人民的根本利益。发展和完善民族区域自治制度，必须高举中华民族大团结的旗帜，牢牢把握“两个共同”的主题，积极推进民族事务治理体系和治理能力现代化，做到坚持“统一与自治相结合”“民族因素与区域因素相结合”，促进各民族交往交流交融，增强中华民族的凝聚力和向心力，铸牢中华民族共同体意识，不断促进各民族共同繁荣发展。

（四）基层群众自治制度

基层群众自治制度是指人民群众在党的领导下对农村村级、城市社区公共事务和公益事业直接行使当家作主民主权利的政策、法规、程序、规范的总称，是伴随新中国发展历程生长起来的基本政治制度，其主要包括村民自治制度、居民自治制度和职工代表大会制度。

（1）村民自治制度。1982 年宪法首次确认“村民委员会是基层群众性自治组织”。1987 年全国人大常委会通过的《中华人民共和国村民委员会组织法（试行）》，首次以法律形式对村民自治制度作出明确规范。经过 1998 年和 2010 年两次修订，《村委会组织法》在完善选举制度、规范民主管理、强化民主监督方面进行了细致规定，村民自治制度稳步发展。

（2）居民自治制度。1954 年，第一届全国人大常委会第四次会议制定并通过了《城市居民委员会组织条例》。1989 年，《中华人民共和国城市居民委员会组织法》通过实施，进一步明确了居民自治的各项内容。近年来，社区概念与居民自治紧密结合，以城市基层管理体制改革推动城市社区居民自治制度发展蔚然成风。

（3）职工代表大会制度。1981 年，中共中央、国务院批准颁布《国营工业企业职工代表大会暂行条例》，这是新中国第一个关于职工代表大会制度的专门性法规。1982 年宪法规定“国有企业依照法律规定，通过职工代表大会和其他形式，实行民主管理”，职工代表大会制度正式入宪。此后，国家颁布实施多部法律、法规，就职工代表大会的性质、地位、职权及其与工会的关系作了明确的规定。

当前，健全基层群众自治制度，必须“加强村（居）民委员会规范化建设”“健全村

（居）民自治机制”“增强村（社区）组织动员能力”“优化村（社区）服务格局”，真正反映和实现人民群众的意志和愿望，不断密切党和政府同人民群众的联系，实现好、维护好、发展好最广大人民群众的根本利益，促进社会和谐、实现国家长治久安。

四、积极发展全过程人民民主

中国共产党始终高举人民民主的旗帜，发展社会主义民主政治。党的十八大以来，习近平总书记统筹把握中华民族伟大复兴战略全局和世界百年未有之大变局，对关系我国民主发展的一系列重大理论和实践问题进行了深邃思考和科学判断，提出了全过程人民民主的重大理念，极大深化了我们对民主政治发展规律的认识，丰富和发展了马克思主义民主理论，指引新时代我国社会主义民主政治制度化、规范化、程序化全面推进，有效保证了人民当家作主。党的二十大明确提出：“我们要健全人民当家作主制度体系，扩大人民有序政治参与，保证人民依法实行民主选举、民主协商、民主决策、民主管理、民主监督，发挥人民群众积极性、主动性、创造性，巩固和发展生动活泼、安定团结的政治局面。”[①] 积极发展全过程人民民主要体现人民意志、保障人民权益、激发人民创造活力。

全过程人民民主具有十分丰富的科学内涵，它不仅有完整的制度程序，而且有完整的参与实践，是过程民主和成果民主、程序民主和实质民主、直接民主和间接民主、人民民主和国家意志相统一的民主，是全链条、全方位、全覆盖的民主，是最广泛、最真实、最管用的社会主义民主。一方面，全过程人民民主具有完整的制度程序。我国实行工人阶级领导的、以工农联盟为基础的人民民主专政的国体，实行人民代表大会制度的政体，实行中国共产党领导的多党合作和政治协商制度、民族区域自治制度、基层群众自治制度等基本政治制度，巩固和发展最广泛的爱国统一战线，形成了全面、广泛、有机衔接的人民当家作主制度体系，构建了多样、畅通、有序的民主渠道。另一方面，全过程人民民主具有完整的参与实践。全过程人民民主包括了民主选举、民主协商、民主决策、民主管理、民主监督，体现在人民依法通过各种途径和形式管理国家事务，管理经济和文化事业，管理社会事务。党的十八大以来，全过程人民民主的人民有序政治参与不断扩大，人民当家作主的内容不断扩充、层次持续丰富，最广泛的爱国统一战线得到巩固和发展，社会主义协商民主广泛多层制度化发展，建立健全了解民情、反映民意、集中民智、珍惜民力的决策机制，民主决策更加符合人民利益和愿望。历史证明，全过程人民民主，深深植根于中国大地，是党团结带领人民长期奋斗历史逻辑、理论逻辑、实践逻辑的必然结果，是新时代中国共产党人不断推进中国民主理论创新、制度创新、实践创新的经验结晶，不仅深刻揭示了社会主义民主政治发展规律和实践特点，而且为丰富和发展人类政治文明贡献了中国智慧、中国方案。

中国是一个发展中大国，坚持正确的政治发展道路更是关系根本、关系全局的重大问题。总结国内外政治发展成败得失的基本经验，能够得出一个基本结论：坚定中国特色社会主义制度自信首先要坚定对中国特色社会主义政治制度的自信，建设社会主义民主政

① 习近平．高举中国特色社会主义伟大旗帜　为全面建设社会主义现代化国家而团结奋斗：在中国共产党第二十次全国代表大会上的报告［M］．北京：人民出版社，2022：37.

治，发展社会主义政治文明，必须使社会主义民主政治深深扎根于中国的历史传统和社会土壤，照抄照搬他国政治制度是行不通的。积极发展全过程人民民主，保证人民当家作主，保证国家政治生活既充满活力又安定有序，关键是要坚持党的领导、人民当家作主、依法治国有机统一。

第一，党的领导。中国共产党的领导是中国特色社会主义最本质的特征。没有共产党，就没有新中国，就没有新中国的繁荣富强。坚持中国共产党这一坚强领导核心，是中国特色社会主义民主的基本前提和根本任务。中国共产党的领导支持和保证人民实现当家作主主要表现为：坚持党总揽全局、协调各方的领导核心作用，通过中国特色社会主义民主制度体系确保党的路线方针政策和决策部署得到全面贯彻和有效执行。

第二，人民当家作主。人民当家作主是中国特色社会主义民主的本质和核心。人民当家作主是社会主义民主政治的本质特征，只有坚持人民当家作主，才能实现社会主义现代化和中华民族伟大复兴。在任何时候，我国始终坚持国家一切权力属于人民，坚持人民主体地位，人民可以通过人民代表大会等各种途径和方式行使国家权力、享受民主权利。“要扩大人民民主，健全民主制度，丰富民主形式，拓宽民主渠道，从各层次各领域扩大公民有序政治参与，发展更加广泛、更加充分、更加健全的人民民主。国家各项工作都要贯彻党的群众路线，密切同人民群众的联系，倾听人民呼声，回应人民期待，不断解决好人民最关心最直接最现实的利益问题，凝聚起最广大人民智慧和力量。”①

第三，依法治国。发展中国特色社会主义民主必须坚持依法治国、维护宪法法律权威，使民主制度化法律化。依法治国是党领导人民治理国家的基本方略，法治是党治国理政的基本方式。“必须坚持人民主体地位。我国社会主义制度保证了人民当家作主的主体地位，也保证了人民在全面推进依法治国中的主体地位。这是我们的制度优势，也是中国特色社会主义法治区别于资本主义法治的根本所在。”②

习近平指出，要把人民当家作主“具体地、现实地体现到党治国理政的政策措施上来，具体地、现实地体现到党和国家机关各个方面各个层级工作上来，具体地、现实地体现到实现人民对美好生活向往的工作上来”③。这是不断推进全过程人民民主建设的方向路径和根本遵循。在此基础上，党的二十大清楚地指明了积极发展全过程人民民主的主要任务包括四个方面。

（一）加强人民当家作主制度保障

一般而言，政治制度是用来调节政治关系、建立政治秩序、推动国家发展、维护国家稳定的，不能脱离特定社会政治条件和历史文化传统来抽象评判，不能定于一尊。党的二十大报告指出：“坚持和完善我国根本政治制度、基本政治制度、重要政治制度，拓展民主渠道，丰富民主形式，确保人民依法通过各种途径和形式管理国家事务，管理经济和文化事业，管理社会事务。”④ 中国特色社会主义民主的本质和核心是要保障人民当家作主。实现人民当家

① 习近平．在庆祝全国人民代表大会成立60周年大会上的讲话［M］．北京：人民出版社，2014：7.

② 中共中央文献研究室．十八大以来重要文献选编（中）［M］．北京：中央文献出版社，2016：183－184.

③ 习近平．习近平谈治国理政：第4卷［M］．北京：外文出版社，2022：261.

④ 习近平．高举中国特色社会主义伟大旗帜 为全面建设社会主义现代化国家而团结奋斗——在中国共产党第二十次全国代表大会上的报告［M］．北京：人民出版社，2022：37－38.

作主，需要系统完备、科学规范、运行有效的制度体系来保障。不断完善人民代表大会制度，关键是要支持和保证人民通过人民代表大会行使国家权力；要健全有立法权的人民代表大会主导立法工作的体制机制，发挥人民代表大会及其常务委员会在立法工作中的主导作用；要健全人民代表大会组织制度和工作制度，支持和保证人民代表大会依法行使立法权、监督权、决定权、任免权；要完善人民代表大会专门委员会设置，优化人民代表大会常务委员会和专门委员会组成人员结构；要加强人民代表大会代表工作能力建设，健全吸纳民意、汇集民智工作机制，深化各群团组织的改革和建设，坚持走中国人权发展道路。

（二）全面发展协商民主

在中国，全面发展协商民主是中国特色社会主义民主的战略任务。党的二十大报告指出："协商民主是实践全过程人民民主的重要形式。完善协商民主体系，统筹推进政党协商、人大协商、政府协商、政协协商、人民团体协商、基层协商以及社会组织协商，健全各种制度化协商平台，推进协商民主广泛多层制度化发展。"① 要不断加强和完善党对社会主义协商民主的领导，把握正确政治方向；要坚决贯彻民主集中制，坚持党的领导、统一战线、协商民主有机结合；要健全抓落实机制，制定科学合理的协商计划，统筹安排充分有效的协商活动；要不断完善协商成果采纳、落实和反馈机制，探索建立督察和考核机制；要积极鼓励探索创新，依靠人民推进协商民主，最大限度吸纳人民参与协商民主；要不断积累和提炼协商民主的实践经验，将好的经验上升为制度规范；要进一步营造更加良好的协商氛围，倡导协商民主精神，培育协商民主文化。

（三）积极发展基层民主

积极发展基层民主，特别是完善基层群众自治制度，是中国特色社会主义民主的重要基础，也是"全过程人民民主的重要体现"②。基层民主是中国特色社会主义民主最广泛的实践，发展基层民主，必须长期坚持、全面贯彻人民当家作主的要求，不断丰富民主形式、拓宽民主渠道，既保证人民依法实行民主选举，也保证人民依法实行民主决策、民主管理、民主监督。既要不断完善制度、体制、机制，持续推进基层民主法治化；又要不断拓展实现形式，积极推进协商民主广泛深入发展。在具体实践中，要坚持和强化党对基层群众自治的领导，不断健全和创新基层群众自治机制，要持续深化城乡社区协商，加强村（居）委会队伍建设。要完善办事公开制度，健全以职工代表大会为基本形式的企事业单位民主管理制度。在此基础上，人民群众通过村民委员会、居民委员会、职工代表大会等，广泛、直接参与社会事务管理，从"小院议事厅"到"板凳民主"，从线下"圆桌会"到线上"议事群"，在丰富多彩的基层生活中，中国人民不断创造着一个又一个充满烟火气的民主实现形式。

（四）巩固和发展最广泛的爱国统一战线

统一战线是中国共产党凝聚人心、汇集力量的重要法宝。统一战线在中国特色社会主义民主的制度安排和具体实践中居于重要位置。统一战线始终坚持大团结大联合，坚持一

---

① 习近平．高举中国特色社会主义伟大旗帜　为全面建设社会主义现代化国家而团结奋斗——在中国共产党第二十次全国代表大会上的报告［M］．北京：人民出版社，2022：38.

② 同①39.

致性和多样性相统一，“在热爱中华人民共和国、拥护中国共产党的领导、共同致力于实现中华民族伟大复兴的政治基础上，求同存异、聚同化异，最大限度地调动一切积极因素、团结一切可以团结的人，最大限度凝聚起共同团结奋斗的强大力量”①。要坚持和完善中国共产党领导的多党合作和政治协商制度，发挥人民政协协调关系、汇聚力量、建言献策、服务大局的重要作用；要充分促进政党关系、民族关系、宗教关系、阶层关系、海内外同胞关系和谐，最大限度调动一切积极因素，最大限度团结一切可以团结的力量；要实行更加开放的人才政策，不唯地域引进人才，不求所有开发人才，不拘一格用好人才；全面构建亲清政商关系，促进非公有制经济健康发展和非公有制经济人士健康成长；要推动中华儿女更加紧密地团结起来，汇聚实现梦想的强大力量。

思考题

1. 如何理解民主？
2. 简述西方资本主义民主制度的基本内容。
3. 简述中国特色社会主义民主制度。
4. 简述中国共产党如何领导人民实现全过程人民民主。
5. 简述全过程人民民主如何将“把民主选举、民主协商、民主决策、民主管理、民主监督贯通起来”。

在线自测

扫一扫 练一练

① 中华人民共和国国务院新闻办公室．中国的民主［M］．北京：人民出版社，2021：17-18.

第七章

政治文化

学习目标

通过本章的学习，对政治文化的含义与特征、要素与类型、结构与功能有系统了解。在此基础上，将政治文化与政治社会化关联起来，了解政治文化的形成、学习、传播和传承的过程，即政治社会化，认识政治社会化的含义、类型与主要途径。要准确把握中国特色社会主义政治文化的主要内容和基本特征，深刻理解新时代中国特色社会主义政治文化建设的主要内容和新时代中国特色社会主义政治文化的重要作用。

政治文化是政治学领域中的一个重要概念，也是20世纪60年代出现的新学科领域。政治文化主要研究不同民族和不同社会中，影响政治体系成员的政治价值观念、政治认知、政治情感和政治态度的文化和心理等因素以及这些因素在政治生活中的作用。因此，政治文化研究广泛地运用了社会心理学、文化人类学等学科的研究方法。从政治文化层面对政治现象进行研究，不仅有助于深入探讨不同社会和民族的文化习俗、价值观念和行为方式等因素在某一特定政治体系中的作用，还为比较不同政治体系的文化内涵，分析各类不同的宏观政治体系与微观政治行为之间的逻辑关系，提供了新的研究视角。在中国特色社会主义现代化发展中，政治文化建设起着十分重要的作用。在新时代，要加强中国特色社会主义政治文化建设，为全面建成社会主义现代化强国提供文化支撑。

第一节 政治文化概述

一、政治文化的含义与特征

（一）政治文化的含义

政治文化是一个由“政治”和“文化”共同构成的复合词。理解政治文化，首先要理解何为文化。一般而言，文化有广义和狭义之分。广义的文化是指人类所创造的物质财富和精神财富的总和，既包括物质文化和制度文化，也包括精神文化。其中，物质文化指的是人类从事生产活动创造的物质文明总和，制度文化指的是人类创制构建的组织性规范体系，精神文化则是指人类创造的精神产品和意识形态总和。狭义的文化仅仅指精神文化。

政治文化这个概念，首先是在比较政治学研究领域中出现的。一些政治学者在进行不同国家的政治体系比较研究时发现，在任何一种特定政治体系中，都存在着某种特定的政治价值观念和行为模式，它是某种特定的政治制度得以有效运行的重要因素，由此构成了个人行为与政治制度、政治活动之间的必然联系，即所谓“政治行为的倾向性”。如果单纯使用“政治态度”“政治价值观念”“意识形态”“民族心理和文化模式”等概念，都难以完整地概括这种关系，因此，学者开始使用“政治文化”（Political Culture）这个新的概念，用以表达和研究影响政治体系运作的上述因素。

“政治文化”概念首先是由美国政治学家G. A. 阿尔蒙德提出的。1956年，他在《政治学杂志》上发表了《比较政治体系》一文，用“政治文化”这个概念，来指某一民族和社会对于某一政治系统以及各种政治问题的态度、信仰、感情、价值观和行为方式。阿尔蒙德认为，政治文化包括三个方面：一是政治体系文化，即“对于国家的认同意识”；二是过程文化，即“对于政治过程的一整套倾向”；三是政策文化，即“对公共政策的倾向模式”①。

① 加布里埃尔·A阿尔蒙德，小G宾厄姆·鲍威尔．比较政治学：体系、过程和政策［M］．北京：东方出版社，2007：32－42.

同时，阿尔蒙德还把个人对政治的态度分为三个组成部分来考察：一是认识性因素，即个人对政治体系、政治过程、政治目的、政治角色、政治产品等方面的认识。这些认识有正确的，也可能有错误的，反映了认识主体的政治态度。由于人们的政治行为源于这些认识，因而无论这些认识是否正确，都应予以关注。二是情感性因素，即个人对政治体系的热爱、忠诚、怀疑、疏远等情绪反应，这些情感因素决定了人们对政治当局要求的反应。三是评价性因素，即个人根据自己的价值标准对政治体系所进行的价值判断。阿尔蒙德指出，政治倾向的这三个部分是相互联系的，并以各种方式相互发生影响和作用。政治认识可能受到政治情感的影响，也可能影响政治情感。政治认识和政治情感决定了政治主体对政治的价值判断，但它们又都会受到个人政治态度形成过程中诸种因素的影响。

此后，美国的塞缪尔·比尔和亚当·乌赫姆在他们合著的《政治模式》一书中，也使用了“政治文化”这个概念。20 世纪 60 年代以后，政治文化已经成为西方政治学理论的重要领域，出版了一批政治文化研究的重要论著，主要包括：阿尔蒙德与 S. 韦伯合著的《公民文化》(1963)、鲁恂·派伊和 S. 韦伯合著的《政治文化与政治发展》(1965)、阿尔蒙德和鲍威尔合著的《比较政治学：发展研究途径》(1966) 等。我国政治学界在 20 世纪 80 年代初，也开始对这一领域进行研究。

关于何谓政治文化，不同的人有不同理解。阿尔蒙德在《比较政治学》(第二版，1978) 一书中提出，政治文化是“一个民族在特定时期流行的一套政治态度、信仰和感情”①。派伊认为，“政治文化是一组态度、信仰和情感，它赋予政治过程以秩序和含义”“政治文化是对政治中心理和主观层面的一种集合形式和表述”②。《国际社会科学百科全书》认为，“政治文化是一套态度、信仰和情感，它赋予政治进程以秩序和意义，并提供了支配政治系统中行为的基本假设和规则”③。《政治学分析辞典》则认为，“政治文化通常包括政治行为的心理因素，如信念、情感及评价意向等”④。总之，西方政治学者是把政治文化作为“政治体系的心理方面”加以研究的，“政治文化就是一个民族关于政治生活的心理学”⑤。

传统政治文化与现代政治文化的不同

我国政治学者对政治文化概念也进行深入研究。总的说来，可以将学者的解释分作两派观点：一派是从广义的角度来解释政治文化。这种观点认为政治文化由“政治制度形态的政治文化”和“观念形态的政治文化”两部分组成。另一派则从狭义的角度来解释政治文化，认为政治文化就是指“观念形态的政治文化”。如果从广义上来解释政治文化的概念，就会把上层建筑中有关政治的全部内容都包括在政治文化之中。这样一来，政治文化的内容和结构就会过于宽泛，从而使政治文化的概念

① 加布里埃尔·A 阿尔蒙德，小 G 宾厄姆·鲍威尔．比较政治学：体系、过程和政策 [M]. 北京：东方出版社，2007：26.

② 鲁恂·W 派伊．政治发展面面观 [M]. 任晓，王元，译．天津：天津人民出版社，2009：124.

③ David L Sills. International Encyclopedia of The Social Sciences：Vol，12 [M]. New York：The Macmillan Company & The Free Press，1968：218.

④ 杰克·普拉诺，等．政治学分析辞典 [M]. 北京：中国社会科学出版社，1986：111.

⑤ 罗斯金，等．政治科学 [M]. 北京：华夏出版社，2001：130.

失去它应有的具体指向性。

总之，政治文化是社会政治领域的精神现象，是由一定的阶级、民族或其他社会群体的人们在长期的社会政治实践中形成的政治心理、政治思想和政治价值观等构成的有机体系。这就意味着：第一，政治文化的主体是一定社会中的群体或个人。政治文化的主体既有团体性的，也有个体性的；既指普通公民，也指政治团体和其他的社会团体。第二，政治文化是由现实的经济政治关系决定的。政治文化是作为一种观念形式而存在的，由社会存在决定，是社会存在的产物，同时反作用于社会存在，对政治生活具有反作用。第三，政治文化是人们在长期实践活动中形成和发展起来的。第四，政治文化的内容包括政治心理、政治思想和政治价值观等，是由政治心理、政治思想和政治价值观构成的有机体系。

（二）政治文化的特征

政治文化主要有如下三个特征：

1. 鲜明的阶级性

阶级性是政治文化的一个重要属性。政治文化必然体现一定阶级的利益和要求。不同的阶级有不同的政治文化。一个社会中政治文化的冲突，实际上反映了阶级之间的利益冲突。一个新兴阶级的崛起，往往与一种崭新的政治文化的形成相联系。政治文化的阶级性主要体现在如下三个层面：一是政治文化由一定的阶级利益决定并反映一定的阶级利益；二是在阶级社会中，统治阶级的政治文化往往占据主导地位；三是新的阶级统治取代旧的阶级统治，总是预先进行政治思想舆论的准备，伴随着政治文化的更替，新政治文化代替旧政治文化。

2. 历史继承性

政治文化是一个历史范畴，其发展具有一定历史继承性，并随着一定社会的生产方式和社会关系的变化而变化。任何政治文化都是人们在具体历史环境中创造的，同时也是在一定历史实践过程中传承和创新的。如马克思所指出的："人们自己创造自己的历史，但是他们并不是随心所欲地创造，并不是在他们自己选定的条件下创造，而是在直接碰到的、既定的、从过去承继下来的条件下创造。"① 政治文化的历史继承性使政治文化发展呈现历史延续性，同时也使不同国家、民族的政治文化具有鲜明的个性特征。

3. 相对独立性

政治文化具有相对独立性。虽然政治文化不具有独立性的外观，不会独立地存在和发展，但政治文化自身也有其发展规律，其发展水平并不总是与经济社会发展水平呈现简单的对应关系。政治文化具有超前性和滞后性。一方面，社会中的一些先进团体能超越当下，提出国家未来发展的思想、理论，赋予政治文化前瞻性和超前性。另一方面，在政治文化形成过程中，由于历史传统等因素的作用，其往往受到旧思想、旧观念残余的影响，政治文化具有特定时空意义上的滞后性。旧的政治文化却不会随着新制度的建立而立即消失，它还会在一个相当长的时期里滞留在人们的观念领域中，沉淀在人们的心理意识里，

---

① 马克思，恩格斯．马克思恩格斯文集：第2卷［M］．北京：人民出版社，2009：470-471．

对人们的行为产生持久影响。

总之，政治文化作为一种社会政治现象，是一个民族、一个国家的政治历史与政治现实交互作用的产物，并且将随着社会历史和人类政治文明的发展而演变。同时，它又影响和制约政治体系、政治关系和政治活动，在社会历史和人类政治文明的发展过程中起着不可忽视的作用。但是，这种作用并不是决定性的。政治文化的模式虽然影响人们的政治行为取向，但不是影响政治行为的决定性因素。政治制度、政治活动的性质和模式、政治发展的方向，归根结底不是由政治文化，而是由社会生产方式决定的，这是马克思主义政治学的根本观点。

二、政治文化的要素与类型

认识政治文化，不仅要认识其含义，分析其特征，而且要了解其要素与类型。

(一) 政治文化的要素

政治文化是一种复杂的社会现象，主要由政治心理、政治思想和政治价值观三个要素构成。

1. 政治心理

政治心理是社会心理的一个重要组成部分，是社会成员在社会政治实践活动中对社会政治关系及各种政治现象的自发的、直观的心理感受和反应。政治心理具体表现为特定政治主体的政治认知、政治情感、政治动机、政治态度等。其中，政治认知是指政治主体对政治生活各个方面及其发展的认识、判断和评价；政治情感是政治主体对社会政治现象的内心体验和感受；政治动机是政治主体参与政治活动的内在动力；政治态度是政治主体对政治现象的综合性心理反应。

政治认知是政治主体对于政治生活各个方面及其发展规律的认识和理解。按其发展的不同过程，政治认知通常又可以分为政治知觉、政治印象和政治判断等要素。政治知觉是社会成员对于政治现象、政治关系及其发展规律的综合反映而形成的心理观念。政治印象是社会成员在政治知觉的基础上对于政治现象的成像反映，通过这一过程，社会成员形成较为固定的政治记忆。政治判断是社会成员根据政治知觉和政治印象，对于政治现象形成的评价和推断。

政治情感以社会成员的政治认知为基础，是对社会政治现象的内心体验和感受。在现实政治生活中，政治情感体现为社会成员对于各种政治现象的好恶、爱憎、亲疏、美丑、信疑等心理反应。

政治动机是激励社会成员政治活动的内在精神和心理因素。政治动机由社会成员的需求和目标两方面构成。社会成员的需求是指他们对于物质文化精神的心理欲求。社会成员的目标则是其对于心理所欲求的相关政治对象的心理反应。

政治态度是社会成员对政治现象的综合性心理反应，表现为对特定政治现象的肯定或否定、赞成或反对的心理倾向和趋势。政治态度通常由政治认知、政治情感和政治动机综合构成。这些政治心理成分的不同组合和配置，构成了政治态度的不同内容和不同状况。因此，政治态度是综合性的政治心理，是在其他政治心理要素形成以后形成的。当政治心理以特定的政治态度表现出来时，就已经不是单独的政治心理要素，而是包括政治认知、政治情感和政治动机在内的综合构成。

2. 政治思想

政治思想是社会成员对政治现象内在联系及其发展规律的抽象逻辑总结。一般而言，政治思想包括政治理想、政治信仰和政治理论等内容。其中，政治理想是社会成员对社会政治发展趋向目标的把握和设定；政治信仰是社会成员对特定政治目标、政治学说、政治价值或政治理念的信奉和接受；政治理论是政治思维的理性逻辑形式，它以抽象、精巧和系统的方式，提供特定的政治取向和认识工具，建构系统的理论和观念，反映和维护特定阶级、阶层或者集团的利益。

政治理想是社会成员对于社会政治实践和发展的趋向和目标的把握和设定。政治理想体现社会成员的政治期望和价值取向，常常构成特定社会和政治活动的精神支柱和激励动机，在社会政治生活中直接影响和支配社会政治行为及其发展的方向和程度。

政治信仰是社会成员对于特定政治目标、政治学说、政治价值或者政治理念的崇信和接受。政治信仰具有持久而坚定的作用，具有强大的凝聚力和向心力，能够赋予特定社会政治活动以特定意义和价值，确定社会政治活动的性质和方向，因此，政治信仰决定政治活动的性质和意义，规定社会政治生活的发展方向。

政治理论是政治思维的理性逻辑形式，它以抽象、精巧和系统的方式，提供特定的政治取向和认识工具，建构系统的理论和观念，反映和维护特定阶级、阶层或者集团的利益要求。

3. 政治价值观

政治价值观一般指人们看待、评价某种政治系统及其活动的标准，并由此形成的政治主体的价值观念和行为模式的选择标准。政治价值是由一系列互相联系的价值范畴所组成的体系，主要包括秩序、自由、平等、民主、法治、正义、公平、效率等。在社会政治文化中，政治价值观居于核心地位。一方面，政治价值观对社会成员的政治心理具有重要的定向性影响；另一方面，政治价值观对特定社会的政治思想具有深远的指导性意义。“不仅如此，政治价值观还对政治生活和实践具有价值选择和价值评价的功能，对政治目标、政治战略、制度运行、政策方针和政治发展都会产生重要的选择、评价甚至支配性的影响。”①

（二）政治文化的类型

政治文化具有不同类型，在现实生活中，可以根据不同标准来区别各种不同类型的政治文化。

1. 根据政治文化的特性分类

根据政治文化的特性，可将政治文化分为狭隘型政治文化、顺从型政治文化和参与型政治文化。

---

① 《政治学概论》编写组．政治学概论［M］.2 版．北京：高等教育出版社，2020：222.

狭隘型政治文化主要存在于比较原始阶段的社会中。这些社会的主要特征是政治文明发育程度低、政治结构缺少分化、政治角色分工并不明确。在这样的社会中，社会成员缺乏明确的政治认知、情感和价值取向，缺乏政治参与的意愿和能力，缺乏政治效能感，因而无法对政治决策实施主动影响。

顺从型政治文化一般存在于集权型社会政治之中。在这一社会中，社会成员对政治生活中的角色、结构、权威、规范等方面具有较明确的认知、情感和价值取向，但一般不愿意参与政治，认为政治只是少数人的事，多数社会成员不能也不愿参与政治。即使政治体系提供了参与政治的途径，民众也会因为其参与政治的能力和愿望的低下而放弃政治参与的机会。

参与型政治文化和民主政治高度相关，指社会成员对政治体系各方面都有强烈而明确的认知、情感和价值取向，并对自己作为社会政治成员的权利、能力、责任及政治行为的效能具有明确的认知。在参与型政治文化体系中，公民普遍具有参政的愿望、能力和要求。民主、平等的观念是这种政治文化中的主导观念。政治体系通过普遍选举、政党政治、民选议会等方式为公民提供参政的途径。在这种政治文化环境下，公民成为政治主体参政议政。

2. 根据政治文化的结构分类

根据政治文化的结构，可将政治文化分为冲突型政治文化、协调型政治文化和混合型政治文化。

冲突型政治文化也称为“极端型政治文化”。在冲突型政治文化中，社会政治价值严重极端化，在政治心理与思想中充斥着对抗和冲突倾向，不同的政治心理和政治思想缺乏沟通和理解，在政治文化中政治妥协和宽容缺乏生存空间。冲突型政治文化往往是阶级对立、民族差异和矛盾、利益冲突以及大众与精英之间的文化差别等因素的产物，是特定社会政治冲突在政治文化层面的反映。

协调型政治文化也称为“同质型政治文化”。在这种文化中，各种亚文化系统之间相互协调、相互融合。社会各阶层、民族和集团之间相互沟通，形成共识。社会各个阶层、各个集团、各个民族、大众与政治领导之间虽存在政治观念和政治信仰上的差异，但他们之间不存在政治观念和政治信仰方面的根本冲突。亚文化之间的差别，可以通过政治体系各部分的相互适应来加以协调和平衡，保障政治共同体内部的协调、团结、统一。协调型政治文化能为达成政治决策共识提供支持。

混合型政治文化也称为“多元型政治文化”。混合型政治文化在发展中国家较为多见。这种类型的政治文化一般产生于各种亚文化系统之间的界限尚不分明，社会各个阶层、各个集团、大众与领导之间的分野也不明显，同时政治关系又与血缘关系、种族关系与宗教关系交织在一起，成员意见分散的社会。在这样的社会中，不同地域、阶层和集团的人们具有多重甚至截然不同的看法，人们难以达成共同的政治认识，使得政治社会呈现多元化和碎片化倾向。

3. 根据政治文化的发展进程分类

根据政治文化的发展进程，可将政治文化分为传统政治文化与现代政治文化。

传统政治文化是与自然经济的经济基础和社会结构相适应的一整套政治心理、情感和价值观。它以专制主义与等级观念为核心内容，并且大多数社会成员都用一种带有迷信色彩和宿命论的眼光来看待世界和政治体系，认为一切都只能听天由命，缺乏个人的主体意识。领袖崇拜、宗教信仰往往是这种政治文化环境下的突出特点。在这种政治文化中，传统的价值原则居于统治地位，人们向往过去，缺乏适应新环境的创造力。

现代政治文化是与生产的商品化和社会化相适应的一整套政治态度、情感和价值观。现代政治文化有如下三个特征：第一，民主政治与平等自由的观念构成政治文化的核心内容，政治体系保障广泛的政治参与。第二，社会大多数成员不是听天由命，而是勇于革新与开拓，他们对政治体系和世界表现出理性和科学的态度，主体意识、责任意识、竞争意识、参与意识成为政治文化的主流。第三，开放意识与创新精神成为政治文化的主要内容，面向未来成为大多数社会成员的价值取向。

三、政治文化的结构与功能

政治文化有着复杂的结构。在政治生活中，政治文化承担多种功能，起着十分重要的作用。

（一）政治文化的结构

政治文化的结构，既包括纵向结构和横向结构，也包括对象结构和成分结构。

1. 纵向结构

政治文化与社会结构的构成密切相关。社会可以划分为领导与大众，社会结构是由领导和大众构成的纵向结构，因此，政治文化相应地由领导性政治文化和大众性政治文化构成。领导性政治文化是政治领导阶层对于政治活动、政治体系、政治思想的认知、情感、价值取向和态度信仰；大众性政治文化则是一般社会成员对政治现象的认知、情感、价值取向和态度信仰。两者相互作用，构成了政治文化的垂直结构。

2. 横向结构

各政治体系中包含着不同职业、年龄、团体的人群，也包含着多个种族、民族。相应地，也就存在着不同职业、年龄、团体、种族、民族的政治文化。各种政治亚文化相互作用，构成了政治文化的横向结构。

3. 对象结构

从对象结构看，政治文化包含体系文化、过程文化和政策文化。体系文化表明了社会成员对政治体系的政治倾向，维持和调节政治体系。过程文化表明社会成员在政治过程中的自我意识与其他因素的关系。政策文化表明了社会成员对公共政策的政治倾向。

4. 成分结构

从成分结构看，政治文化包含政治心理、政治思想和政治价值。这些因素代表人们对于政治制度和政治活动的心理、思考和价值取向。政治文化的三种成分相互作用，相互影响。

政治文化的主要功能

（二）政治文化的功能

政治文化的功能指的是政治文化中的各种因素对一个社会的政治体系和政治过程的影响和作用。

关于政治文化的功能，政治学者提出了不同看法。鲁恂·W. 派伊认为，政治文化的功能，主要是赋予政治制度以规则，给予个人行为以社会意义，使个人的政治行为按照一定的方式运行，使政治体系具有价值取向，保证政治体系具有某种统一性等。阿尔蒙德则从“结构-功能”的角度来对政治文化的功能下定义。他将政治文化与政治体系之间的关系归结为三个层次，即体系文化、过程文化和政策文化。马克思主义强调经济基础对上层建筑和社会意识形态的决定作用，但又反对把经济因素视为历史发展的唯一因素。历史唯物主义认为，社会文化的发展，尤其是政治观念和政治意识形态的发展，也是历史发展中的一种重要力量。政治文化通过人们的政治心理、政治观念、政治意识、政治信仰对人们的政治行为和社会的政治体系、政治过程产生深刻影响。

1. 塑造政治主体的观念和行为

在政治生活中，政治主体的政治行为是由社会经济关系和特定的利益所决定的，然而，经济关系和其他社会条件往往通过特定的政治心理、政治思想和政治价值观念等政治文化要素这一媒介影响和支配政治主体的政治行为。

政治文化决定个体对政治体系、政治目的、政治关系、政治现象的态度和情感，决定社会成员对共同规范和标准的态度，决定社会成员的政治思维方式和行为模式，决定整个社会成员对政治体系的基本看法。政治文化成为影响政治主体行为的一个重要因素。例如：政治价值和政治信念会影响政治主体的行为方向，政治伦理道德和政治观念规范会约束政治主体的行为方式，政治情感和政治期望会支配政治主体的行为动机和选择。

2. 规定政治生活的基本指向和内容

政治文化反映了社会成员对政治体系的要求和愿望。一个特定社会中的社会成员，在特定的政治文化传统影响下，将形成特定的政治价值观念。这种观念制约着他们的政治愿望和政治要求。政治文化反映了社会成员的政治倾向和政治情感，反映了政治体系、法律制度在社会成员心中的价值认知取向。这种政治认知倾向在一定的社会历史条件下，在一定程度上决定了某一时代或某一社会政治生活的方式和内容。

不同的政治社会，将产生不同的政治观念和政治要求。不同的政治文化，特别是该社会中占主导地位的政治思想，将赋予某一社会中政治生活的目标、方式和内容以特殊的规定性。例如：在古代中国，生活在封建纲常礼教的传统文化氛围中的民众，自然不会产生对民主的要求。他们对于政治体系的最大期望，是出现“明君良臣”。“溥天之下，莫非王土。率土之滨，莫非王臣”① 是当时人们普遍的政治观念。而在现代社会的民主政治文化氛围中，社会成员普遍具有政治主体意识，要求广泛的政治参与。

3. 影响政治制度的创立和发展

一个社会的政治制度的形成和发展往往是由多种因素决定的，在所有这些因素中，社

---

① 周振甫. 诗经译注［M］. 北京：中华书局，2002：335.

会政治文化发挥着重要作用。政治文化是政治制度得以有效运行的基础。政治文化的性质和内容对于政治制度的创立、维系或变革，具有很大的影响。一方面，政治文化对于确立政治制度的结构具有重要的影响。例如：同样是现代资本主义国家，美国实行总统制，法国则实行半总统制，而英国和日本却采用了君主立宪式的议会内阁制。这种区别在一定程度上反映了各国的政治文化的不同。另一方面，政治文化对于维持政治关系的稳定有着重要意义。另外，政治文化的变革与政治制度的变革之间具有相辅相成的关系，政治文化的变革必然导致政治制度的变革。

4. 影响政治发展的道路和进程

政治文化是社会成员自我意识的一个重要内容，它对政治体系的决策和执行的过程和方式发生作用，影响整个政治体系的功能。从政治文化与政治发展之间的关系角度看，一个国家政治发展道路的选择和实际进程，不仅取决于社会生产力发展水平、社会经济关系发展阶段，而且也取决于这个国家的政治文化传统、政治思想和政治价值观等因素。各个国家的政治发展道路和进程呈现出多样性，各个民族的政治发展表现出鲜明的民族性，其中一个重要原因就在于政治文化具有多样性和民族性的特点。

第二节 政治社会化概述

政治文化与政治社会化之间存在密不可分的关系。无论是对个人还是对社会团体而言，政治文化不是天生就有的，而是在复杂的政治社会化过程中形成、学习、传播和传承而来的。

一、政治社会化的含义

政治文化具有延续性，需要通过复杂的政治社会化过程来加以传承。众所周知，“社会化”是社会学和文化人类学提出的概念，主要是指人从“自然人”转变为“社会人”的过程。政治社会化指的是人通过学习和参与社会政治实践获得相关政治知识和行为规范，认识自身的政治角色、地位和责任，形成特定的政治人格与行为特征的过程。

政治社会化现象古已有之。然而，直到 20 世纪 50 年代，人们才开始对政治社会化展开系统的专门研究。美国政治学家戴维·伊斯顿于 1958 年首次发表了关于政治社会化方面的论文。1959 年，赫伯特·海曼的《政治社会化：政治行为心理的研究》一书出版，这是最早的一本对政治社会化进行系统研究的著作。在这些学者看来，政治社会化是人们学习政治知识和技能的过程，是社会塑造其成员政治心理和政治思想的过程，是政治文化代代相传的过程，也是政治文化形成、维持和改变的过程。政治社会化可从个体和社会两个层面来定义。

从个人角度看，可以将政治社会化看作社会成员通过学习获取已有政治文化，成为“政治人”的过程，这是政治社会化的“微观路径”。在这里，个体是政治社会化的主体。个体通过各种方式的政治学习，逐渐地从不自觉到自觉地获得某种政治价值意识，并由此产生某种政治情感和政治信仰，形成特定的政治人格，从而成为一个“政治人”。如果个体不能顺利地完成这个过程，他就会对社会政治生活产生不适应感甚至逆反心理。因此，政治社会化是个体提高心理适应水平和社会适应能力、培养健康的政治人格、参与社会政治生活的重要途径。

从社会角度看，可以将政治社会化看作社会通过各种途径传播政治思想、塑造成员政治心理、在代际形成中维持或改变政治价值观的过程，这是政治社会化的“宏观图景”。政治社会化是社会培养、教育、训练社会成员接受社会政治规范，支持、拥护现实的政治制度的过程，同时也是社会根据环境的变化，不断调整政治文化内容以取得适应性的过程。只有相当数量的社会成员接受某种共同的政治文化模式，才可能真正形成政治社会，产生统一的政治共同体。对于社会本身，社会成员或政治团体成员的政治社会化水平，将直接地影响该社会或政治团体的稳定与巩固，关系到它是否能够继续生存。

对于某一政治制度来说，如果人们对它不信任、不支持，甚至反对，就会产生政治不服从行为，它就失去了能够有效地进行统治的权威性，从而使社会处于动荡不安的状态之中。对于任何政党而言，如果没有人信任和支持它，它的目的将无法实现，政治领袖将无人拥护，它所组织的政治活动则无人参加。所以，每一个社会政治体系及每一个政党，都必然要对公民及自己组织的成员进行政治社会化的训练与教育。几乎所有国家，都将社会成员的政治社会化问题列入自己的活动内容，以确保社会政治的稳定和有效运行。

然而，人从自然人成长为拥有独特政治心理、政治思想和政治价值取向的“政治人”，并不是一个机械的过程，而是一个具有创造性的能动的实践过程。政治社会化不仅仅是社会成员被动地学习和获取已有政治文化，或者社会用已有政治文化培养、训练成员并塑造其政治人格的过程，也是社会成员能动地学习获取政治文化的过程。社会成员会基于综合社会条件和个体差异，有选择地接受政治文化，形成特定政治行为与政治人格特征。

由此，可将政治社会化的含义作如下界定：政治社会化是社会成员通过政治生活与实践等途径能动地获取社会政治知识和思想，从而逐渐成为“政治人”的过程，也是社会按照其发展的要求，通过各种途径传播政治文化，塑造社会成员政治心理、政治意识与政治价值观，实现政治文化在代际的继承与变迁的过程。

马克思主义经典作家和政治家十分注重政治人格的养成和政治教育。在恩格斯看来，共产主义必然实现的三大措施之中，教育是第一位的。他指出：“社会成员中受过教育的人会比愚昧无知的没有文化的人给社会带来更多的好处。”① 列宁则进一步指出：“政治文化、政治教育的目的是培养真正的共产主义者，使他们有本领战胜谎言和偏见，能够帮助劳动群众战胜旧秩序，建设一个没有资本家、没有剥削者、没有地主的国家。”② 毛泽东指出：“掌握思想教育是我们第一等的业务。”③ 邓小平指出：“我们一定要把思想政治工作放在非常重要的地位，切实认真抓好，不能放松。”④ 2019 年 3 月 18 日，习近平总书记

① 马克思，恩格斯．马克思恩格斯全集：第 2 卷［M］．北京：人民出版社，1957：614．

② 列宁．列宁专题文集·论社会主义［M］．北京：人民出版社，2009：174．

③ 毛泽东．毛泽东文集：第 2 卷［M］．北京：人民出版社，1993：375．

④《人民之子邓小平》编写组．人民之子邓小平：中卷［M］．北京：中央文献出版社，2004：635．

在学校思想政治理论课教师座谈会上指出："我们党立志于中华民族千秋伟业，必须培养一代又一代拥护中国共产党领导和我国社会主义制度、立志为中国特色社会主义事业奋斗终身的有用人才。""这就要求我们把下一代教育好、培养好，从学校抓起、从娃娃抓起。在大中小学循序渐进、螺旋上升地开设思政课非常必要，是培养一代又一代社会主义建设者和接班人的重要保障。"①

二、政治社会化的类型

按照不同标准，政治社会化可划分为不同类型。通过对政治社会化类型的划分，可以提升人们对政治社会化的认识。

（一）按照不同社会政治形态来划分

按照不同社会政治形态来划分，政治社会化可分为原始社会的政治社会化、奴隶社会的政治社会化、封建社会的政治社会化、资本主义社会的政治社会化和社会主义社会的政治社会化。

原始社会后期，人们开始进行以学习、模仿为主要方式的简单政治社会化。奴隶社会的人们第一次有意识、有目的地开展政治社会化。在封建社会，统治阶级以维护封建专制合法性为价值取向开展政治社会化。在资本主义社会，资产阶级将社会成员纳入资本主义政治秩序，塑造掩盖资产阶级政治统治的政治文化。社会主义社会以"人民当家作主"为社会主义民主政治的本质特征，政治社会化以人民利益为最大价值取向，努力培养担负社会主义建设重任的时代新人。

（二）按照人的年龄阶段来划分

按照人的年龄阶段来划分，政治社会化可划分为儿童期的政治社会化、青年期的政治社会化和成年期的政治社会化。

儿童期是指人从出生到获得公民资格的时期。为适应这一时期人的生理心理发育特点，儿童期的政治社会化以家庭和学校为主要途径，以直观、感性、形象的政治行为和政治事务为学习对象，以模仿和服从为主要学习方式，以政治服从、政治忠诚等感性色彩的政治认知和情感养成为主要内容。虽然处于政治文化形成发展的初期，但儿童期的政治社会化过程对人未来政治人格的形成具有奠基作用。

青年期是指人从获得公民资格到成年的阶段。青年期是人的生理心理快速成长发展的时期。在这一时期，人的政治认知能力快速发展，政治社会化以学校和社会为主要途径，以学习政治思想、政治规范，形成政治人格，成为社会政治角色为主要内容，以理论学习与社会实践为主要方式。青年时期是政治社会化的关键时期。

成年时期是前两个时期的继续。在这一时期，人主要是通过各种传媒和各种社会政治实践活动进行政治社会化。政治社会化的内容主要是丰富政治知识、提高政治技能、完善政治人格。在政治社会化过程中，成年人已不再仅仅是政治社会化的客体，他们也会以自身的政治理想、政治价值观和政治行为能动地影响或塑造他人。

---

① 习近平．思政课是落实立德树人根本任务的关键课程［M］．北京：人民出版社，2020：6.

（三）按照政治社会化的方式来划分

按照政治社会化的方式来划分，政治社会化可以划分为直接的政治社会化和间接的政治社会化。

直接的政治社会化是指人们通过政治模仿、政治教育和政治训练等主要形式，以公开、直接、明确的方式接受政治训练，获得政治认知和形成政治人格的过程。

间接的政治社会化是指人们通过人际转移、价值转移、规则转移等形式，以间接的甚至是非政治性的方式，把其他社会心理、思想和价值行为转移到政治生活的过程。

三、政治社会化的主要途径

政治社会化的途径是指社会传播政治文化，塑造成员政治心理、政治意识、政治价值观，实现政治文化代际传承的渠道、媒介、载体。在政治实践中，家庭、学校、大众传媒、社会组织等是政治社会化实践的主要载体。

（一）家庭

家庭是社会的细胞，也是人生的第一所学校。家庭在政治社会化过程中具有重要的作用。其中的关键因素包括：父母、家庭生活与家庭关系。家庭生活是政治社会化过程的起点，是重要载体。家庭虽然不是一个政治团体，但却是影响人的政治价值观念和社会行为模式的重要因素。家庭教育在政治社会化中的功能主要表现在儿童阶段。父母是儿童的启蒙者，家庭教育是一切教育的基础。父母不仅教会儿童进入社会所需要掌握的基本知识和技能，而且还传递给儿童对于社会和国家的认同感，并形成儿童的自爱心、自尊心、自信心、正义感、荣誉感等社会心理情感。父母的言谈举止、作风行为，将潜移默化地给儿童以深刻的影响。这些东西多属于非政治性的。然而，它们以后都会转化为影响个体政治行为的重要因素。

家庭结构不同，在政治社会化过程中的作用也不尽相同。一般说来，由父母和子女两代构成的家庭，父母对儿童的教育和影响是直接的。如果父母政治态度一致，儿童的政治倾向就很容易与父母趋向一致；父母意见经常不一致，家庭中更有权威的人物对儿童将产生决定性的影响；如果父母经常处于争吵之中，儿童政治社会化进程就容易减慢。由祖孙三代或几代同堂构成的大家庭，容易使儿童形成保守的政治倾向。这主要是由于大家庭往往倾向于维持现状。双亲不全或失去双亲的家庭，由于对儿童缺少管教，因此这类儿童容易自由放任，也容易较早地形成自己独立的个性。

由此可见，家庭在个体的政治人格塑造、人生观的形成、基本政治生活规范的获得方面，起着某种关键性的作用。但是，家庭的影响又是比较浅层的和较易改变的，并受到由于年龄所带来的各种条件的限制。

（二）学校

学校是个体完成政治社会化过程的重要机构。当然，就学校本身的性质来讲，它是一个非政治性的专门的文化教育机构。然而，由于学校是由国家资助或支持的，因此它必须贯彻执行国家的政治意图和政策方针，对学生进行系统化的政治教育。不同国家的学校，其政治教育的目的、内容和结果，是完全不同的。资本主义国家的学校向学生灌输的是所谓个人主义的价值观念，社会主义国家的学校则以集体主义为基本的价值原则。

学校是个体系统地学习和获得政治文化知识最重要的场所和最重要的阶段。学校的教育比家庭父母的教育更具有权威性。学校有计划的课程安排和有意识地组织各种社会活动，不仅能够强化或改变青少年在家庭中形成的政治心理、政治态度，而且能够增加和扩大他们的政治倾向，尤其能够使他们获得全面而系统的政治文化知识，为他们此后参与政治活动奠定思想基础和理论基础。

学校教育在政治社会化中的作用是渐进和累积式的。小学阶段的教育具有政治启蒙性质，它主要培养儿童的政治情感；中学阶段的教育则主要是向少年灌输政治生活的基本常识；大学教育是全面和系统的，也是最重要的。在大学时期，个体的人生观已经基本形成，为了实现自我价值，个体不仅会自觉地系统地学习专业知识，而且会有意识地全面学习政治文化知识，尤其是主动地参加社会性的政治实践活动。大学生在校的状况将直接影响他们此后在社会实践中的政治倾向和行为模式，热心政治的人，很可能在走进社会后成为政治活动家。

总之，学校是正式、有效和系统地进行政治社会化的场所。一般而言，学校教育巩固和拓展了青少年在家庭早期影响下所形成的政治态度，确立了个体的某种政治价值观念以及对政治系统的认识和认同，促使个体形成较为清晰的、完整的政治价值倾向。因此，学校教育是一种有意识、有目的、正规的政治文化培养过程。

（三）大众传媒

大众传媒是政治社会化的重要工具，一般包括报纸、杂志、广播、电视、书籍以及互联网络等信息手段。大众传媒具有超时空性、迅速性以及大众性等特点。在现代社会，大众传媒传播政治信息，引领政治舆论，进行政治意识形态的灌输。通过大众传媒，公民获取大量政治知识，培养对政治问题的兴趣，提高关心政治的程度。政治体系中各个团体都会直接或间接利用大众传媒宣传某种政治思想观点、政治态度和政治理想，形成一定的舆论，影响和控制人们的政治态度、政治情感和政治行为；通过文学、艺术等各种非政治形式潜移默化地进行政治意识灌输，影响人们的政治行为。传播媒介的政治倾向和政治价值的判断标准，将会对人们的政治观念与态度产生深刻影响。同时，大众传媒可以通过传播来诱发和提高人们的政治兴趣，也为社会成员进行政治问题的讨论提供了平台和手段。

（四）社会组织

除了家庭、学校和大众传媒之外，种类繁多、功能各异的社会组织也为公民政治社会化提供了重要平台。一般而言，成年公民都会参加各种不同的社会组织，如各种政治组织、职业性组织、社区组织和各种团体等。这些社会共同体是由社会地位、利益相近，信仰大致相同，且有某种共同志向的人所组成的，如政党、工会、学会、协会、俱乐部以及其他一些非正式的团体等。这些社会共同体具有不同的利益要求，它们直接或间接地参与各种政治活动。通过这些社会共同体有组织的政治活动，个体不断积累政治活动的经验，提高政治能力。这些社会共同体在政治文化的社会化过程中起着某种强化的作用，并成为促进个体参与政治生活和形成政治态度的主要因素。“在所有的政治组织和机构中，政党是最重要的社会化途径。它通过宣传党的纲领、政策主张，影响社会大众的政治态度；通过发展新成员，使他们在党组织中受到社会化的培训；通过党的各项活动，来实现其成员和拥护者的政治参与。”①

---

① 燕继荣．政治学十五讲［M］．2版．北京：北京大学出版社，2013：270．

政治社会化的主要途径如图 7－1 所示。

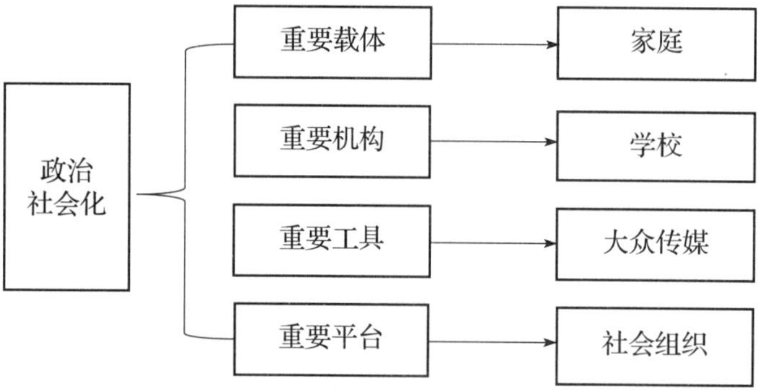

图 7－1 政治社会化的主要途径

除此之外，公民个人或团体参与的政治实践，如各种类型的政治仪式等，都在政治社会化中起着十分重要的作用。

第三节 中国特色社会主义政治文化

中国特色社会主义政治文化是中国特色社会主义政治的一个重要组成部分，要参与中国特色社会主义政治的伟大实践，就离不开对中国特色社会主义政治文化的认识。

一、中国特色社会主义政治文化的主要内容

“中国特色社会主义政治文化，源自中华优秀传统文化，熔铸于党领导人民在革命、建设、改革中创造的革命文化和社会主义先进文化，植根于中国特色社会主义伟大实践，通过创造性转换和创新性发展，形成了社会主义政治意识和政治心理、社会主义核心价值体系、社会主义民主政治思想、社会主义法治文化、中国共产党党内政治文化等。”①

（一）社会主义政治意识和政治心理

政治文化是人们政治实践和不断学习的结果。在中国特色社会主义建设和改革的伟大实践中，人们逐渐形成了共同的政治意识和政治心理。例如：“鞋子合不合脚，自己穿了才知道”“有事好商量”“众人的事情由众人商量”“谋求最大公约数，画出最大同心圆”等。对广大领导干部而言，不论在什么地方、在哪个岗位上工作，都要有政治意识、大局意识、核心意识、看齐意识，经得起风浪考验，不能在政治方向上走岔了、走偏了。“要严守政治纪律，在政治方向、政治立场、政治言论、政治行为方面守好规矩，自觉坚持党的领导，自觉同党中央保持高度一致，自觉维护党中央权威。党中央提倡的坚决响应，党中央决定的坚决照办，党中央禁止的坚决杜绝，决不允许上有政策、下有对策，决不允许有令不行、有禁不止，决不允许在贯彻执行中央决策部署上打折扣。”②

---

① 《政治学概论》编写组．政治学概论［M］. 2 版．北京：高等教育出版社，2020：232.

② 习近平．习近平谈治国理政：第 2 卷［M］. 北京：外文出版社，2017：143.

（二）社会主义核心价值体系

社会主义核心价值体系是社会主义意识形态在当代中国的本质体现，为我国经济、政治、文化、社会的发展提供动力，体现了我国致力于建成富强、民主、文明、和谐、美丽的社会主义现代化国家的发展要求，反映了全国各族人民的核心利益和追求美好幸福生活的共同愿望。社会主义核心价值体系主要包括马克思主义指导思想、共产主义远大理想、中国特色社会主义共同理想，包含以爱国主义为核心的民族精神和以改革创新为核心的时代精神、社会主义荣辱观、社会主义核心价值观等。

中国特色社会主义是全面发展、全面进步的伟大事业，没有社会主义文化繁荣发展，就没有社会主义现代化。党的十八大以来，党和政府把文化建设提升到一个新的历史高度，把文化自信和道路自信、理论自信、制度自信并列为中国特色社会主义“四个自信”，把坚持马克思主义在意识形态领域指导地位的制度确立为中国特色社会主义制度体系的一项根本制度，把坚持社会主义核心价值体系纳入新时代坚持和发展中国特色社会主义的基本方略，大力培育和弘扬社会主义核心价值体系和核心价值观，加快构建充分反映中国特色、民族特性、时代特征的价值体系。我国文化建设在正本清源、守正创新中取得历史性成就、发生历史性变革，为新时代坚持和发展中国特色社会主义、开创党和国家事业全新局面提供了强大正能量。

（三）社会主义民主政治思想

社会主义民主是人类历史上最高类型的民主，是最真实、最广泛、最管用的民主。“人民当家作主是中国民主的本质和核心”①，是社会主义民主政治思想的重要内容。在社会主义民主政治思想指导下，我国社会主义民主政治已呈现鲜明特色：一是我国的民主是中国共产党领导的人民民主。中国共产党的领导从根本上保证了人民当家作主。二是我国的民主是由最广大人民当家作主的民主。在中国，公有制经济是社会主义制度的经济基础，这就从经济基础上决定了中国的民主是最广大人民的民主。三是我国的民主是以人民民主专政作为可靠保障的民主。人民民主专政，一方面要求在人民内部实行最广泛的民主；另一方面要求对破坏社会主义制度、危害国家安全和公共安全、侵犯公民人身权利和民主权利、贪污贿赂和渎职等各种犯罪行为，依法使用专政手段予以制裁。四是我国的民主是以民主集中制为根本组织原则和活动方式的民主。

（四）社会主义法治文化

社会主义法治文化既是中国特色社会主义政治文化的有机组成部分，也是建设法治中国的基本要素，是坚持和落实全面依法治国基本方略的一个重要推动力量。社会主义法治文化是指导中国特色社会主义法治建设的文化思想基础，反映了社会主义法治的性质、功能和价值取向，是我国立法、执法、司法、守法和法律监督的内在逻辑，是社会主义法治思想的精髓和灵魂。社会主义法治文化既包括坚持宪法、法律至上的法治理念和法律面前人人平等的保障机制，也包括公民法治素养和全民法治信仰等。

社会主义法治文化建设，要深入贯彻学习习近平法治思想，抓好领导干部这个重点，

---

① 中华人民共和国国务院新闻办公室．中国的民主［M］．北京：人民出版社，2021：1.

把习近平法治思想作为党委（党组）理论学习中心组学习的重点内容、党校（行政学院）和干部学院的重点课程，不断深化思想认识、筑牢理论根基，提高领导干部运用法治思维和法治方式开展工作的本领。完善中国特色社会主义法治理论，牢固确立习近平法治思想在全面依法治国中的指导地位。加强对中国特色社会主义法律制度的理论研究，完善中国特色社会主义法治理论的学术体系、理论体系、话语体系。大力弘扬宪法精神，深入持久开展宪法宣传教育，在全社会牢固树立宪法法律至上、法律面前人人平等、权由法定、权依法使等基本法治观念，维护宪法权威。在法治实践中持续提升公民法治素养，推动中华优秀传统法律文化创造性转化、创新性发展，繁荣发展社会主义法治文艺，加强社会主义法治文化阵地建设，加强法治文化国际交流，“把法治外宣作为国际传播能力建设的重要内容，善于讲述中国法治故事，展示我国法治国家的形象，不断提升社会主义法治文化影响力”①。

（五）中国共产党党内政治文化

一个政党的政治文化通常是政党的精神标识，反映政党的价值追求。政治文化是政治生态的灵魂，对政治生态具有潜移默化的影响。中国共产党党内政治文化，是以马克思主义为指导、以中华优秀传统文化为基础、以革命文化为源头、以社会主义先进文化为主体、充分体现中国共产党党性的文化。中国共产党党内政治文化具有强烈的政治性、坚定的人民性、良好的传承性和开放性等特征，承担着价值导向、形象塑造、政治教化、激励约束等重要政治功能。

马克思主义是我们党内政治文化的“命脉”，中华优秀传统文化是我们党内政治文化的“根基”，社会主义先进文化是党内政治文化的“主体”。党内政治文化事关党的形象塑造，决定了党组织和党员具有普遍性的价值取向和行为方式，深刻影响着党的政治领导力、思想引领力、群众组织力、社会号召力。实践表明，党内政治文化积极健康，政治生态就会风清气正。因而，全面从严治党必须不断加强党内政治文化建设，充分发挥党内政治文化的引领作用，“要注重加强党内政治文化建设，倡导和弘扬忠诚老实、光明坦荡、公道正派、实事求是、艰苦奋斗、清正廉洁等价值观，旗帜鲜明抵制和反对关系学、厚黑学、官场术、‘潜规则’等庸俗腐朽的政治文化，不断培厚良好政治生态的土壤”②。

中国特色社会主义政治文化的先进性

二、中国特色社会主义政治文化的基本特征

中国特色社会主义政治文化有着丰富的内容，也呈现出鲜明特征。

（一）先进性

中国特色社会主义政治文化是以马克思主义为指导的先进文化，其先进性主要体现在如下三个方面：第一，中国特色社会主义政治文化始终以马克思主义为指导。马克思主义是人类历史迄今最先进、最科学的思想体系，深刻揭示了人类社会发展的普遍规律，为人们观察政治现象、分析政治问题、推动政治发展提供了科学基石和思想武器。第二，中国特色社会主义政治文化始终与中国政治实践相结合，紧密联系中国特色社会主义建设和改革伟大实践，在中国特色社会主义

① 关于加强社会主义法治文化建设的意见［M］. 北京：人民出版社，2021：13.

② 习近平. 习近平谈治国理政：第2卷［M］. 北京：外文出版社，2017：181.

政治实践中不断创新发展，坚持古为今用、洋为中用，综合创造、推陈出新，实现了继承和创新的统一。第三，中国特色社会主义政治文化具有兼容并蓄性，始终以科学的态度和博大的胸襟，积极学习和借鉴世界各国人民创造的一切有价值的政治文明成果，遵循政治文化建设自身的发展规律。包容性是中国特色社会主义政治文化的一个重要属性，它强调政治文化建设必须兼容并蓄、开放包容，反对在封闭的环境中和在对其他不同政治文化盲目排斥的基础上发展自身，主张不同政治文化之间相互学习、交流、融合、取长补短。在改革开放时代，中国特色社会主义政治文化的发展，要强化中外人文交流，以我为主、兼收并蓄，以马克思主义为指导，坚守中华文化立场，要立足当代中国现实，结合当今时代条件，发展面向现代化、面向世界、面向未来的，民族的、科学的、大众的社会主义政治文化。在发展中国特色社会主义政治文化过程中，要不断增强意识形态领域主导权和话语权，推动中华优秀传统文化创造性转化、创新性发展。

（二）民族性

中国特色社会主义政治文化的民族性主要体现在：第一，中国特色社会主义政治文化起源中华民族五千多年文明历史所孕育的中华优秀传统文化，体现和反映了中华民族优秀的世界观、人生观、价值观等。第二，中国特色社会主义政治文化植根于中国特色社会主义伟大实践，是中国共产党领导中国人民在革命、建设和改革中形成的政治文化，是全体中国人民智慧的结晶。第三，中国特色社会主义政治文化是马克思主义在中国继承和发展的产物，是马克思主义的中国化，是适应中国国情且具有中国特色的社会主义政治文化。

（三）大众性

中国特色社会主义政治文化坚持以人民为中心的价值导向和最高准则，坚持为人民服务、为社会主义服务。在政治实践中，中国特色社会主义政治文化始终把实现好、维护好、发展好最广大人民的根本利益作为出发点和落脚点，通过政治文化的大众化，使人民群众更加认同伟大祖国、认同中华民族、认同中华文化、认同中国共产党、认同中国特色社会主义，巩固马克思主义在意识形态领域的指导地位，夯实全党全国人民为实现中华民族伟大复兴中国梦团结奋斗的共同思想基础。

（四）导向性

中国特色社会主义政治文化具有鲜明的导向性，始终发挥着强有力的导向和示范作用，在人民大众的文化生活中始终占据着主导地位。坚持中国共产党全面领导，坚持社会主义核心价值观的思想引领，充分体现了当代中国对社会主义理想的执着追求。

三、新时代中国特色社会主义政治文化建设的主要内容

中华传统政治文化的创造性转化和创新性发展

建设中国特色社会主义政治文化，是中国特色社会主义事业发展进步的一个重要组成部分。新时代中国特色社会主义政治文化建设的主要内容有：

（一）推动中华优秀传统政治文化的创造性转化、创新性发展，坚定文化自信，增强文化认同

新时代中国特色社会主义政治文化建设，将推动中华优秀传统政治

文化的创造性转换、创新性发展作为一项重要内容，围绕举旗帜、聚民心、育新人、兴文化、展形象的使命任务，坚定文化自信，增强文化认同，推动社会主义精神文明和物质文明协调发展，满足人民日益增长的精神文化需求，巩固全党全国各族人民团结奋斗的共同思想基础，“中华优秀传统文化得到创造性转化、创新性发展，文化事业日益繁荣，网络生态持续向好，意识形态领域形势发生全局性、根本性转变”①。

中华优秀传统政治文化是中国人民胜利前行的强大精神力量。在漫长的历史演化与丰富的政治实践中，中华民族形成了天下为公、兼容并蓄、求同存异等优秀传统政治文化，“形成了关于国家制度和国家治理的丰富思想，包括大道之行、天下为公的大同理想，六合同风、四海一家的大一统传统，德主刑辅、以德化人的德治主张，民贵君轻、政在养民的民本思想，等贵贱均贫富、损有余补不足的平等观念，法不阿贵、绳不挠曲的正义追求，孝悌忠信、礼义廉耻的道德操守，任人唯贤、选贤与能的用人标准，周虽旧邦、其命维新的改革精神，亲仁善邻、协和万邦的外交之道，以和为贵、好战必亡的和平理念，等等”②。

中华优秀传统政治文化中的革故鼎新、与时俱进的思想，脚踏实地、实事求是的思想，惠民利民、安民富民的思想，道法自然、天人合一的思想等，为治国理政提供了有益借鉴。中华优秀传统政治文化彰显出强大的生命力和创造力，“蕴藏着解决当代人类面临的难题的重要启示，比如，关于道法自然、天人合一的思想，关于天下为公、大同世界的思想，关于自强不息、厚德载物的思想，关于以民为本、安民富民乐民的思想，关于为政以德、政者正也的思想，关于苟日新日日新又日新、革故鼎新、与时俱进的思想，关于脚踏实地、实事求是的思想，关于经世致用、知行合一、躬行实践的思想，关于集思广益、博施众利、群策群力的思想，关于仁者爱人、以德立人的思想，关于以诚待人、讲信修睦的思想，关于清廉从政、勤勉奉公的思想，关于俭约自守、力戒奢华的思想，关于中和、泰和、求同存异、和而不同、和谐相处的思想，关于安不忘危、存不忘亡、治不忘乱、居安思危的思想，等等”。③

中华优秀传统政治文化是在特定时空条件下形成的，不可避免地会受到特定历史条件的影响，受到一定经济状况、认知水平、地域特点、社会制度的制约，这就要求中国特色社会主义政治文化建设，要处理好继承和创造性发展的关系，“坚持辩证唯物主义和历史唯物主义，秉持客观、科学、礼敬的态度，取其精华、去其糟粕，扬弃继承、转化创新，不复古泥古，不简单否定，不断赋予新的时代内涵和现代表达形式，不断补充、拓展、完善，使中华民族最基本的文化基因与当代文化相适应、与现代社会相协调”④。新时代中国特色社会主义政治文化建设，注重汲取中华优秀传统政治文化的思想精华和道德精髓，

---

① 习近平．高举中国特色社会主义伟大旗帜　为全面建设社会主义现代化国家而团结奋斗——在中国共产党第二十次全国代表大会上的报告［M］．北京：人民出版社，2022：10.

② 任仲文．新时代大国治理［M］．北京：人民日报出版社，2020：4.

③ 习近平．在纪念孔子诞辰2565周年国际学术研讨会暨国际儒学联合会第五届会员大会开幕会上的讲话［M］．北京：人民出版社，2014：6－7.

④ 中共中央办公厅、国务院办公厅印发《关于实施中华优秀传统文化传承发展工程的意见》［N］．人民日报，2017－01－26.

弘扬以爱国主义为核心的民族精神和以改革创新为核心的时代精神，挖掘和阐发中华优秀传统政治文化讲仁爱、重民本、守诚信、崇正义、尚和合、求大同的时代价值，推动中国优秀传统政治文化的创造性转化、创新性发展。

（二）坚持“两个结合”，创立了习近平新时代中国特色社会主义思想，实现了马克思主义中国化新的飞跃

“中国共产党人深刻认识到，只有把马克思主义基本原理同中国具体实际相结合、同中华优秀传统文化相结合，坚持运用辩证唯物主义和历史唯物主义，才能正确回答时代和实践提出的重大问题，才能始终保持马克思主义的蓬勃生机和旺盛活力。”① 党的十八大以来，以习近平同志为主要代表的中国共产党人，坚持把马克思主义基本原理同中国具体实际相结合、同中华优秀传统文化相结合，科学回答了新时代坚持和发展什么样的中国特色社会主义、怎样坚持和发展中国特色社会主义等重大时代课题，创立了习近平新时代中国特色社会主义思想，“实现了马克思主义中国化新的飞跃”②。“在习近平新时代中国特色社会主义思想指导下，中国共产党领导全国各族人民，统揽伟大斗争、伟大工程、伟大事业、伟大梦想，推动中国特色社会主义进入了新时代，实现第一个百年奋斗目标，开启了实现第二个百年奋斗目标新征程。”③

（三）牢牢掌握意识形态工作领导权，不断巩固马克思主义在意识形态领域的指导地位，巩固全党全国人民团结奋斗的共同思想基础

在新时代，面对社会思想观念日益多样、社会价值取向日益多元、意识形态领域思潮纷涌的复杂情况，中国特色社会主义政治文化建设坚持和巩固马克思主义在意识形态领域的指导地位，牢固掌握意识形态工作领导权：一是坚持马克思主义在意识形态领域指导地位的根本制度，牢固树立共产主义远大理想和中国特色社会主义共同理想，培育和践行社会主义核心价值观。二是深入实施马克思主义理论研究和建设工程，加快构建中国特色哲学社会科学学科体系、学术体系、话语体系，培育壮大哲学社会科学人才队伍，推动哲学社会科学繁荣发展。三是推进理论创新，以新思想、新观点、新论断来充实、丰富和发展中国特色社会主义政治文化。四是落实意识形态工作责任制，旗帜鲜明地反对和抵制各种错误观点，高度重视传播手段建设和创新，推动媒体融合发展，提高新闻舆论传播力、引导力、影响力、公信力，高度重视互联网这个意识形态斗争的主阵地、主战场，健全互联网领导和管理体制，坚持依法管网治网，营造清朗的网络空间。

（四）坚持社会主义核心价值体系，推进社会主义核心价值观建设

社会主义核心价值观是凝聚人心、汇聚民力的强大力量。“党坚持以社会主义核心价值观引领文化建设，注重用社会主义先进文化、革命文化、中华优秀传统文化培根铸魂，广泛开展中国特色社会主义和中国梦宣传教育，推动理想信念教育常态化制度化，完善思想政治工作体系，建立健全党和国家功勋荣誉表彰制度，设立烈士纪念日，深化群众性精

---

① 习近平．高举中国特色社会主义伟大旗帜　为全面建设社会主义现代化国家而团结奋斗——在中国共产党第二十次全国代表大会上的报告［M］．北京：人民出版社，2022：17.

② 中共中央关于党的百年奋斗重大成就和历史经验的决议［M］．北京：人民出版社，2021：26.

③ 中国共产党章程［M］．北京：人民出版社，2022：3－4.

神文明创建，建设新时代文明实践中心，推动学习大国建设。党推动学习党史、新中国史、改革开放史、社会主义发展史，建成中国共产党历史展览馆，开展庆祝中国共产党成立一百周年、中华人民共和国成立七十周年、中国人民解放军建军九十周年、改革开放四十周年和纪念中国人民抗日战争暨世界反法西斯战争胜利七十周年、中国人民志愿军抗美援朝出国作战七十周年等活动，有力彰显党心民心、国威军威，在全社会唱响了主旋律、弘扬了正能量。党坚持把社会效益放在首位，社会效益和经济效益相统一，推进文化事业和文化产业全面发展，繁荣文艺创作，完善公共文化服务体系，为人民提供了更多更好的精神食粮。”①

（五）加强和规范党内政治生活，增强党内政治生活的政治性、时代性、原则性、战斗性，发展积极健康的党内政治文化，营造风清气正的良好政治生态

在新时代，建设中国特色社会主义政治文化，要深入开展党内政治文化建设，发展积极健康的党内政治文化，全面净化党内政治生态，坚持不懈用新时代中国特色社会主义思想凝心铸魂，用党的创新理论武装全党，弘扬忠诚老实、公道正派、实事求是、清正廉洁等价值观，坚决抵制和反对关系学、厚黑学、官场术、“潜规则”等庸俗腐朽的政治文化，反对当面一套、背后一套的两面人做派，反对拉帮结派的圈子文化、码头文化，反对明哲保身的“官场哲学”，营造风清气正的良好政治生态，不断增强党自我净化、自我完善、自我革新、自我提高的能力，始终保持党同人民群众的血肉联系。在加强党的思想建设过程中，坚持用新时代中国特色社会主义思想统一思想、统一意志、统一行动，组织实施党的创新理论学习教育计划，建设马克思主义学习型政党。加强理想信念教育，引导全党牢记党的宗旨，解决好世界观、人生观、价值观这个总开关问题，自觉做共产主义远大理想和中国特色社会主义共同理想的坚定信仰者和忠实实践者。坚持学思用贯通、知信行统一，把新时代中国特色社会主义思想转化为坚定理想、锤炼党性、指导实践、推动工作的强大力量。坚持理论武装同常态化、长效化开展党史学习教育相结合，引导党员、干部不断学史明理、学史增信、学史崇德、学史力行，传承红色基因，赓续红色血脉。

四、新时代中国特色社会主义政治文化的重要作用

政治文化是政治生活的灵魂，对政治生态具有潜移默化的影响。在新时代，中国特色社会主义政治文化对中国特色社会主义政治建设具有重要作用。

（一）凝聚政治资源，保障中国特色社会主义政治体系顺利运行

政治文化既是政治体系的一个重要组成部分，也是政治体系有序有效运行的支撑力量。中国封建制度之所以能维系两千多年，一个重要原因是中国传统政治文化增强了封建制度的合法性，在一定程度上提升了封建制度运行的有效性。新中国成立后，社会主义政治文化发挥了十分重要的作用，增强了人民群众对社会主义制度的自信，强化了人民群众对社会主义建设和改革的正确认知、深厚情感和积极评价，坚定了人民群众投身社会主义现代化建设和改革的政治价值取向。进入新时代，中国特色社会主义需要继续发挥政治文

① 中共中央关于党的百年奋斗重大成就和历史经验的决议［M］. 北京：人民出版社，2021：45－46.

化的作用，更加需要政治文化在精神和价值观上的引领。

中国特色社会主义政治文化为我国社会主义政治制度提供了文化支撑，论证了我国社会主义政治制度的合理性与优越性，不断增强我国人民群众的道路自信、理论自信、制度自信、文化自信。中国特色社会主义政治文化始终强调，政府要保障和改善民生，抓住人民最关心、最直接、最现实的利益问题，要始终把人民利益摆在至高无上的地位，让改革发展成果更多、更公平惠及全体人民，朝着实现全体人民共同富裕不断迈进，要坚持人人尽责、人人享有，坚守底线、突出重点、完善制度、引导预期，完善公共服务体系，保障群众基本生活，不断满足人民日益增长的美好生活需要，不断促进社会公平正义，形成有效的社会治理、良好的社会秩序，使人民获得感、幸福感、安全感更加充实、更有保障、更可持续。

（二）破除思想障碍，规范新时代广大人民群众的价值取向

作为一种内化的政治行为规范，政治文化规定着人们的政治倾向，影响着人们对政治的关心程度，支配着人们对政治行为方式的选择。实践表明，建构健康的社会主义政治文化，有助于破除消极落后的思想障碍，培育政治正能量，促进人民群众养成现代政治素养、掌握现代政治知识、熟悉政治参与方法。

在新时代，中国特色社会主义政治文化为思想解放提供了丰富的思想资源，也为思想解放提供了精神动力和智力支持。思想解放的过程，实际上是中国特色社会主义政治文化自身不断变革、推陈出新的过程，也是中国特色社会主义政治文化自我发展、自我完善引领和推动社会政治发展的过程。积极的政治文化可以促进社会政治发展，健康的政治文化可以维护社会稳定。反之，落后的、颓废的政治文化则会阻碍社会政治发展。建构积极向上、团结和谐并且富有凝聚力的社会主义政治文化，有助于破除消极落后的思想障碍，培育政治正能量。政治文化既是凝聚人心的精神纽带，又是增进民生福祉的关键因素。中国特色社会主义政治文化坚持以人民为中心，践行全心全意为人民服务的根本宗旨，把人民对美好生活的向往作为奋斗目标，鼓励人们积极有序地参与政治生活，营造和谐的政治文化氛围，使国家意志能够真正体现最广大人民群众的意志，国家利益能够最大限度地体现最广大人民群众的根本利益。

（三）增进社会共识，促进中国特色社会主义政治发展和社会的全面进步

政治文化蕴含着对政治发展前景的期望和渴求，是进行政治整合的力量。在政治实践中，倘若政治文化所蕴含的政治期望符合政治发展规律，就会通过人们的政治实践推进政治发展。反之，则会阻碍政治发展。

中国特色社会主义政治文化作为一种先进的政治文化，能够提高人民群众参与社会主义现代化建设的意愿，营造有利于社会主义民主政治发展的良好氛围，有效增进社会共识的形成，促进社会主义政治文明建设，有效调节国家政治关系，发展充满活力的政党关系、民族关系、宗教关系、阶层关系、海内外同胞关系，增强民族凝聚力，最大限度避免了牵扯，切实防止了相互掣肘、内耗严重的现象，形成了安定团结的政治局面和团结干事的强大合力，把党的主张、国家意志、人民意愿紧密融合在一起，使得党、国家和人民成为目标相同、利益一致、相互交融、同心同向的整体，产生极大耦合力，形成集中力量办大事的制度优势，有效促进了社会生产力解放和发展，促进了现代化建设各项事业，促进了人民生活质量和水平不断提高。

在新时代，“新的征程上，我们必须坚持大团结大联合，坚持一致性和多样性统一，加强思想政治引领，广泛凝聚共识，广聚天下英才，努力寻求最大公约数、画出最大同心圆，形成海内外全体中华儿女心往一处想、劲往一处使的生动局面，汇聚起实现民族复兴的磅礴力量”①。中国特色社会主义政治文化坚持以人民为中心，为实现国家治理现代化，实现“两个一百年”奋斗目标，实现中华民族伟大复兴的中国梦，实现共产主义远大理想和中国特色社会主义共同理想提供坚实的思想政治保障。

思考题

1. 简述政治文化的含义与特征。
2. 简述政治文化的要素。
3. 政治文化有哪些类型？
4. 如何理解政治文化的结构与功能？
5. 简述政治社会化的主要途径。
6. 结合实际分析中国特色社会主义政治文化的主要内容。
7. 新时代中国特色社会主义政治文化建设的主要内容是什么？
8. 新时代中国特色社会主义政治文化的重要作用是什么？

在线自测

扫一扫 练一练

① 习近平．习近平谈治国理政：第4卷［M］．北京：人民出版社，2022：13.

第八章

政治发展

学习目标

通过本章的学习，对政治发展的含义与理论有系统的了解，尤其是要准确把握马克思主义政治发展理论，学会用马克思主义政治发展理论来研究各国政治发展现象，把握政治发展的内在规律，认识中国特色社会主义政治发展道路的形成与发展、内涵，坚定不移地走中国特色社会主义政治发展道路，准确理解推进我国国家治理体系和治理能力现代化的基本内涵、要求与目标、有效路径。

政治发展是人类社会发展的重要组成部分，也是人类社会政治不断走向文明新形态的重要体现。政治形态不是某种凝固不变的僵化体系，而是一个动态的历史发展过程。政治关系和政治结构的调整与变革就是政治发展。政治发展是由生产力和生产关系的矛盾引起的，也是有其客观规律的。政治发展对经济发展以及全部社会生活起着巨大的推动作用。一般而言，政治发展有两种方式，即政治革命和政治改革。坚持共产主义远大理想和中国特色社会主义共同理想，坚持和完善中国特色社会主义制度，推进国家治理体系和治理能力现代化，实现中华民族伟大复兴，实现社会的全面进步和人的全面发展，是中国特色社会主义政治发展的根本目标。

第一节　政治发展的含义与理论

政治发展是人类社会普遍存在的一种政治现象。理解政治发展，首先要理解政治发展的含义与理论。

一、政治发展的含义

政治发展有着丰富的内涵。对政治发展的不同理解形成了不同的政治发展理论流派。政治发展可被理解为一个单一的或一组的变化过程，这一过程包括角色的分化、次级体系的自主性、政治文化的世俗化等内容。政治发展也可被定义为达到某个或某些具体政治目标的进步运动。这些目标包括“民主、稳定、合法性、参与、动员、制度化、平等、能力、变异、个性、渗透、分配、结合、合理化、官僚主义化、安全、福利、正义、自由，等等”①。

阿尔蒙德认为，政治发展是指“在社会经济现代化较为广泛的环境中已经和正在发生的一系列相互关联的政治体系、过程和政策的变化”②。亨廷顿认为，政治发展是现代化的政治后果。对发展中国家而言，政治发展的“首要的问题不是自由，而是建立一个合法的公共秩序”③。亨廷顿把政治制度化作为政治发展的标准和政治现代化取得成功的关键。在他看来，一种政治体系的制度化水平可用四个指标来衡量：一是适应性，即政治体系能否应付环境不断变化的挑战，从而得以存活和延续。二是复杂性，即政治组织是否在结构上高度分化，并在功能上实施隶属关系明确、职责权限清晰的专门化分工。三是自主性，即政治系统能否独立于其他社会力量或社会活动而运作。四是内聚力，即政治体系是否具备共同意识，在总体上做到团结协作、步调统一。④

鲁恂·派伊认为，政治发展可看作总体现代化进程的一个方面。对政治发展主要理解如下：政治发展是经济发展的前提；政治发展是工业社会的典型政治形态；政治发展就是

---

① 格林斯坦，波尔斯比．政治学手册精选：下卷［M］．北京：商务印书馆，1996：152.

② 加布里埃尔·A阿尔蒙德，小G宾厄姆·鲍威尔．比较政治学：体系、过程和政策［M］．北京：东方出版社，2007：374.

③ 塞缪尔·P亨廷顿．变化社会中的政治秩序［M］．王冠华，译．上海：上海人民出版社，2008：6.

④ 同③10－19.

政治现代化；政治发展是民族国家的建构与运转；政治发展是行政和法律的发展；政治发展是大众动员和大众参与；政治发展是民主制度的建立；政治发展是一种稳定而有序的变迁；政治发展是动员和权力；政治发展是多元社会变迁过程的一个方面。政治发展既是社会经济现代化的产物，也为社会经济现代化提供政治保障。在实质意义上，政治发展和政治现代化不过是同一问题的两种不同表述。政治发展有三个核心要素：一是与政治系统相关的个人的持续增长的平等。这种平等意味着实行广泛的民主参与和政治生活的法制化，意味着公共职位依据个人的实际能力和成就向全体公民平等开放。二是与环境相关的政治系统的不断提高的能力。这种能力意味着政治系统必须要不断适应经济社会发展的要求，在政治和行政决策方面做到容量大、范围广、效率高。三是政治系统内部体制和结构日益明晰的分化和专业化。政治组织实行高度专门化的分工，分别承担各自比较确定的职能，确保系统有序运行，高效地发挥其功能。① 杰克森和斯坦恩认为，政治发展既是政体结构分化与角色专业化的过程，也是政治生活的形式从一个阶段转变到另一个阶段的过程。政治发展是政治统治者实现社会目标的手段。杜德指出，政治发展其实是一种目标导向的政治领域的一般变迁过程，“这种变迁关系包括政府权力的扩张和集中、政治功能和结构的分化和专化（继之以整合），政治参与率提高，人民对政治系统的认同感增强”②。

由此可以认为，政治发展主要是指国家政治上层建筑与经济社会文化发展相互作用的过程中发生的有助于巩固和完善国家政权、优化国家治理质量、发展人民权利和推动经济、文化、社会和生态文明全面进步的政治变化及过程。从政治变化的过程来看，政治发展主要途径包括政治革命和政治改革。从政治变化的结果来看，政治发展主要体现为观念更新、制度完善、法治严明、决策科学、信息公开、社会稳定等。

二、政治发展的特点

按照马克思主义的观点和人类社会的发展规律，政治发展具有如下基本特点：

（一）政治发展是普遍存在的

政治发展是人类社会普遍存在的一种现象。它不仅存在于现代，而且也存在于前现代。政治发展不仅存在于发展中国家，而且也存在于发达国家。从人类社会发展的历史看，政治发展存在于人类社会政治文明形态的历史演进过程中，体现并表现为人类社会政治制度与政治生活逐步从低级形态向高级形态的进化和变革。

（二）政治发展是在与经济和社会发展相互作用中实现的

政治发展不是孤立的历史现象。政治发展是在与经济和社会发展相互作用中形成和进行的，主要是生产力与生产关系、经济基础与上层建筑之间相互作用和相互促进的结果。

（三）政治发展是多种多样的

世界是丰富多彩的，政治发展是多种多样的。政治发展具有内生性，受各国的历史、社会和文化条件的制约。不同国家的政治发展道路是不同的，不同国家形成了不同的政治发展模式。

---

① 鲁恂·W 派伊．政治发展面面观［M］．天津：天津人民出版社，2009：63－65.

② 陈鸿瑜．政治发展理论［M］．长春：吉林出版集团有限责任公司，2009：26.

（四）政治发展是积极的、进步的

政治发展是积极的、进步的，是正向的政治变迁。政治发展是基于现实的经济与社会发展对政治体系的要求而形成，体现为创造新制度的革命，或体现为完善制度和体制的变革。政治发展不断推动人类社会政治制度和政治活动趋向于政治文明和进步。因此，政治革命、政治改革是政治发展；而反革命、复辟不是政治发展，是政治衰败和政治倒退。

政治发展理论作为政治学研究中的一个专门领域首先出现于西方，是 20 世纪 50 年代初期兴起的一个新的政治学领域，它的产生有着深刻的历史背景。第二次世界大战以后，在亚洲、非洲和拉丁美洲出现了大规模的民族解放运动，许多国家通过民族民主革命先后取得了民族独立。这些新独立的国家，以及那些将独立的殖民地在独立后将会走向何处，会建立起什么样的政治制度，会走何种社会发展道路，这些问题引起了西方发达国家的政治家、政治学者的高度关注。第二次世界大战后，在以意识形态对抗为特征的“冷战”中，美国为了壮大资本主义的力量，达到“领导世界”的目的，首先开始了对发展中国家的政治发展研究，后来又扩展到西欧一些国家，形成了政治学研究中的一个主要理论流派——政治发展理论。在政治发展理论研究中，涌现了一批著名的政治学者。

政治发展研究的出现也是政治学研究的范围拓宽及政治学研究方法不断创新的结果。在政治发展研究出现之前，政治学研究领域主要局限于西方国家的政治研究。在研究方法上，较少采用比较的方法在宏观上探讨政治发展问题，即使采用比较的研究方法，也大多局限于采用法律的、形式的方法，对西方主要资本主义国家的政治制度进行比较研究，因此，研究的领域和方法受到很大限制。第二次世界大战后，许多殖民地国家纷纷独立，使国际政治力量的对比发生了重大变化，美国等西方国家的一些政治学者采用比较政治研究方法研究这些国家的政治发展问题。1954 年，美国成立了由著名政治学家 G. A. 阿尔蒙德任主席的“社会科学协会比较政治委员会”，该委员会采用比较政治研究方法，以动态的比较研究方式对广大第三世界国家的政治发展进行研究，出版了一批有影响的著作。

整体而言，西方政治发展理论大体上经历了以下三个主要发展阶段：

第一阶段是从 20 世纪 50 年代初到 60 年代初。这一时期研究的主题是“现代化”理论，主要以新兴国家从传统向现代社会过渡为背景，借助社会学的理论成果，初步建立起政治发展研究的理论架构。一些学者认为，广大的第三世界还处于传统社会阶段，政治发展就是这些国家从传统社会过渡到现代化社会，这种过渡包括政治、经济、社会和心理方面的重大转变。这一阶段的代表人物是美国学者丹尼尔·莱纳，其代表作是《传统社会的消失》。

第二阶段是从 20 世纪 60 年代初到 70 年代初。这一时期研究重点是第三世界各国政治发展道路研究。一些政治学家比较了不同地区国家政治发展的过程以及出现的问题，希望通过对比研究找出政治发展的途径。这一时期，政治发展研究涌现出一大批学者，出版了相当数量的研究成果，其中最具代表性的有：1960 年阿尔蒙德和科尔曼合著的《发展中地区的政治》；1966 年阿尔蒙德和鲍威尔合著的《比较政治学：发展研究途径》；1966 年鲁恂·派伊发表的《政治发展面面观》；1968 年亨廷顿出版的《变化社会中的政治秩序》。

第三阶段是 20 世纪 70 年代以后，美国政治学从宏观研究转向微观研究，政治发展研究逐渐走向衰落，政治发展研究的重点也从发展道路研究逐渐转向政策研究。这一时期，政治发展研究强调发展中国家通过政策调整改善政治发展的条件和解决各种问题。在此背景下，出现了发展行政学。

整体而言，西方学者主要是从西方资本主义发达国家的发展经验和发展中国家走西方民主道路所面临的问题中，抽象出政治发展的基本特性和基本目标。这样的政治发展概念及理论，带有明显的西方政治本位和意识形态色彩，从而使得政治发展研究不是关注政治发展的本质和规律，而是关注如何使发展中国家采用西方政治制度，走上西方政治发展道路。然而，实践表明，西方国家向发展中国家输出其民主模式是不成功的。任何国家的政治发展研究都应该从本国实际出发，着力探求符合社会发展规律和本国国情的政治发展道路。

三、马克思主义政治发展理论

马克思主义
政治发展理论

马克思主义从人类社会发展的基本规律把握政治发展规律，提出自己的政治发展理论。马克思主义政治发展理论包括以下主要内容：

（一）政治发展是政治形态不断从低级走向高级的总体性过程

政治发展是自国家产生以来任何时代、任何社会所面临的一项基本任务。随着这一任务依据不同的历史条件，通过不同的道路途径，在不同的范围、层次、程度和水平上不断得以解决，人类政治形态便逐步地由低级走向高级、由必然走向自由。这就是政治发展的总体进程。

（二）政治发展的动力是一个以经济变革为基础的复合系统

从本质上讲，政治发展作为总体社会发展的一个重要方面，必须结合社会基本矛盾的辩证运动来认识，归根到底是从生产力和生产关系发展变革的客观要求来认识。正如恩格斯所说："一切社会变迁和政治变革的终极原因，不应当到人们的头脑中，到人们对永恒的真理和正义的日益增进的认识中去寻找，而应当到生产方式和交换方式的变更中去寻找。"①

（三）政治制度的新旧更迭是政治发展的根本标志

宏观意义的政治发展，是社会形态总体发展的一个有机组成部分，就像社会形态的发展在本质上是社会基本结构的根本质变一样。政治发展从实质上说首先是政治制度的根本变革。国家政权的阶级归属构成了政治制度的核心。因此，与社会形态历史沿革的总体进程相对应，自国家产生以后，奴隶制政治制度、封建制政治制度、资本主义政治制度和社会主义政治制度这几种国体类型的依次更迭，可以看作政治形态沿革的几个基本阶段。以制度变革为标志的政治形态由低级到高级的前进上升运动，是人类政治发展的基本趋势。这个趋势就总体方向来说是不可逆转的。

（四）政治建设是政治发展的重要途径

政治发展不是自发实现的，需要通过政治建设来进行。马克思主义认为，人是创造历史的主体，人寻求在经济社会和政治领域的自主和解放，最终推动了历史的发展。在现代化进程中，在政治革命以后，政治建设成为政治发展的必然要求。党的十八大以来，以习

① 马克思，恩格斯．马克思恩格斯选集：第3卷［M］.3版．北京：人民出版社，2012：654－655.

近平同志为核心的党中央，以人的全面发展为宗旨，推进新时代的政治建设，推动了中国特色社会主义政治发展。

第二节　政治发展的动力与途径

理解政治发展，不仅要了解政治发展的含义与理论，而且要把握政治发展的动力和主要途径。

政治发展的动力

一、政治发展的动力

政治发展动力指的是谁推动一个社会的政治发展，这是政治发展理论研究中的一个重要方面，任何政治发展理论都无法回避。政治发展的根本动力植根于经济社会发展之中。在现代化进程中，各国的经济社会发展都不是孤立的，而是深受经济全球化影响的，这就决定了经济全球化对各国的政治发展也会产生深刻影响。

（一）政治发展源于人类对人和社会全面发展的不懈追求

人是政治生活的主体，也是政治发展的推动力量，更是政治发展服务的对象。人与其他存在不同，人不会满足于当下的生活，人要超越自身，不断追求更高质量的生活。一方面，人类社会要通过不断推动经济发展来为人类高质量生活提供经济基础，通过不断推动社会发展来促进社会和谐，通过不断推动经济和社会发展为政治发展提供持续动力。另一方面，人类社会要通过不断推动政治发展来保障经济和社会发展的成果，为人类过上高质量生活创造条件。一般说来，经济越发展，人对自身的发展越关注，对政治生活的要求也就越高。经济发展和社会发展为政治发展提供持久动力，政治发展为经济发展和社会发展创造条件，为人们在更高水平上追求人与社会的发展提供了可能性和现实性。

（二）政治发展源于人类社会的阶级关系和阶级结构的变化推动

人类社会的阶级关系的调整和阶级结构的变化是政治发展的推动力量。有关政治发展的动力，马克思主义有着深刻的认识和理解。马克思主义认为，从本质上说，政治发展作为整体社会发展的一个重要方面，必须结合社会基本矛盾的辩证运动来认识，归根到底要从生产力和生产关系发展变革的客观要求来认识。在阶级社会中，政治主要表现为阶级关系和阶级斗争。统治阶级利用政权采取各种方法来缓和矛盾、控制矛盾以维护他们的统治。被统治阶级为了摆脱被剥削、被压迫的命运，也采取各种方法同统治阶级进行斗争。因此，统治阶级与被统治阶级的阶级斗争是推动政治发展的直接动力，人民群众是推动历史前进的决定力量，也是推动政治发展的决定性力量。正是人类社会的阶级关系的变化和阶级结构的调整，推动了人类社会的政治发展。

（三）政治发展源于人类社会政治制度的自我完善和自我发展

马克思主义哲学原理告诉我们，社会不是静止不变的，而是处在不断发展变化之中的。“人类史同自然史的区别在于，人类史是我们自己创造的，而自然史不是我们自己创造的。”[①] 任何国家政治制度的确立和巩固，都不是一蹴而就的，需要有一个不断自我建设、自我完善和自我发展的过程。虽然这个过程最终是由现实的经济发展和社会的需要决定的，但实践表明，政治具有相对独立性。各国的统治阶级为了维护其政治统治，捍卫其政治利益，总会想方设法地推动政治制度的发展完善，应对国家治理过程中出现的新情况、新矛盾、新问题，在应对新情况和解决新矛盾、新问题的过程中推动政治发展。政治制度的自我完善和发展，既要遵循政治发展的内在规律性，又要符合现实经济与社会发展提出的要求。

（四）政治发展源于人类社会之间的交流沟通和学习互动

马克思主义认为，人类社会的历史是人类交往不断扩大的历史，在这一过程中，“各民族的原始封闭状态由于日益完善的生产方式、交往以及因交往而自然形成的不同民族之间的分工消灭得越是彻底，历史也就越是成为世界历史。”[②] 基于新的工业的产生以及由此所带来的人类社会交往方式的深刻变化，“把一切民族甚至最野蛮的民族都卷到文明中来了”[③]，并“迫使它们在自己那里推行所谓的文明”[④]，从而使“未开化和半开化的国家从属于文明的国家”[⑤]。整体说来，人类社会发展的历史，是人类社会交往不断扩大和视野不断拓展的历史，也是不同文明相互学习、相互竞争的历史。正是不同文明之间的相互学习和相互竞争推动了人类社会的发展进步。在全球化的时代，国家的开放度提升了，人类社会彼此之间的依赖性增强了，人类政治发展道路和模式也更加多样化了。在政治发展进程中，一方面，要善于学习各国政治发展的有益经验，善于学习人类政治发展的有益成果；另一方面，要坚持“四个自信”，即道路自信、理论自信、制度自信、文化自信。

二、政治发展的途径

政治发展的途径是指一个国家采取什么样的方式、手段来实现政治发展的目标问题。政治发展途径包括政治革命和政治改革。

（一）政治革命

政治革命，是指以阶级为政治主体，以夺取国家政权为目标，旨在推翻另一个阶级的政治统治，并以新的政治制度、政治关系和政治秩序取代旧的政治制度、政治关系和政治秩序的激烈的政治变革。[⑥] 革命既可以通过暴力方式，也可以通过和平的方式实现，但在通常情况下，革命是以暴力方式来完成的。正如毛泽东所说：“革命是暴动，是一个阶级推翻一个阶级的暴烈的行动”。[⑦] 与一般的政治变革的过程不同，革命具有如下特征：

第一，革命的主体是社会中特定的阶级。在革命过程中，通常由进步阶级起着领导作用，并获得广大群众的积极参与和支持。这是因为革命不是局限于个别集团或组织为了某

---

① 马克思，恩格斯．马克思恩格斯文集：第 5 卷［M］. 北京：人民出版社，2009：429.

② 马克思，恩格斯．马克思恩格斯文集：第 1 卷［M］. 北京：人民出版社，2009：540－541.

③ 马克思，恩格斯．马克思恩格斯文集：第 2 卷［M］. 北京：人民出版社，2009：35.

④ 同③.

⑤ 同③36.

⑥ 《政治学概论》编写组．政治学概论［M］. 2 版．北京：高等教育出版社，2020：248.

⑦ 毛泽东．毛泽东选集：第 1 卷［M］. 2 版．北京：人民出版社，1991：17.

种特定的目的，如特定的经济利益而展开的斗争，而是阶级与阶级之间展开的大规模的夺取政权的斗争。

第二，革命的目标指向是实现国家权力的更替，是使国家政权从一个阶级转换到另一个阶级手中。革命的目标是夺取和掌握政权。从这一意义上说，革命是政治斗争的最高形式。

第三，革命是实现以政治制度变革为核心的整个社会关系的根本改变。革命带来的不仅是政治制度的根本变革，而且是以政治制度变革为核心的整个社会关系的根本改变。

第四，从变化的方式来看，革命是一种持续时间较短的变革，并通常以暴力的方式表现出来。因此，革命通常表现为大规模的、急风暴雨式的斗争。

革命的发生需要特定的社会条件："（1）统治阶级已经不可能照旧不变地维持自己的统治；'上层'的这种或那种危机，统治阶级在政治上的危机，给被压迫阶级不满和愤慨的迸发造成突破口。要使革命到来，单是'下层不愿'照旧生活下去通常是不够的，还需要'上层不能'照旧生活下去。（2）被压迫阶级的贫困和苦难超乎寻常地加剧。（3）由于上述原因，群众积极性大大提高，这些群众在'和平'时期忍气吞声地受人掠夺，而在风暴时期，无论整个危机的环境，还是'上层'本身，都促使他们投身于独立的历史性行动。"①

革命在政治发展中起着重要作用，具体来说，主要表现在以下三方面：

第一，革命是改变政治环境、更新政治体系和促进整体政治发展的强大推动力。革命不仅改变政治系统本身，同时又是导致各种政治环境改变的直接因素。

第二，革命是解决社会基本矛盾冲突、促进社会整体进步和发展的根本途径。当生产力与生产关系、经济基础与上层建筑二者之间的矛盾冲突尖锐到一定程度时，就必然会爆发革命。只有革命才能解决社会基本矛盾。革命不但要改变旧的生产关系，更主要的是通过生产关系的改变实现生产力的解放，从而实现社会形态的整体改变。

第三，革命是改变旧的传统道德规范、旧的风俗习惯、旧的思想和传统价值观念的重要手段。只有通过革命方式，才能从根本上在较短的时间内改变人们的世界观和政治观，从而产生新政治文化。

（二）政治改革

政治改革是促进政治发展的另一种重要方式和手段。政治改革实质上是指一定统治阶级中的政治领导集团通过和平的方式，有步骤、有计划地调整政治关系和社会关系，从而达到政治和社会制度完善的一种过程。政治改革的根本目的就是通过政治关系的调整，完善政治制度或体制，维护有利于统治阶级政治统治的秩序，从而实现政治稳定。

政治改革具有如下特征：

第一，政治改革通常是统治阶级中的政治领导集团领导和发动的旨在维护统治阶级统治的活动。

第二，政治改革是有计划、有步骤进行的，体现在政治发展上，表现为一种渐进性和连续性的过程。政治改革不会导致政治发展性质的改变，而是体现为一种量的改变。

第三，政治改革以和平的方式进行。由于改革是对政治关系和社会关系的调整，因此

① 列宁．列宁选集：第2卷［M］.3版．北京：人民出版社，2012：460－461.

没有必要采取大规模阶级斗争和暴力的方式进行。政治改革是采取和平的方式进行的。在和平的条件下，可以通过改革逐步解决各种矛盾的问题。

第四，政治改革维护现有的政治统治秩序基础，并不改变政治发展的性质。政治改革是由统治阶级的政治集团发动的，目的是维护现有的政治统治，使本阶级的政治统治进一步完善，使现有政治秩序进一步稳定的活动。改革通常是对若干政治关系和利益关系体的调整，并不触及统治阶级建立的政治统治基础，不改变最根本的政治制度。

政治改革根源于社会基本矛盾运动。当政治上层建筑不适应生产方式的发展时，就会阻碍生产力的发展和社会进步。于是，政治改革的任务就提出来了。也就是说，当一个社会的政治制度、经济制度及社会制度出现结构性弊端，并引起社会利益矛盾冲突时，统治阶级为了维持自己的正常统治，缓解社会矛盾，就有必要进行政治改革。

政治改革与政治革命之间的不同主要体现为以下三个方面：（1）主体不同。政治改革往往是政治领导层所领导的政治变革，而政治革命是社会特定集团领导的推翻政治领导层统治的行为。（2）目标诉求不同。政治改革的目标是巩固既有政治体系，维护既有政治统治。政治革命是要推翻既有政治体制，改变既有政治统治。（3）实现方式不同。政治改革通常以非暴力的和平方式进行，政治革命通常以暴力的方式实施。

三、政治发展与政治稳定

政治稳定是政治发展的一个重要目标，相对于其他政治发展目标而言，政治稳定具有基础性和优先性地位。然而，实践表明，政治发展常常会对旧体制形成冲击，导致社会部分群体的地位和利益受损。在新旧体制转换过程中，如果新的体制没有得到充分发展，导致新的体制难以吸纳社会不同群体的利益诉求，就可能使得一些社会群体选择体制外的方式参与政治，导致社会的无序。因此，对于任何国家而言，政治稳定都是政治发展的一个重要目标，政治发展过程，必将伴随各种利益诉求的平衡协调问题，唯有做好了利益的平衡和协调，政治发展才可能有序进行。与之相对，由利益失衡所带来的社会失序，不仅会影响生产力的发展和生活水平的提高，而且会破坏政治发展已建立起来的成果。

政治发展所追求的政治稳定，主要是指国家政治生活的秩序性和国家政权的连续性。一般而言，判断政治稳定有三个基本标准：一是政治有序，即政治系统具有强大的权威性，社会认可和支持国家政权，国家与社会不存在政治暴力、政治分裂和武装冲突。二是治理有效，即国家政权和政治制度能够积极回应经济与社会发展提出的要求，贯彻国家治理战略和政策，推动经济与社会的有效发展，国家有足够的财力来为社会提供充足、廉价、便捷的公共产品和公共服务，推进基本公共服务均等化。三是持续发展，即政治发展不发生中断，保持持续发展和不断进步的状态。总之，在政治发展进程中，必须妥善处理好改革、发展和稳定之间的关系，在坚持“以经济建设为中心”不动摇的同时，必须时刻维护稳定这个大局。对改革的领导者来说，改革既是为了发展，也要促进稳定，发展成效被用来检验改革道路的正确与否，稳定则为进一步改革创造条件。

政治发展与政治稳定之间存在着密不可分的辩证关系。政治发展是政治稳定的基础和重要条件，只有在政治发展的条件下，一个国家才能获得政治稳定。也就是说，离开了政治发展，政治稳定难以实现。在现实生活中，政治稳定往往是政治发展的一个重要前提，只有在政治稳定的条件下才能有序推动国家政治发展。没有政治稳定这一重要前提，政治发展就无从谈起。需要强调的是，在政治发展与政治稳定的辩证关系中，政治发展往往是决定性的。政治稳定往往必须通过不断推进政治发展来实现，没有政治发展，就难以实现政治稳定。

第三节　中国特色社会主义政治发展道路

理解政治发展，不仅要了解政治发展的一般理论，而且要深刻理解中国特色社会主义政治发展道路。中国特色社会主义政治发展道路，是近代以来中国人民在寻求民族独立和人民解放、实现国家繁荣富强和人民共同富裕这两大历史任务的奋斗中形成的，是新时代条件下必须继续坚持和发展的正确道路。

坚定不移走中国特色社会主义政治发展道路

一、中国特色社会主义政治发展道路的形成与发展

中国特色社会主义政治发展道路，是在中国共产党领导下形成和发展起来的有中国特色的政治发展道路。

（一）中国特色社会主义政治发展道路，是近代以来中国人民长期奋斗历史逻辑的必然结果

“中华民族是世界上古老而伟大的民族，创造了绵延五千多年的灿烂文明，为人类文明进步作出了不可磨灭的贡献。一八四〇年鸦片战争以后，由于西方列强入侵和封建统治腐败，中国逐步成为半殖民地半封建社会，国家蒙辱、人民蒙难、文明蒙尘，中华民族遭受了前所未有的劫难。”① 中国人民由此开始了为国家独立、民族解放和民主自由前仆后继的英勇奋斗。

农民阶级所领导的太平天国运动被清政府镇压，归于失败。地主阶级领导的洋务运动开启的现代化事业未能挽救大清帝国的命运。资产阶级改良派所领导的维新变法流产，未能将中国带向光明。以孙中山为代表的资产阶级革命派，虽废除了封建帝制，创立了中华民国，但革命的胜利成果被袁世凯窃夺。袁世凯的复辟运动不得人心，昙花一现，中国陷入军阀混战状态。国民政府，誓师北伐，力图完成国家统一大业。1931 年，日本侵华，中国面临国家和民族存亡危机，全面抗战成为全民族最重要的议题。在历经 14 年艰苦卓绝的抗战后，日本战败投降，中国很快又陷入国共内战之中。1949 年，中国共产党领导中国各族人民在经历了长期的艰难曲折的武装斗争和其他形式的斗争以后，取得了新民主主义革命的伟大胜利，建立了中华人民共和国。从此，中国人民掌握了国家的权力，成为国家的主人。新中国成立以来，尤其是改革开放以来，中国特色社会主义政治发展取得了巨大的成绩。

近代以来，中国人民长期奋斗的历史逻辑证明，只有中国共产党才能救中国，只有社

① 中共中央关于党的百年奋斗重大成就和历史经验的决议［M］. 3 版. 北京：人民出版社，2021：3.

会主义才能发展中国。中国共产党代表中国先进生产力的发展要求，代表中国先进文化的前进方向，代表中国最广大人民的根本利益。农民阶级的狭隘性，地主阶级的贪婪性与反动性，资产阶级的软弱性、妥协性及不彻底性，所有这些局限性导致他们难以担当起领导和推动中国政治发展的重任。

（二）中国特色社会主义政治发展道路，是近代以来中国人民长期奋斗理论逻辑的产物

1840年以来，农民阶级、地主阶级洋务派、资产阶级维新派、资产阶级革命派，他们从各自的阶级立场出发，对国家的出路进行探索，先后提出了不同的理论主张。然而，这些理论主张都无法成功指导中国具体政治实践。

十月革命一声炮响，给中国送来了马克思列宁主义。中国先进分子从马克思列宁主义的科学真理中看到了解决中国问题的出路。在中国人民反抗封建统治和外来侵略的激烈斗争中，在马克思列宁主义同中国工人运动的结合过程中，1921年，中国共产党应运而生。从此，中国人民谋求民族独立、人民解放和国家富强、人民幸福的斗争有了主心骨，中国人民就从精神上由被动转为主动。

中国共产党以马克思列宁主义、毛泽东思想、邓小平理论、“三个代表”重要思想、科学发展观、习近平新时代中国特色社会主义思想作为自己的行动指南。马克思列宁主义揭示了人类社会历史发展的规律，具有强大的生命力。毛泽东思想是马克思列宁主义在中国的运用和发展，是被实践证明了的关于中国革命和建设的正确的理论原则和经验总结。邓小平理论是马克思列宁主义的基本原理同当代中国实践和时代特征相结合的产物，是毛泽东思想在新的历史条件下的继承和发展。“三个代表”重要思想是对马克思列宁主义、毛泽东思想、邓小平理论的继承和发展，反映了当代世界和中国的发展变化对党和国家工作的新要求。科学发展观是马克思主义中国化重大成果。十八大以来创立的习近平新时代中国特色社会主义思想，是对马克思列宁主义、毛泽东思想、邓小平理论、“三个代表”重要思想、科学发展观的继承和发展，是当代中国马克思主义、二十一世纪马克思主义，是中华文化和中国精神的时代精华，是全党全国人民为实现中华民族伟大复兴而奋斗的行动指南。正是因为有了先进的思想武器，中国共产党才能带领中国人民走向辉煌。

（三）中国特色社会主义政治发展道路，是近代以来中国人民长期奋斗实践逻辑的最终选择

中国特色社会主义政治发展道路，来源于实践，是实践检验的正确结果。近代以来，中国各种政治力量为挽救中国民族危机，实现从站起来、富起来到强起来，提出了不同的政治方案。太平天国运动、洋务运动、戊戌变法、义和团运动接连而起，各种救国方案轮番出台，但都以失败告终。孙中山先生领导的辛亥革命推翻了统治中国几千年的君主专制制度，但未能改变中国半殖民地半封建的社会性质和中国人民的悲惨命运。中国迫切需要新的思想引领救亡运动，迫切需要新的组织凝聚革命力量。

五四运动促进了马克思主义在中国的传播。在中国人民和中华民族的伟大觉醒中，在马克思列宁主义同中国工人运动的紧密结合中，1921年7月中国共产党应运而生。

中国共产党自1921年成立以来，始终把为中国人民谋幸福、为中华民族谋复兴作为自己的初心使命，始终坚持共产主义理想和社会主义信念，团结带领全国各族人民为争取民族独立、人民解放和实现国家富强、人民幸福而不懈奋斗，“经过二十八年浴血奋斗，党领导人民，在各民主党派和无党派民主人士积极合作下，于一九四九年十月一日宣告成立中华人民共和国，实现民族独立、人民解放，彻底结束了旧中国半殖民地半封建社会的历史，彻底结束了极少数剥削者统治广大劳动人民的历史，彻底结束了旧中国一盘散沙的局面，彻底废除了列强强加给中国的不平等条约和帝国主义在中国的一切特权，实现了中国从几千年封建专制政治向人民民主的伟大飞跃”①。党领导人民浴血奋战、百折不挠，创造了新民主主义革命的伟大成就；自力更生、发愤图强，创造了社会主义革命和建设的伟大成就；解放思想、锐意进取，创造了改革开放和社会主义现代化建设的伟大成就；自信自强、守正创新，创造了新时代中国特色社会主义的伟大成就。②

二、中国特色社会主义政治发展道路的内涵

中国特色社会主义政治发展道路，是中国特色社会主义道路在政治发展方面的重要展开，有着丰富而深刻的内涵。

（一）高举人民民主的旗帜、实现人民民主是中国特色社会主义政治发展道路的根本方向

人民民主是社会主义的生命，是维护人民根本利益的最广泛、最真实、最管用的民主，是中国特色社会主义政治发展的根本目标。社会主义制度的建立，为人民民主的发展，为人民实现当家作主创造了根本前提和制度基础。发展社会主义民主政治的关键，就是要加强人民当家作主制度保障，全面发展协商民主，积极发展基层民主，巩固和发展最广泛的爱国统一战线，“发展更加广泛、更加充分、更加健全的全过程人民民主，推进协商民主广泛多层制度化发展，切实保障人民管理国家事务和社会事务、管理经济和文化事业的权利。尊重和保障人权。广开言路，建立健全民主选举、民主协商、民主决策、民主管理、民主监督的制度和程序”③。

（二）坚持党的领导、人民当家作主、依法治国有机统一，是中国特色社会主义政治发展道路的根本要求和关键所在

党的领导、人民当家作主和依法治国三者有机统一，是“社会主义政治发展的必然要求”④。党的领导、人民当家作主和依法治国有机统一，根本基础在于三者的本质一致性。三者体现了党性、人民性和法治性，三者统一于人民的根本利益性和共同利益性。党的领导是中国特色社会主义最本质的特征，是中国特色社会主义制度的最大优势，是中国特色社会主义政治发展中人民当家作主和依法治国的根本保证。人民当家作主是社会主义民主政治的本质特征，也是政治发展的根本目标。依法治国是党领导人民治理国家的基本方式。在实践中，党的领导、人民当家作主和依法治国有机统一，具体体现为全面从严治党与坚持党的全面领导有机统一，优化和改进党的执政方式与丰富和发展人民民主实现形

---

① 中共中央关于党的百年奋斗重大成就和历史经验的决议［M］. 北京：人民出版社，2021：8.

② 同①1－2.

③ 中国共产党章程［M］. 北京：人民出版社，2022：7.

④ 习近平．决胜全面建成小康社会　夺取新时代中国特色社会主义伟大胜利——在中国共产党第十九次全国代表大会上的报告［M］. 北京：人民出版社，2017：22.

式、完善和发展中国特色社会主义法治体系有机统一。

（三）坚持和完善中国特色社会主义政治制度，是坚持中国特色社会主义政治发展道路的基本途径

在政治实践中，“评价一个国家政治制度是不是民主的、有效的，主要看国家领导层能否依法有序更替，全体人民能否依法管理国家事务和社会事务、管理经济和文化事业，人民群众能否畅通表达利益要求，社会各方面能否有效参与国家政治生活，国家决策能否实现科学化、民主化，各方面人才能否通过公平竞争进入国家领导和管理体系，执政党能否依照宪法法律规定实现对国家事务的领导，权力运用能否得到有效制约和监督”①。

发展社会主义民主政治就是要体现人民意志、保障人民权益、激发人民创造活力，用制度体系保证人民当家作主。因此，坚持和完善中国特色社会主义政治制度，是坚持中国特色社会主义政治发展道路，发展中国特色社会主义民主政治的基本途径。在中国特色社会主义政治发展进程中，必须坚持和完善人民代表大会制度、中国共产党领导的多党合作和政治协商制度、民族区域自治制度和基层群众自治制度，不断增强制度自信，“要有自信、有底气、有定力”②。这些政治制度是人民民主的主要实现形式，是中国特色社会主义根本和重要的政治制度，必须长期坚持。与此同时，需要根据中国经济、文化和社会的发展情况，中国特色社会主义民主政治实践发展，以及人民群众对社会主义民主发展的要求，不断改革、完善和发展社会主义政治制度，“借鉴人类政治文明的有益成果，但绝不照搬西方政治制度模式”③。

（四）坚持马克思主义指导地位，坚持和发展社会主义核心价值观为主体的中国特色社会主义政治文化，是中国特色社会主义政治发展道路的文化条件

中国特色社会主义是全面发展、全面进步的伟大事业，没有社会主义文化繁荣发展，就没有社会主义现代化。在中国特色社会主义政治发展中，要把文化建设提升到一个新的历史高度，把文化自信和道路自信、理论自信、制度自信并列为中国特色社会主义“四个自信”，把坚持马克思主义在意识形态领域指导地位的制度确立为中国特色社会主义制度体系的一项根本制度，把坚持社会主义核心价值体系纳入新时代坚持和发展中国特色社会主义的基本方略，为新时代坚持和发展中国特色社会主义、开创党和国家事业全新局面提供了强大正能量。

坚持和弘扬社会主义核心价值观既是中国特色社会主义政治发展道路的条件，也是中国特色社会主义政治发展的内容。中国特色社会主义政治发展必须坚持以马克思列宁主义、毛泽东思想、邓小平理论、“三个代表”重要思想、科学发展观、习近平新时代中国特色社会主义思想为指导。坚持社会主义核心价值观，深入推进社会主义核心价值体系建设，不断培植我们的精神家园，增强全民族的凝聚力、向心力。

---

① 习近平．习近平谈治国理政：第 4 卷［M］. 北京：外文出版社，2022：258.

② 同①290.

③ 同①251.

三、坚定不移走中国特色社会主义政治发展道路

政治发展的根本问题，是选择和确定政治发展道路问题。中国特色社会主义政治发展道路，是党带领人民通过长期实践找到的正确的政治发展道路。改革开放以来，我们党在长期探索的基础上，成功开辟了中国特色社会主义政治发展道路，毫不动摇地坚持和发展这条道路，为我国经济社会发展提供了坚强政治保障。这一政治发展道路有利于发挥社会主义制度的特点和优势，发展人民民主，促进经济社会发展，维护国家统一、民族团结、人民安康、社会和谐，是中华民族伟大复兴的政治保证。今后，我们要对自己的政治发展道路和政治制度有充分的自信，继续沿着这条道路走下去。

（一）坚定不移走中国特色社会主义政治发展道路，必须坚持以马克思列宁主义、毛泽东思想、邓小平理论、“三个代表”重要思想、科学发展观、习近平新时代中国特色社会主义思想为指导

马克思列宁主义揭示了人类社会历史发展的规律，具有强大的生命力。以毛泽东同志为主要代表的中国共产党人，把马克思列宁主义的基本原理同中国革命的具体实践结合起来，创立了毛泽东思想。在毛泽东思想指引下，中国共产党领导全国各族人民，取得了新民主主义革命的胜利，顺利地进行了社会主义改造，确立了社会主义基本制度，发展了社会主义的经济、政治和文化。十一届三中全会以来，以邓小平同志为主要代表的中国共产党人，创立了邓小平理论，引导着我国社会主义现代化事业不断前进。十三届四中全会以来，以江泽民同志为主要代表的中国共产党人，形成了“三个代表”重要思想。十六大以来，以胡锦涛同志为主要代表的中国共产党人，形成了以人为本、全面协调可持续发展的科学发展观，是发展中国特色社会主义必须长期坚持的指导思想。十八大以来，以习近平同志为主要代表的中国共产党人，创立了习近平新时代中国特色社会主义思想，是全党全国人民为实现中华民族伟大复兴而奋斗的行动指南。

（二）坚定不移走中国特色社会主义政治发展道路，必须坚持中国共产党的全面领导

中国共产党是中国工人阶级的先锋队，同时是中国人民和中华民族的先锋队，代表中国先进生产力的发展要求，代表中国先进文化的前进方向，代表中国最广大人民的根本利益。中国共产党的领导是中国特色社会主义最本质的特征，是中国特色社会主义制度的最大优势，党是最高政治领导力量。党政军民学，东西南北中，党是领导一切的。“党要适应改革开放和社会主义现代化建设的要求，坚持科学执政、民主执政、依法执政，加强和改善党的领导。党必须按照总揽全局、协调各方的原则，在同级各种组织中发挥领导核心作用。党必须集中精力领导经济建设，组织、协调各方面的力量，同心协力，围绕经济建设开展工作，促进经济社会全面发展。党必须实行民主的科学的决策，制定和执行正确的路线、方针、政策，做好党的组织工作和宣传教育工作，发挥全体党员的先锋模范作用。党必须在宪法和法律的范围内活动。党必须保证国家的立法、司法、行政、监察机关，经济、文化组织和人民团体积极主动地、独立负责地、协调一致地工作。党必须加强对工会、共产主义青年团、妇女联合会等群团组织的领导，使它们保持和增强政治性、先进性、群众性，充分发挥作用。党必须适应形势的发展和情况的变化，完善领导体制，改进领导方式，增强执政能力。共产党员必须同党外群众亲密合作，共同为建设中国特色社会

主义而奋斗。”①

（三）坚定不移走中国特色社会主义政治发展道路，必须坚持实事求是，从中国国情出发

党的百年奋斗成功道路是党领导人民独立自主探索开辟出来的，马克思主义的中国篇章是中国共产党人依靠自身力量实践出来的，贯穿其中的一个基本点就是中国的问题必须从中国基本国情出发，由中国人自己来解答。在中国特色社会主义政治发展中，“我们始终从国情出发想问题、作决策、办事情，既不好高骛远，也不因循守旧，保持历史耐心，坚持稳中求进、循序渐进、持续推进”②。社会主义民主政治是中国政治发展的目标，为实现这一目标所拟定的任何阶段性方案都必须从中国国情出发，考虑中国的社会历史文化背景、经济发展水平、社会共识程度、所处的国际环境等重要因素。走中国特色社会主义政治发展道路，应立足于我国仍处于并将长期处于社会主义初级阶段这一基本国情，保持政治发展水平与我国经济社会发展阶段相适应。推动政治发展进程，要尽力而为、量力而行，清醒地认识到政治建设的长期性、复杂性、艰巨性。

（四）坚定不移走中国特色社会主义政治发展道路，必须坚持发展社会主义民主政治，保障人民当家作主

我国是工人阶级领导的、以工农联盟为基础的人民民主专政的社会主义国家，国家一切权力属于人民。人民民主是社会主义的生命，是全面建设社会主义现代化国家的应有之义。全过程人民民主是社会主义民主政治的本质属性，是最广泛、最真实、最管用的民主。必须坚定不移走中国特色社会主义政治发展道路，坚持党的领导、人民当家作主、依法治国有机统一，坚持人民主体地位，充分体现人民意志、保障人民权益、激发人民创造活力。在中国特色社会主义政治发展的过程中，我们要健全人民当家作主制度体系，坚持和完善人民代表大会制度、中国共产党领导的多党合作和政治协商制度、民族区域自治制度以及基层群众自治制度，推进协商民主广泛多层制度化发展，扩大人民有序政治参与，发展更加广泛、更加充分、更加健全的全过程人民民主，保证人民依法实行民主选举、民主协商、民主决策、民主管理、民主监督，发挥人民群众积极性、主动性、创造性，巩固和发展生动活泼、安定团结的政治局面。

（五）坚定不移走中国特色社会主义政治发展道路，必须坚持和完善中国特色社会主义制度

社会主义制度的发展和完善是一个长期的历史过程。坚定不移走中国特色社会主义政治发展道路，要全面深化改革，完善和发展中国特色社会主义制度，推进国家治理体系和治理能力现代化。要从根本上改革束缚生产力发展的经济体制，坚持和完善社会主义市场经济体制。与此相适应，要进行政治体制改革和其他领域的改革。要坚持对外开放的基本国策，吸收和借鉴人类社会创造的一切文明成果，提高改革决策的科学性，更加注重改革的系统性、整体性、协同性，“加强改革顶层设计，敢于突进深水区，敢于啃硬骨头，敢

---

① 中国共产党章程［M］. 北京：人民出版社，2022：13.

② 习近平. 高举中国特色社会主义伟大旗帜 为全面建设社会主义现代化国家而团结奋斗——在中国共产党第二十次全国代表大会上的报告［M］. 北京：人民出版社，2022：22.

于涉险滩，敢于面对新矛盾新挑战，冲破思想观念束缚，突破利益固化藩篱，坚决破除各方面体制机制弊端”①。政治属于上层建筑，政治的发展必须与经济基础尤其要与生产力发展水平相适应。因此，走中国特色社会主义政治发展道路，必须尊重上层建筑与经济基础相适应的客观规律，坚持中国特色社会主义根本、基本、重要政治制度，积极稳妥、循序渐进、总体规划、分步推进，有领导、有步骤、有秩序地进行。

（六）坚定不移走中国特色社会主义政治发展道路，必须坚持在中国特色社会主义总体布局和战略布局中推进政治发展

政治建设都是在特定的历史和社会背景下展开的。政治建设是推动政治发展的重要手段。中国特色社会主义政治建设是在经济建设、政治建设、文化建设、社会建设、生态文明建设“五位一体”总体布局和“四个全面”战略布局中展开的，必须更加自觉地把统筹兼顾作为深入贯彻落实科学发展观的根本方法，坚持一切从实际出发，正确认识和妥善处理中国特色社会主义事业中的重大关系，按照中国特色社会主义事业“五位一体”总体布局和“四个全面”战略布局，统筹推进经济建设、政治建设、文化建设、社会建设、生态文明建设，协调推进全面建设社会主义现代化国家、全面深化改革、全面依法治国、全面从严治党，根据这些布局的总进程统筹和协调推进，促进现代化建设各方面相协调，促进生产关系与生产力、上层建筑与经济基础相协调，不断开拓社会主义政治文明发展道路。

四、推进国家治理体系和治理能力现代化

国家治理体系和治理能力现代化是当代中国政治发展的重要内容，也是建设社会主义现代化强国的重要支撑，更是以中国式现代化推进中华民族伟大复兴的政治保证。习近平总书记指出，“坚持和完善中国特色社会主义制度、推进国家治理体系和治理能力现代化，是关系党和国家事业兴旺发达、国家长治久安、人民幸福安康的重大问题”②。

（一）国家治理体系和治理能力现代化的基本内涵

国家治理是政治生活的中心，国家治理体系和治理能力现代化水平在很大程度上决定了国家治理的整体水平。

国家治理体系指的是党领导的管理国家的制度体系，包括经济、政治、文化、社会、生态文明和党的建设等各领域体制机制、法律法规安排，也就是一整套紧密相连、相互协调的国家制度。换言之，国家治理体系就是实现国家治理所必需的一套规范的“国家生活”的制度体系和行为规范。在现代国家，国家治理的制度体系在对象上涉及各种行为主体，包括政党、政府、社团组织等和作为个体的公职人员及普通公民，在内容上涉及政治建设、经济建设、社会建设、文化建设等不同领域。

国家治理能力是运用国家制度管理社会各方面事务的能力，具体说来，是党领导人民运用国家制度和规则管理国家经济、政治、社会、文化以及军事和外交等事务，应对国内外需求，解决国家面临的现实问题、化解国家面临的种种危机和风险的能力，也就是制度

① 习近平．高举中国特色社会主义伟大旗帜　为全面建设社会主义现代化国家而团结奋斗——在中国共产党第二十次全国代表大会上的报告［M］．北京：人民出版社，2022：9.

② 习近平．坚持和完善中国特色社会主义制度　推进国家治理体系和治理能力现代化［J］．求是，2020(1).

执行力。国家治理能力内容丰富，类型多样，主要包括国家统一的防务能力、国家基础设施的建设能力、国家法律的贯彻和实施能力、国家政策的创新和执行能力、公民权利的保障能力、社会矛盾的化解能力、国家对外关系的协调能力、国家经济社会发展的推动能力、自然和社会灾难的应对能力、社会自主自助的自治能力等。

国家治理体系和治理能力是一个有机整体，二者紧密相关、相辅相成。有了好的国家治理体系才能提高国家治理能力，同样，只有不断提高国家治理能力，才能充分发挥国家治理体系的效能。

国家治理体系和治理能力是一个国家的制度和制度执行能力的集中体现。国家治理体系和治理能力现代化，其实质就是要适应时代变化，改革不适应实践发展要求的体制机制、法律法规，构建新的体制机制、法律法规，使各方面制度更加科学、更加完善，实现党、国家、社会各项事务治理制度化、规范化、程序化，注重治理能力建设，增强按制度办事、依法办事的意识，善于运用制度和法律治理国家，把各方面制度优势转化为管理国家的效能，提高党科学执政、民主执政、依法执政水平的过程。

国家治理体系现代化主要包括以下内容：一是公共权力运行的制度化和规范化。它要求政府治理、市场治理和社会治理有完善的制度安排，要求公共权力按照政治制度和政治程序的要求运作，制度成为国家治理的重要手段。二是民主化。即国家治理和制度安排要突出人民性，保障人民当家作主，使所有公共政策从根本上体现人民的意志，捍卫人民的利益，保障人民的权利。三是法治化。即宪法和法律是国家治理的最高权威，无论是公共权力的行使，还是人民的社会生活，都得到宪法和法律的规范。四是协调化。现代国家治理体系是一个有机的制度系统，国家治理体系现代化要求该制度系统各个要素之间相互匹配、相互协调，成为一个高效运行的体系。

（二）推进国家治理体系和治理能力现代化的要求与目标

制度自信是推进国家治理体系和治理能力现代化的重要前提，也是推进国家治理体系和治理能力现代化的一个不可或缺的条件。实践证明，中国特色社会主义制度和国家治理体系是以马克思主义为指导、具有深厚中华文化根基、深得人民拥护的制度和治理体系，是具有强大生命力和巨大优越性的制度和治理体系，是能够持续推动拥有 14 亿多人口大国进步和发展、确保拥有五千多年文明史的中华民族实现“两个一百年”奋斗目标，进而实现伟大复兴的制度和治理体系。

我国国家制度和国家治理体系具有多方面的显著优势，主要是：坚持党的集中统一领导，坚持党的科学理论，保持政治稳定，确保国家始终沿着社会主义方向前进的显著优势；坚持人民当家作主，发展人民民主，密切联系群众，紧紧依靠人民推动国家发展的显著优势；坚持全面依法治国，建设社会主义法治国家，切实保障社会公平正义和人民权利的显著优势；坚持全国一盘棋，调动各方面积极性，集中力量办大事的显著优势；坚持各民族一律平等，铸牢中华民族共同体意识，实现共同团结奋斗、共同繁荣发展的显著优势；坚持公有制为主体、多种所有制经济共同发展和按劳分配为主体、多种分配方式并存，把社会主义制度和市场经济有机结合起来，不断解放和发展社会生产力的显著优势；坚持共同的理想信念、价值理念、道德观念，弘扬中华优秀传统文化、革命文化、社会主义先进文化，促进全体人民在思想上精神上紧紧团结在一起的显著优势；坚持以人民为中心的发展思想，不断保障和改善民生、增进人民福祉，走共同富裕道路的显著优势；坚持改革创新、与时俱进，善于自我完善、自我发展，使社会始终充满生机活力的显著优势；坚持德才兼备、选贤任能，聚天下英才而用之，培养造就更多更优秀人才的显著优势；坚持党指挥枪，确保人民军队绝对忠诚于党和人民，有力保障国家主权、安全、发展利益的显著优势；坚持“一国两制”，保持香港、澳门长期繁荣稳定，促进祖国和平统一的显著优势；坚持独立自主和对外开放相统一，积极参与全球治理，为构建人类命运共同体不断作出贡献的显著优势。这些显著优势，是我们坚定中国特色社会主义道路自信、理论自信、制度自信、文化自信的基本依据。①

我国在国家治理体系和治理能力建设上积累了丰富经验，取得了重大成果，改革开放以来的进展尤为显著。我国政治稳定、经济发展、社会和谐、民族团结，同世界上一些地区和国家不断出现乱局形成了鲜明对照。这说明我国国家治理体系和治理能力总体上是好的，是适应我国国情和发展要求的。在新时代，坚持和完善中国特色社会主义政治制度，推动国家治理体系和治理能力现代化，意义重大，影响深远。

第一，坚持和完善中国特色社会主义政治制度，推动国家治理体系和治理能力现代化，是实现“两个一百年”奋斗目标的重大任务。在治国理政的过程中，我们党始终注重政治制度建设，注重政治体制的完善与发展，将制度优势转换成治理效能，破除一切妨碍科学发展的思想观念和体制机制弊端，构建系统完备、科学规范、运行有效的制度体系，使各方面制度更加成熟、更加定型。

第二，坚持和完善中国特色社会主义政治制度，推动国家治理体系和治理能力现代化，是把新时代改革开放推向前进的根本要求。与过去相比，新时代改革开放具有许多新内涵和特点，其中很重要的一点就是制度建设分量更重，改革更多面对的是深层次体制机制问题，对改革顶层设计的要求更高，对改革的系统性、整体性、协同性要求更强，相应地建章立制、构建体系的任务更重。新时代谋划全面深化改革，必须以坚持和完善中国特色社会主义政治制度、推进国家治理体系和治理能力现代化为主轴，深刻把握我国发展要求和时代潮流，把政治制度建设和国家治理能力的提升摆到更加突出的位置，推进国家治理体系和治理能力现代化。

第三，坚持和完善中国特色社会主义政治制度，推动国家治理体系和治理能力现代化，是应对风险挑战、赢得主动的有力保证。改革开放已走过千山万水，但摆在全党全国各族人民面前的使命更光荣、任务更艰巨、挑战更严峻、工作更伟大。当前，世界经济复苏乏力，局部冲突和动荡频发，全球性问题加剧。我国发展不平衡、不充分的一些突出问题尚未解决，发展质量和效益还不高，创新能力不够强，实体经济水平有待提高，生态环境保护任重道远；民生领域还有不少短板，脱贫攻坚任务艰巨，城乡区域发展和收入分配差距依然较大，群众在就业、教育、医疗、居住、养老等方面面临不少难题；社会文明水平尚需提高；社会矛盾和问题交织叠加，全面依法治国任务依然繁重，国家治理体系和治理能力有待加强；意识形态领域斗争依然复杂，国家安全面临新情况；一些改革部署和重

---

① 中共中央关于坚持和完善中国特色社会主义制度 推进国家治理体系和治理能力现代化若干重大问题的决定[M]. 北京：人民出版社，2019：3-4.

大政策措施需要进一步落实；党的建设方面还存在不少薄弱环节。这些问题，必须通过不断推进国家治理现代化加以解决。我国发展进入新阶段，改革进入攻坚期和深水区，必须以强烈的历史使命感，最大限度集中全党全社会智慧，最大限度调动一切积极因素，以更大决心冲破思想观念的束缚、突破利益固化的藩篱，推动中国特色社会主义制度自我完善和发展。

坚持和完善中国特色社会主义制度、推进国家治理体系和治理能力现代化的总体要求是：必须坚持以马克思列宁主义、毛泽东思想、邓小平理论、“三个代表”重要思想、科学发展观、习近平新时代中国特色社会主义思想为指导，坚持党的领导、人民当家作主、依法治国有机统一，坚持解放思想、实事求是，坚持改革创新，突出坚持和完善支撑中国特色社会主义制度的根本、基本和重要政治制度，构建系统完备、科学规范、运行有效的制度体系，加强系统治理、依法治理、综合治理、源头治理，把我国政治制度优势更好转化为国家治理效能，为实现“两个一百年”奋斗目标、实现中华民族伟大复兴的中国梦提供有力保证。①

坚持和完善中国特色社会主义政治制度、推进国家治理体系和治理能力现代化的总体目标是：到我们党成立一百年时，在各方面政治制度更加成熟上取得明显成效；到 2035 年，各方面制度更加完善，基本实现国家治理体系和治理能力现代化；到新中国成立一百年时，全面实现国家治理体系和治理能力现代化，使中国特色社会主义政治制度更加巩固、优越性充分展现。

（三）推进国家治理体系和治理能力现代化的有效路径

推进国家治理体系和治理能力现代化，“必须坚持以马克思列宁主义、毛泽东思想、邓小平理论、‘三个代表’重要思想、科学发展观、习近平新时代中国特色社会主义思想为指导，增强‘四个意识’，坚定‘四个自信’，做到‘两个维护’，坚持党的领导、人民当家作主、依法治国有机统一，坚持解放思想、实事求是，坚持改革创新，突出坚持和完善支撑中国特色社会主义制度的根本制度、基本制度、重要制度，着力固根基、扬优势、补短板、强弱项，构建系统完备、科学规范、运行有效的制度体系，加强系统治理、依法治理、综合治理、源头治理，把我国制度优势更好转化为国家治理效能，为实现‘两个一百年’奋斗目标、实现中华民族伟大复兴的中国梦提供有力保证”②。

第一，坚持和完善党的领导制度体系，提高党科学执政、民主执政、依法执政水平。

中国共产党领导是中国特色社会主义最本质的特征，是中国特色社会主义制度的最大优势，党是最高政治领导力量。党是领导一切的，坚决维护党中央权威，健全总揽全局、协调各方的党的领导制度体系，把党的领导落实到国家治理各领域、各方面、各环节。要建立不忘初心、牢记使命的制度，完善坚定维护党中央权威和集中统一领导的各项制度，健全党的全面领导制度，健全为人民执政、靠人民执政各项制度，健全提高党的执政能力和领导水平制度，完善全面从严治党制度，不断增强党的创造力、凝聚力、战斗力，确保

① 《政治学概论》编写组．政治学概论［M］.2 版．北京：高等教育出版社，2020：261－262.

② 中共中央关于坚持和完善中国特色社会主义制度　推进国家治理体系和治理能力现代化若干重大问题的决定［M］.北京：人民出版社，2019：5.

党始终成为中国特色社会主义事业的坚强领导核心。

第二，坚持和完善人民当家作主制度体系，发展和完善社会主义民主政治。

我国是工人阶级领导的、以工农联盟为基础的人民民主专政的社会主义国家，国家的一切权力属于人民。必须坚持人民主体地位，坚定不移地走中国特色社会主义政治发展道路，健全民主制度，丰富民主形式，拓宽民主渠道，依法实行民主选举、民主协商、民主决策、民主管理、民主监督，使各方面制度和国家治理更好地体现人民意志、保障人民权益、激发人民创造，确保人民依法通过各种途径和形式管理国家事务，管理经济文化事业，管理社会事务。具体说来，要坚持和完善人民代表大会制度这一根本政治制度，坚持和完善中国共产党领导的多党合作和政治协商制度，巩固和发展最广泛的爱国统一战线，坚持和完善民族区域自治制度，健全充满活力的基层群众自治制度。

第三，坚持和完善中国特色社会主义法治体系，提高党依法治国、依法执政能力。

建设中国特色社会主义法治体系、建设社会主义法治国家是坚持和发展中国特色社会主义的内在要求。必须坚定不移地走中国特色社会主义法治道路，全面推进依法治国，坚持依法治国、依法执政、依法行政共同推进，坚持法治国家、法治政府、法治社会一体建设，加快形成完备的法律规范体系、高效的法治实施体系、严密的法治监督体系、有力的法治保障体系，加快形成完善的党内法规体系，全面推进科学立法、严格执法、公正司法、全民守法，推进法治中国建设。在实践中，要健全保证宪法全面实施的体制机制，完善立法体制机制，健全社会公平正义法治保障制度，加强对法律实施的监督。各级党和国家机关以及领导干部要带头尊法、学法、守法、用法，提高运用法治思维和法治方式深化改革、推动发展、化解矛盾、维护稳定、应对风险的能力。

第四，坚持和完善中国特色社会主义行政体制，构建职责明确、依法行政的政府治理体系。

国家行政管理承担着按照党和国家决策部署推动经济社会发展、管理社会事务、服务人民群众的重大职责。必须坚持一切行政机关为人民服务、对人民负责、受人民监督，创新行政方式，提高行政效能，建设人民满意的服务型政府，不断完善国家行政体制，优化政府职责体系，优化政府组织结构，健全充分发挥中央和地方两个积极性体制机制，构建从中央到地方权责清晰、运行顺畅、充满活力的工作体系。

第五，坚持和完善发展社会主义先进政治文化的制度，巩固全体人民团结奋斗的共同思想基础。

发展社会主义先进文化、广泛凝聚人民精神力量，是国家治理体系和治理能力现代化的深厚支撑。必须坚定文化自信，牢牢把握社会主义先进文化前进方向，围绕举旗帜、聚民心、育新人、兴文化、展形象的使命任务，坚持为人民服务、为社会主义服务，坚持百花齐放、百家争鸣，坚持创造性转化、创新性发展，激发全民族文化创造活力，更好构筑中国精神、中国价值、中国力量。要坚持马克思主义在意识形态领域指导地位的根本制度，坚持以社会主义核心价值观引领文化建设制度，健全人民文化权益保障制度，完善坚持正确导向的舆论引导工作机制，建立健全把社会效益放在首位、社会效益和经济效益相统一的文化创作生产体制机制。

第六，坚持和完善共建、共治、共享的社会治理制度，保持社会稳定、维护国家安全。

社会治理是国家治理的重要方面。必须加强和创新社会治理，完善党委领导、政府负责、民主协商、社会协同、公众参与、法治保障、科技支撑的社会治理体系，建设人人有责、人人尽责、人人享有的社会治理共同体，确保人民安居乐业、社会安定有序，建设更高水平的平安中国。具体说来，要完善正确处理新形势下人民内部矛盾有效机制，完善社会治安防控体系，健全公共安全体制机制，构建基层社会治理新格局，完善国家安全体系，提高防范抵御国家安全风险能力，高度警惕、坚决防范和严厉打击敌对势力渗透、破坏、颠覆、分裂活动。

第七，坚持和完善“一国两制”制度体系，推进祖国和平统一。

“一国两制”是党领导人民实现祖国和平统一的一项重要制度，是中国特色社会主义的一个伟大创举。必须坚持“一国”是实行“两制”的前提和基础，“两制”从属和派生于“一国”并统一于“一国”之内。严格依照宪法和基本法对香港特别行政区、澳门特别行政区实行管治，坚定维护国家主权、安全、发展利益，维护香港、澳门长期繁荣稳定，绝不容忍任何挑战“一国两制”底线的行为，绝不容忍任何分裂国家的行为。在推进国家治理体系和治理能力现代化进程中，要全面准确贯彻“一国两制”、“港人治港”、“澳人治澳”、高度自治的方针，健全中央依照宪法和基本法对特别行政区行使全面管治权的制度，加强对香港、澳门社会特别是公职人员和青少年的宪法和基本法教育、国情教育、中国历史和中华文化教育，增强香港、澳门同胞国家意识和爱国精神，坚定推进祖国和平统一进程。

第八，坚持和完善独立自主的和平外交政策，推动构建人类命运共同体。

推动党和国家事业发展需要和平国际环境和良好外部条件。必须统筹国内国际两个大局，高举和平、发展、合作、共赢旗帜，坚定不移维护国家主权、安全、发展利益，坚定不移维护世界和平、促进共同发展。推进国家治理体系和治理能力现代化，要健全党对外事工作领导体制机制，坚持外交大权在党中央，加强中国特色大国外交理论建设，全面贯彻党中央外交大政方针和战略部署，要完善全方位外交布局，坚定不移走和平发展道路，坚持在和平共处五项原则基础上全面发展同各国的友好合作，坚持国家不分大小、强弱、贫富，一律平等，推动建设相互尊重、公平正义、合作共赢的新型国际关系，积极发展全球伙伴关系，维护全球战略稳定，反对一切形式的霸权主义和强权政治；要推进合作共赢的开放体系建设，积极参与全球治理体系改革和建设。

第九，坚持和完善党和国家监督体系，强化对权力运行的制约和监督。

党和国家监督体系是党在长期执政条件下实现自我净化、自我完善、自我革新、自我提高的重要制度保障。必须健全党统一领导、全面覆盖、权威高效的监督体系，增强监督严肃性、协同性、有效性，形成决策科学、执行坚决、监督有力的权力运行机制，确保党和人民赋予的权力始终用来为人民谋幸福。推进国家治理体系和治理能力现代化，要健全党和国家监督制度，完善权力配置和运行制约机制，构建一体推进不敢腐、不能腐、不想腐体制机制。

第十，加强党对坚持和完善中国特色社会主义制度、推进国家治理体系和治理能力现代化的领导。

坚持和完善中国特色社会主义制度、推进国家治理体系和治理能力现代化，是全党的一项重大战略任务。必须在党中央统一领导下进行，科学谋划、精心组织，远近结合、整体推进，确保党中央所确定的各项目标任务全面落实到位。各级党委和政府以及各级领导干部要切实强化制度意识，带头维护制度权威，做制度执行的表率，带动全党全社会自觉尊崇制度、严格执行制度、坚决维护制度，健全权威高效的制度执行机制，加强对制度执行的监督，加强制度理论研究和宣传教育，坚定制度自信，把提高治理能力作为新时代干部队伍建设的重大任务，既要保持中国特色社会主义制度和国家治理体系的稳定性和延续性，又要抓紧制定国家治理体系和治理能力现代化急需的制度、满足人民对美好生活新期待必备的制度，推动中国特色社会主义制度不断自我完善和发展。

思考题

1. 简述西方政治发展理论发展经历的三个主要阶段。
2. 马克思主义政治发展理论的主要内容是什么？
3. 简述政治发展的动力。
4. 简述政治革命与政治改革之间的区别。
5. 中国特色社会主义政治发展道路是如何形成和发展的？
6. 中国特色社会主义政治发展道路的内涵是什么？
7. 如何坚定不移走中国特色社会主义政治发展道路？
8. 结合实际分析当代中国为何以及如何推进国家治理体系和治理能力现代化。

在线自测

扫一扫 练一练

第九章

民族与宗教

学习目标

通过本章的学习，掌握马克思主义民族概念的内涵及特征，理解民族与宗教问题对国家政治生活的意义与影响，了解当代世界民族问题的发展历程和宗教问题产生的根源；掌握我国的民族政策与宗教政策。

民族与宗教是人类社会发展中的重大问题，关系政治生活、经济建设及文化发展等诸多方面。当代世界存在很多民族问题与宗教问题，它们同社会历史与现实矛盾相交错，具有特殊性和复杂性。正确认识民族与宗教问题，是了解和把握当今人类政治生活面貌的必要途径。

第一节　民族与宗教概述

民族与宗教是人类社会普遍存在的社会历史现象。当今世界的大小民族有数千个之多，交错分布在200多个国家和地区。在现实政治生活中，民族问题与宗教问题具有深刻的内在联系，并在一定条件下相互影响、相互转化。这也决定了在一定条件下民族问题的解决，往往离不开宗教问题的解决；同样，宗教问题的解决也离不开民族问题的解决。

一、民族的概念及特征

当今世界，民族是社会生活中客观存在的，人类世界的民族数目繁多且特色不同。每一个具体民族，都是在同其他民族的交往中形成和发展起来的。每个人都属于特定的民族共同体，民族是现代世界的基本组成单位之一。

（一）民族的概念

不同民族之间存在着这样或那样的差异，各个民族之所以有差异，是由各个民族的特征所决定的。关于民族的特征，历史上曾有各种各样的说法。如19世纪瑞士裔德国政治理论家布伦奇里（J. K. Bluntchli）认为，民族具有八大特征①：（1）同居于一地；（2）同一血统；（3）同其肢体形态；（4）同其语言；（5）同其文字；（6）同其宗教；（7）同其风俗；（8）同其生计。孙中山也曾经提出过民族的五个特征：（1）血统；（2）生活；（3）语言；（4）宗教；（5）风俗习惯。意大利学者马奇则认为民族具有四个特征：土地、起源、习惯和统一的语言。而第二国际机会主义者卡·伦纳尔和奥托·鲍威尔把民族看成“相对的性格共同体”“与土地无关的文化共同体”，他们把血统、宗教，甚至人的外形作为民族的特征，显然是混淆了民族与氏族、种族的区别。

马克思主义完整的、科学的民族定义的形成，经历了一个长期的发展过程。马克思和恩格斯曾提出了民族的特征、特性等理论，认为民族的自然分界线即语言的分界线；地域、共同历史、经济条件作为民族的特征对民族生存具有重要意义；等等。马克思、恩格斯揭示了这些基本点，为马克思主义的民族定义奠定了深刻的理论基础。列宁继承和发展了马克思、恩格斯关于民族特征的思想，进一步指出，语言、心理、生活条件和地域构成民族的特征。斯大林在继承了马克思、恩格斯、列宁关于民族特征理论的基础上，分析了当时欧洲和俄国的民族实际情况，给民族下了完整而准确的定义：“民族是人们在历史上

① 中国大百科全书总编辑委员会. 中国大百科全书·政治学［M］. 北京：中国大百科全书出版社，2004：255.

形成的有共同语言、共同地域、共同经济生活以及表现于共同的民族文化特点上的共同心理素质这四个基本特征的稳定的共同体。”① 这个定义当前仍然代表了马克思主义关于民族的科学界定。

（二）民族的特征

从斯大林的上述定义可以总结出民族有以下特征：

（1）从时间上看，民族是一个历史范畴，是人类社会发展到一定历史阶段的产物。民族是随着社会历史的发展而不断发展变化的，必然要经历一个由产生、发展到消亡的历史过程。经过战争、迁移和长期的发展，相互竞争、学习、交流，一些民族消失了，民族许多方面逐渐趋同，有的民族逐渐消失、融合；随着交往日益广泛，特别是市场经济的发展和经济全球化，原来民族所具有共同的语言、地域、经济生活和共同的心理素质等特征逐渐趋于模糊或者相同。

（2）从内容上看，民族具有四个特征，这是衡量一个社会共同体是不是一个民族的标准，也决定了民族与氏族、部落之间的区别。氏族、部落共同体以血缘为纽带，以生理特征为标志，而民族共同体以地缘为基础，以语言、地域、心理等综合因素为特征。民族的四个特征是统一的，不应单独拿出某一特征来给民族下定义。

（3）从存在形态上看，民族是一个稳定的社会共同体，它是经过长期的历史发展形成的，不是临时组合的，不会很快解体，而是一个稳定的社会集团，会保持较长历史时期。民族不是与生俱来的，而是人类历史发展到一定时期才产生的；民族也不是永远存在的，在人类历史发展到一定时期，在民族经历长期的迁移、融合、战争之后，许多方面逐渐趋同，一些民族相互融合；尤其随着现代全球社会的交往与认识进一步发展，各民族的特征趋同甚至消失之后，民族最终会消亡，这是不以人们意志为转移的客观规律。

总之，民族就是由共同语言、共同地域、共同经济生活以及表现在共同的民族文化特点上的共同心理素质这四个基本特征联结起来的人们的稳定的社会共同体，这就决定了每个民族都具有不同于其他民族的特殊性。这些特征综合起来形成民族，“并没有什么唯一的民族特征，而只有各种特征的总和。在把各个民族拿来作比较的时候，显得比较突出的有时是这个特征（民族性格），有时是那个特征（语言），有时又是另一个特征（地域、经济条件）。民族是由所有这些特征结合而成的”②。因此，民族是具有上述各项特征的综合体。

二、宗教的起源及本质

“宗教”由希腊文“religare”一词演化而来。在中国古代典籍中，很早就有对宗教的表述，如《易经》中“圣人以神道设教，而天下服矣”③。宗教是人们精神与观念运动的产物。

---

① 斯大林．斯大林全集：第 11 卷［M］．北京：人民出版社，1955：286.

② 斯大林．斯大林全集：第 2 卷［M］．北京：人民出版社，1953：298.

③ 郑玄，等．十三经古注：卷一［M］．北京：中华书局，2014：17.

（一）宗教的起源[①]

马克思主义从唯物主义世界观出发，认为宗教的起源基于两个客观条件：一是早期人类社会落后的生产力水平；二是阶级社会中的阶级压迫。

1. 对自然界的认知局限以及对异己力量的恐惧是宗教产生的重要根源

在人类社会生产力落后的历史时期产生了宗教，它是在生活水平低的条件下，人们对自然力量无法把握、对自然现象无法解释时的精神现象。“在原始人看来，自然力是某种异己的、神秘的、压倒一切的东西。在所有文明民族所经历的一定阶段上，他们用人格化的方法来同化自然力。正是这种人格化的欲望，到处创造了许多神。”[②] 在人类对自然界的认知能力低下的情况下，对雷、电、日食等自然现象缺少解释，只能将之作为宗教禁忌，希望以宗教仪式的方式表达敬畏。

2. 宗教信仰产生的另一个原因是存在于阶级社会中的不合理的社会制度

由于阶级压迫使得劳动者生活穷困，“对物质上的得救感到绝望，就去追寻灵魂得救来代替，即追寻思想上的安慰，以免陷入彻底绝望的境地”[③]。宗教是在现实社会中痛苦环境下的逃避和对美好的“另一个世界”的向往。

当然，宗教也不是永久不变的，而是一种社会历史现象，有其产生、发展及消亡的过程。“只有当实际日常生活的关系，在人们面前表现为人与人之间和人与自然之间极明白而合理的关系的时候，现实世界的宗教反映才会消失”[④]，恩格斯的论述表明：一方面，人类对自然界及社会发展规律的认识能力是随着科学的进步发展而不断提高的，对自然界和人类社会自身的支配能力也在不断增强；宗教自身也在发展变化。在宗教产生的社会制度根源被消灭之后，宗教也会逐步消亡。另一方面，宗教是人类社会一种复杂的文化心理现象，也是人们精神生活的一部分。即便宗教起源的环境消失了，宗教本身并不会马上消失，它的消亡将是一个缓慢长期的过程。

（二）宗教的本质[⑤]

马克思主义认为宗教的本质为：“一切宗教都不过是支配着人们日常生活的外部力量在人们头脑中的幻想的反映，在这种反映中，人间的力量采取了超人间的力量的形式。”[⑥] 马克思主义宗教思想表明：

1. 宗教反映了人们头脑中的幻想

“宗教是还没有获得自身或已经再度丧失自身的人的自我意识和自我感觉。”[⑦] 人们之所以需要这种虚幻世界，是对现实世界的无力把握。人们在自我意识中把自己的经验世界变成一种只是在思想中的、想象中的本质，宗教就通过信仰带来这种精神的满足。

---

① 《政治学概论》编写组．政治学概论［M］.2版．北京：高等教育出版社，2020：269.
② 马克思，恩格斯．马克思恩格斯文集：第9卷［M］. 北京：人民出版社，2009：356.
③ 马克思，恩格斯．马克思恩格斯文集：第3卷［M］. 北京：人民出版社，2009：598.
④ 马克思，恩格斯．马克思恩格斯文集：第5卷［M］. 北京：人民出版社，2009：97.
⑤ 《政治学概论》编写组．政治学概论［M］.2版．北京：高等教育出版社，2020：270－271.
⑥ 同②333.
⑦ 马克思，恩格斯．马克思恩格斯文集：第1卷［M］. 北京：人民出版社，2009：3.

2. 宗教通过对超力量的想象对心灵进行麻痹和慰藉

宗教将人们希望改变现实苦难的愿望寄托于神的力量来改变现实的命运，从而使人们对现实苦难变得愿意忍受，从而成为控制人心的力量。马克思正是从这个意义上将宗教称为“人民的鸦片”①。

3. 宗教是相对的，它是“支配着人们日常生活的外部力量”② 的反映

宗教取决于社会历史的现实发展：“古代一切宗教都是自发的部落宗教和后来的民族宗教，它们从各民族的社会条件和政治条件中产生，并和这些条件紧紧连在一起。宗教的这种基础一旦遭到破坏，沿袭的社会形式、传统的政治设施和民族独立一旦遭到毁灭，那么从属于此的宗教自然也就会崩溃。”③ 宗教存在的社会条件失去后，在现实世界中就会失去力量。

三、民族与宗教问题对国家政治生活的意义与影响

不论是构建和谐社会，还是构建人类命运共同体，都必须高度重视民族与宗教问题，并努力从民族与宗教的内在关系中寻求民族问题与宗教问题的解决办法，实现民族的平等与团结，宗教的共存与和谐。

（一）民族问题对国家政治生活的意义

1. 在国内，民族问题与国家政权问题紧密联系

民族问题是指“由民族差别、民族矛盾和民族对立而引起的一系列问题。这些问题是在民族交往中产生的，表现在经济、政治、历史、宗教、生活方式和风俗习惯各个方面”④。与民族相关的问题从来不是单独产生的，而是与国家政治生活紧密联系的，影响着国家、地区甚至全人类的生活与发展。如果民族问题能够得到很好的处理，将会有助于社会进步、政治稳定和经济发展；相反，如果民族问题解决得不好，将会导致民族分裂、社会动荡甚至国家解体。因此，民族问题与社会政治总问题的核心即国家政权问题紧密联系。这主要表现在以下两方面：

第一，从民族问题对国家政权问题的依赖性来看，解决民族问题不能离开当时的政治问题。

民族问题随着民族的产生而出现，在不同的历史时期和不同的条件下，具有不同的形式和内容。在阶级社会，不论是国际范围还是多民族国家，民族问题的实质和内容是民族压迫、民族歧视和民族之间的不平等问题。社会主义社会废除了不合理的社会制度，民族内部消除了阶级对抗，为实现民族平等和民族团结奠定了基础，民族关系表现为促进各民族人民之间的团结、共同进步与发展。因此，社会主义时期民族问题的实质和内容，是缩小和消除由于历史原因所带来的各民族发展不平衡问题，是坚持民族平等、加强民族团结、实现各民族共同发展共同繁荣的问题。

---

① 马克思，恩格斯．马克思恩格斯文集：第 1 卷［M］. 北京：人民出版社，2009：4.

② 马克思，恩格斯．马克思恩格斯文集：第 9 卷［M］. 北京：人民出版社，2009：333.

③ 马克思，恩格斯．马克思恩格斯文集：第 3 卷［M］. 北京：人民出版社，2009：597.

④ 《政治学概论》编写组．政治学概论［M］. 2 版．北京：高等教育出版社，2020：271.

第二，从民族问题对国家政权的影响来看，民族问题解决得好坏，是直接影响到政权能否稳定的大问题。

在维护国家独立和主权，防御外来侵略，争取民族解放的斗争中，民族意识的觉醒和民族团结是一个伟大的力量，起着重要的作用。波兰人民反抗俄国、普鲁士、匈牙利三国独裁君主政府的斗争，北美殖民地人民和民族反抗英国殖民者争取自身独立的斗争等，都显示出民族意识、民族斗争对取得革命胜利和建立、巩固国家政权的重要作用和伟大力量。一百多年来，中华民族生死与共、团结一致、并肩战斗，共同反对帝国主义的侵略和奴役的斗争，特别是在抗日战争时期，中国共产党领导下的各民族的抗日统一战线，充分显示了民族团结、联合对于革命和政权问题的重要性。

民族问题不是一成不变的，而是随着历史发展不断变化的。每个时代、社会发展的每个阶段，民族问题都有不同的性质和内容。在社会主义国家建设时期，通过正确地解决民族问题把全国各民族团结起来，是捍卫国家主权和建设国家的重要条件。社会主义建设事业要不断取得胜利，实行民族平等和民族团结的政策，就要着眼于长治久安的发展。真正彻底地解决民族问题，是社会稳定的重要源泉，是民族团结的强大推力，是改善民生的根本保证，为社会政治总问题的解决创造了条件。

2. 在国际，民族问题对当代国际政治产生影响

在当代国际政治生活中，民族问题的表现方式发生了重大变化。当代民族问题的核心表现为局限于某一特定地区的民族冲突，主要集中于欧洲、中东、中亚、撒哈拉以南非洲的一些地区。另外，还存在着其他方面的民族问题，如南北问题，其实质也是民族问题，与当今一些大国的干预密不可分。民族问题特别是地区民族冲突问题在当代国际政治生活中占有重要地位，对国际政治生活有着重要影响。马克思主义关于民族问题的理论不仅是我们解决国内民族问题的理论指导，而且是我们观察国际政治生活中民族问题的理论基础。

第一，民族冲突导致地区政治局势不稳，引起社会动荡，严重影响该地区有关各民族人民的社会生活。

民族冲突经常伴随着较大规模的武装冲突和暴力事件，导致大量难民逃离家园，流向周边其他国家，由国内民族冲突问题引起该国与周边国家的民族关系问题。难民的大量逃亡，增加了周边相关国家的负担，容易引起民族矛盾，造成国家之间的对立和冲突。民族冲突又经常伴随着国家政权的不稳甚至政权的更迭，这种由民族冲突引起的政局动荡又会波及相关地区的政治和社会稳定。

第二，民族冲突使国际政治问题的解决方式发生重大变化。

过去人们习惯地认为民族冲突应该由有关的冲突双方或多方自行解决。而现代的民族冲突的解决，基本上都是在国际社会参与的情况下实现的，其中，联合国在解决民族冲突过程中发挥了重要作用。联合国发挥作用的形式有：通过决议，派出监督员，派遣维持和平部队，联合国秘书长在冲突各方之间进行调节、斡旋等。除国际组织外，比较重要的国家特别是大国在解决民族冲突中也发挥着重要作用。在联合国等国际组织和相关国家参与下，以国际化的方式解决民族冲突问题，有利于维护世界的和平与稳定。

第三，民族冲突对国际关系格局以及相关国家的政治和外交关系产生重要影响。

民族冲突一方面导致在国际化解决民族冲突问题中的国际合作，另一方面又会因为解决民族冲突的途径不同而引起国际社会有关国家之间的纷争。这是因为民族冲突问题虽然往往表现为地区冲突，但由于冲突各方属于不同的民族、种族，其宗教、历史、文化背景不同，在解决冲突过程中，就会使具有相同民族和宗教背景的国家参与其中，引起更大范围的民族矛盾，从而影响到国际政治生活。

第四，霸权主义及其大国的干预和操纵仍然影响着地区民族冲突并使民族冲突问题进一步复杂化。

冷战结束后，以美国为首的一些西方国家在地区民族冲突中不是完全从国际法原则出发，而是从本国的国家利益出发，从本国的外交政策需要出发，干预其他地区的民族冲突，对民族冲突的产生和解决有着重要影响，反过来，这些地区的民族冲突又对国际政治关系产生新的挑战。

（二）宗教问题对国家政治生活的影响

宗教“作为一种精神文化现象，是人类文明发展的重要组成部分；作为一种意识形态，它影响着人类的思想与现实的政治、经济与社会发展”①。在我国，“宗教问题始终是我们党治国理政必须处理好的重大问题，宗教工作在党和国家工作全局中具有特殊重要性，关系中国特色社会主义事业发展，关系党同人民群众的血肉联系，关系社会和谐、民族团结，关系国家安全和祖国统一”②。

1. 宗教是构成社会生活的重要组成部分

宗教是社会现实中的一种复杂现象，首先，它是意识形态，通过教义和戒律影响社会观念；其次，它还是社会行动，通过群体仪式塑造行为，进而影响社会规范；宗教当然还是社会组织，通过神职人员、教徒及其团体参与社会公共活动，承担社会事务。宗教影响着社会的方方面面。

2. 宗教与社会生活高度关联，保持着与现实社会发展相适应

宗教会随着社会进步而发展变化，维持其影响力。“古代一切宗教都是自发的部落宗教和后来的民族宗教，它们从各民族的社会条件和政治条件中产生，并和这些条件紧紧连在一起。”③ 罗马帝国时代，基督教产生。中世纪，基督教发展出与封建制度相适应的教阶制。到了近代，宗教进行了改革，以新的形态继续发挥作用：“路德战胜了虔信造成的奴役制，是因为他用信念造成的奴役制代替了它。他破除了对权威的信仰，是因为他恢复了信仰的权威。他把僧侣变成了世俗人，是因为他把世俗人变成了僧侣。他把人从外在的宗教笃诚解放出来，是因为他把宗教笃诚变成了人的内在世界。他把肉体从锁链中解放出来，是因为他给人的心灵套上了锁链。”④

3. 宗教在国家政治生活中的作用

历史上宗教曾与政权建立了紧密的联系，近代资本主义国家政治生活确立了政教分离

---

① 《政治学概论》编写组．政治学概论［M］．2 版．北京：高等教育出版社，2020：273.

② 中共中央文献研究室．习近平关于社会主义政治建设论述摘编［M］．北京：中央文献出版社，2017：167.

③ 马克思，恩格斯．马克思恩格斯文集：第 3 卷［M］．北京：人民出版社，2009：597.

④ 马克思，恩格斯．马克思恩格斯文集：第 1 卷［M］．北京：人民出版社，2009：12.

的原则——国家政治生活不得受到宗教力量和宗教活动的影响，国家政权也不干预宗教信仰。然而，资本主义国家的政教分离并不完全彻底：一方面资本主义政权还会利用宗教势力巩固统治，服务于意识形态；另一方面宗教也是许多国家的一股强大社会力量，影响着选举、权力运行与决策等国家政治生活。与资本主义国家的宗教相比，社会主义国家的宗教，既不算意识形态，也不是进行治理的工具，而仅仅是民众的信仰现象。宗教的消亡需要漫长的历史过程，既不能夸大宗教的影响力，也不能忽视其对现实社会发展的作用。社会主义尊重人们的宗教信仰自由，推进人的全面发展，积极引导宗教与社会主义社会相适应，促进其发挥在国家建设中的积极作用。

4. 宗教对社会发展的作用具有两面性

发挥宗教正面作用的关键，就是要积极引导宗教与社会主义社会相适应，并成为促进社会协调和稳定的积极力量："关键是要在'导'上想得深、看得透、把得准，做到'导'之有方、'导'之有力、'导'之有效，牢牢掌握宗教工作主动权。"① 作为一种社会建设力量，宗教也有积极的因素，可以为社会发展和稳定服务。比如，国家可以引导宗教组织从事一些有益于社会发展的公益、慈善活动；研究和开发宗教文化中有益于社会进步的精华；将宗教道德中弃恶扬善的内容发挥出来，引导和鼓励教徒进行道德建设；激发宗教的心理慰藉作用，调节社会心态、稳定群体情绪等。

第二节 当代世界的民族与宗教问题

当今世界存在200多个国家和地区，绝大多数国家中都生活着多个民族，同时也有同一个民族存在于多个国家的情况。人类社会各个民族、各个国家都是世界的一部分，任何民族与宗教问题都可能成为一种世界性问题，而世界的变化与发展也都将直接或间接地引发各种民族与宗教问题。

一、当代世界的民族问题

由于国家与国家之间、民族与民族之间、国内民族与国外民族之间的问题往往相互交织在一起，因此民族问题复杂而敏感。如果处理不当，国家内部的、地区性的或国际性的民族问题，都可能引发世界民族问题。

（一）当代世界民族问题的发展历程②

世界各民族在彼此交往与交流过程中，会产生一些民族问题，这些民族问题随着社会的发展也会产生变化，表现出不同的内容与形式。仅就当代世界民族问题而言，大体经历了三次大的冲击。

第一次冲击是在第二次世界大战之后，各地区出现的民族独立与解放运动。尤其是在亚非拉地区，民族解放运动使得帝国时代的殖民体系解体，民族国家独立，成为促进世界

---

① 习近平．习近平谈治国理政：第2卷［M］．北京：外文出版社，2017：302.

② 《政治学概论》编写组．政治学概论［M］．2版．北京：高等教育出版社，2020：276.

当代史转折的重要力量。

第二次冲击是冷战。冷战将世界各民族卷入了东西方两大阵营的对峙中，民族问题在这个时期以政治形态、制度形态、意识形态之间的矛盾与冲突显现出来。

第三次冲击是全球化浪潮。冷战结束之后的全球化时代，各国之间的交往日益频繁，这种全球化浪潮逐渐促使民族主义演化为许多全球化问题，比如宗教冲突、经济民族主义、恐怖主义等，因而世界各国家之间的民族问题、特定国家国内民族问题也随之出现。

（二）当代世界民族问题的层面①

当代世界的民族问题存在多个层面。

第一个层面是全球范围的民族问题。由于殖民时代的历史原因，当代世界的政治经济秩序依然受到西方发达国家霸权主义影响，从而使得全球性民族关系主题依然表现为西方大国强权政治对其他国家的利益与主权的侵害，以及由此而引发的各种反抗和斗争。

第二个层面是覆盖多国的民族问题，一些国家还存在历史与现实影响下的跨界民族问题，如泛阿拉伯主义、泛日耳曼主义、泛斯拉夫主义等。

第三个层面是国家内部的民族关系问题，各国家内部还存在各个不同民族之间的关系问题，包括本土居民和外来移民之间、人口占多数与少数民族之间等。

民族问题的不同层次交织渗透，使处理民族问题与民族关系的过程变得复杂。

（三）当代世界民族问题的特点②

综合考察世界民族关系与民族问题，我们可以概括出四个基本特点：

1. 全球各国普遍都面临民族问题

当今世界各国都面临本国的民族问题。由于民族问题的实质是利益问题，由各民族的生存发展状态决定，因而在发展中国家表现得更加明显，主要包括发展中国家与发达国家之间的关系、各地区发展中国家之间以及各发展中国家内部的各民族之间关系与民族问题等。不同国家在不同领域面临不同的民族问题：有些与全球化浪潮带来的效应相关、有些涉及国家之间历史边界问题、有些来自国家内部的族群冲突及少数族群的权利诉求等。而发达国家的民族问题也与发展中国家相互关联。

2. 各国国内的民族与宗教问题往往具有紧密相关的联系

各国都存在自己的民族传统、民族文化和民族心理，而影响它们产生的重要因素之一是宗教信仰。应该说，民族问题与宗教问题往往是纵横交错的，民族问题会被宗教因素引发，也会反过来强化宗教问题。民族与宗教问题高度相关，但不应混淆各国家之间与宗教派别之间的和平与共存，构建人类命运共同体，是符合所有国家利益的。

3. 目前世界各国都存在民族主义现象

世界近代史就是各国独立与崛起，民族意识诞生并产生民族运动的历史。20 世纪以来，世界各地区主要经历过三次不同影响的民族主义浪潮，它们分别是，第一次世界大战期间欧洲各国的民族独立运动，第二次世界大战之后亚非拉各殖民地诸民族的解放运动，

---

① 《政治学概论》编写组．政治学概论［M］. 2 版．北京：高等教育出版社，2020：276.

② 同①276 - 278.

以及冷战结束后东欧剧变引发的民族分裂主义。三次民族主义浪潮影响到各国的社会稳定与世界和平。

4. 当今世界各国的民族问题对国际事务的发展解决也有影响

当今国际社会所面临的事务难题主要是由民族问题引发的冲突，它加剧了各国各地区局势紧张动荡，也影响了相关国家的社会经济发展和世界经济的发展与地区合作。此外，西方国家也常借人权问题干涉他国内政。国际社会中将在相当长的时间内存在民族问题，这也在全球化时代深刻影响着当代国际政治、经济与文化领域。

二、当代世界的宗教问题

宗教自产生以来，就与人类生活形成了紧密关系，至今依然深刻地影响着人类生活。由宗教内部的矛盾、宗教与宗教之间的矛盾、宗教与社会生活各个方面的矛盾引发的问题成为当今世界一大难题。

（一）当今世界宗教问题的新状况

随着现代世界世俗化的发展，宗教的社会影响力逐步减弱；同时，宗教政治化倾向凸显，与现实国际冲突交织，是影响国际关系和世界政治的重要因素，也直接或间接地影响着世界宗教的发展。具体体现为：

1. 宗教信仰多元化，宗教教派林立

当今世界，宗教由于其多元化已经发展出极为复杂的局面，新的宗教、新的教派层出不穷，多种宗教并存，整个宗教格局呈现出种类繁多、教派林立的状况。

2. 宗教的世俗化倾向

全球化时代背景下，宗教体现出现代化、世俗化倾向，宗教的影响力越来越限制在个人精神领域。同时，宗教对政治、教育及社会的影响力逐步下降。但是宗教的世俗化并不意味着宗教的消亡，各国大都依然奉行宗教信仰自由政策。

3. 宗教带给人类共同的新挑战

随着世界进入全球化时代，20 世纪 70 年代以后，宗教的政治化趋势明显，一些宗教团体参与社会公共事务的积极性也提高了。与此相关，对各国的国家建设提出了新的挑战，主要体现在：一是宗教教义与教派之争引起的国家治理新问题，如外来移民的增加，不断改变欧洲各国的社会构成，为国家法律和政策的制定增添了新的影响因素；二是涉及宗教因素的分离主义在世界范围内普遍存在，从而引发各国对宗教事务治理问题的重视，以维护国家的稳定。

（二）当今世界宗教发展的问题

当代国际文化、经济、民族等各领域的冲突，很多情况下都源自宗教发展产生的问题。这些问题造成世界范围内国家、地区乃至全面的政治不稳定。概括起来，有如下几个方面①：

1. 某些宗教激进主义非常活跃，并由此产生更多新的宗教与政治问题

人类社会发展和文明进步的必然趋势就是宗教的世俗化。而经历了世俗化之后，宗教

① 《政治学概论》编写组．政治学概论［M］．2 版．北京：高等教育出版社，2020：279－280．

在现代世界政教分离和宗教信仰自由的背景下，必然从中心走向边缘。世界上各宗教面对历史发展的总体态势拿出了不同的应对方案：有些自主适应、发展与转型，在新的社会生活方式中再次发挥作用，保持影响地位；有些就不能接受，而是选择对抗与试图复兴宗教的原始教义，否定已然定型的世俗化现实，进而也就形成了宗教激进主义运动。可以说，宗教极端主义已然对现代国际社会和平与发展主题构成重大威胁。

2. 各宗教本身彼此之间也有明显冲突

20 世纪，美苏两大阵营之间的冷战对峙曾经一度掩盖了许多民族、宗教问题；冷战结束之后，不同宗教之间的冲突逐步凸显。在欧洲东南部的巴尔干地区、英国的北爱尔兰地区、亚洲的阿富汗地区，以及印度和印度尼西亚等多地区都存在由宗教矛盾所产生的政治社会冲突。究其根源，都是由当地国家、地区、社会发展不均衡，政治与经济利益分布不平均所造成的。因此，国际社会也存在和平力量不断呼吁各宗教之间、教派之间进行对话沟通，力争通过对话消除矛盾和冲突，共同促进地区稳定与世界和平，并借此促使日益极端化的宗教教义趋于理性化。

3. 以宗教传播的名义实质推行霸权主义

20 世纪冷战之后，东西方大规模意识形态对抗结束，但西方一些发达国家为维护在国际社会的霸权地位，常常借助人权与宗教问题，以力争“宗教自由”为借口，对他国宗教状况进行攻击，在国际关系上制造困难，不停发难，甚至干涉别国内政，以推行霸权政策，激化已经产生的宗教矛盾，成为影响各国和平发展的不利因素。

三、当代世界民族与宗教问题的根源

冷战结束后，两极格局瓦解，经济全球化和世界多极化深入发展，民族、宗教问题在世界范围内日益凸显。总体上讲，当今世界民族、宗教问题的根源主要有以下几个方面①：

（一）冷战结束之后，原有的民族、宗教矛盾得以释放

冷战结束以后，两极格局瓦解，为世界一些国家和地区释放长久压制的民族、宗教情绪提供了契机。不仅如此，世界舞台的各种政治力量对比也发生了变化，互相争夺由冷战格局遗留下来的地缘政治的真空。从巴尔干地区到中东地区，再到高加索地区、亚洲地区，都有政治力量以民族、宗教的名义在活动。而这些地区在历史上本就是东西方往来的交通要道，又是多元文化汇聚之地，民族、宗教分布极其复杂，再加上地区政权更迭频繁，存在大量历史恩怨，与现实利益纠葛混杂在一起难以调和，就容易产生世界范围的影响，成为全球性的民族与宗教问题。

（二）日益加速的经济全球化进一步扩大南北差距

现代世界发展的全球化趋势不可避免，全球化推动了世界经济的快速发展，但同时也由于不合理的世界政治经济秩序而使得国家之间发展的不均衡进一步加剧。南北国家因为地区差异和两极分化，以及南北国家在经济发展上的差距而产生各种矛盾。经济上的巨大

---

① 《政治学概论》编写组．政治学概论［M］. 2 版．北京：高等教育出版社，2020：280－282.

差距直接激化了原本就有的民族和宗教矛盾。这些矛盾虽然以民族、宗教问题的形式呈现，但究其深层次原因却是不同地区经济利益差距造成的。

(三) 冷战结束后，宗教势力也在寻求全球性的发展

当今世界宗教发展的趋势以及各宗教派别之间的错综交汇反映了不同价值观的冲突。尤其在现代信息技术的推动下，对影响力的竞争就更加广泛、激烈。宗教冲突在民族矛盾的助推下，二者紧密联系又相互转化，形成一种相互影响的复杂局面。

(四) 西方一些势力插手别国内政，谋取在世界中的政治利益

第二次世界大战之后，作为殖民惯性，一些西方国家通过经济援助插手别国的民族、宗教问题，使新兴国家的政治格局更加不稳定，民族、宗教现状更加复杂。冷战结束后，东西方两大阵营的对峙结束了，但对他国民族和宗教事务的干预却更多了，甚至引发了一些地区的国家分裂和内战。与此同时，这些新兴国家内部的分裂势力也在谋求他国支持，二者的分裂目标结合起来造成国内民族和宗教问题的极端化和国际化。

21 世纪以来，世界各国都更加追求和平与发展。个别国家、地区存在的民族、宗教矛盾与冲突却在局部激化，但无论如何，随着人类社会的不断发展，国际上民族和宗教冲突势必将逐渐缓和。

第三节 中国的民族与宗教政策

中国在地理空间上有辽阔的疆域，在历史时段上有五千年的文明，“统一多民族国家的长期延续，极大地促进了各民族之间的经济、政治和文化交流，增进了各民族对中央政权的向心力和对中华文化的认同感，增强了中华民族的凝聚力、生命力和创造力，促进形成了中华文明的统一性和多样性”①。可以说，中国既是一个多民族的国家，也是一个多宗教的国家。在复杂的民族构成和宗教构成的基础上形成的民族关系和宗教关系对国家和社会具有重要的影响。因此，积极稳妥地应对民族与宗教问题，对于国家的统一、稳定与发展具有重要的战略意义。

一、中国的民族与宗教概况

(一) 中国的民族概况

中国是一个多民族国家，有 56 个民族，根据 2020 年我国第七次人口普查的数据，中国人口总数约为 14 亿。其中汉族人口最多，为 12.86 亿人，占 91.11%；各少数民族人口为 1.25 亿人，占 8.89%。与 2010 年第六次全国人口普查相比，汉族人口增长 4.93%；各少数民族人口增长 10.26%②，少数民族人口比重上升了 0.40 个百分点。这充分体现了在中国共产党的领导下，我国各民族全面发展进步的面貌。少数民族人口虽少，但分布广

① 中华人民共和国国务院新闻办公室．中国的民族政策与各民族共同繁荣发展［M］．北京：人民出版社，2009：7.

② 国家统计局．第七次全国人口普查公报（第二号）［EB/OL］．（2021－05－11）［2022－09－19］．http：//www.stats.gov.cn/sj/zxfb/202302/t20230203_1901082.html.

泛。如从广西到云南、西藏到新疆、内蒙古及东北长达1.9万千米的边境线上，都有少数民族居住。中国疆域内的诸多民族群体，在长期交往交流交融的历史发展过程中，凝聚成了中华民族这个统一的共同体。各民族的关系是一个大家庭里不同成员的关系。中华民族是一个“多元一体”结构，一体包含多元，多元组成一体，一体离不开多元，多元也离不开一体。但是，各个民族有自己的文化和利益要求，民族问题难以避免并将长期存在。处理好民族问题、做好民族工作，是关系祖国统一和边疆巩固的大事，是关系民族团结和社会稳定的大事，是关系国家长治久安和中华民族繁荣昌盛的大事。

中国共产党和中国政府历来重视民族问题。新中国成立以来，党和国家坚持各民族一律平等，巩固和发展全国各族人民的大团结，坚持和完善民族区域自治制度，加快少数民族和民族地区经济社会发展，保护和发展少数民族文化，加强少数民族干部和人才队伍建设[①]，各少数民族地区的面貌发生了历史性的变化。由于历史、社会以及地域等多方面的原因，民族地区的经济基础总体还比较薄弱，经济社会发展程度还比较落后。改革开放和社会主义现代化建设提升了少数民族地区的发展水平，但还没有根本消除少数民族地区与其他地区之间的差距。所以，中国民族问题的关键，就是在平等处理民族关系的前提下，加快少数民族地区的经济与社会发展，实现包括少数民族在内的整个中华民族的繁荣与复兴，促进民族团结，增强中华民族共同体意识。“要在各族群众中牢固树立正确的祖国观、民族观，弘扬社会主义核心价值体系和社会主义核心价值观，增强各族群众对伟大祖国的认同、对中华民族的认同、对中华文化的认同、对中国特色社会主义道路的认同”[②]。

（二）中国的宗教概况

中国自古以来就是一个多宗教的国家，有本土的道教，还有国外传入的佛教、伊斯兰教、天主教和基督教等，以及大量的民间信仰。据不完全统计，目前共有信教公民近2亿人，宗教教职人员38万余人，宗教团体约5 500个，依法登记的宗教活动场所14.4万处。[③] 中国共产党十八大以来，在以习近平同志为核心的党中央的领导下，中国全面推进依法治国，把宗教工作纳入国家治理体系，用法律调节涉及宗教的各种社会关系，宗教工作法治化水平不断提高，信教公民和不信教公民相互尊重、和睦相处。总体来说，我国的宗教工作呈现如下几方面特征：

1. 制定了保障宗教信仰自由的基本政策

中国实行宗教信仰自由政策，依法管理宗教事务，坚持独立自主自办原则，积极引导宗教与社会主义社会相适应，最大限度团结广大信教公民和不信教公民。

2. 宗教信仰自由权利得到法律保障

中国特色社会主义法律体系不断完善，宗教信仰自由权利保障的法治化水平不断提

---

① 中华人民共和国国务院新闻办公室．中国的民族政策与各民族共同繁荣发展［M］. 北京：人民出版社，2009：8-48.

② 习近平．习近平在第二次中央新疆工作座谈会上强调：坚持依法治疆团结稳疆长期建疆　团结各族人民建设社会主义新疆［N］. 人民日报，2014-05-30.

③ 中华人民共和国国务院新闻办公室．中国保障宗教信仰自由的政策和实践［M］. 北京：人民出版社，2018：12.

高，政府对宗教事务的管理更加规范，对广大信教公民合法权益的保护更加全面有力。公民的宗教信仰自由权利受中国宪法保障，宗教信仰自由权利保障体现于基本法律之中；宗教事务行政法规也更加完善，外国人在中国境内的宗教活动依法受到保护；同时依法打击宗教极端势力和暴力恐怖活动。

3. 宗教活动有序开展

（1）宗教活动场所条件明显改善。国家依法对信教公民开展集体宗教活动的场所进行登记，将其纳入法律保护范围，确保宗教活动规范有序进行。（2）宗教典籍文献依法出版。多语种、多版本的宗教经典以及记载、阐释、注解宗教教义、教规的印刷品、音像制品和电子读物的印制出版流通，满足了信教公民的多样化需求。（3）宗教教育体系更加完善。截至 2017 年 9 月，经国家宗教事务局批准设立的宗教院校共 91 所，宗教院校在校学生 1 万多人，历届毕业生累计 4.7 万余人。① （4）宗教教职人员社会保障更加有力。截至 2013 年年底，宗教教职人员医疗保险参保率达到 96.5%，养老保险参保率达到 89.6%，符合条件的全部纳入低保，基本实现了社保体系全覆盖。② （5）信教公民的宗教活动有序进行。公民在宗教活动场所内以及按照宗教习惯在自己家里进行的一切正常的宗教活动，受法律保护，任何组织和个人不得加以干涉。（6）扰乱宗教领域正常秩序的行为得到纠正。2017 年国家宗教事务局等 12 个部门制定下发了《关于进一步治理佛教道教商业化问题的若干意见》，禁止商业资本介入宗教活动场所，防止借教敛财等行为扰乱宗教活动正常秩序。有关部门加大对互联网宗教事务的管理，及时处理涉及宗教的违法信息，保护宗教界的合法权益。

4. 宗教界的作用得到充分发挥

中国鼓励各宗教与时俱进，与社会主义社会相适应，为促进经济发展、社会和谐、文化繁荣、民族团结、祖国统一贡献力量。首先，努力对教义教规做出契合国情和时代要求的阐释。中国各宗教在发展过程中历来有与中国优秀传统文化相融合、与社会发展现实需求相适应的特点。中国宗教界坚持宗教中国化方向，践行社会主义核心价值观，弘扬中华民族优良传统，积极探索符合中国国情的宗教思想。其次，积极从事公益慈善活动。从 2012 年起，中国宗教界依据《关于鼓励和规范宗教界从事公益慈善活动的意见》，每年开展“宗教慈善周”活动，捐款数额累计超过 10 亿元。最后，自觉抵制极端主义。面对宗教极端思想对人类文明共同底线的挑战，中国宗教界旗帜鲜明地同极端主义划清界限，坚决反对冒用宗教名义从事暴力恐怖和民族分裂活动，大力倡导正信正行。

5. 宗教关系积极健康

中国妥善处理党和政府与宗教、社会与宗教、国内不同宗教、中国宗教与外国宗教、信教公民与不信教公民等多种关系，形成了积极健康的宗教关系。第一，党和政府与宗教界的关系和谐融洽。中国共产党坚持以“政治上团结合作、信仰上互相尊重”的原则处理同宗教界的关系，同宗教界的爱国统一战线不断巩固。第二，社会对宗教持包容态度。两千多年来，佛教、伊斯兰教、天主教、基督教等先后传入中国，国家与社会对各种宗教和

① 中华人民共和国国务院新闻办公室．中国保障宗教信仰自由的政策和实践［M］. 北京：人民出版社，2018：12.
② 同①10－12.

多样的民间信仰持开放态度，宗教信仰自由和民间信仰多样性获得尊重。第三，各宗教积极开展交流对话。全国性和一些地方性宗教团体建立了联席会议机制，对涉及宗教关系的问题进行协商沟通，创造了有中国特色的宗教对话模式，增进了相互之间的理解和友谊。第四，宗教领域国际交流广泛开展。在独立自主、平等友好、相互尊重的基础上，中国宗教界已经与超过 80 个国家的宗教组织建立了友好关系。第五，信教和不信教公民和睦相处。不信教公民尊重信教公民的宗教信仰，不歧视和排斥信教公民；信教公民尊重不信教公民的信仰选择。

但是，由于多方面的复杂原因，目前我国的宗教领域还存在一些不容忽视的问题，如宗教事务管理有待改善和加强；某些非法宗教组织同国外宗教组织勾结，争夺信教群众，培植势力；一些民族分裂主义分子以宗教活动为掩护，进行分裂国家的活动。

面对这些问题，我们要遵照国家宪法和法律，依据宗教政策，遵循处理宗教问题的基本原则，保护合法、制止非法、遏制极端、抵御渗透、打击犯罪；要依法保障信教群众正常宗教需求，尊重信教群众的习俗，稳步拓宽信教群众正确掌握宗教常识的合法渠道；要重视培养爱国宗教教职人员队伍，采取有力措施提高宗教界人士素质，确保宗教组织领导权牢牢掌握在爱国爱教人士手中；要重视宗教团体，为他们开展工作提供必要的支持和帮助，尊重和发挥他们在宗教内部事务中的作用，支持宗教界搞好人才队伍建设，积极引导，有效管理，使宗教为中国特色社会主义现代化建设服务。

二、中国的民族政策

（一）中国共产党关于加强和改进民族工作的重要思想

中国的民族政策是一个完整的政策体系，包括民族平等和民族团结政策，民族区域自治政策，少数民族干部政策，发展少数民族地区经济政策，发展少数民族教育科技文化卫生事业政策，尊重和发展少数民族语言文字政策，尊重少数民族风俗习惯和宗教信仰自由政策，等等。这些政策是正确认识和处理民族问题的行为准则，是国家政策体系的重要组成部分。“要坚定不移坚持党的民族政策、坚持民族区域自治制度。民族团结是各族人民的生命线。要高举各民族大团结的旗帜，在各民族中牢固树立国家意识、公民意识、中华民族共同体意识，最大限度团结依靠各族群众，使每个民族、每个公民都为实现中华民族伟大复兴的中国梦贡献力量，共享祖国繁荣发展的成果”①。

中国的民族政策是中国共产党在领导中国人民进行新民主主义革命的过程中逐渐形成和发展起来的，这些政策不仅体现了社会主义与人民民主主义的原则，而且体现了中国的历史特点和现实国情。1949 年，中华人民共和国成立前夕，第一届中国人民政治协商会议通过的《中国人民政治协商会议共同纲领》明确规定，中华人民共和国境内各民族一律平等，实行团结互助，使中华人民共和国成为各民族友爱合作的大家庭，反对大民族主义和狭隘民族主义，禁止民族间的歧视、压迫和分裂各民族团结的行为。各少数民族聚居的地区，应实行民族区域自治。1953 年，中国共产党又提出了过渡时期党在民族工作方面

① 习近平．习近平在第二次中央新疆工作座谈会上强调：坚持依法治疆团结稳疆长期建疆　团结各族人民建设社会主义新疆 [N]. 人民日报，2014－05－30.

的任务，这就是：巩固祖国统一和民族团结，共同来建设伟大祖国这个大家庭；在统一的祖国大家庭内，保障各民族在一切权利方面的平等；在祖国的共同事业发展中，与祖国的建设密切结合起来，逐步发展各民族的政治、经济、文化，消灭历史上遗留下来的各民族间事实上的不平等，并且使少数民族得到迅速发展。这些法律与方针构成了中国民族政策的法律基础与政治基础。

改革开放特别是党的十八大以来，我们党强调中华民族大家庭、中华民族共同体、铸牢中华民族共同体意识等理念，既一脉相承又与时俱进贯彻党的民族理论和民族政策，积累了把握民族问题、做好民族工作的宝贵经验，形成了党关于加强和改进民族工作的重要思想，概括起来有以下方面：①

一是必须从中华民族伟大复兴战略高度把握新时代党的民族工作的历史方位，以实现中华民族伟大复兴为出发点和落脚点，统筹谋划和推进新时代党的民族工作。

二是必须把推动各民族为全面建设社会主义现代化国家共同奋斗作为新时代党的民族工作的重要任务，促进各民族紧跟时代步伐，共同团结奋斗、共同繁荣发展。

三是必须以铸牢中华民族共同体意识为新时代党的民族工作的主线，推动各民族坚定对伟大祖国、中华民族、中华文化、中国共产党、中国特色社会主义的高度认同，不断推进中华民族共同体建设。

四是必须坚持正确的中华民族历史观，增强对中华民族的认同感和自豪感。

五是必须坚持各民族一律平等，保证各民族共同当家作主、参与国家事务管理，保障各族群众合法权益。

六是必须高举中华民族大团结旗帜，促进各民族在中华民族大家庭中像石榴籽一样紧紧抱在一起。

七是必须坚持和完善民族区域自治制度，确保党中央政令畅通，确保国家法律法规实施，支持各民族发展经济、改善民生，实现共同发展、共同富裕。

八是必须构筑中华民族共有精神家园，使各民族人心归聚、精神相依，形成人心凝聚、团结奋进的强大精神纽带。

九是必须促进各民族广泛交往交流交融，促进各民族在理想、信念、情感、文化上的团结统一，守望相助、手足情深。

十是必须坚持依法治理民族事务，推进民族事务治理体系和治理能力现代化。

十一是必须坚决维护国家主权、安全、发展利益，教育引导各民族继承和发扬爱国主义传统，自觉维护祖国统一、国家安全、社会稳定。

十二是必须坚持党对民族工作的领导，提升解决民族问题、做好民族工作的能力和水平。

我们党关于加强和改进民族工作的重要思想，是党的民族工作理论和实践的智慧结晶，是新时代党的民族工作的根本遵循，全党必须完整、准确、全面把握和贯彻。

---

① 习近平．习近平在中央民族工作会议上强调：以铸牢中华民族共同体意识为主线 推动新时代党的民族工作高质量发展［N］．人民日报，2021－08－29．

中国民族政策的实质是促进各民族平等与民族团结、发展进步和共同繁荣。民族平等是指各民族不论人口多少、居住地域大小、经济社会发展程度高低、风俗习惯和宗教信仰异同，社会地位一律平等，享受相同的权利，承担相同的义务；各民族之间一律平等；任何民族都没有特权。民族团结是指各民族在长期的社会生活和交往中形成的和睦、友好和互助、联合的关系。民族团结要求在反对民族压迫和民族歧视的基础上，维护和促进各民族之间和民族内部的团结，各民族人民齐心协力，共同促进国家的发展繁荣，反对民族分裂，维护国家统一。民族平等是民族团结的前提和基础，没有民族平等，就无法实现民族团结；民族团结则是民族平等的必然结果，是促进各民族真正平等的保障。

（二）中国的民族区域自治制度

中国的民族政策得以有效落实的制度基础，是中国共产党根据马克思主义的基本原理与中国各少数民族之间杂居共存的现实，创造性构建的民族区域自治制度。

1. 中国民族区域自治制度的内容

民族区域自治制度是我国的一项基本政治制度，指在国家统一领导下，各少数民族聚居的地方实行区域自治，设立自治机关，行使宪法和法律授予的自治权。

据此建立的民族自治地方是中华人民共和国范围内的一个行政区域，是中华人民共和国不可分离的组成部分。“民族自治地方的人民代表大会和人民政府既是自治机关，也是国家的一级地方政权机关，根据本地方的实际贯彻执行国家的法律政策。民族区域自治是在国家统一领导下的自治，各民族自治地方都是国家不可分离的部分，各民族自治地方的自治机关都必须服从中央的领导。”①

根据《中华人民共和国宪法》和《中华人民共和国民族区域自治法》的规定，按照少数民族聚居区人口的多少、区域面积的大小，民族自治地方分为自治区、自治州、自治县三级。民族自治地方的建立有以下类型：（1）以一个少数民族聚居区为主建立的自治地方，如新疆维吾尔自治区等；（2）以两个少数民族聚居区联合建立的自治地方，如青海省海西蒙古族藏族自治州等；（3）以多个少数民族聚居区联合建立的自治地方，如广西壮族自治区桂林市龙胜各族自治县等；（4）在一个大的少数民族自治地方内，人口较少的少数民族聚居区建立自治地方，如广西壮族自治区恭城瑶族自治县等；（5）一个民族在多处有聚居区的，建立多个自治地方，如宁夏回族自治区、甘肃省临夏回族自治州、河北省大厂回族自治县等。目前，全国共建立了155个民族自治地方，包括5个自治区、30个自治州、120个自治县（旗）。

2. 中国民族区域自治制度的特点

在国家统一领导下实行民族区域自治，体现了国家尊重和保障各少数民族聚居的地方自治权的实现，体现了民族平等、民族团结、各民族共同繁荣的原则，具有巨大的优越性。

第一，民族区域自治制度把国家统一与民族区域自治结合起来。

团结统一是国家最高利益，是各民族人民的共同利益，是实行民族区域自治的前提和

① 中华人民共和国国务院新闻办公室．中国的民族政策与各民族共同繁荣发展［M］．北京：人民出版社，2009：23.

基础。没有国家团结统一，就谈不上民族区域自治。民族区域自治是国家统一领导下的自治，民族自治地方是统一的多民族国家的组成部分。各民族自治地方的自治机关都是中央政府领导下的一级地方政权，服从中央集中统一的领导，必须维护国家的统一。同时，在确保国家法律和政令实施的基础上，依法保障自治地方行使自治权，给予自治地方特殊支持，解决好自治地方特殊问题。实行国家统一与民族区域自治相结合，既能维护国家的统一和各民族的团结，又能保障少数民族的权益，发挥其参加管理国家事务，管理本民族内部事务的主动性、积极性，促进国家的发展稳定和少数民族地区的繁荣发展。

第二，民族区域自治制度把民族发展与区域发展结合起来。

民族区域自治，既包含了民族因素，又包含了区域因素。民族区域自治地方，建立于少数民族聚居的行政区域，并根据少数民族聚居的特点、各民族关系、经济发展条件、历史传统等因素，确定自治地区的区域范围和行政地位。民族区域自治不是某个民族独享的自治，民族自治地方更不是某个民族独有的地方。实行民族区域自治，既有利于保障各少数民族聚居的地方自治权得以实现，又能够保障各民族平等、团结、互助、和谐。这是各民族实行经济合作和文化合作的良好体制，统一的多民族国家可以大力帮助少数民族地区发展经济文化，组织各民族相互支持，而自治地方可以通过调动和发挥少数民族和民族地区的积极性，有利于实现各民族共同繁荣。

第三，民族区域自治制度下民族自治地方拥有国家法律赋予的双重权力。

民族自治地方的自治机关既行使同一级地方国家机关的职权，同时也行使自治权。首先，上级国家机关制定各项政策和计划，进行国家经济文化建设，必须充分考虑各民族地区的具体情况和需要，动员各方面的力量予以帮助和支持。其次，民族自治地方的自治机关在行使地方国家职权的同时，依照《中华人民共和国宪法》和《中华人民共和国民族区域自治法》的规定，还行使民族立法权、根据实际情况执行权、财政经济自主权、少数民族干部培养使用权、文化语言文字自主权等。

第四，民族区域自治制度是单一制国家结构下的民族区域自治。

世界上有许多国家实行联邦制，我国实行的是单一制国家结构下的民族区域自治。在我国民族区域自治制度下，中央政府拥有并专享国家主权，全国只有一部宪法、一个中央政府、一个最高立法机关。各民族自治地方是不享有独立主权的地方行政单位。实行中央统一集权，地方政府的权力由中央政府授予，接受中央政府统一领导，中央政府行使统一的外交权，地方政府不具有对外的独立性。我国遵循了解决民族问题的民族平等和民族团结的原则，在单一制的国家结构下创造出有中国特色的民族区域自治。

多年来，中国政府一以贯之地坚持民族区域自治，与时俱进地完善民族区域自治，取得了显著成就：民族自治地方普遍建立；民族区域自治法律制度不断完善；民族自治地方有效行使自治权自主管理本地区的内部事务，享有制定自治条例和单行条例的权力，自主安排、管理、发展经济建设事业，自主发展各项文化社会事业。①

---

① 中华人民共和国国务院新闻办公室．中国的民族政策与各民族共同繁荣发展［M］．北京：人民出版社，2009：23-28.

实践证明，民族区域自治制度已经成为中国特色社会主义的组成部分，符合我国国情和各族人民的根本利益，是社会主义政治文明在民族问题上的体现。这一制度，体现了民族因素与区域因素、政治因素与经济因素、历史因素与现实因素、制度因素与法律因素的统一，有利于把国家的集中、统一与民族的自主、平等结合起来，有利于把党和国家总的路线、方针、政策与民族区域自治地方的具体实际、特殊情况结合起来。实行民族区域自治，对于充分发挥各族人民当家作主的积极性，发展平等、团结、互助、和谐的社会主义民族关系，巩固国家统一，促进民族地区的发展和繁荣，增强中华民族的凝聚力和向心力，具有重大的现实意义。

（三）铸牢中华民族共同体意识

铸牢中华民族共同体意识，就是要引导各族人民牢固树立休戚与共、荣辱与共、生死与共、命运与共的共同体理念。

新时代的民族工作，要以铸牢中华民族共同体意识为主线，推动党的民族工作高质量发展，要准确把握和全面贯彻我们党关于加强和改进民族工作的重要思想，以铸牢中华民族共同体意识为主线，坚定不移地走中国特色解决民族问题的正确道路，构筑中华民族共有精神家园，促进各民族交往交流交融，推动民族地区加快现代化建设步伐，提升民族事务治理法治化水平，防范化解民族领域风险隐患，推动新时代党的民族工作高质量发展，动员全党全国各族人民为实现全面建成社会主义现代化强国的第二个百年奋斗目标而团结奋斗。

做好新时代党的民族工作，把铸牢中华民族共同体意识作为党的民族工作的主线，意义重大，影响深远。

第一，铸牢中华民族共同体意识是维护各民族根本利益的必然要求。只有铸牢中华民族共同体意识，构建起维护国家统一和民族团结的坚固思想长城，各民族共同维护好国家安全和社会稳定，才能有效抵御各种极端、分裂思想的渗透颠覆，才能不断实现各族人民对美好生活的向往，才能实现好、维护好、发展好各民族根本利益。

第二，铸牢中华民族共同体意识是实现中华民族伟大复兴的必然要求。只有铸牢中华民族共同体意识，才能有效应对实现中华民族伟大复兴过程中民族领域可能发生的风险挑战，才能为党和国家兴旺发达、长治久安提供重要思想保证。

第三，铸牢中华民族共同体意识是巩固和发展平等团结互助和谐社会主义民族关系的必然要求。只有铸牢中华民族共同体意识，才能增进各民族对中华民族的自觉认同，夯实我国民族关系发展的思想基础，推动中华民族成为认同度更高、凝聚力更强的命运共同体。

第四，铸牢中华民族共同体意识是党的民族工作开创新局面的必然要求。只有顺应时代变化，按照增进共同性的方向改进民族工作，做到共同性和差异性的辩证统一、民族因素和区域因素的有机结合，才能把新时代党的民族工作做好、做细、做扎实。

铸牢中华民族共同体意识是新时代党的民族工作的“纲”，所有工作要向此聚焦。要全面推进中华民族共有精神家园建设，要在党史、新中国史、改革开放史、社会主义发展史学习教育中，深入总结我们党百年民族工作的成功经验，深化对我们党关于加强和改进民族工作重要思想的研究，加强现代文明教育，深入实施文明创建、公民道德建设、时代新人培育等工程，引导各族群众在思想观念、精神情趣、生活方式上向现代化迈进。要推广普及国家通用语言文字，科学保护各民族语言文字，尊重和保障少数民族语言文字学习和使用。①

三、中国的宗教政策

尊重和保护宗教信仰自由，是中国政府在对待宗教问题上的基本政策。中国始终坚持从本国国情和宗教实际出发，实行宗教信仰自由政策，保障公民宗教信仰自由权利，构建积极健康的宗教关系，维护宗教和睦与社会和谐。必须牢牢把握坚持党的领导、巩固党的执政地位、强化党的执政基础这个根本，必须坚持政教分离，坚持宗教不得干预行政、司法、教育等国家职能实施，坚持政府依法对涉及国家利益和社会公共利益的宗教事务进行管理。我国 2018 年 2 月 1 日起施行的修订后的《宗教事务条例》，明确规定了宗教团体和信教公民在举行宗教活动、开办宗教院校、出版宗教书刊、管理宗教财产、开展对外交往活动等方面的诸多权利，同时规范了政府有关行政管理部门的行政行为，依法确保信仰宗教的公民、宗教团体和宗教活动场所的合法权益不受侵害。各宗教实行独立自主自办的方针，同时在平等友好的基础上积极与世界各国宗教组织进行交往和联系。各省（自治区、直辖市）也都根据自己的具体情况制定了宗教事务条例。

（一）我国保障宗教信仰自由的基本政策②

中国政府在对待宗教问题上的基本政策是尊重和保护宗教信仰自由，依法管理宗教事务，坚持独立自主自办原则，积极引导宗教与社会主义社会相适应，最大限度团结广大信教公民和不信教公民。

1. 实行宗教信仰自由政策

尊重和保护宗教信仰自由是中国共产党和中国政府对待宗教的基本政策。每个公民既有信仰宗教的自由，也有不信仰宗教的自由；有信仰某一种宗教的自由，也有在同一宗教中信仰某个教派的自由；有过去不信教而现在信教的自由，也有过去信教而现在不信教的自由。信教公民同不信教公民一样，享有同等政治及经济社会文化等方面的权利，不会因信仰不同造成权利上的不平等。国家尊重公民宗教信仰自由，保护正常宗教活动；公民行使宗教信仰自由权利，不得妨碍其他公民的合法权利，不得强制他人信仰宗教，不得歧视不信教或者信仰其他宗教的公民，不得利用宗教妨害公民合法权益。行使宗教信仰自由权利必须尊重公序良俗，尊重文化传统和社会伦理道德。

2. 依法管理宗教事务

国家对待各宗教一律平等，一视同仁，不以行政力量发展或禁止某个宗教，任何宗教都不能在法律上超越其他宗教而享有特殊地位。国家依法对涉及国家利益和社会公共利益的宗教事务进行管理，但不干涉宗教内部事务。国家依法保护公民宗教信仰自由权利，保护正常宗教活动和宗教界合法权益，制止非法宗教活动，禁止利用宗教宣传极端思想和从

① 习近平．习近平在中央民族工作会议上强调：以铸牢中华民族共同体意识为主线 推动新时代党的民族工作高质量发展［N］．人民日报，2021－08－29.

② 中华人民共和国国务院新闻办公室．中国保障宗教信仰自由的政策和实践［M］．北京：人民出版社，2018：2.

事极端活动，抵御境外势力利用宗教进行渗透，打击利用宗教进行的违法犯罪活动。信教公民应当遵守宪法、法律、法规和规章。宗教在国家法律范围内开展活动，不得干预行政、司法、教育等国家职能的实施。不得恢复已经被废除的宗教封建特权，不得利用宗教从事危害社会稳定、民族团结和国家安全的活动。

3. 坚持独立自主自办原则

宗教团体和宗教事务不受外国势力的支配，是中国宪法确定的原则。中国政府依照宪法和法律，支持各宗教坚持独立自主自办原则，各宗教团体、宗教教职人员和信教公民自主办理宗教事业。独立自主自办原则顺应了中国人民谋求民族独立、人民解放的历史潮流，顺应了实现中华民族伟大复兴的中国梦的时代要求，使中国宗教的面貌焕然一新，得到国际宗教友好人士的普遍理解、尊重和支持。坚持独立自主自办原则，不是要断绝中国宗教组织同境外宗教组织的正常联系。中国政府支持和鼓励各宗教在独立自主、平等友好、相互尊重的基础上，开展对外交流交往，建立、发展、巩固同海外宗教界的友好关系，展示良好形象。对境外组织和个人利用宗教从事各种违反中国宪法、法律、法规和政策的活动，控制中国宗教组织、干涉中国宗教事务，甚至企图颠覆中国政权和社会主义制度，中国政府坚决反对并将依法处置。

4. 积极引导宗教与社会主义社会相适应

积极引导宗教与社会主义社会相适应，就是要引导信教公民热爱祖国、热爱人民，维护祖国统一，维护中华民族大团结，服从服务于国家最高利益和中华民族整体利益；就是要引导宗教界拥护中国共产党领导、拥护社会主义制度，坚持走中国特色社会主义道路，坚持宗教中国化方向，积极践行社会主义核心价值观，弘扬中华优秀传统文化，努力把宗教教义教规同中华优秀传统文化相融合，遵守国家法律法规，自觉接受国家依法管理。

（二）我国宗教信仰自由权利的法律保障①

中国特色社会主义法律体系不断完善，宗教信仰自由权利保障的法治化水平不断提高，政府对宗教事务的管理更加规范，对广大信教公民合法权益的保护更加全面有力。

1. 宗教信仰自由权利受中国宪法保障

《中华人民共和国宪法》第 36 条规定：“中华人民共和国公民有宗教信仰自由。”同时规定：“国家保护正常的宗教活动。”“任何国家机关、社会团体和个人不得强制公民信仰宗教或者不信仰宗教，不得歧视信仰宗教的公民和不信仰宗教的公民。”“任何人不得利用宗教进行破坏社会秩序、损害公民身体健康、妨碍国家教育制度的活动。宗教团体和宗教事务不受外国势力的支配。”这些规定为国家保障宗教信仰自由权利、依法管理宗教事务、构建积极健康的宗教关系提供了宪法依据。

2. 宗教信仰自由权利保障体现于基本法律之中

《中华人民共和国刑法》《中华人民共和国国家安全法》《中华人民共和国反恐怖主义法》等法律均有保护公民宗教信仰自由的相关规定。《中华人民共和国全国人民代表大会

① 中华人民共和国国务院新闻办公室．中国保障宗教信仰自由的政策和实践［M］．北京：人民出版社，2018：5.

和地方各级人民代表大会选举法》《中华人民共和国人民法院组织法》《中华人民共和国人民检察院组织法》《中华人民共和国城市居民委员会组织法》《中华人民共和国村民委员会组织法》《中华人民共和国刑事诉讼法》《中华人民共和国教育法》《中华人民共和国劳动法》《中华人民共和国就业促进法》《中华人民共和国工会法》等法律贯彻平等保护原则，规定公民在各级人民代表大会和基层群众性自治组织中的选举权和被选举权、法律适用上的平等权、受教育权、平等就业权和自主择业权、依法参加和组织工会的权利等不因宗教信仰而有区别，不因宗教信仰而受歧视。《中华人民共和国民族区域自治法》规定，民族自治地方的自治机关保障各民族公民有宗教信仰自由。《中华人民共和国未成年人保护法》规定，未成年人不分宗教信仰，依法平等享有生存权、发展权、受保护权、参与权、受教育权等权利。《中华人民共和国广告法》规定，广告不得含有宗教歧视的内容。《中华人民共和国刑法》规定，国家机关工作人员非法剥夺公民的宗教信仰自由，情节严重的，追究刑事责任。《中华人民共和国民法典》规定，依法设立的宗教活动场所，具备法人条件的，可以申请法人登记，取得捐助法人资格。

3. 宗教事务行政法规更加完善

现行《宗教事务条例》，强化了对公民宗教信仰自由和宗教界合法权益的保障，依法规范政府管理宗教事务的行为，增加了维护国家安全和社会和谐的内容。条例规定了宗教团体、宗教活动场所和信教公民在设立宗教活动场所、举行宗教活动、开办宗教院校、申请法人登记、出版发行宗教书刊、接受宗教捐献、管理宗教财产、开展公益慈善和对外交流活动等方面的权利和义务。条例明确了遏制宗教商业化，增加了关于互联网宗教信息服务的内容，同时规定，各级地方人民政府应当为宗教团体、宗教院校和宗教活动场所提供公共服务；各级地方人民政府应当将宗教活动场所建设纳入土地利用总体规划和城乡规划；任何组织或者个人不得在信教公民与不信教公民之间制造矛盾与冲突；出版物、互联网不得发布歧视信教公民或不信教公民的言论。

4. 外国人在中国境内的宗教活动依法受到保护

《中华人民共和国境内外国人宗教活动管理规定》强调，中国政府尊重在中国境内外国人的宗教信仰自由，保护外国人在宗教方面同中国宗教界的友好交往和文化学术交流活动。境内外国人可以在寺庙、宫观、清真寺、教堂等宗教活动场所参加宗教活动，经省、自治区、直辖市以上的宗教团体邀请可以在宗教活动场所讲经、讲道，可以在县级以上人民政府宗教事务部门认可的场所举行外国人参加的宗教活动，可以邀请中国宗教教职人员为其举行洗礼、婚礼、葬礼和道场法会等宗教仪式，可以携带符合规定的宗教印刷品、宗教音像制品和其他宗教用品入境。同时规定，外国人在中国境内进行宗教活动，应当遵守中国法律、法规。外国人和外国组织不得在中国境内成立宗教组织、设立宗教办事机构和宗教活动场所、开办宗教院校、擅自招收留学生，不准在中国公民中发展教徒、委任宗教教职人员或进行其他传教活动。《中华人民共和国境外非政府组织境内活动管理法》规定，境外非政府组织在中国境内不得非法从事或者资助宗教活动。

5. 依法打击宗教极端势力和暴力恐怖活动

《中华人民共和国反恐怖主义法》规定，国家反对一切形式的以歪曲宗教教义或者其他方法煽动仇恨、煽动歧视、鼓吹暴力等极端主义，禁止任何基于地域、民族、宗教等理由的歧视性做法。《宗教事务条例》规定，不得宣扬、支持、资助宗教极端主义，不得利用宗教破坏民族团结、分裂国家和进行恐怖活动。国家采取措施遏制宗教极端主义传播、蔓延，同时特别注意防止把暴力恐怖活动、宗教极端主义与特定民族或特定宗教联系在一起。

（三）积极引导宗教与社会主义社会相适应

党的十九大明确提出了新时期党的宗教工作的基本要求是：“全面贯彻党的宗教工作基本方针，坚持我国宗教的中国化方向，积极引导宗教与社会主义社会相适应。”[①] 在2021年12月的全国宗教工作会议上，中共中央总书记、国家主席、中央军委主席习近平发表重要讲话强调，要深入推进我国宗教中国化，引导和支持我国宗教以社会主义核心价值观为引领，增进宗教界人士和信教群众对伟大祖国、中华民族、中华文化、中国共产党、中国特色社会主义的认同。要在宗教界开展爱国主义、集体主义、社会主义教育，有针对性地加强党史、新中国史、改革开放史、社会主义发展史教育，引导宗教界人士和信教群众培育和践行社会主义核心价值观，弘扬中华文化。要坚持总体国家安全观，坚持独立自主自办原则，统筹推进相关工作。要加强互联网宗教事务管理。要切实解决影响我国宗教健康传承的突出问题。[②]

思考题

1. 民族的特征是什么？

2. 为什么说民族区域自治制度是中国的一项重要政治制度？它对促进中华民族的大团结起到什么作用？

3. 马克思主义是如何从宗教的起源来把握宗教的本质及特征的？

4. 如何引导宗教与社会主义社会相适应，发挥宗教在社会建设中的积极作用？

5. 我国宗教政策的基本内容是什么？

6. 我国宗教信仰自由权利的法律保障是什么？

7. 民族与宗教问题对国家政治生活的意义与影响是什么？

8. 我国民族自治地方分为哪三级？

在线自测

扫一扫　练一练

---

① 习近平．决胜全面建成小康社会　夺取新时代中国特色社会主义伟大胜利——在中国共产党第十九次全国代表大会上的报告［M］．北京：人民出版社，2017：40．

② 习近平．习近平在全国宗教工作会议上强调：坚持我国宗教中国化方向　积极引导宗教与社会主义社会相适应［N］．人民日报，2021-12-05．

第十章

国际政治与中国对外政策

学习目标

通过本章的学习，了解国际政治的内涵，掌握国际政治行为体、国际政治基本准则、国际政治格局、和平与发展的时代主题等内容，进而全面认识当今时代的国际政治问题，理解错综复杂的国际政治局势，把握国际政治的发展趋向及和平与发展的时代主题，熟悉中国对外政策的发展演变与基本原则，将中国的对外关系与国内发展统筹起来，准确把握中国和世界发展大势，深刻理解新时代中国特色大国外交新局面。

第一节　国际政治概述

国际政治是与国内政治紧密联系的政治学研究的重要方面。当今世界，和平、发展、合作、共赢成为时代潮流，全球治理体系和国际秩序变革加速推进，世界各国人民命运相连、休戚与共。同时，国际社会面临着日益凸显的传统和非传统安全挑战。因而，国际政治越来越成为政治学研究所突出关注的问题。

一、国际政治的内涵

国际政治是一种错综复杂的政治现象。要全面认识当今时代的国际政治问题，首先要深入了解国际政治的内涵。

（一）国际政治的含义

一般而言，国际政治主要是主权国家之间，也包括国际组织之间和其他政治行为体之间在世界舞台上形成的相互联系、相互作用、相互制约的政治关系的总和。国际政治的含义可从如下三方面来把握和理解。

1. 国际政治行为体

国际政治发生于国际社会和世界舞台上多个行为体之间，其中主要发生于主权国家这一基本行为体之间。国际政治行为体，是国际社会中具有特定利益、有能力参与国际社会活动并具有稳定的组织形态的实体，包括主权国家和国际组织等非国家行为体。

在当代，由于世界的多样性、主权国家数量的增多、国际关系的复杂化，国际社会行为体具有多种多样的具体形态，包括主权国家、国际组织、政党、跨国公司和代表不同组织的个人等。正是这些行为体构成国际社会的基本单元。其中，主权国家因为它的特定资质和能力，成为最重要也是最基本的国际政治行为体。历史和现实表明：国际政治就是发生于上述这些国际社会行为体之间的政治关系，当这种关系发生、发展或变化时，国际社会行为体即转变成国际政治行为体。由于主权国家是国际社会最重要、最基本的行为体，因此，国际政治大多是发生于主权国家之间的政治关系，主权国家自然地构成最重要、最基本的国际政治行为体。

2. 国际政治行为体之间的政治关系

国际政治的本质内容是国际社会行为体间的政治关系，其中主权国家间的政治关系是最基本的政治关系。而其他行为体间的政治关系，或者是由主权国家间的政治关系派生出来的，或者是围绕着主权国家间的政治关系而产生并为其服务的。因此，主权国家间的政治关系在国际政治中处于根本地位并起着影响、牵制和制约其他行为体间的政治关系的作用。

国际政治的具体内容是由各国际政治行为体的利益关系、力量对比关系、相互作用关系构成的。这三种关系依次排序为第一层次、第二层次、第三层次，三个层次之间相互交错，表现出国际政治关系的错综复杂、变幻多端。

（1）国际政治关系中的利益关系。

国际政治关系中的利益关系是全部国际关系的基础，是国际关系发展变化的基本动因，也是国际政治行为追求的目的。这种利益关系具有如下特征：

第一，利益的主体归属性。在国际政治中，现实存在的利益，是以不同国际政治行为体为基本存在单元的。利益类型多种多样，但它总是以归属于特定利益主体的形式存在，即利益总是特定利益主体的利益，亦即在国际政治领域，利益的现实存在表现为归属于不同行为体的利益。这种利益的主体归属性，一般显示出利益主体的特殊性，同时也有几个主体间因基本利益的共同追求或共识而表现出一定范围的共性。

第二，行为体间利益关系的全面联系性。任何利益都是利益主体需求的满足，而任何利益主体都具有多方面的需求，因此，利益主体的多方面利益需求决定了各种行为体所具有的利益需求，在它们的利益关系上，相互之间带有全面联系性。这种利益关系的全面联系性不仅反映在政治上，而且越来越突出地表现在经济、科学技术和思想文化，乃至意识形态上。这种行为体间利益关系的全面联系性，既有矛盾、冲突或对抗性质的联系，也有相互作用、协调合作性质的关系，在更多的情况下，表现为既有冲突又有合作的利益联系。

第三，行为体的利益关系具有共同性和矛盾性。国际政治行为体之间既有共同利益或相关利益，又有利益矛盾。而在行为体的利益关系中，共同利益或相关利益和利益矛盾所占的地位不同，决定了不同利益关系呈现出不同的错综复杂的实际状况、情势和态势。

（2）国际政治关系中的力量对比关系。

国际政治关系中的力量对比关系是制约国际关系发展变化的根本因素。在国际政治中，诸行为体的利益构成了它们从事国际政治活动的基础和驱动力，同时，也是其出发点和归宿。围绕这一点，各个行为体必定会积聚、配置、运用各种力量，作为实现自己利益要求的凭借。诸行为体的力量，是这些主体拥有、掌握、运用、控制多方面、多形态资源的综合实力，其构成一般包括经济力、政治力、军事力、文化力等。在这些力量中，经济力是行为主体力量的基础，是其他力量因素存在和发展的前提和依托。正如恩格斯在分析暴力与经济力的关系时所指出的："暴力的胜利是以武器的生产为基础的，而武器的生产又是以整个生产为基础，因而是以'经济力量'，以'经济状况'，以可供暴力支配的物质手段为基础的。"① 就实际状况而言，行为主体的力量既包括它们所拥有、掌握和可运用、可控制的现实力量，也包括它们可能动员、动用、转化的潜在力量。国际政治诸行为体的力量，在其相互利益关系形成的基础上，构成了相互间的力量对比关系。国际政治活动正是围绕这一力量对比关系而展开的相互影响、相互作用、相互较量的，或互动、或互补、或共同致力于同一认可的目标的活动。

国际政治诸行为体力量中最重要的力量是国家实力。国家实力通常被称为"综合国力"。一般而言，综合国力是一个主权国家的物质力量、制度力量、精神力量的有机总和。物质力量主要由一国的自然环境、自然资源、人口、经济力、科技力、军事力等因素构

① 马克思，恩格斯．马克思恩格斯选集：第3卷［M］．3版．北京：人民出版社，2012：546．

成，是国家“硬实力”的体现。制度力量主要包括一国制度的保障力、动员力、激励力和政府的组织力、决策力、执行力以及政府效率等。一国的精神力量主要是指该国的国家凝聚力、民族意志、教育水平、国民素质、理论创新、战略思维、政策水平等。制度力量和精神力量是国家“软实力”的体现。综合国力对比关系，在国际政治力量对比关系总体中具有举足轻重，甚至决定性的地位和作用。归根到底，国际竞争主要是综合国力的竞争。因为，综合国力的水平决定国际政治关系的实际状况，决定各国外交战略、策略的制定和实施，决定各国的生存和发展、命运与前途。

（3）国际政治行为体间的相互作用关系。

国际政治行为体的相互作用关系，是各行为体利益关系和力量对比关系的现实表现，也与国际政治格局密切关联。国际政治诸行为体的利益关系和力量对比关系是国际政治的深层关系。在现实中，这些深层关系必然体现为诸行为体的活动，形成行为体间的相互作用关系，构成它们追求、维护、实现自己利益和增加自身力量特别是综合国力的现实途径。

在国际政治中，诸行为体的相互作用关系表现为多层次、多方面、多渠道、多种方式、多种行为模式。具体来说，主要表现为国家战略、对外政策、对外活动以及由此而形成的国际政治行为体的活动规则。国家战略确定这些行为体的活动总方向，对外政策是这些行为体处理国际政治问题的基本原则和行为准则，一般可分为战略性政策和常规性政策。对外活动则丰富多彩、风云变幻，主要表现形式有诸行为体间的斗争、冲突、对抗、竞争、联盟等。正是诸行为体的这些对外活动，在世界舞台上演出了一幕幕刷新世界历史的“话剧”，形成国际政治日常的，甚至瞬息万变的现实丰富内容。活动规则是这些行为体在长期相互作用过程中逐步形成并得到共同认可和自觉遵循的基本行为规范，由其规定国际政治行为的范围和限度，具体包括国际关系基本准则、国际法以及若干国际条约等。

3. 国际政治是国际社会政治关系的总和

作为各国和其他国际政治行为体之间形成的普遍政治体系，国际社会政治关系具有如下四个特征：

（1）全球性。国际政治关系是全球性的政治联系，其全球性特征表现在下述三个方面：一是行为体范围的全球性。即在全球范围内，凡是符合国际政治行为体特点的主体均可成为国际社会政治关系体系的行为体。二是行为体资格的普遍性。即任何国际政治行为体，无论其强弱、大小、贫富、历史长短、影响力和能力如何，都是构成国际政治关系体系平等互利、独立自主的有机构成部分。三是国际政治关系的广泛性。即它是所有行为体的全球性政治联系结构，包容了全球所有国际政治行为体之间的相互联系。正因为国际政治关系体系的全球性特征表现在上述相互联系的三个方面，所以国际政治既非一个国家或其他行为主体孤立的对外政策和活动，亦非两个或多个行为主体简单的双边或多边关系，而是所有行为主体参与全球性政治联系的复杂交错结构。

（2）有机性。国际政治关系的全球性，在总体上表现为全部国际行为体全球性的整体政治联系，这种联系是有机的政治联系，它使国际关系形成一定的行为机制和关系机制。

国际政治作为国际社会政治关系的总和，不是诸行为体政治关系的简单相加，而是一种有机构成。这种有机构成表明，诸行为体之间发生着、存在着各个方面错综复杂的利益联系，这种利益联系恰恰是国际政治的机制纽带；同时，也是诸行为体力量在利益驱动机制下相互作用的合力的结果。正如恩格斯在谈到“历史合力”时所说，“历史是这样创造的：最终的结果总是从许多单个的意志的相互冲突中产生出来的，而其中每一个意志，又是由于许多特殊的生活条件，才成为它所成为的那样。这样就有无数互相交错的力量，有无数个力的平行四边形，由此就产生出一个合力，即历史结果，而这个结果又可以看做一个作为整体的、不自觉地和不自主地起着作用的力量的产物”①。

（3）有序性。国际政治行为体之间的政治联系是基于各主体的自身利益和相互利益关系、自身力量和相互力量对比关系，按照特定原则和规则排列组合而成。这种排列组合，构成国际政治的特定秩序，形成诸行为体之间有序的政治联系。这就是国际政治关系体系的有序性。这种有序性是一种国际秩序的常态，而所谓国际社会无政府状况导致的某些无序、动乱、混乱则是局部的和相对的。

国际政治关系体系的这种有序性，表现为诸行为体相互联系的既定状态、在国际政治关系结构中国际地位的既定状态和一定的国际秩序的既定状态。一般而言，国际政治秩序是相对稳定的，但并不是一成不变的。随着诸行为体政治经济状况的变化、国际政治经济格局的变化和国际关系态势的变化，国际政治秩序也不断地变化，其结果必定引起秩序的更替——旧秩序的终结、新秩序的建立。虽然国际关系从旧秩序向新秩序过渡过程中，国际秩序可能会不稳定，但秩序不会因此而消失。

（4）变动性。国际政治关系在一定时期内会表现出阶段性或历时性特征，因而国际政治关系是历史的，不是永恒不变的。国际政治关系具有历史的、全局的或局部的变动性，主要是因为诸行为体的利益和相互关系处于不断的发展变化中。诸行为体的政治经济发展是不平衡的，这是不以人的意志为转移的国际社会发展的客观规律。在各个主体政治经济发展不平衡规律作用下，其主体力量和相互力量对比关系处于不断的消长之中，由此必然发生国际政治关系的不断变动。这种国际政治关系的变动性在整个20世纪国际社会变迁历史中明显可见。当今世界，国际风云变幻莫测，特别是经济全球化进程的加速，全球世界市场的形成，国际组织作用的增强，以及和平、发展、合作、共赢时代潮流的激荡，促使国际政治关系发生频繁的变动。

国际政治与国内政治的关系

（二）国际政治与国内政治的关系

国际政治与国内政治是两个既有联系又有区别的范畴。把握好二者间的关系有助于人们更好地理解国际政治的含义和特征，有助于人们创新国际政治思维，确定正确的国家发展战略、国际战略，正确认识和处理内政和外交事务。

1. 国际政治和国内政治的联系

在人类社会历史上，国际政治是伴随政治国家的产生和发展，以及民族国家间的交往而逐步形成和发展起来的。自从有了国家，就有了国家间的政治关系。国家间的政治关系的扩展，使国际政治和国内政治发生日益密切的联系。这种联系概括地说在于：国内政治

① 马克思，恩格斯．马克思恩格斯选集：第4卷［M］.3版．北京：人民出版社，2012：605.

是国际政治的基础和出发点，国际政治是各国国内政治在世界范围内和国际关系领域的延伸和相互作用。这种联系具体地体现在如下几个方面：

（1）各国在国际政治关系中的主导性利益要求国际政治是国内政治中占主导地位的统治阶级利益要求的对外延伸。

国家是阶级统治的机器，是统治阶级进行阶级统治的工具。一国国内政治在本质上是统治阶级的利益和意志的体现。统治阶级为了维护自己的统治地位、实现自己的利益和要求，不仅需要保持和维护国内政治的稳定，保持和维护国内的利益和要求，而且需要在国际范围内创造有利的环境和条件，谋求一定的国际利益。因此，各国国内政治中占统治地位的阶级利益和意志，必然构成其在国际政治中的主导性利益和意志。这种利益通常表现为国家利益，这种意志通常表现为国家意志。这样，一国的国家利益及国际利益这两个方面的利益之间，事实上存在着本质上的高度统一性。

在现实中，各国在国际政治中的地位、政策、活动、行为，是以其在国际政治中的实际国家力量即综合国力为凭借、为依托的。而综合国力集中反映和体现着一国的国内政治状况。一方面，一国国内政治是其综合国力的有机构成部分，因为国内政治的制度力量、政府能力和效率、政治决策和实施等，都是其综合国力的重要因素，这些因素的状况，直接影响并决定着一国综合国力的强弱、消长；另一方面，一国国内政治的状况又决定着综合国力其他构成因素能否以及在多大程度上得以开发，能否有机地结合为其综合国力。可以说，一国国内的政治状况，对其综合国力的形成、发展、实际状况和运用，进而对于其在国际政治中的地位、作用、影响、决策及实际活动，都具有决定性意义。

（2）各国的对外政策和对外交往活动为其国内政治服务。

一国统治阶级的一切政策和活动，都是为维护和实现自己的统治地位和利益服务的，其对外政策和对外活动也是如此。一国的对外政策和对外活动服务于国内政治的战略目标，即以服务于国内政治需要为目的。具体表现在以下三个方面：

一是对外政策和对外活动服从国内政治需求，必须以国内政治为依据和出发点，遵从国内政治的要求及国内政治的需要，以国内政治战略目标的转移为转移。

二是对外政策和对外活动服务于国内政治，即意味着为国内政治创造有利的外部条件和机遇，适时地、妥善地应对外部的各种挑战，把握好机遇，其政策和活动成果应为国内政治有效地利用。

三是对外政策和对外活动的实际作用和效果，最终要以国内政治为标准、尺度进行检验、测量和评估，确定其功过利弊、是非得失。在当代，这个标准和尺度，最主要的是维护国家主权和国家安全的战略利益。

（3）国际政治和国内政治相互影响、相互作用。

一国在国际政治中的利益、力量、政策和活动，从根本上说，取决于该国统治阶级的利益和意志，取决于该国国内政治状况，取决于该国综合国力的不断增强，包括其综合国力在国际社会的实际竞争力。从这个意义上说，国内政治是国际政治的基础，但是国际政治对国内政治也有影响。因为一国在国际政治中的成败得失，不仅影响该国的国家利益和国家意志的实现及实现的程度，而且影响该国统治阶级的统治地位、统治力量及政策的实施等。在特殊情势下，一国在国际政治中的地位、成败得失甚至会影响国内政治发展的方向、进程，影响国内政治的兴衰荣辱，乃至引发国内政治的根本性变革或逆转。

2. 国际政治和国内政治的区别

国际政治和国内政治既相互联系，又彼此区别。二者的区别主要体现在以下三方面：

(1) 两者的公共权威属性不同。

国内政治存在一个统一集中的公共权威。由于公共权威的存在，国内政治必须并可以按照统治阶级的意志有效地运作。国际政治则与国内政治不同，它不存在像国内政治这样统一集中的公共权威。也就是说，在国际政治中，任何国家、国家集团或其他力量，都不具有使自己的权力权威成为世界范围内普遍、统一、有效的权力权威的能力，都不可能使自己的意志成为世界范围内的最高意志，都不可能完全强制地贯彻实施自己的要求。因此，国际政治不能像国内政治那样，可以完全按照一个统一权力意志运行，而只能在各种利益和力量对比、博弈的基础上形成和发展。

诚然，在国际政治生活中也有全球性国际组织（如国际联盟、联合国），但是，全球性国际组织本身是国际政治的协商机构和多边外交磋商机构，它的主体性质不是全球集中统一的“世界政府”，其决议都是各成员方平等协商、协议的结果，其实施决议的力量和效果取决于成员方对国际社会承担义务和做出贡献的程度，全球性国际组织是远不具备国内政治中公共权威的效力的。此外，在国际政治发展的某些时候、某些范围、某些事务、某些问题上，某些国家或国家集团虽可能实施霸权主义、强权政治，但任何形式的霸权主义、强权政治都是非法的，它必然遭到国际正义力量的反对和抵抗，因而都不可能在国际政治的全部范围内的国际事务上有效地实施。

(2) 两者的利益构成和内容不同。

在国内政治中，利益构成主要是阶级利益、阶层利益和各种社会集团的利益。其中，统治阶级的阶级利益占主导地位，是国内政治中利益的核心内容。同时，统治阶级与被统治阶级的利益冲突与斗争，统治阶级与非统治阶级的利益竞争与合作，也是国内政治的重要内容。而各阶级内部的阶层利益、各种社会集团的集团利益，在国内政治中也有重要影响。

在国际政治中，除了各国统治阶级的阶级利益正式表达为各国的国家利益，事实上还存在着不同民族的民族利益、国家间的共同利益和全人类的共同利益。而一个国家的政治和民族的双重特性，使得一国的国家利益中以统治阶级的阶级利益为主导，同时也包含着该国全民族的利益，而民族利益是全民族生存和发展的基础，包括维护国家主权和领土完整、维护民族尊严和基本生活生产方式以及民族风俗习惯，这些构成了国际政治中特有的利益内容。而非由国际政治行为体原生却在国际关系基础上生成的各国各民族相互间的共同利益和全人类生存发展的共同利益，也是国际政治中特有的利益内容。

(3) 两者的行为体不同。

在国内政治舞台上，活跃着各个阶级、阶层、政府、政党、政治团体、社会团体和公民个人等政治行为体。其中，阶级与特定的生产资料所有制相联系，因而是最稳定的、最具有决定性作用的政治行为体。政府、政党的权威性以及与居民日常生活的直接紧密相关性，政治团体、社会团体的群体代表性，使得它们成为国内政治中最为活跃的政治行为体。21世纪，由于各种经济组织、信息和舆论机构在国民经济和社会发展中以及社会公共生活中的作用日益扩展，经济组织、信息和舆论机构将成为国内政治生活中有重要影响力的政治行为体。

在国际政治这个世界舞台上，尽管也存在着和活动着其他行为体，但是，在国际关系中，即在国际法上的正式国际关系中，最重要、最具有决定意义的基本行为体是主权国家。从这点上说，国际政治主要是国家间的政治，是作为各国主权的正式合法代表的政府间的政治，因而是主权国家活动的领域和场所。因此，国内政治的力量对比主要存在于不同阶级、阶层、政党和政治团体之间，其政治格局是这些力量相互作用的结果；而国际政治力量对比则主要发生和存在于主权国家之间，国际政治的基本格局和格局变动主要是主权国家集团的力量的消长、调整、相互作用，以及国际关系的调整，特别是大国关系的调整促成的。

二、国际政治行为体

在世界舞台上，活跃着多个国际政治行为体，除了主权国家这个基本行为体，还有作用日益扩大的国际组织、各国政党和国际性政党、跨国公司以及具有政治权威或较大的政治影响力的个人。

（一）主权国家

1. 主权国家的含义及构成要素

主权国家是政治国家和民族国家的统合体，是国际政治中最重要、最具有决定意义的基本行为体，是构成当代国际社会的最基本实体。作为国际政治基本行为体的主权国家，由四个要素构成，即固定的领土、定居的居民、统一政权和国家主权。

（1）固定的领土。

国家固定的领土包括领土、领海和领空。领土是国家存在的物质基础，是国家的自然载体，是一国居民生存和发展的依托，是社会生产、生活得以进行的基础物质与生活条件，是国家安全的重要凭借，也是国家力量的基础构成要素。

（2）定居的居民。

按照地域划分居民，是国家区别于原始氏族组织的一个重要标志。居民是国家组织的基本构成要素，也是国家范围内社会构成的细胞。一定数量的居民，是国家存在和组成的必要条件，也是一个国家国力构成的基本因素。然而，一定数量的居民必须是定居于国家范围的行政区划内的居民，即定居的居民才是主权国家的构成要素。

（3）统一政权。

政权是国家权力的载体，是公共权力，即国家权力的组织与制度的体现。在社会政治生活中，政权是国家权力的承载者和运行者，通常结构为一定的组织形式的国家机构、国家机关。它是国家范围内的社会秩序和组织及制度的组织者、维护者，也是国家对内对外的具体代表和象征，是国家区别于一切社会组织的根本特征。因此，统一的政权组织，是国家正常、有序存在和运行的前提。

（4）国家主权。

国家主权是一个国家具有的独立自主地处理自己的对内对外事务的最高权力，是国家的根本属性，亦即国家主权是对内的最高权力和对外的独立权力。对内的最高权力是国家对所辖范围内的一切事务的政治统治权，对外的独立权力是国家自行决定和处理一切内外事务的权力，它是由国家对内的最高权力决定的。在国际社会，一个国家的主权主要体现为国家的独立权、平等权、自卫权和管辖权。

在主权国家必备的四个基本要素中，国家主权是主权国家最重要的构成要素，它对于处在国际政治生活中的国家具有重要意义。

2. 主权国家的特质

主权国家在国际政治中的地位，是由主权国家的特质及主权国家在国际政治中的作用所决定的。

（1）主权国家能够控制和最大限度地调动、配置、运用一切资源，形成国际社会强大的行为主体、实体。恩格斯指出，国家是“从社会中产生但又自居于社会之上并且日益同社会相异化的力量”①。作为政治国家的这一国家力量对国家范围内的资源具有广泛的有效的动员力和控制力。在国际政治生活中，主权国家为谋求、维护、实现自己生存与发展的利益，可以最大限度地运用其公共权力管辖范围内的经济的、政治的、文化的和军事的资源及现实与潜在的力量，形成广大深厚的国际政治行为能力。这种能力，是其他国际政治行为体无法比拟的，也是无法企及的。

（2）主权国家是人类生活诸共同体的唯一合法总代表。在当代，人类或者已经生活在现代社会，或者正在走向现代化。人类生活的共同体，主要是以存在于一定地域（版图）范围内的国家为单位构成的，就是说，全世界几十亿人口分布在不同国度里生存和发展。因此，在国际政治中，人类生活诸共同体主要是以国家面目出现的。“国家是文明社会的概括”②，是特定的国度社会整体的唯一正式代表，因而主权国家自然成为国际政治的基本的、主要的行为体。

（3）主权国家间政治关系决定着国际政治的现实状况和发展趋向。主权国家拥有的巨大力量和具有的特定身份，决定了其在国际政治中担负着举足轻重的角色，享受国际法规定（约定）的权利，承担一定的国际义务和起着调整国际关系的重要作用。因此，国家间政治关系，不仅是国际政治中最重要的内容，而且直接决定着国际政治的现实状况、发展进程和总体路向乃至历史趋势。

（二）国际组织

1. 国际组织的含义

国际组织是一种跨越国界的机构，是国际政治中重要的非国家行为体。国际组织有各种各样的类型，具有不同的宗旨和组织形式，大体上包括国家间的国际组织和非国家间的国际组织。国家（或政府）间的国际组织是指由若干主权国家依据共同签订的条约或协议，为达到一定的共同目标而建立的常设国际机构。现代国际法确认国家间的国际组织具有国际法主体资格。非国家间的国际组织，是由个人、社会团体或政党所建立的国际组织。非国家间的国际组织不具有国际法主体资格。但是，非国家间的国际组织由于它们在

① 马克思，恩格斯．马克思恩格斯选集：第 4 卷［M］.3 版．北京：人民出版社，2012：187.

② 同①193.

国际政治中也有着广泛影响，发挥着重要的作用，虽不具备国际法主体资格，但并不因此而妨碍它们成为事实上的国际政治行为体，更不能无视它们在国际政治生活中所起的或积极或消极的作用。

2. 国际组织的生成与发展

国家产生以后，世界各国的关系很长时间处于一种相对隔离的状态，因而不可能也不需要建立国际组织。国际组织是国际关系发展到一定的历史阶段的产物。17 世纪中叶以前，由于现代意义的全球国际关系尚未形成，国家间关系的处理还不需要常设国际组织来承担重要角色，因而不可能产生国际组织。及至资本主义世界政治经济体系形成时，国家之间的交往才逐渐扩展进而频繁起来，各国建立国际性常设机构协调相互关系的要求也日益迫切，国际组织应运而生。

国际组织发轫于国际会议，至 19 世纪 60 年代才正式成形。1648 年的威斯特伐利亚会议，结束了欧洲三十年战争，开启了以国际会议方式协调国家关系、解决国际问题的先河。随着科学技术的发展和国际交往的增多，国际事务日渐增加，为处理这些国际事务，在国际会议基础上产生了专门领域的常设国际机构，如国际电信联盟（1865）、万国邮政联盟（1875）等。这样，现代意义上的国际组织便宣告问世。第一次世界大战后建立的国际联盟（1919）和第二次世界大战后建立的联合国（1945），产生了全球性国际组织，此后专门性国际组织也如雨后春笋般地增多起来。

3. 国际组织的类型

在国际社会中，国际组织可谓五花八门、千姿百态，为了区分不同的国际组织，从现存的国际组织的实际状况出发，可以按照不同的标准，把国际组织相应地划分为几种不同的类型。

（1）按照基本性质、活动目标和范围，国际组织可划分为一般政治性国际组织和专门性国际组织。

一般政治性国际组织以处理政治事务为主，同时也广泛涉及经济、社会、文化、军事等事务，拥有广泛的权限和职能，其典型代表为第一次世界大战后的国际联盟、第二次世界大战后的联合国。

专门性国际组织以特定业务范围的共同事务处理为其基本职能，拥有专门的权限。专门性国际组织的共同特征是各自具有专业事务领域，其中，有的具有政治性，如国际特赦组织；大多则是非政治性的，如世界气象组织、世界海事组织等。

（2）按照成员构成和处理事务的地域范围，国际组织可划分为全球性国际组织和区域性国际组织。

全球性国际组织是由世界范围内所有国家或大多数国家以及其他成员组成的国际组织，它处理世界范围内的相关国际事务，并具有相应的职能和权限。联合国就是由主权国家组成的全球性国际组织。

区域性国际组织，其成员、处理的事务、目标、权限都具有区域性的特点，如欧洲联盟、东南亚国家联盟、非洲联盟等。

（3）按照活动的内容和领域，国际组织可划分为不同领域的国际组织。

不同领域的国际组织主要有：政治性国际组织，如联合国；经济性国际组织，如石油输出国组织、世界贸易组织；军事性国际组织，如北大西洋公约组织；文化科技卫生体育性国际组织，如世界卫生组织、国际通信组织等。

（三）其他国际政治行为体

在国际社会中，其他国际政治行为体主要是指活动于国际政治舞台上的政党、跨国公司及个人。这些行为体一般不是国际法的主体，因而不承担国际法意义上的权利和义务，但这些行为体在国际政治中显示出的力量、产生的影响和所起的“特殊”作用，决定了它们是应该和可以构成国际政治行为体的。

1. 政党

在一国范围内，不论是执政党还是非执政党，都是国内政治的基本力量和行为主体。不仅如此，由于各国都普遍实行对外开放，世界向各国敞开胸怀，政党在当今世界上日益成为国际政治活动中的重要力量。政党或政党联盟可以是国际政治的特定主体，政党关系则成为国际政治关系的重要内容。政党在国际政治舞台上进行特定形式的活动，以谋求、维护和实现其所代表的阶级或阶层的利益。

作为国际政治行为体的政党，大体可分为两类：一类是国内政治中的执政党，这类政党通常把国家对外政策目标同本党对外政策目标联系在一起，并围绕国家的整体内外战略、政策开展自己的国际政治活动。这类政党由于其处于执政地位，直接地或间接地掌握国家权力，所以其从事国际政治活动的能力很强，从而在国际政治生活中具有相当大的影响力。另一类是国内政治中的非执政党，这类政党通常把从事国际政治活动作为提高自己在国内政治中的影响力的重要方式。

2. 跨国公司

跨国公司，是指在两个或两个以上国家同时进行经营活动的公司，它包括母公司及其在国外设立的分公司。跨国公司是世界舞台上集投资、贸易、金融、服务等经济功能于一身的特殊组织。跨国公司在国际政治中具有广泛的政治影响力，常以自己巨大的经济实力，左右国际政治事务的处理，制约主权国家的权力和能力，并影响其他国际组织，甚至充当特定的政治工具，影响乃至左右一些国家的内政，影响着母国与东道国的对外决策与相互关系，从而对国际政治的发展起到制约作用。

3. 个人

在国际政治中，一些对于国际政治能够产生影响的个人也可以成为行为体。一般来说，这些个人主要是指那些具有广泛影响的、在任的、有权威的或卸任的，但仍有一定权威性的高层次的政治家。这样的政治家之所以会对国际政治产生广泛影响，一是因为他们的资格资历条件，他们或曾以或现在正以主权国家代表身份出现在国际政治舞台上；二是因为他们个人的主观素质条件，如具有对国际政治关系深刻的洞察力、分析力，具有处理国际事务和驾驭国际政治进程的影响力，具有特定政治方面的理论和政策主张、高超的政治智慧和能力等。在当代世界，作为国际政治行为体之一的政治家，在国际政治生活中日益发挥着独特的、无可替代的重大作用。

另一类个人，如金融家、经济学家、社会学家、著名科学家和各学科知名学者、国际社会活动家、知名文化和艺术人士、宗教人士，有时在某些场合也可以充当国际政治行为体的角色，发挥一定的作用。

在国际政治中，政党、跨国公司和个人这些国际政治行为体可以起到主权国家、国际组织起不到或无法起到的作用。譬如，这些行为体可以提供和创造非政府性、非国际组织性的对话和信息的机会、渠道，使国际交流与沟通有更大的广泛性、普遍性；它们可以在相当广泛的范围内解决国家和国际组织不能够、不适宜、不应涉及或解决的国际性事务，从而满足国内、国际社会的需要；此外可以由它们来表达国际社会中各方面的意愿和意志，以间接地影响国家和国际组织的决策，从而间接地影响国际政治。当然，这些行为体与主权国家和国际组织相比，其在国际政治中的地位和作用还是有一定限度的。因为它们既不具备国际法主体资格，也不具备国际法约束的行为能力，因而其“国际政治影响力”是有限的。

三、国际政治基本准则与国际法

在世界现代历史进程中，伴随着现代国际关系的发展，形成了现代国际政治的基本准则和国际法。国际政治准则和国际法对维护世界和平与稳定、促进国际交往与合作具有重要的意义。

（一）国际政治基本准则

国际政治基本准则或称国际关系基本准则，它是一切国际政治行为体在国际政治活动中都应该普遍遵循的行为规范，体现为国际政治活动的一切成文的和不成文的原则、规则、规章。

国际政治基本准则是近代国际政治历史发展的产物。此后的不同历史时期，国际政治基本准则在内容、作用范围、作用效力等方面都有某些发展变化，但它的基本特点始终未变。第二次世界大战后，随着国际政治基本力量及其相互关系的不断发展变化，国际政治的基本内容也发生了很大的变化。在这样的国际社会历史条件下，国际政治基本准则也充实了新的内容。20 世纪 50 年代，由中国首先提出，并和印度、缅甸共同倡导的“互相尊重领土主权（后改为互相尊重主权和领土完整）、互不侵犯、互不干涉内政、平等互惠（后改为平等互利）、和平共处”五项原则，符合《联合国宪章》宗旨和原则，成为国际公认的国际政治基本原则的重要组成部分。根据《联合国宪章》、联合国大会通过的《国际原则宣言》《各国经济权利和义务宪章》等国际文件和各国在对外交往中达成的普遍共识，当代国际政治基本准则的主要内容如下：

1. 各国主权平等原则

各国主权平等原则是对国际政治的基础性和前提性规定。这一原则确认各国主权的完整独立、完全平等和相互尊重主权。确认各国主权的完整独立，即确认各国都有完整独立的主权，具体而言，即确认各国的政治独立、经济自主和领土完整。政治独立即各国可以按照自己的意志独立地选择社会制度、政治制度、政府形式，制定和实施法律和政策，进行对外活动。经济自主即自主决定经济政策，开发经济资源，发展经济，不受别国经济控制，排斥别国或他人的经济特权。领土完整即一国领土不容分割，对其领土拥有完整的管辖权，包括对其领土范围内的事务和人拥有完整的管辖权。

确认各国主权之间的完全平等，即一切国家不分种族，不论大小、强弱、富贫、历史长短，在国际政治生活中，主权一律平等，包括国际人格平等、承担的国际权利和义务平等。确认各国应相互尊重主权，即在国际政治中和在各国交往中，必须互相尊重对方的主权，不得采取任何贬低、歧视、排斥别国主权的态度和行为。各国相互尊重主权，也是主权一律平等原则的要求。

2. 以和平方式解决国际争端原则

这一原则是对解决国际政治矛盾、纠纷和争执的方式的主张。在国际政治生活中，由于各个行为体的利益、文化背景、认识水平的差异，不同行为体在处理相互关系和国际事务过程中产生矛盾、发生纠纷是不可避免的。以和平方式解决国际争端原则，要求在国际政治中发生矛盾、纠纷和争执的各行为体，只能以和平方式作为解决问题的行为方式选择，反对诉诸战争、使用武力或武力威胁手段。这一原则还要求，国际政治诸行为体之间的各种矛盾、纠纷和争执，无论其起因、性质、程度、规模、范围如何，都应以和平方式加以解决，一切使用武力或武力威胁的解决方式都是不正当的。

3. 互不干涉内政原则

互不干涉内政原则是对国际政治行为体相互关系中行为范围的限定。这一原则表明，国际政治诸行为体的内政与对外关系有明确的界限。内政即在本质上属于国家内部管辖的事务，主要包括确定社会制度和政治制度、制定和实施法律和政策、制定经济发展和社会发展战略、处理国内各方面的事务等。对上述这一切，主权国家拥有最高决定权和处置权，因此它们是一国权力的专属领域，不属于国际政治和国家关系范围。这一原则同时表明，任何国家、国家集团和国际组织，都不得以任何借口和理由，以任何方式干涉一个国家的内政。对此，邓小平指出，“中国永远不会接受别人干涉内政……国际关系新秩序的最主要的原则，应该是不干涉别国的内政，不干涉别国的社会制度。”①

4. 互不侵犯原则

互不侵犯原则是对国际政治行为体行为方式的限定，是与以和平方式解决国际争端原则相对应的。这个原则限定各个国家在国际交往中，不得以任何借口和理由，发动侵略战争，不得使用武力或武力威胁手段以及其他方式侵犯其他国家。1974 年 12 月 14 日，第 29 届联合国大会通过的《关于侵略定义的决议》指出，侵略是一国使用武力或者以违反联合国宪章的任何其他方式去反对另一国的主权、领土完整或政治独立的行为。侵略行为既包括直接武力侵犯和武力威胁，也包括对别国进行颠覆、渗透和战争宣传。

5. 和平共处原则

和平共处原则是对正常状态下国家之间关系的倡导，是指导现代国际关系的基本准则。根据这一原则，不同国家无论在社会制度、政治制度、意识形态、历史文化传统、民族和种族、国家利益等方面是否相同，在国际交往中，都应该在尊重国际法和其他国际政治准则的基础上，互相尊重，发展友好关系，和睦相处，进行广泛合作。反对一切非和

① 邓小平．邓小平文选：第 3 卷［M］．北京：人民出版社，1993：359.

平、非合作方式，不赞成以社会制度、政治制度、意识形态、文化历史、民族等因素作为选择处理国家之间关系方式的依据。

在当今世界上，和平共处五项原则越来越获得大多数主权国家的广泛共识和遵循，显示出其强大的生命力。正如邓小平指出："处理国与国之间的关系，和平共处五项原则是最好的方式。其他方式，如'大家庭'方式，'集团政治'方式，'势力范围'方式，都会带来矛盾，激化国际局势。总结国际关系的实践，最具有强大生命力的就是和平共处五项原则。"①

（二）国际法

国际法又称国际公法，是调整国家等国际法主体之间的关系，具有约束力的行为和活动原则、规则和规章制度的总和，用以规定国家等国际法主体的国际活动和行为。

1. 国际法的构成

在现代国际关系和国际活动中，国家和其他国际法主体的国际活动涉及领域广泛、内容丰富，在此实践基础上形成的国际法构成内容也日渐丰富复杂，其具体的法律、法规日益多样化。但是，从通常的、普遍的意义而言，国际法的基本构成仍然可以概括为平时法、战争法和中立法。

（1）平时法。

平时法是对正常状态下国家以及其他国际法主体的主权、管辖权、外交规则和外交惯例、谈判与条约的规则等的规定。平时法一般适用于和平状态下的国家等国际法主体之间的关系，而在战争状态下，平时法仅适用于中立国。由于平时法是对国家等国际法主体之间关系的一般性规定，因此，它在国际法体系中具有基础性的地位。

（2）战争法。

战争法是规定交战国之间作战的原则、制度和规则的总称。它是对战争状态下交战国之间的关系的基本规定，其基本内容包括战争状态下交战国之间调整相互敌对行为的规则，以及调整交战国同非交战国与中立国之间关系的规则。这些规则主要规定战争状态下国家可作为、不可作为的边界，以及国家选择其作为方式的原则和规则。国际法中的战争法规则一般分为陆战法规、海战法规和空战法规。

（3）中立法。

国际法上的中立是指一国在国际战争时处于战争之外，不许任何一方利用其领土作战的事实状态；或在平时奉行不参加军事联盟、不承担任何足以使自己卷入战争的义务的政策。中立法就是规定战争状态下中立国的形成规则，中立国应承担的义务和实际享有的权利等的国际法规。中立法适用于特定国际战争状态下的中立国，也适用于永久中立国。

2. 国际法的作用

国际法是协调国际政治行为体之间交往关系的法律依据，对维护世界和平具有重要作用，这些作用可概括为以下四个方面：

---

① 邓小平．邓小平文选：第3卷［M］．北京：人民出版社，1993：96.

（1）国际法是保障国际关系有序存在和发展的法律条件。

在正常情况和状态下，国际关系包括国际政治关系的有序存在和发展，是国际政治活动和国际交往得以正常、顺利进行和发展的必要的基本条件。国际法不仅可以为这种有序性提供共同遵循的基本行为规范和准则，而且可以以其特定的约束力，为这种有序性创造特定的保障性条件。

（2）国际法是确定国家等国际法主体的政治权利和义务的法定依据。

国际法就其内容而言，规定了国家在国际政治活动和其他国际活动中应承担的义务和应享有的权利，这就使国家在履行国际义务和享有国际权利上具有了稳定、确定和明确的依据，从而方便了国际政治行为责任的划分和对实际行为的相互监督；明确了国家在国际政治活动中合法作为与不合法作为的界限，并有了判定其实际行为的法律依据。

（3）国际法为裁定和政治解决国际冲突和纠纷提供法律标准和原则基础。

在国际政治中，国家之间的矛盾是客观存在的，因而发生国际冲突、纠纷、争执是不可避免的。国际法为判定这些矛盾、冲突、纠纷、争执的性质、是非、责任提供解决方式的参照系。在诸种解决方式中，政治解决方式是一种重要解决方式，在政治解决矛盾、冲突、纠纷、争执过程中，国际法是国家间进行谈判、协商以及提交第三方进行仲裁的原则基础和在此基础上妥善解决问题的最佳途径。

（4）国际法为非常状态下的国际政治关系提供基本行为准则。

国际法规定了国家间处于战争状态时的基本行为规则和原则，从而确定了国家之间在对抗和战争条件下应该遵循的国际政治行为的合法范围、方式和规则，在一定程度上可以抑制战争和对抗的恶性发展。同时，国际法也规定了交战国与非交战国以及中立国之间关系的原则，从而不仅确定了非常状态下不同国家交往的基本规则，限制其行为范围，而且在实际上一定程度地限制了国家之间的非常状态、战争态势在涉及范围上的蔓延及规模上的扩大。

四、国际政治格局

在世界历史进程中，随着世界主要矛盾和国际政治基本力量对比变化，国际政治格局经历了一个曲折发展的过程。当前世界正在经历着历史性的深刻变革，国际政治格局空前错综复杂。以习近平同志为核心的党中央在洞察国际形势和世界格局演变大趋势的基础上，提出了构建“人类命运共同体”的重要理念和重大倡议。这一理念和倡议得到越来越多国家和人民的欢迎和认同，并被写进了联合国重要文件，为国际政治格局变革和新型国际关系构建指明了方向。

（一）国际政治格局的内涵

格局是指事物内在的结构、式样和规模。国际关系格局是指一定时期内国际社会舞台上各种力量，特别是对世界事务具有重大影响力的大国或国家集团相互联系和相互作用形成的经济政治关系结构或式样、规模。国际政治格局是国际关系格局的重要方面。国际政治格局是指一定时期内在世界主要矛盾的主导作用下，在世界范围内形成的基本政治力量对比状况和总体态势，通常表现为一定的国际政治结构或体系。按照这个界定，国际政治格局的基本含义可以从下述三个方面说明。

1. 一定时期内的世界主要矛盾是国际政治格局形成和发展的基础与根本动力

在国际政治生活中，由于各个行为体在历史、经济与社会发展水平、社会制度与政治制度、民族种族、地理、文化等诸方面存在差异，以及由于各行为体对于国际政治事务的认识和期望存在差异，因此，当这些行为主体围绕特定的国际政治、经济、文化等方面的问题形成相互关系时，就使各行为体自身的差异性转换为相互利益关系中的差异性，因而造成各行为体利益关系中的矛盾性。由此，在世界范围内，国际政治诸行为体之间的关系，形成了错综复杂的国际政治关系的体系或体制，各行为体之间利益关系的矛盾性也由此呈现出多层次、多方面、多种内容的纵横交错的网络化、立体化的矛盾关系。这种矛盾关系在国际政治发展的不同时期，必然有一种矛盾关系占据主导地位，支配、影响、制约其他非主导矛盾关系的发展，这个矛盾关系即为特定时期的世界主要矛盾关系。围绕这个主要矛盾，组成国际政治行为体或行为体集合体相互间的矛盾关系，这种主要矛盾和主要矛盾关系，就构成国际政治格局形成的基础。围绕主要矛盾和主要矛盾关系形成的国际政治主要内容，则构成国际政治在不同时期的主题。而当主要矛盾和主要矛盾关系发生转折性变化时，国际政治格局就由旧格局逐渐演变为新格局。世界主要矛盾和主要矛盾关系的变动，是国际政治格局演变的根本动力。

2. 国际政治格局的形成是以在世界范围内存在和活动的基本政治力量为主干的

在国际政治生活中，各个行为体都是以谋求、实现和维护自己的利益而积聚的力量主体，因而国际政治中的利益矛盾，在现实中即表现为国际政治诸力量主体之间的矛盾。在特定时期内，支配、影响和制约国际关系其他矛盾发展的主要矛盾则体现为国际政治基本政治力量之间的矛盾，正是这些基本政治力量构成国际政治格局的主干。构成国际政治格局主干的基本政治力量，具有以下四个特点：第一，它们在全球范围内的国际政治活动中具有强大的主导力和广泛的影响力，是世界范围意义上的国际政治基本力量。而那些只有区域性主导力和影响力的政治力量，则不能成为国际政治格局主干的基本力量。第二，它们是特定时期世界主要矛盾关系的承担者。在国际政治发展的特定时期或阶段，世界主要矛盾就是这些基本政治力量之间的利益矛盾。那些承担着世界非主要矛盾关系的政治力量不是国际政治格局主干的基本政治力量。第三，它们既可以是由国际政治主体构成的，也可以是由国际政治行为体的集合体（联盟、同盟）构成的。因此，国际政治基本政治力量不能简单地等同于国家力量，但在国际政治基本力量中，主导力量终归是国家或国家集团，其他国际政治行为体是以国家或国家集团为主轴集合成国际政治格局主干基本力量的。第四，国际政治力量是以经济力量为基础的，但是与综合国力相类似，它也是由多种力量综合构成的，经济力量仅是其构成的基础性因素。

3. 国际政治格局是国际政治基本力量的结合式样和结构状态

国际政治基本力量的结合和构成，是包括全部国际政治基本力量的有机整体的总体结合和构成，是相互联系的总和。全部国际政治基本力量是按一定方式排列组合构成的，这种按一定方式的排列组合和构成，是相互联系的对立统一，如对抗与非对抗、支配服从与协商、合作联盟与非合作联盟等。实际上，其构成状态，是在现实上的总体形状与态势，不是仅指单个国家或单一国际政治基本力量的具体形态。而其结合阵式和构成状态的动因在于国际政治诸行为体之间的利益关系的内容、状况和程度，并不是主体任意造成的。

大国和大国集团在一定国际格局的形成、发展和演变中，具有举足轻重的作用，这是由世界经济政治发展不平衡规律决定的，而不完全取决于一两个大国或某一国家集团的主观意志。

（二）国际政治格局的形成、发展和演变

1. 国际政治格局的形成与发展

世界性国际政治格局是在现代国际政治关系形成与发展的基础上形成和发展起来的。15世纪前后，资本主义生产方式逐步地在欧洲取得了社会经济主导地位。在资本积累增殖的冲动和科学技术与生产力发展的双重驱动作用下，资本开始大张旗鼓地对外扩张。17至19世纪大约300年间，随着西方工业革命的完成，资本主义生产迅速在全球扩展，至19世纪中叶，统一的世界市场形成。世界市场的开拓，使一切国家的生产和消费都成为世界性的。在这一基础上，初步形成全球范围的国际政治格局，及至19世纪末，资本主义从自由资本主义阶段向垄断资本主义发展，在对外关系上，资本主义国家奉行帝国主义政策，疯狂瓜分世界，划分势力范围，确立了帝国主义在全球的统治地位，形成了帝国主义统治和掠夺世界的国际政治格局。这一时期世界的主要矛盾是西方资本帝国主义国家对殖民地半殖民地人民的掠夺、剥削和压迫，与殖民地半殖民地人民反掠夺、反剥削、反压迫斗争之间的矛盾。国际政治中基本政治力量是帝国主义力量与殖民地半殖民地反抗和斗争的力量。

20世纪初，垄断资本主义进一步发展，帝国主义政治经济发展不平衡规律促使帝国主义国家间的矛盾加深、加剧，在这一基础上，帝国主义国家分化为同盟国、协约国两大集团，国际政治格局在原有内容之外又增加了帝国主义国家集团之间对抗、争斗的新内容。这种对抗、争斗，最终引发了第一次世界大战。第一次世界大战削弱了帝国主义国家力量，加剧了帝国主义国家与殖民地半殖民地国家之间的矛盾。同时，俄国无产阶级突破了帝国主义世界体系的薄弱环节，取得了十月革命的胜利，建立了世界上第一个社会主义国家，成为重要的国际政治力量。这样，第一次世界大战后，国际政治格局便发生了重大变化。社会主义国家力量、殖民地半殖民地国家民族解放力量、帝国主义国家力量，构成了国际政治格局的基本力量。社会主义国家和殖民地半殖民地国家为一方与帝国主义国家为另一方的对立和斗争，是国际政治的主要矛盾。战争与革命成为时代的主题。至20世纪30年代，发生了世界性经济危机，危机使德国、意大利、日本等帝国主义国家走上了法西斯主义道路，从而引发了第二次世界大战，战后的国际政治格局发生了新的变化。

2. 第二次世界大战后的国际政治格局的演变

第二次世界大战后直至苏联解体和东欧剧变，国际政治格局迭经演变，呈现出不同发展阶段，显示出新的特点。第二次世界大战严重削弱了资本主义世界的力量，尤其严重削弱了欧洲资本主义的力量。英、法虽然取得了战争的胜利，是战胜国，但其国民经济遭到了沉重打击，国力大减，其殖民地纷纷独立，因此丧失了战前在世界资本主义体系中的主导地位。德国、意大利、日本是战败国，国民经济走到了崩溃边缘，由此丧失了国际政治中的政治大国资格。

第二次世界大战促成社会主义阵营的形成与发展。战后，在反法西斯战争胜利的基础上，欧洲的南斯拉夫、罗马尼亚、波兰、捷克斯洛伐克、民主德国、匈牙利、保加利亚、阿尔巴尼亚等国相继建立了社会主义国家，亚洲的朝鲜、越南、中国也先后成为社会主义国家，这些国家与苏联连成一体，形成社会主义阵营，成为国际政治中的强大力量。

第二次世界大战后，美国和苏联成为国际政治中的超级大国。第二次世界大战期间，美国本土没有成为战场，而战争却给其带来军事工业的急剧发展并带动了国民经济的迅速增长，使其国家实力骤增。同时，它还具有了先进的科技力量、军事力量，控制着核武器。由此美国成为资本主义世界的霸主，其影响力广及世界。苏联在战争中虽然损失巨大，但其军事力量得到迅速发展，战后国民经济迅速恢复，工业、科技又均处于世界领先地位，兼有社会主义阵营代表（为首）和联合国安理会常任理事国地位，也成为与美国抗衡的世界超级大国。

战后国际政治基本力量是社会主义国家力量和资本主义国家力量。美国为首的资本主义阵营和苏联为首的社会主义阵营之间的矛盾成为 20 世纪 80 年代中期以前世界的主要矛盾。以非战争性对抗和对立为核心内容的“冷战”是两大国际政治基本力量的基本联系结构、样式。正是在此基础上，形成了两大阵营对峙的国际政治格局。

第二次世界大战之后，亚非拉地区兴起国家独立、民族解放的浪潮，迅速冲破了世界殖民主义体系，出现了一大批新兴民族独立国家。它们与发展中的社会主义国家在维护国家主权、独立，发展国家经济，反对殖民主义、帝国主义、霸权主义和不合理的国际政治经济秩序等方面，具有广泛的共识和共同利益，因而形成了国际政治中联合和协作的力量，与美苏构成的第一世界相对，也与其他发达国家构成的第二世界相对，组成了第三世界。万隆会议（1955）标志着第三世界的形成，此后，它作为国际政治的重要力量得到不断发展，广大发展中国家发展经济、主张和平的要求逐步成为国际政治的主要内容。

与此同时，两大阵营各自的内部矛盾也日益显露出来。在资本主义阵营内部，西欧各国、日本在战后恢复和发展了国民经济，各国综合国力大为增强，从而形成了独立的经济中心。随着国力和独立性的增强，西欧各国、日本在国际政治中的独立意识也有不同程度的增强。这样，就形成了西欧、日本同美国之间既有合作又有矛盾的政治经济关系，西欧、日本获得了在国际政治中对于美国的相对独立性。在社会主义阵营内部，由于苏联领导集团推行大国主义、大党主义和霸权主义，导致社会主义阵营内部矛盾加剧。东欧国家与苏联日渐离心离德。20 世纪 60 年代初，中苏进行大论战，使中苏关系破裂，社会主义阵营解体。苏联同东欧各国形式上保持着“大家庭”局面，实际上日趋貌合神离。

第三世界崛起和两大阵营各自内部矛盾的激化，使世界主要矛盾发生变化。原来两大阵营的矛盾演化为美苏争霸世界的矛盾，这个矛盾被称为东西关系矛盾；第三世界即发展中国家同发达国家的矛盾日益突出，这个矛盾被称为南北关系矛盾。这样，东西矛盾和南北矛盾便逐步取代两大阵营的矛盾成为世界主要矛盾。由美苏依靠超强政治经济军事实力争夺世界霸权的对抗性，决定了东西矛盾的本质是战争问题。由于发达国家同发展中国家的矛盾是限制与反限制、剥削与反剥削的矛盾，南北矛盾在本质上是发展问题。

20 世纪 80 年代末 90 年代初，在种种复杂的内外因素的作用下，东欧剧变、苏联解体，“冷战”宣告结束，美苏争霸主宰世界的两极格局终结，世界正向着多极化方向发展。世界格局多极化趋势在全球或地区范围内，在政治、经济、文化、社会各个领域中日益深化。在世界多极化历史趋势下，并行出现了各种力量的重新分化组合。大国间关系正经历重大而深刻的调整，各国区域性、洲际性的合作组织十分活跃，广大发展中国家的总体实力日渐增强，整个国家间关系、国际关系在新世纪正显示出一些新旧格局转变过程中的新的特点。在经济、政治、科技、宗教、民族等多方面因素的作用和各种因素的相互利用与综合作用下，世界的力量组合、利益分配、资源配置日益显示出新的变化。“冷战”结束后，世界和平力量在增强，共同发展趋势持续走高，国际合作日益加强。虽然新的多极国际政治格局的发展趋势是不可逆转的，但多极国际政治格局的构成尚须假以时日和条件，需要依靠世界各国人民的努力来促成。

第二节 时代主题及其特征

时代主题是指人类社会在一定历史阶段内带有全球性、战略性、关乎全局的核心问题。对时代主题的判断和分析，是一国制定内外政策的重要依据，是正确把握国际政治发展趋势的基础。两次世界大战的深刻教训使各国人民认识到维护世界和平的重要性。当今世界，随着科技进步以及大规模杀伤性武器的出现，战争的方式已经越来越难以达到战争的目的，唯有在平等协商中谋求和平共处之道才是解决问题的最佳办法。

和平与发展的时代主题

一、和平与发展的时代主题

（一）和平与发展时代主题的提出

第二次世界大战之后，争取和平、反对战争是世界各国人民的共同愿望，在全世界人民的反战呼声下，许多维护世界和平的组织、机构纷纷建立起来。20 世纪 80 年代中期，邓小平在冷静观察和客观分析国际关系各种矛盾及相互关系的基础上，鲜明地提出了和平与发展是当今世界两大战略性问题的科学论断。正如邓小平所说：“现在世界上真正大的问题，带全球性的战略问题，一个是和平问题，一个是经济问题或者说发展问题。和平问题是东西问题，发展问题是南北问题。概括起来，就是东西南北四个字。南北问题是核心问题。”① 党的十三大将邓小平关于和平与发展的思想概括为“和平与发展是当代世界的主题”②，党的十四大正式把和平与发展问题提高到“时代主题”③ 的高度加以认识。

维护世界和平和促进共同发展是我国外交政策的宗旨，中国始终坚持独立自主的和平外交政策，对和平与发展时代主题的认识也在实践中不断完善和深化。20 世纪 90 年代，江泽民针对世界形势的新变化，指出：“和平与发展仍是当今时代的主题。维护和平，促进发展，事关各国人民的福祉，是各国人民的共同愿望，也是不可阻挡的历史潮流。”④ 21 世纪初，胡锦涛指出：“要和平不要战争，要发展不要贫穷，要合作不要对抗，推动建设持久和平、共同繁荣的和谐世界，是各国人民共同愿望”⑤，“推动建设和谐世界，是我

① 邓小平．邓小平文选：第 3 卷［M］．北京：人民出版社，1993：105.

② 中共中央文献研究室．十三大以来重要文献选编（上）［M］．北京：人民出版社，1991：57.

③ 江泽民．江泽民文选：第 1 卷［M］．北京：人民出版社，2006：221.

④ 江泽民．江泽民文选：第 3 卷［M］．北京：人民出版社，2006：566.

⑤ 胡锦涛．坚定不移沿着中国特色社会主义道路前进 为全面建成小康社会而奋斗——在中国共产党第十八次全国代表大会上的报告［M］．北京：人民出版社，2012：46－47.

们坚持走和平发展道路的必然要求，也是我们实现和平发展的重要条件”[①]。党的十八大以来，习近平总书记在坚持时代主题战略判断的基础上，深化了对世界大势与时代潮流的认识，指出：“这个世界，和平、发展、合作、共赢成为时代潮流”[②]。这一重要论断在强调和平、发展的同时提出了合作、共赢的理念。和平与发展离不开合作，唯有合作才能维护世界和平，唯有共赢才能促进世界共同发展，正如习近平总书记指出：“今天的人类比以往任何时候都更有条件朝和平与发展的目标迈进，而合作共赢就是实现这一目标的现实途径。”[③] 世界的前途是光明的，道路是曲折的。中国人民将同世界各国人民一道，顺应和平、发展、合作、共赢的时代潮流，为促进和平发展的崇高事业，促进国际政治新格局的形成和国际经济政治新秩序的建立做出不懈的努力。

（二）和平与发展时代主题的内涵

和平与发展是关系人类前途和命运的根本性问题，和平是发展的前提，发展是和平的保证，两者相辅相成、互相促进。作为当今世界的两大主题，和平与发展是全人类追求的共同事业，是全世界为之奋斗和争取的共同目标，维护世界和平、促进共同发展是世界各国人民的幸福所在、利益所在。

和平是相对于战争而言的，是指国际行为体之间的非战争状态。维护世界和平，就是要使国际政治行为体之间保持相对的和谐稳定，以协商、合作、竞争等方式共处，避免发生新的世界大战。邓小平通过对国际形势的深入分析和战争问题的深刻思考，曾预见性地指出：“在较长时间内不发生大规模的世界战争是有可能的，维护世界和平是有希望的。”[④]

发展，最初主要是指世界范围的经济发展。但在过去的几十年里，随着世界范围内许多发展中国家经济实力的大幅度提升，南北力量对比差距相对缩小，南南合作及南北互动不断深化，发展问题的内涵变得更加丰富，“幸福指数”“绿色发展”“科学技术”“精神文明”等具有时代意义的指标也被纳入发展的范畴，发展的内涵已经逐渐变成了社会的全面进步和持续发展。当今时代，在科技进步和经济全球化的推动下，各国经济相互依存和依赖程度加强，国际政治主体之间的联系日益密切，世界已经形成了一个相互联系的有机整体，一国发生战争或动乱，必然会波及他国经济发展，甚至对世界经济造成严重影响。一旦发生世界大战，不仅会切断各国之间的种种联系，而且还会对整个世界的经济发展造成巨大破坏。可见，发展是遏制战争、维护和平的有效手段和有力保障。

（三）和平与发展仍然是当今时代的主题

“当前，世界之变、时代之变、历史之变正以前所未有的方式展开。”[⑤] 一方面，人类面临的风险和挑战增多，霸权、霸道、霸凌行径危害深重，和平、发展、安全、治理等方面赤字加重；另一方面，和平、合作、发展、共赢的历史潮流不可阻挡，和平与发展仍然是人心所向、大势所趋，和平与发展的时代主题依然没有改变。各个国家都在努力发展稳

---

① 胡锦涛．胡锦涛文选：第 2 卷［M］. 北京：人民出版社，2016：515.

② 习近平．习近平谈治国理政［M］. 北京：外文出版社，2014：272.

③ 同②274.

④ 邓小平．邓小平文选：第 3 卷［M］. 北京：人民出版社，1993：127.

⑤ 习近平．高举中国特色社会主义伟大旗帜 为全面建设社会主义现代化国家而团结奋斗——在中国共产党第二十次全国代表大会上的报告［M］. 北京：人民出版社，2022：60.

定的双边关系、多边关系，探寻合作共赢的和平发展道路。

就和平问题来看，国际社会总体和平的局面在很大程度上能够得以长期维持。从国际政治力量对比关系来看，冷战结束后，两个“超级大国”之间力量对峙的两极格局不复存在。随着欧盟成立，中国、俄罗斯、印度等大国崛起，亚非拉广大发展中国家作为一支独立的政治力量登上国际政治舞台，维护世界和平的力量不断壮大，在整体上压倒了战争力量，爆发世界大战的可能性进一步降低。

就发展问题来看，当今世界正处在一个大变革大调整的时代，世界多极化、经济全球化深入发展，社会信息化、文化多样性持续推进，人类社会已经构成一个命运共同体，只有发展才能实现共同繁荣。经济发展问题已成为各个国家生存发展的关键问题，经济全球化脚步的加快，不仅影响各国各地区的发展，而且对国际政治格局和全球治理也产生了重大而深远的影响。以信息技术和人工智能为核心的科技革命极大影响着世界经济发展，改变着人们的生产生活方式，科技进步正把人类带入更趋融合的经济时代，国与国之间的关系越来越密切，世界经济、贸易、金融日益网络化，维护和平、抑制战争、促进发展的经济基础在持续增长，有力推动了和平与发展的时代潮流。

时代主题反映的是一定历史阶段内世界最需要解决的战略性问题。习近平指出：“我们坚信，和平与发展的时代主题没有改变，世界多极化和经济全球化的时代潮流也不可能逆转。我们要为人民福祉着想，秉持人类命运共同体理念，用实际行动为建设美好世界作出应有贡献。”① 世界是各国人民的世界，世界面临的困难和挑战需要各国人民携手应对，只有坚持和平发展、合作共赢，世界人民才能迎来共同繁荣的美好未来。

二、和平与发展时代的特征

当今世界正面临百年未有之大变局，国际经济、科技、文化、安全、政治等格局都在发生深刻变化和调整，世界进入新的动荡变革期。同时，“世界多极化、经济全球化、社会信息化、文化多样化深入发展，和平发展的大势日益强劲，变革创新的步伐持续向前”②。

（一）世界多极化

“极”是一个国际政治术语，指的是综合实力强大、对国际事务产生决定性影响的国家或国家集团。“化”指的是一种发展趋势，是某一类型国际格局形成之前的过渡期或转换期，它不是一种静态或固定的状态。世界多极化，是指主要国际政治行为体之间力量对比关系呈现相对均衡发展的趋势，是对国际社会中主要政治力量在全球实力分布状态的反映。

从 20 世纪 60 年代开始，欧洲和日本实力不断上升，西方阵营内部力量对比发生了重大变化，美国的资本主义世界霸主地位动摇。在东方阵营内部，中苏关系恶化，社会主义阵营逐渐走向分裂。70 年代以后，在美苏两极对峙的大背景下，各种政治力量竞相发展，构成了两极多元并存的复杂局面，世界开始出现多极化倾向。冷战结束后，世界各种政治力量出现新的分化组合，美国虽然成为世界上唯一的“超级大国”，但是其他国际政治力

---

① 习近平．习近平谈治国理政：第 4 卷［M］. 北京：外文出版社，2022：455.

② 习近平．习近平谈治国理政：第 2 卷［M］. 北京：外文出版社，2017：508.

量也得到了迅速发展，不同层次的国际政治力量之间形成了多元化、多层次的立体结构，世界格局朝着多极化方向不断发展。

世界多极化将是一个漫长曲折且充满复杂斗争的演变过程，其在单极与多极的矛盾、称霸与反称霸的斗争中深入发展。世界多极化是一种历史的进步，是时代的要求，符合各国人民的利益，有利于制约少数大国在国际社会中左右国际局势的能力，扼制霸权主义和强权政治行为的发生，让广大的发展中国家在国际事务中拥有更多的发言权，为世界各国的平等交往与合作共赢提供保障。

（二）经济全球化

经济全球化是指在科学技术进步和市场经济的强劲作用下，生产要素和产品的跨国流动规模不断增大，形式不断增多，经济活动范围扩展至全球，经济资源由世界市场配置并且其效率日益提高，各国经济相互依存和依赖程度加强、加深的全球发展趋势和潮流。

经济全球化肇始于近代的资本跨国运动，经历长期的曲折发展，已成为一股历史大势。作为有效的资源配置方式，市场经济在发展过程中，不仅突破了自然经济的村落藩篱，促进了全国大市场的形成，而且由于国际贸易的发展，进一步突破了国家地理范围限制，各国的经济过程、经济规则、经济活动同世界市场日益紧密地联结在一起，并逐步走向经济一体化。经济资源配置在全球范围内进行，企业作为市场主体逐步形成跨国公司并在全球开展经济贸易活动，世界经济贸易体系和规则得以形成。经济全球化催发了物流、资金流、信息流以及人力、人才资源的跨国流动，生产要素在全球范围内投放和获取，生产产品在全球范围内销售。

经济全球化不仅促使区域经济一体化发展，而且促使国际政治格局形成多元力量并朝着多极化方向发展。同时，经济全球化还凸显全球治理的必要性和重要性，对全球治理产生重要影响。

（三）社会信息化

社会信息化是指人类利用先进的信息技术，建立起各种信息网络，提高社会生活领域信息化程度，为社会提供更高质量的产品和服务的过程。随着科技革命的快速发展，人类社会迎来了信息化时代，信息技术在社会生活中被广泛应用，人们的生活方式和思维方式发生了深刻变化。当今时代，信息传播不再受到时间和空间的限制，几乎可以做到无边界、同步性地在世界范围内传播和再创造。社会信息化拓展了世界范围内人们的交往空间和范围，对世界政治、经济、文化等多领域具有重要的积极影响。在政治方面，信息化加强了世界各国之间的交流与联系，有利于各国之间采取和平的方式解决国际争端，促使国际社会结构更趋合理，国际社会秩序更趋稳定。在经济方面，信息化技术加速了产业结构的优化升级，降低了产业链的生产、运输、储存成本，带动了世界经济关系的重大调整，推动经济全球化进程。在文化方面，通信技术的发展为各种思想文化的传播提供了更加便捷的渠道，国际文化交流比以往任何时期都更加便捷畅通，在丰富世界文化多样性的同时推动了人类文明的进步。当前，以信息技术和人工智能为核心的新一轮科技革命正在蓬勃发展，世界科技前沿不断拓展，尤其是互联网技术的飞速发展，深刻改变着人们的生产生活，有力推动着社会发展，整个世界正越来越成为你中有我、我中有你的命运共同体。

（四）文化多样化

文化多样性是人类社会的基本特征，是人类文明进步的重要动力。世界上每个民族、每个国家都有自己独特的文化，文化是一个民族的灵魂和血脉，是世界各族人民赖以生存和发展的精神家园。2001 年，联合国教科文组织第 31 届大会通过的《世界文化多样性宣言》指出，文化多样性是文化交流、革新和创作的源泉，对人类来讲就像是生物多样性对维持生物平衡那样必不可少。2005 年，联合国教科文组织通过了《保护和促进文化表现形式多样性公约》，首次以公约形式确立了保护文化多样化的全球性共识。在历史的长河中，各地区各民族由于地理环境、生活方式、风俗习惯等各不相同，其产生的文化形态也各具特色，每一种文化形态都是对本民族历史和人文的传承，体现出本民族独特的智慧和创造。

尊重文化多样性是发展本民族文化的内在要求，是实现世界文化繁荣的必然要求，然而，在全球范围内文化交流与融合过程中，文化之间的矛盾、冲突、碰撞不可避免。一些西方国家推行文化输出和文化霸权主义，使得文化多样性面临严重威胁，加剧了不同文化系统之间的紧张，文化多样性面临挑战。文明没有高下、优劣之分，只有特色、地域之别，我们既要认同本民族文化，培育好、发展好本民族的文化，也要尊重其他民族的文化，相互借鉴、求同存异，共同促进世界文化繁荣。正如习近平总书记所强调的："文明因交流而多彩，文明因互鉴而丰富。文明交流互鉴，是推动人类文明进步和世界和平发展的重要动力。"①

第三节　中国的对外政策

新中国的外交政策是独立自主的和平外交政策。新中国成立以来，中国共产党和中国政府根据国内外形势的发展变化，不断调整我国的外交战略和外交政策，其间虽经历大起大落、大开大合的沧桑之变，但和平外交的宗旨、性质、原则始终没有改变，经过 70 多年筚路蓝缕的艰辛开拓，新中国的和平外交由"弱"变"强"，从"局促"变"从容"，终成今日中国特色社会主义和平外交新局面。

一、中国对外政策的发展演变

（一）新中国成立后外交政策的形成与演变

1949 年 10 月 1 日，中华人民共和国宣告成立，中国历史进入新纪元，中国外交也开启了新篇章。新中国成立初期，面对以美帝国主义为首的资本主义阵营国家对新中国进行政治孤立、经济封锁和军事包围，我国采取了联苏反美的外交策略。毛泽东形象地提出"另起炉灶""打扫干净屋子再请客""一边倒"的三大外交方针。"另起炉灶"，就是要同旧中国的投降卖国外交彻底决裂，不承认国民党政府同外国建立的一切外交关系，各国要同新中国建交，必须在互相尊重领土和主权完整、平等互利基础上进行重新谈判。"打扫干净屋子再请客"，就是要清除帝国主义在华的一切特权和影响，不承认国民党时代任何他国外交机关和外交人员，有计划有步骤地废除一切不平等条约，然后再谈与外国建立外

① 习近平．习近平谈治国理政［M］. 北京：外文出版社，2014：258.

交关系的问题。“一边倒”，就是坚定站在社会主义和新民主主义国家一边，表明中国拥护世界持久和平、反对帝国主义侵略和战争的基本态度与立场。联苏反美的外交策略初步打开了新中国外交的新局面，使中国在国际舞台上站稳了脚跟。

20世纪60年代，中国和平外交面临的国际环境发生了巨大变化，国际形势剧烈动荡，各种国际政治力量不断分化重组。从20世纪50年代末开始，由于赫鲁晓夫上台后继续推行斯大林时代的大党、大国霸权主义政策，导致社会主义阵营逐步走向解体。中国与苏联在国际形势判断、马克思主义“正统性”等问题上出现了严重分歧，中苏之间的矛盾日益激化，中苏关系的恶化与破裂是新中国外交遭遇的最严峻冲击和挑战。此外，中华人民共和国成立之后，中美关系一直呈现出对抗紧张态势。由于同一时期，中国与苏联、美国同时呈现对抗之势，苏联由中国最大的战略盟友演变为对抗的战略对手，中国不得不同时承受来自美苏两个“超级大国”的沉重压力，因而采取联合亚非拉国家反对超级大国的“两个拳头打人”的政策。这一时期，中国的外交政策对于反对美苏两个“超级大国”的霸权主义斗争，维护各主权国家的利益，推动世界和平意义重大。

20世纪70年代，中国的对外战略重心是联合美国，反对苏联霸权主义。1971年，中国通过“乒乓外交”，以“小球推动大球”，打开了中美两国人民友好建交的大门。1972年，美国总统尼克松访问中国，中美联合签署发表了《上海公报》，标志中美关系开始向正常化方向发展。1973年，毛泽东在会见基辛格时，提出了“一条线，一大片”的政策，“一条线”是指从中国、日本经巴基斯坦、伊朗、土耳其到欧洲再到美国这一条线上的国家联合抗苏，形成国际反霸权统一战线；“一大片”是指团结“一条线”周围的国家，共同对付苏联的扩张势头。1974年，毛泽东将统一战线思想引入对外关系领域，提出了划分三个世界的战略思想，即美国、苏联两个“超级大国”是第一世界，日本、欧洲、澳大利亚、加拿大是第二世界，亚洲（除了日本）、非洲、拉丁美洲都是第三世界。“这一国际战略原则，对于团结世界人民反对霸权主义，改变世界政治力量对比，对于打破苏联霸权主义企图在国际上孤立我们的狂妄计划，改善我们的国际环境，提高我国的国际威望，起了不可估量的作用。”①

（二）改革开放和社会主义现代化建设新时期外交政策的发展与完善

党的十一届三中全会之后，中国的物质面貌和中国人民的精神面貌都发生了巨大变化，中国历史发展进入改革开放和社会主义现代化建设新时期。与此同时，国际形势也发生了深刻变化。为了适应国际国内形势的需要，中国的外交理念、战略、政策也发生了大调整、大转折，采取以经济建设为中心的和平外交政策。

20世纪80年代，以邓小平同志为核心的党的第二代中央领导集体，根据国际形势和国际关系的新变化、新发展，明确提出“和平与发展”是当今世界的两大主题，认为在相当长的一个历史时期内，世界大战是可以避免的，以和平对话、求同存异、互利共赢的方式解决国际社会的矛盾和冲突是可能的，并且将日益成为国际关系发展和建设的主旋律。在外交策略方面，邓小平明确提出，中国不以社会制度和意识形态的异同论亲疏，“那种

---

① 邓小平．邓小平文选：第2卷［M］．北京：人民出版社，1994：160.

按社会制度决定国与国关系的时代过去了。不同社会制度的国家完全可以和平共处，发展友谊，找到共同的利益”①。中国奉行“不结盟”的独立外交政策，不依附于任何一个超级大国，不与任何超级大国结盟，也不把一些中小国家拉到身边来，自己做“盟主”，中国同谁都可以往来，同谁都可以交朋友，中国坚定地站在和平力量一边。

20世纪90年代初，东欧剧变、苏联解体，两极格局从此瓦解，世界进入了新旧格局转换的过渡时期。面对变幻莫测、错综复杂的国际局势，以及前所未有的挑战和机遇，以江泽民同志为核心的党的第三代中央领导集体，顺应国际形势的新变化，始终将国家主权和安全放在第一位，积极推动构建公正合理的国际政治经济新秩序。在发展大国关系和大国外交方面，中国明确提出了建立伙伴关系的外交战略和外交政策，陆续与俄罗斯、日本、韩国、加拿大、南非、巴西、印度等国家建立起伙伴关系，积极推动国际关系民主化进程。此外，中国的睦邻外交取得重大进展，边界谈判和陆地边界的划定、勘定取得历史性突破，我国迎来新中国成立之后第二次边界谈判高潮，中俄、中哈、中吉、中塔、中越等边界问题得以圆满解决，为中国赢得了一个相对稳定与和平发展的周边环境。

进入21世纪，中国外交面临的国际形势和国际环境发生了重大变化。一方面，和平与发展仍然是时代的主题，国际力量对比整体上朝着有利于维护世界和平的方向发展；另一方面，霸权主义和强权政治依然存在，局部战争和冲突时有发生，地区热点问题错综复杂，国际恐怖势力、民族分裂势力、宗教极端势力在一些地区还相当活跃，人类和平与发展面临的各种风险挑战增多，世界仍然很不安宁。面对国际形势和国际环境的发展变化，以胡锦涛同志为总书记的党中央，从世界各国共同分享发展机遇、共同应对风险挑战的思想出发，全面系统地提出了“构建和谐世界”的外交理念，主张以开放包容的思维，追求人与人之间的和睦、国与国之间的和平、人与自然之间的和谐，共同建立一个持久和平、普遍繁荣的和谐世界，共同开创人类社会更加美好的未来。

（三）新时代外交政策的新拓展

当今世界正经历百年未有之大变局，人类社会一直追求的和平与发展两大目标面临着越来越复杂的挑战。面对新形势、新情况、新问题，以习近平同志为核心的党中央把马克思主义基本原理同新时代中国外交工作的实际相结合，坚持以实现中华民族伟大复兴为使命推进中国特色大国外交，推动构建人类命运共同体，坚决维护国家主权、安全和发展利益，积极促进“一带一路”国际合作，积极发展全球伙伴关系，中国外交在新时代展现出大国外交的恢宏气势和独特风范。

党的十八大以来，我国在主场外交方面展现新作为，成功举办亚太经合组织第二十二次领导人非正式会议、二十国集团领导人杭州峰会、“一带一路”国际合作高峰论坛、中非合作论坛北京峰会、上海合作组织青岛峰会、亚洲文明对话大会等一系列重大主场外交活动，开创中国特色大国外交新局面。此外，我国在国际合作方面积极开创新平台，创设亚洲基础设施投资银行、提出共建“一带一路”倡议等，为全球治理和经济全球化注入强劲动力。在全球治理中以实际行动推动全球治理体系变革，推动达成《巴黎协定》、推动制定《联合国2030

① 冷溶，汪作玲．邓小平年谱：1975—1997：下卷［M］．北京：中央文献出版社，2004：1297.

年可持续发展议程》、推动各国共同抗击新冠疫情等，展现出中国外交的大国担当和大国形象。

我们处在一个充满挑战的时代，也是一个充满希望的时代，党的二十大报告指出，构建人类命运共同体是世界各国人民的前途所在、利益所在，“只有各国行天下之大道，和睦相处、合作共赢，繁荣才能持久，安全才有保障”①。中国始终坚持维护世界和平与促进共同发展的外交政策宗旨，在对外交往中坚持以文明交流超越文明隔阂、文明互鉴超越文明冲突、文明共存超越文明优越，致力于推动构建人类命运共同体，为维护世界和平和地区稳定发挥建设性作用。

二、中国对外政策的基本原则

中国对外政策的基本原则

新中国成立以来，中国始终坚持独立自主的和平外交政策，恪守和平共处五项原则，坚决反对帝国主义、霸权主义、殖民主义，不断加强同世界各国人民的团结合作，倡导构建和谐世界、构建人类命运共同体理念，坚持为维护世界和平和促进人类进步事业而努力。

（一）坚持独立自主的根本原则

坚持独立自主的和平外交政策，就是国家主权独立，中国的事情必须由中国人民自己做主，自己处理，不容许任何外来国家或势力有一丝一毫的干涉与侵犯；从中国人民的根本利益和世界各国人民的共同利益出发来处理一切国际事务，根据问题本身的是非曲直来决定自己的立场和政策。坚持独立自主的和平外交政策，是中国共产党将新民主主义革命时期形成的“独立自主、自力更生”思想运用到外交工作的具体体现，贯穿于新中国外交的各个领域。邓小平曾指出：“独立自主，自力更生，无论过去、现在和将来，都是我们的立足点。”② 即使在新中国成立初期“一边倒”政策时期，中国也没有放弃“独立自主”的外交原则，坚决不允许任何国家染指中国主权、干涉中国内政。

需要注意的是，独立自主并不等于闭关自守，自力更生也并非是盲目排外，我们既不走封闭僵化的老路，也不走改旗易帜的邪路，“我们要坚持从我国实际出发，坚定不移走自己的路，同时我们要树立世界眼光，更好把国内发展与对外开放统一起来，把中国发展与世界发展联系起来，把中国人民利益同各国人民共同利益结合起来”③。中国坚决反对各种形式的霸权主义和强权政治，决不干涉别国内政，永远不称霸，永远不搞扩张。

（二）坚持和平共处五项原则

和平共处原则最早由列宁提出，其目的是让社会主义国家与资本主义国家之间实现和平相处。20 世纪 50 年代，中国共产党和中国政府首次将和平共处原则与其他四项原则联系起来，提出互相尊重主权和领土完整、互不侵犯、互不干涉内政、平等互利、和平共处五项原则，并在长期的对外交往中恪守这一原则。和平共处五项原则把不同社会制度的国家间相互关系的准则，扩大为所有国家间相互关系的普遍准则，得到了越来越多国家的支

① 习近平．高举中国特色社会主义伟大旗帜　为全面建设社会主义现代化国家而团结奋斗——在中国共产党第二十次全国代表大会上的报告［M］．北京：人民出版社，2022：62.

② 邓小平．邓小平文选：第 3 卷［M］．北京：人民出版社，1993：3.

③ 习近平．习近平谈治国理政［M］．北京：外文出版社，2014：248.

持和认可。目前，和平共处五项原则不仅在众多国家间的双边条约和协定中皆有出现，而且还被作为一项基本准则写入各种国际组织和国际法的文件中。

和平共处五项原则相互联系、相辅相成，是一个有机整体。主权和领土完整，是一个国家独立的重要标志，是主权国家独立自主处理对内和对外事务，对本国领土拥有完整的管辖权的基础和前提。互不侵犯，是国家主权原则的自然延伸，要求各国际政治行为体必须以和平的方式解决国际矛盾、纠纷和争执。互不干涉内政，表明主权国家在内政和对外关系之间存在着明确的界限，任何国家、国家集团或国际组织，均无权以任何理由直接或间接地干涉他国内政。平等互利，也是从主权原则中派生出来的，它的核心即主权平等，它要求各个国家不论大小强弱，都享有平等的权利并承担义务，在国际交往中，各国必须平等相待、互相尊重，不得以大欺小、以强凌弱、谋求特权。和平共处，是上述四项原则的重要目的和必然结果，它倡导各个国家，无论政治制度、意识形态、历史文化传统、民族以及国家利益等方面相同与否，都应相互尊重、友好相处，反对采取一切非和平、非合作的方式解决国际问题。

（三）坚持同发展中国家的团结与合作

中国同广大亚非拉以及其他地区的发展中国家有着相似的历史遭遇和苦难经历，都长期遭受帝国主义的殖民和掠夺，都曾为了实现民族独立和解放而进行反帝反殖民斗争。当前，广大发展中国家又共同面临人民生活水平不高、生产效率偏低、在国际关系中处于弱势地位等共同困境。为此，中国和其他发展中国家都需要一个和平稳定的国际环境来发展本国经济和改善本国人民生活水平，需要努力建构公正、合理的国际政治经济新秩序来共同反对霸权主义和强权政治，维护世界和平与发展。中国一贯秉持正确的义利观和真实亲诚理念加强同广大发展中国家的团结合作，中国政府一直为发展中国家振兴和发展提供经济、资源以及技术上的各种帮助，坚定做发展中国家真诚可靠的伙伴。

中国在与其他发展中国家交往的过程中，始终坚守和平共处五项原则，与广大发展中国家相互支持、互相帮助、共同发展、共同繁荣，绝不干涉他国内政，绝不以牺牲别国利益为代价。对于发展中国家之间的矛盾纠纷，中国历来主张以大局为重，强调以对话协商的方式凝聚共识，以互谅互让的精神处理分歧，以合作共赢的态度促进共同发展，以面向未来的眼光解决现实问题，通过和平手段解决分歧和争端，维护发展中国家内部的团结与合作。中国坚定奉行互利共赢的开放战略，不断以中国发展为世界各国提供新机遇，着力推动建设开放型世界经济。中国将始终坚定地同广大发展中国家站在一起，与发展中国家真诚友好、平等相待，增强与发展中国家的交流合作，为世界和平和人类进步做出新的更大贡献。

（四）坚持走和平发展道路

和平发展道路，是一条和平、开放、合作、和谐的发展之路。习近平指出：“我们将高举和平、发展、合作、共赢的旗帜，始终不渝走和平发展道路，始终不渝奉行互利共赢的开放战略，致力于同世界各国发展友好合作，履行应尽的国际责任和义务，继续同各国人民一道推进人类和平与发展的崇高事业。”① 和平发展道路，不仅致力于中国自身的发展，也强调对世界的责任和贡献，不仅要造福中国人民，也要造福世界人民。

---

① 习近平．习近平谈治国理政：第1卷［M］．北京：外文出版社，2018：42.

走和平发展道路是对中国优秀传统文化的继承和弘扬，是基于中国国情的必然选择。中国传统思维方式既承认事物之间存在差别，又强调事物之间的联系，主张和而不同、求同存异、以和为贵的价值取向，这种价值取向对中国处理对外关系具有重要影响。中华民族自古以来热爱和平，一直是维护世界和平和发展的坚定力量，始终真诚与各国开展合作，谋和平、促发展，努力推动构建一个共同繁荣的和谐世界。近代以来，中华民族饱受战乱之苦，消除战争，实现和平，是全体中国人民的共同心愿。当前，我国经济社会发展虽然取得重大成就，但仍然面临城乡区域发展不平衡、产业发展不协调、社会财富总量不充分、改善民生任务艰巨等问题，我国处于社会主义初级阶段的基本国情并未改变，我国在推进经济社会发展、满足人民美好生活需要的过程中，需要和平稳定的国际环境，走和平发展道路是维护我国人民利益、实现我国人民幸福的必由之路。

走和平发展道路是顺应世界潮流和发展规律的必然要求。当今世界，经济全球化深入发展，国家之间的交流合作日益密切，任何一个国家的发展都离不开国际社会大环境的和平稳定。面对诸多全球性的问题，各国必须求和平、促发展、谋合作，携手面对风险挑战，才能实现共同繁荣。“中国走和平发展道路，不是权宜之计，更不是外交辞令，而是从历史、现实、未来的客观判断中得出的结论，是思想自信和实践自觉的有机统一。”①

三、开创新时代中国特色大国外交新局面

党的十八大以来，以习近平同志为核心的党中央提出了一系列富有中国特色、体现时代精神、引领人类进步潮流的新理念、新主张，“推动构建人类命运共同体，坚定维护国际公平正义，倡导践行真正的多边主义，旗帜鲜明反对一切霸权主义和强权政治，毫不动摇反对任何单边主义、保护主义、霸凌行径”②。中国积极建设覆盖全球的伙伴关系网络，推动构建新型国际关系，积极参与全球治理体系改革和建设，在抗击新冠疫情过程中全面开展国际合作，展现出中国负责任的大国担当和大国形象，赢得广泛国际赞誉，中国国际影响力、感召力、塑造力显著提升。

（一）推动构建人类命运共同体

当今世界正经历新一轮大发展、大变革、大调整，一方面，世界多极化、经济全球化、社会信息化、文化多样化深入发展，各国之间的相互联系和依存日益加深，和平、发展、合作、共赢的历史潮流是大势所趋、人心所向。另一方面，“恃强凌弱、巧取豪夺、零和博弈等霸权霸道霸凌行径危害深重，和平赤字、发展赤字、安全赤字、治理赤字加重”③，人类社会所面临的挑战不断增多，世界进入新的动荡变革期。

面对各种全球性的风险和挑战，没有哪个国家能够独自应对，也没有哪个国家能够退回到自我封闭的孤岛状态而独善其身，世界又一次站在历史的十字路口，何去何从取决于各国人民的抉择。习近平总书记站在新的历史起点上，前瞻性地思考人类未来发展问题，创造性地提出

① 习近平．习近平谈治国理政：第1卷［M］．北京：外文出版社，2018：267.

② 习近平．高举中国特色社会主义伟大旗帜　为全面建设社会主义现代化国家而团结奋斗——在中国共产党第二十次全国代表大会上的报告［M］．北京：人民出版社，2022：12－13.

③ 同②60.

了构建人类命运共同体的伟大理念。当今世界既是你中有我、我中有你的命运共同体，又是“一荣俱荣、一损俱损”的利益共同体，各国在寻求自身发展与处理国际事务时，应把本国利益与各国利益结合起来，寻找同各国利益的最大交汇点，最大限度地让全球治理成果更多更公平地惠及世界各国人民。宇宙只有一个地球，人类共有一个家园，生活在地球村上的每个国家都是参与全球治理不可或缺的重要力量，“中国始终坚持维护世界和平、促进共同发展的外交政策宗旨，致力于推动构建人类命运共同体”①。人类命运共同体理念体现了中国致力于为世界和平与发展做出更大贡献的崇高目标，彰显了中国将自身发展与世界发展相统一的世界胸怀、全球视野和大国担当，它为世界的和平发展和人类的未来指明了前进方向。

（二）推动构建新型国际关系

建设新型国际关系与构建人类命运共同体的目标一脉相承、互为补充。“中国坚持在和平共处五项原则基础上同各国发展友好合作，推动构建新型国际关系，深化拓展平等、开放、合作的全球伙伴关系，致力于扩大同各国利益的汇合点。”② 中国始终秉承真实亲诚理念和正确义利观促进大国协调和良性互动，深化同周边国家友好互信和利益融合，不断加强同发展中国家团结合作，推动建设相互尊重、公平正义、合作共赢的新型国际关系。

建设新型国际关系与构建人类命运共同体理念一样，都是中国大国外交的新设想，都是引领时代潮流和人类文明进步的鲜明旗帜，其既符合人类社会的共同追求，亦符合联合国对维护世界和平与发展、促进国际合作与发展的崇高目标追求。新型国际关系用合作共赢的新思路代替零和博弈和赢者通吃、你输我赢的旧思路，主张国家不分大小、强弱、贫富一律平等，不同制度、宗教、文明一视同仁，各国要尊重彼此核心利益和重大关切，大国对小国要平等相待，不搞唯我独尊、强买强卖的霸道行径；强调反对干涉别国内政，反对以强凌弱的丛林法则，主张维护世界各国尤其是发展中国家的正当合法权益；倡导各国要同舟共济，在国际合作中坚持互惠互利、相得益彰，共同担责、共谋发展。

（三）推动全球治理体系变革

随着经济全球化的深入发展，许多国际事务越来越需要各国共商。秉持共商共建共享的全球治理观、建构共商共建共享的全球治理体制是我国为推动全球治理而发出的中国声音、贡献的中国方案。“中国积极参与全球治理体系改革和建设，践行共商共建共享的全球治理观，坚持真正的多边主义，推进国际关系民主化，推动全球治理朝着更加公正合理的方向发展。”③

面对世界之变、时代之变、历史之变，中国真诚呼吁世界各国积极弘扬和平、发展、公平、正义、民主、自由的全人类共同价值，主动参加国际事务，发挥所长、各尽所能，共同应对各种全球性挑战。中国始终坚持对外开放的基本国策和经济全球化的正确方向，坚定维护以联合国为核心的国际体系、以国际法为基础的国际秩序、以《联合国宪章》宗旨和原则为基础的国际关系基本准则，积极参与全球安全规则制定，加强国际安全合作，

---

① 习近平．高举中国特色社会主义伟大旗帜 为全面建设社会主义现代化国家而团结奋斗——在中国共产党第二十次全国代表大会上的报告［M］．北京：人民出版社，2022：60．

② 同①61．

③ 同①62．

"始终做世界和平的建设者、全球发展的贡献者、国际秩序的维护者"①。中国坚决反对一切形式的单边主义，积极"推动世界贸易组织、亚太经合组织等多边机制更好发挥作用，扩大金砖国家、上海合作组织等合作机制影响力，增强新兴市场国家和发展中国家在全球事务中的代表性和发言权"②。

（四）推动共建"一带一路"高质量发展

2013年，在提出构建人类命运共同体的同时，习近平主席在哈萨克斯坦、印度尼西亚的演讲中先后提出共建"丝绸之路经济带"和"二十一世纪海上丝绸之路"，即"一带一路"倡议。这是推动构建人类命运共同体的中国举措，是带动新型国际关系建设的中国行动。一方面，"一带一路"倡议顺应了全球治理体系变革的内在要求，为全球治理体系变革提供了新思路、新方案，有助于推动全球治理体系朝着更加公正合理有效的方向发展。另一方面，"一带一路"倡议彰显了同舟共济、权责共担的命运共同体意识，为各方主体携手应对发展新挑战、开创发展新机遇、谋求发展新动力、拓展发展新空间凝聚力量，实现优势互补、互利共赢，有利于各国朝着人类命运共同体方向迈进。"共建'一带一路'倡议顺应时代潮流，适应发展规律，符合各国人民利益，具有广阔前景。"③ 当前，"一带一路"已经成为深受欢迎的国际公共产品和国际合作平台，是推动构建人类命运共同体的生动实践，为全球治理体系改革提供了中国方案，在世界发展史上具有重要里程碑意义。

思考题

1. 国际政治与国内政治的联系和区别是什么？
2. 国家主权在国际政治中发挥怎样的作用？
3. 当代国际政治基本准则有哪些？
4. 如何理解国际政治格局的形成、发展和演变？
5. 如何理解和平与发展时代主题的内涵及特征？
6. 中国对外政策的基本原则有哪些？
7. 如何理解中国对外政策的发展演变？
8. 联系实际论述新时代中国特色大国外交新局面。

在线自测

扫一扫　练一练

① 中共中央宣传部，中华人民共和国外交部．习近平外交思想学习纲要［M］．北京：人民出版社，2021：41.

② 习近平．高举中国特色社会主义伟大旗帜　为全面建设社会主义现代化国家而团结奋斗——在中国共产党第二十次全国代表大会上的报告［M］．北京：人民出版社，2022：62.

③ 同①93－94.

参考文献

1. 马克思，恩格斯．马克思恩格斯文集：第 1 卷 [M]. 北京：人民出版社，2009.

2. 马克思，恩格斯．马克思恩格斯文集：第 2 卷 [M]. 北京：人民出版社，2009.

3. 列宁．列宁专题文集·论无产阶级政党 [M]. 北京：人民出版社，2009.

4. 列宁．列宁选集：第 2 卷 [M]. 3 版．北京：人民出版社，2012.

5. 毛泽东．毛泽东选集：第 1－4 卷 [M]. 2 版．北京：人民出版社，1991.

6. 邓小平．邓小平文选：第 1－2 卷 [M]. 2 版．北京：人民出版社，1994.

7. 江泽民．江泽民文选：第 1－3 卷 [M]. 北京：人民出版社，2006.

8. 胡锦涛．胡锦涛文选：第 1－3 卷 [M]. 北京：人民出版社，2016.

9. 习近平．习近平谈治国理政：第 1 卷 [M]. 2 版．北京：外文出版社，2018.

10. 习近平．习近平谈治国理政：第 2 卷 [M]. 北京：外文出版社，2017.

11. 习近平．习近平谈治国理政：第 3 卷 [M]. 北京：外文出版社，2020.

12. 习近平．习近平谈治国理政：第 4 卷 [M]. 北京：外文出版社，2022.

13. 中华人民共和国国务院新闻办公室．中国的民主 [M]. 北京：人民出版社，2021.

14. 《政治学概论》编写组．政治学概论 [M]. 2 版．北京：高等教育出版社，2020.

15. 王惠岩．政治学原理 [M]. 2 版．北京：高等教育出版社，2006.

16. 王惠岩．当代政治学基本理论 [M]. 天津：天津人民出版社，1998.

17. 王浦劬．政治学基础 [M]. 4 版．北京：北京大学出版社，2018.

18. 周光辉．政治学概论 [M]. 北京：高等教育出版社，2019.

19. 燕继荣．政治学十五讲 [M]. 2 版．北京：北京大学出版社，2013.

20. 王沪宁．政治的逻辑：马克思主义政治学原理 [M]. 上海：上海人民出版社，2004.

21. 陈岳．国际政治学概论 [M]. 3 版．北京：中国人民大学出版社，2010.

22. 《国际政治学》编写组．国际政治学 [M]. 北京：高等教育出版社，2019.

23. 陈明明．国家治理现代化的政党逻辑 [M]. 上海：复旦大学出版社，2022.

24. 梁颖，李庭华．中国早期国家形成的道路与形态研究 [M]. 桂林：广西师范大学出版社，1998.

25. 王亚南．中国地主经济封建制度论纲 [M]. 上海：华东人民出版社，1954.

26. 王亚南．中国官僚政治研究 [M]. 北京：商务印书馆，2010.

27. 费孝通．中华民族多元一体格局 [M]. 北京：中央民族学院出版社，1989.

28. 亚里士多德．政治学 [M]. 北京：商务印书馆，1965.

29. 孟德斯鸠．论法的精神：上册［M］. 张雁深，译．北京：商务印书馆，1961.

30. 罗伯特·古丁，汉斯-迪特尔·克林格曼．政治科学新手册［M］. 北京：生活·读书·新知三联书店，2006.

31. 加布里埃尔·A 阿尔蒙德，西德尼·维巴．公民文化：五个国家的政治态度和民主制［M］. 北京：东方出版社，2008.

32. 加布里埃尔·A 阿尔蒙德，小 G 宾厄姆·鲍威尔．比较政治学：体系、过程和政策［M］. 北京：东方出版社，2007.

33. 塞缪尔·P 亨廷顿．变化社会中的政治秩序［M］. 王冠华，译．上海：上海人民出版社，2008.

34. 鲁恂·W 派伊．政治发展面面观［M］. 任晓，王元，译．天津：天津人民出版社，2009.

35. 乔万尼·萨托利．民主新论［M］. 上海：上海人民出版社，2015.

后　记

经全国高等教育自学考试指导委员会同意，由公共管理类专业委员会负责高等教育自学考试教材《政治学原理》的审稿工作。

《政治学原理》自学考试教材由吉林大学周光辉教授担任主编。

参加本教材审稿会并提出宝贵意见的专家有：南京大学政府管理学院郭忠华教授、华东政法大学政府管理学院任勇教授。在此，对付出辛勤劳动的所有编审人员表示感谢。

公共管理类专业委员会最后审定通过了本教材。

全国高等教育自学考试指导委员会

公共管理类专业委员会

2023 年 5 月

图书在版编目（CIP）数据

政治学原理 / 周光辉主编. --北京 : 中国人民大学出版社，2023.12
全国高等教育自学考试指定教材
ISBN 978-7-300-32155-4

Ⅰ.①政… Ⅱ.①周… Ⅲ.①政治学－高等教育－自学考试－教材 Ⅳ.①D0

中国国家版本馆 CIP 数据核字（2023）第 174385 号

全国高等教育自学考试指定教材
政治学原理
（含：政治学原理自学考试大纲）
（2023 年版）
全国高等教育自学考试指导委员会 组编
主 编 周光辉
副主编 殷冬水 杨 弘
Zhengzhixue Yuanli

出版发行	中国人民大学出版社		
社 址	北京中关村大街 31 号	邮政编码	100080
电 话	010－62511242（总编室）		010－62511770（质管部）
	010－82501766（邮购部）		010－62514148（门市部）
	010－62515195（发行公司）		010－62515275（盗版举报）
网 址	http://www.crup.com.cn		
经 销	新华书店		
印 刷	北京溢漾印刷有限公司		
开 本	787 mm×1092 mm 1/16	版 次	2023 年 12 月第 1 版
印 张	19.25 插页 1	印 次	2025 年 9 月第 3 次印刷
字 数	445 000	定 价	58.00 元